隐蔽战线统帅周恩来

穆 欣 著

中共党史出版社

图书在版编目（CIP）数据

隐蔽战线统帅周恩来 / 穆欣著．-- 北京：中共党史出版社，2018.4（2025.4 重印）

（隐蔽战线春秋书系．传记卷）

ISBN 978-7-5098-4571-4

Ⅰ．①隐… Ⅱ．①穆… Ⅲ．①周恩来（1898—1976）－生平事迹②中国共产党－地下斗争－史料－1927—1931

Ⅳ．① K827=73 ② D231

中国版本图书馆 CIP 数据核字（2018）第 040289 号

书　　名：隐蔽战线统帅周恩来
作　　者：穆欣

出版发行：中共党史出版社
责任编辑：陈海平
责任校对：龚秀华
责任印制：谷智宇
社　　址：北京市海淀区芙蓉里南街 6 号院 1 号楼　邮编：100080
网　　址：www.dscbs.com
经　　销：新华书店
印　　刷：北京盛通印刷股份有限公司
开　　本：720mm × 1000mm　1/16
字　　数：393 千字
印　　张：26
版　　次：2018 年 4 月第 1 版
印　　次：2025 年 4 月第 8 次印刷
书　　号：ISBN 978-7-5098-4571-4
定　　价：55.00 元

此书如有印装质量问题，请联系中共党史出版社读者服务部 电话：010-83072535

周恩来（1898—1976）

‖ 丛书前言 ‖

章百家

中国共产党领导的新民主主义革命，既有公开战场的博弈，又有隐蔽战线的较量。公开战场和隐蔽战线相互配合，相互支持，相得益彰，奏响了中国革命的一曲曲凯歌。正如毛泽东指出的：要战胜敌人必须打两种战争，一种是公开战争，一种是隐蔽战争。隐蔽战争有战略进攻，派人打入敌人的内心；也有战略防御，保卫自己。要打败敌人须内外夹攻，所以两者都有同样的意义。

党的隐蔽战线随着党的发展而发展，随着党的壮大而壮大。在白色恐怖笼罩的危急关头，周恩来领导创建了党的第一个专门情报保卫机构——中央特科，培养和造就了一批隐蔽战线的杰出领导人和业务骨干，为保卫党中央机关和领导人的安全作出了特殊贡献。中央苏区时期，在中央和各主要苏区创立的政治保卫工作，对配合苏区工农红军粉碎敌人的“围剿”，发展和巩固苏维埃政权，纯洁红军队伍作出了特殊贡献。长征途中，红军情报侦察部门及时获取敌人往来的电报，使中央指挥机关能够及时了解敌人的军事行动部署，避实就虚，屡出奇兵，摆脱围追堵截，胜利实现了伟大战略转移。红军到达陕北后，在争取西安事变和平解决，促成抗日民族统一战线形成的过程中，隐蔽战线发挥了关键作用。抗日战争时期，中央先后成立了中央社会部和中央情报部，隐蔽战线斗争进入了专业化的成熟期。我情工人员深入日伪党政机构，获取了日伪大量军政战略情报和国民党消极抗日积极反共的情报，对配合抗日战争的胜利起了重要作用。解放战争时期，我党我军的情报保卫工作得到了更加深入广泛的发展。我情工人员深入到国民党机密决策指挥机关内，及时准确地供给了党中央和军委及各地区战略性和动向性的重要军政情报，为中央制定解放战争的战略方针提供了重要依据，使我军在解放战争中对敌人的主要情况了如指掌，始终掌握了战争的主动权。毛泽东评价这个时期“我们的情报工作是最成功的”。

艰苦卓绝的隐蔽战线斗争造就了一大批无名英雄。他们有的大智大勇，运筹帷幄，决胜千里；有的深入虎穴，与敌周旋，获取情报；有的舍生取义，面对严刑，视死如归；有的潜伏敌营，长期经营，率部起义；有的忠诚可靠，周密安排，确保党中央安全；有的巧妙应对，冲破封锁，保证交通线畅通。一代代无名英雄赤胆忠心，赴汤蹈火，用忠诚与信仰铸就了中华民族的无名丰碑；一个个共产党人不忘初心，牢记使命，用热血和生命锤炼出薪火相传的红色基因。他们在斗争中表现出了坚定的革命理想信念、大无畏的革命英雄主义精神、敢于斗争敢于胜利的英雄气概、高超灵活的对敌斗争艺术、艰苦奋斗和严谨细致的工作作风、甘于无名甘于奉献的高尚情操，这些凝聚成了隐蔽战线精神特质：胜而不骄，败而不馁，受气不叫，有苦不说，舍己救人，冒险犯难，埋头苦干。

毛泽东曾经说过：今后革命胜利了应该给我们情报战线的无名英雄们发一个大大的奖章。很多无名英雄没能盼来这枚奖章就早早地离开了我们。他们的名字无人知晓，但他们的功绩永世长存！徐向前曾指出：“我们的党史、军史有一个重大缺陷，就是对情报工作反映不够。”近年来，可以看到一些公开出版的反映隐蔽战线的史料、传记，但总的来说还不是很丰富，与隐蔽战线建立的功勋还不相称。这套《隐蔽战线春秋书系》分“传记卷”、“回忆录卷”和“史述卷”，比较全面地反映了隐蔽战线的历史和无名英雄的精神。既是对老一辈隐蔽战线英雄的深切怀念和告慰，也可以作为新时代国安干警的教育读本，让一代新人了解历史，传承基因，所以是很有价值的。

（作者为中国中共党史人物研究会副会长）

||前言||

周恩来是伟大的马克思列宁主义者，党和国家的卓越领导人。他是中国共产党的创始人之一，也是党最早的军事领导人。蒋介石、汪精卫相继叛变革命后，周恩来于 1927 年 8 月 1 日领导了南昌起义，任中共前敌委员会书记。1928 年在中共六届一中全会上当选为中央政治局常委。后任中共中央组织部部长、中央军事委员会书记等职。当时中共中央在上海处于秘密状态下工作。他为保卫中央的安全，为联系和指导各地区共产党领导的武装斗争，为发展在国民党统治地区的秘密革命工作，起到了重要作用。在这一阶段的大部分时间内，他实际上是中共中央工作的主要主持者。几十年来，周恩来努力探索并实践马克思列宁主义、毛泽东思想的基本原理，为中国人民的解放事业和共产主义事业，鞠躬尽瘁，死而后已，为党为人民建立了丰功伟绩。他在毕生革命生涯中所表现的大智大勇、文韬武略，赢得了中国人民和世界人民的爱戴和尊敬。

周恩来作为中国共产党和人民军队情报保卫工作的创始人和卓越领导者，是隐蔽战线的统帅，他为这项事业呕心沥血半个世纪。1927 年四一二反革命政变后，中共中央曾于四五月间转移武汉，同年八九月间又迁回上海。党的领导机关在敌探监视下活动，随时可能遭到打击和破坏。若不开展隐蔽斗争，就不能保卫自己。根据形势的需要，周恩来总结了以往工作的经验和教训，特别是吸取了四一二反革命政变的惨痛教训，提出建立情报保卫工作的专门机构，以防敌探特务的破坏，保卫中共中央的安全。在他直接领导下，1927 年开始建立中央特科。1928 年 11 月中央政治局常委会议决定：成立由向忠发、周恩来、顾顺章组成的特别委员会负责这一工作。周恩来借鉴苏联建立“契卡”的经验，对中央特科规定了三项任务和一条原则：打进敌人内部获取情报、筹款、制裁叛徒；但搞侦察工作的专门手段，绝不许在党内进行。同时，周恩来通过实践，将俄国地下党的成功经验与中国革命实践相结合，并且摒弃了俄国情报工作凌驾于党之上、搞特殊化的一些做法，始终将中央特科置于中共中央的直接领导之下，使它成为党的战斗堡垒。

由周恩来亲自领导部署，中央特科在国民党专业反共领导机构中拉出第一个反间谍关系，探取敌人破坏我党的阴谋，向党的秘密组织报警；派人打进敌人心脏，深入最高敌探机关，掌握敌人核心机密；营救被捕同志；镇压叛徒。在血腥的白色恐怖下，在与党的生死存亡攸关的紧要关头，保卫了中共中央和各级组织的安全。

周恩来也是我党我军电讯工作的创始人，他直接领导李强研制成功党的第一套收发报机，培训出第一批报务员，建立起第一座无线电台。他还亲自编制了第一本密码，用他的化名“伍豪”命名为“豪密”。1931年3月，任弼时将“豪密”从上海带到中央苏区。两地电讯沟通后，周恩来和邓颖超在上海、任弼时在苏区亲自担任译电工作。随后，在全国各地红军中和各大城市，普遍建立了无线电通讯工作，有力地配合了革命战争，沟通了中共中央和各地党组织的电讯联系。这在党的电讯工作发展史上具有重大意义，党的无线电通讯工作从此日益发展，还在上海建立了国际电台，同共产国际也通了报。

“由于中共中央是在敌人统治下的上海从事秘密工作，周围的环境异常险恶。周恩来是众所周知的共产党领袖，是敌人千方百计追捕的重要目标。他在大革命时期又长期担任公开的领导工作，国民党内有许多人熟识他，处境更加危险。周恩来在如此复杂的环境中，却以他的冷静和机智，从容应付，积累起更加丰富的地下工作经验。他不停地变换姓名和住址。居住的地点，有时住一个月，有时只住半个月，每换一处就改一次姓名。知道他住处的只有两三个人。由于社会上认识他的人太多，他外出的时间严格限制在清晨5时至7时和晚上7时以后，其余时间除特殊情况外都不出去。他对上海的街道布局进行过仔细的研究，尽量少走大马路，多穿小弄堂，也不搭乘电车或到公共场所去。他通常装扮成商人，后来又留起了大胡子，所以党内许多人叫他‘胡公’。敌人尽管把他作为极力搜索的重点目标，却始终无法发现他的踪迹。”（《周恩来传》第一卷，中央文献出版社 1998 年版，第 219—220 页）

《孙子兵法·用间篇》说到情报工作的重要和它的领导者应当具备的素质：“故三军之亲，莫亲于间，赏莫厚于间，事莫密于间。非圣智不能用间，非仁义不能使间，非微妙不能得间之实。”周恩来以其超凡的才智、机警的才干，创建了我党的情报工作，在领导中央特科工作期间，经历过许多惊心动魄的斗争，在隐蔽战线的对敌斗争中建立了不朽的功绩。

目 录

一、中央特科的诞生

没有情报保卫工作就要挨打

中国共产党从1921年成立后，就处在敌人——先是北洋军阀，后是国民党反动派的残暴打杀之下，只能进行“完全非法”的活动。面对严酷的白色恐怖，反动当局的严密搜捕和血腥屠杀，要把国民党统治下广大地区党的组织保存下来是极其困难的，要使它得到巩固和发展更不容易。这不仅需要极大的勇气和毅力，而且还须有高超的智慧和比较正确的指导。

大革命时期的周恩来

“知己知彼，百战百胜”是一切军事战略家的用兵之道、取得战争胜利的法宝。《孙子兵法·谋攻篇》说：“知己知彼者，百战不殆；不知彼而知己者，一胜一负；不知彼，不知己，每战必殆。”军事斗争如此，政治斗争也一样。这是一条制胜的规律。古今中外，概莫能外。

中国共产党的情报保卫工作，是在严酷的阶级斗争中为了防止敌人破坏，保卫党的安全而创建的。建党初期，还不懂得使用情报手段作斗争武器的重要性。由于未能把情报手段作为必要的斗争武器，党在了解敌人和保卫自己方面处于被动地位。遇到敌人的袭击往往措手不及，遭受失败。

毛泽东说："十月革命一声炮响，给我们送来了马克思列宁主义。"帝国主义和封建军阀非常惧怕中国人民的觉醒和敢于斗争的反抗精神。因此，马克思列宁主义一传入中国，就被这些压迫人民的敌对势力视为洪水猛兽，共产党和一切进步组织更被他们视为异端。他们派侦探到处侦察监视，派军警到处缉捕，想把革命运动扼杀在萌芽状态。血的教训，历历在目。例如：

1921年7月23日，中国共产党第一次代表大会在上海法租界望志路106号（现为兴亚路76号）李汉俊家里召开。大会进行到最后一天，忽然有一个陌生人闯进会场，说是找人找错了门。当时共产国际代表马林很机警，问大家认识此人否，大家说不认识，他说一定是密探，赶快离开会场。会议立即中止，代表迅速离开。10分钟后，法租界巡捕前来搜查了会场。代表们随即转移到嘉兴南湖的一艘游船上开完最后一天的会议。（当时闯进会场的密探，是法租界巡捕房政治组的探长程子卿。此人是镇江人，1905年入法捕房，至1943年共在这里干了38年。）（薛耕莘：《我与旧上海法租界》，上海《文史资料选辑》1979年第6辑）

实际上，敌人的监视、缉捕在中国共产党尚未正式成立前就已开始。陈独秀是北京大学文科学长，1919年五四爱国运动爆发后，他为反对北京政府疯狂逮捕上街演讲学生的暴行，6月11日在北京散发其所写的《北京市民宣言》，就遭到逮捕。经多方营救获释后，被迫离开北京转移到上海，由他主编的传播马克思主义的《新青年》杂志也随之迁往上海出版。1921年10月，陈独秀当选中共中央局书记（即总书记）不久，他在上海老渔阳里二号的住所，突遭敌探搜查，将在他家议事的包惠僧、杨明斋、柯庆施、高君曼（陈妻）和他一起抓走。经过多方营救，关押八天后才被罚款保释。

老渔阳里二号是《新青年》及进步书刊的发行处，党组织又常在这里开会、接头，来往人员很多。由于没有经验，把陈独秀安排在这地方住，无异于将中央局的机关暴露给敌人。当时党还处在幼稚阶段，缺乏敌情观念，也没有力量建立情报保卫组织，一旦遇到险情只能暂时"易地革命"，避免损失，因而继续遭到敌人迫害：1922年春，张国焘在上海成都路住处刚挂出“中国劳动组合书记部”的招牌，就被英租界巡捕房搜查、封闭，张国焘被迫逃走。1922年7月，中共第二次全国代表大会以后不久，党中央创办公开发行的党中央机关报《向导》周刊，只出版4期，即遭巡捕房搜查并禁止出版，结果自第6期起被迫从上海迁到北京编印，中央局也被迫同时迁到北京。1923年“二七”罢工失败后，军阀政府加紧摧残革命，北京形势骤然紧张，中央局又被迫迁回上海。不久上海形势恶化，中共第三次全国代表大会和《向导》《新青年》杂志又被迫迁往广州。直到1923年9月，上海形势好转后才又迁回上海……

1924年，国共两党实行第一次合作后，中国共产党一部分党员加入了国民党，以国民党党员的名义进行公开的革命活动。同时又严格分清党内党外关系，凡能公开活动的，尽量利用公开的身份来掩护地下斗争。这样，党开始通过统一战线进行情报保卫工作。1925年春，革命形势迅速好转，党组织领导了全国的工人运动和农民运动。这年党领导的“五卅”反帝运动，在全国轰轰烈烈地展开罢工、罢课、罢市斗争。有些外国工厂的资本家压制罢工，强令或欺骗工人上工，甚至暗害工会干部和群众。为了保障罢工的进行、保护工人的安全，中共泸西区委、浦东区委和沪东区委领导的工人纠察队，先后镇压了一些凶恶的敌人，稳定了罢工斗争形势，打击了帝国主义的挑衅。其后在上海工人三次武装起义中，成立了上海工人纠察队，队员有5000人，拥有300条枪，他们抗拒敌人的镇压，同时对付工贼走狗的欺侮。在这些斗争中，工人纠察队显示了强大的力量，并且探索到了加强秘密工作和保卫工作的经验。

然而，周恩来等中央负责同志对情报保卫工作的认识与重视，却是从吸取四一二反革命政变的惨痛教训后开始的。

红色情报工作者在武汉初试锋芒

1927年3月，周恩来领导上海工人第三次武装起义取得胜利。他是1926年12月离开广州的，到上海后任中共中央组织部秘书兼中共中央军委委员。1927年2月任中共上海区委军委书记。2月23日，中共中央、中共上海区委举行联席会议，决定成立特别委员会（周恩来任委员），并决定成立以周恩来为书记的特别军事委员会，准备进行上海工人第三次武装起义。武装起义发动的时候，周恩来担任了总指挥。

3月21日发动的这次武装起义，整个行动由周恩来和罗亦农、何松林（汪寿华）、陈独秀、赵世炎指挥。经过28小时战斗，攻下北洋军阀在上海的最后一个据点北火车站。这次起义取得胜利，全靠有组织的产业工人奋勇作战，打败了几千反动军警。这是中国工人阶级依靠自己的力量武装起义胜利的光辉一页。

当上海工人欢庆胜利的时候，蒋介石等率北伐军进入上海，立即从背后向起义的工人阶级捅了一刀，发动了四一二反革命政变。4月11日夜到12日清晨，他们先以阴谋诡计缴了工人纠察队的械，13日就开始了疯狂的屠杀和搜捕，大批共产党人和工人群众倒在血泊里。白崇禧在工人起义胜利时率领北伐军东路军开进上海，即在龙华兵工厂内设立了国民党警备司令部，委任杨虎为司令。当时任上海国民党政治分会委员的是陈群，他们两个狼狈为奸，杀害共产党人，被人称作“虎狼成群”。据不完全统计，四一二反革命政变后的三天内，被杀害者300多人，被逮捕者500多人，5000多人流亡失踪。接着各地也相继发生惨案。仅广州“四一五”惨案中，就有2100多名共产党员和工人惨遭杀害。

整个中华大地笼罩着一片白色恐怖，中国共产党的活动处于半公开状态。

周恩来在4月14日转移到吴淞附近徐家宅一处工人住家的小阁楼上继续工作。他起草了一份电报，与赵世炎、罗亦农、陈延年、李立三、尹宽联名致电中央，主张迅速出师讨伐蒋介石。但是，这一建议未被苏联顾问鲍罗廷和中共总书记陈独秀所采纳。

当蒋介石在上海发动反革命政变时，党和人民在毫无准备的情况下，突然被袭击，致使革命遭到严重的损失。当此中国革命的紧急关头，中共中央从上海迁往武汉，并于4月下旬在汉口召开了第五次全国代表大会。周恩来没有参加这次大会，但他在广东领导军事工作和在上海领导第三次工人起义中表现出来的才能，已得到全党的了解和承认。在这次大会上，他被选为中央委员。在中央全会上又被选为中央政治局委员。

1927年5月下旬，周恩来从上海秘密到达中共中央所在地武汉。一到武汉，他就参加了中共中央的工作。5月22日，他列席了中共中央常务委员会议。25日，又列席第十次会议。这次会议决定他任中央军事部长，并规定军事部长在必要时参加常委会议。29日，常委会议决定周恩来代理中央常委职务，参加中央核心领导。此后，在长达半个世纪的时间内，他一直是中共中央的主要领导人之一。

这个时候，革命遭受失败的惨痛教训，引起周恩来和许多负责中央工作的同志的重视。党在革命的实践中，特别是在革命失败中吸取了教训，开始懂得：和强大的敌人作斗争，必须了解敌人，了解它的军事、政治动向，才能准确有效地攻击敌人、战胜敌人。周恩来领导军事部后，即在军事部下面成立了以情报、保卫工作为着重点的特务科。当时军事部的任务特别繁重，它要筹划部署中央全面的军事工作，时刻准备和国民党反动派进行军事斗争。

新建立的情报、保卫工作，在周恩来的直接领导下，站在敌我军事政治斗争的第一线，作出了重大的贡献。

当时在武汉中央军事部（以后通称“中央军委”）参与情报、保卫工作的李强，曾在1981年10月谈到这段经历。他说：“在‘四一二’后我到武汉，到了武汉中央军委。中央军委那时的书记是周恩来同志，军委下面有两个长：一个参谋处，参谋长现在还在，是聂荣臻同志；秘书长王一飞同志，牺牲了。另外还有两个科：一个科叫组织科，组织科长是欧阳钦同志；后来成立一个特务科（又称中央军委特科），负责人是顾顺章，他在五次大会上当选为中央委员。我当时在特务科，特务科下面分四个股：一个保卫股，负责保卫中央领导同志和中央机关的安全。譬如说保卫周恩来同志，保卫周恩来的那个同志现在还活着，在上海，叫杨福林，今年84岁，在上海普陀区当过副区长，现在退休了。我去年找到过他。另外还有保卫8个重要领导人以及鲍罗廷（保卫他的有60个人）的任务。保卫股长也是上海去的，叫李剑如。那个时候，保卫股的兵不算兵，又不是警察，所有的人都穿一身三个口袋的学生装。另一个叫情报股，搞情报，情报股每天在武汉搜集一般所能知道的情况。情报股长是董胖子，可能叫董醒吾或董省五。另外一个是特务股，负责镇压叛徒特务，兼办中央给的其他特殊任务。特务股就是做‘红队’工作，人家说‘红队’就是‘红色恐怖队’。所谓‘打狗队’，我还未去以前做过两件事，一件成功，一件没有成功；我去以后，在那里也干了几件事。这就是特务股，我当特务股的股长，底下就只有3个人。一个叫‘老白脸’，一个叫‘小白脸’，一个叫王竹樵，另外还有临时调来的人。还有一个叫‘匪运股’，这个名字奇怪，搞‘土匪运动’，是专门争取改造称作‘土匪’的那些民间武装的。什么‘红枪会’，其他什么东西，统统来和我们接头，参加革命，我们把它们收编到我们军队里来。四个股：一个保卫，一个情报，一个特务，一个‘匪运’。这就是特务科。至于组织科那里有几个股？我不知道。军委办公处在汉口余积里，我们在余积里12号办公。余积里的房子就像上海弄堂里的三楼三底两厢房。周恩来同志也在那里办公，秘书处在那里，组织科、特务科也在那里（参谋处参谋长聂荣臻同志在武昌的中和里办公）。在那里办过公的人，现在只剩下大概3个，一个我，一个聂老总，还有一个徐以新，就是曾任驻巴基斯坦大使的那个徐以新。他是秘书处的。他年龄比我小6岁，我那个时候是22岁，他只有16岁，是给周总理管文件的。现在，在那里办过公的，还没有找到第四个。‘文化大革命’时，还有五个啰，周总理在，欧阳钦在。……”

李强又说：“那个时候的情况，武汉局势一步一步地恶化，汪精卫从‘宁汉对立’开始转向‘宁汉合流’，军队里也有反动派，有夏斗寅叛变，许克祥长沙‘马日事变’。我们在那时准备集中力量起义、拉军队。我们的军队是第二十四师，是张发奎下面的叶挺部。其余的，在别的军队里当个团长、营长的也有，可以拉的都拉，集中到南昌去。我们就做这个工作。这时鲍罗廷待不住了，要走。于是，我们从保卫股卫队里的那60人中挑选了30个，把他送到莫斯科。怎么送呢？搞了许多小汽车，过河南，到陕西，到陕北，过蒙古，送到莫斯科。

“当时部队里一个师都有两个俄国顾问，身上都有枪，在走以前都要把枪交来，枪都交给我。他们撤退后，我们军队里的同志，还有不是军队里的同志，也都准备撤，准备南昌起义。我们在那里的工作，逐步逐步地改变了。到最后，我什么都管，都参与管……”

武汉中央军事部所属特务科成立的时间不长，但是工作成绩很大。当时国民党的反动军队多次发动暴乱，企图消灭武汉革命力量。党的情报工作在这场斗争中发挥了重大作用，及时地揭露了敌人的军事阴谋。有关国民党反动派的主要阴谋计划，如5月17日夏斗寅在宜昌叛变，攻打武汉；5月21日许克祥在长沙叛变，屠杀共产党员；6月12日汪精卫等同冯玉祥在郑州举行秘密会谈；6月20日蒋介石同冯玉祥在徐州会商反共与宁汉合作等问题：7月14日汪精卫等召开秘密会议，提出反共等等，我们通过公开和秘密的途径，对于这些重大事件，都能及时获得情报，使我们完全有可能避免遭受突然袭击，和有准备地打退敌人的进攻。但是，因为陈独秀坚持右倾机会主义的错误，虽然及时掌握了敌人的情况，却未能根据敌我斗争形势及时作出应有的对策，未能不失时机地给敌人以有力的打击。正如周恩来说的："由于整个政治路线的错误，虽有情报，还是麻木不仁。主要问题上我们都有情报，结果是清清楚楚地看着失败了，政治上的幼稚招致如此结果。"

周恩来在武汉军事部创建特务科时间虽然不长，但是意义重大，影响深远。因为当时在党组织中设立专门情报机构，开展情报活动，建立保卫工作，在党的历史上是一个创举。由于有了这样的组织，在与汪精卫的斗争中，我们就取得了主动，对粉碎敌人的反共阴谋，防止反革命的屠杀，发挥了重要作用。尤其重要的是：为隐蔽斗争——保卫地下党积累了经验，培养了干部。

建立中央特科保卫党组织

1927年"七一五"，汪精卫追随蒋介石，正式宣布同共产党决裂，公开背叛革命。轰轰烈烈的大革命失败了。汪精卫叛变前夕，中共总书记陈独秀提出辞职，经共产国际批准。7月12日，中共中央改组，成立了由周恩来、张国焘、张太雷、李立三、李维汉5人组成的临时中央常务委员会，陈独秀停职。中共中央为了挽救中国革命，于7月中旬作出举行南昌起义的决定，周恩来奉命出任中共前敌委员会书记。7月26日，周恩来在陈赓陪同下赶到九江；7月27日秘密来到还处在国民党控制下的南昌，住在朱德的寓所。8月1日，周恩来同贺龙、叶挺、朱德、刘伯承等领导了南昌起义，打响了武装反抗国民党反动派的第一枪。开始了中国共产党独立领导革命武装斗争和创建革命军队的新时期。

南昌起义后，当晚在周恩来主持的参谋团委员会议上，根据中共中央关于立即南下，占领广东的预定方针，决定起义军南下直取东江。周恩来率起义军击破沿途国民党军队的阻拦，于9月间经由福建进入广东。9月23、24日，起义军主力部队顺利攻占了广东的潮州、汕头。但是立即遭到三倍于己的国民党重兵围攻，潮、汕在明底相继失守。10月初，起义军在西进途中，于揭阳白石和普宁流沙地区与国民党军激战。周恩来这时身染重病，仍与贺龙、叶挺等指挥部队奋勇还击，终因寡不敌众，遭到失败。

周恩来患的是恶性疟疾，到流沙后病情严重，常常处于昏迷状态。10月初，周恩来坐上担架，和叶挺、聂荣臻一道，由当地党的负责人杨石魂带领，转移到陆丰的太子港，找来一条小船，在大海中颠簸搏斗了两天一夜到达香港。经过半个多月治疗后，健康情况逐渐好转。这时已经迁回上海的中共中央决定召开紧急会议（以后称为中共中央临时政治局扩大会议），通知周恩来务于11月7日以前赶到上海出席。他便于11月初从九龙深水埗乘船到上海。

这次会议，从11月9日到10日举行了两天。会议增补周恩来、罗亦农为中央政治局常务委员。11月14日，中共临时中央政治局常委会议对中央的组织机构作了变动：在中央常委下不设部，设立一个组织局，领导组织、宣传、军事、调查、特务、交通、文书、出版等科。组织局由罗亦农、周恩来、李维汉3人组成，罗亦农任主任。罗亦农于当月下旬前往武汉指导工作，由周恩来代理主任。1928年1月10日，中央政治局会议批准周恩来为组织局主任。自此周恩来就担负起处理中共中央日常工作的责任。

周恩来到达上海时，中共中央已从武汉迁回上海两三个月。党中央设在上海，是有许多有利条件的。这个全国最大的城市，工商业发达，是产业工人的集中地。这里工人阶级的队伍最大，战斗力最强，具有英勇善战的革命传统。这里是中国共产党的诞生地，建成了全国最强大的党组织，和上海人民有着紧密联系，是党有力的掩护者。同时，上海是帝国主义的殖民地，国际冒险家的乐园，也是近百年来帝国主义分子统治、压榨、奴役中国人民的基地。自从外国侵略者踏上这块土地，就有无数打着大幌子的商贾，披着黑外套的教士，雄冠佩剑的外交官，如同嗜腥逐臭的苍蝇，从遥远的异邦蜂拥而来。

在他们背后，那些没有国籍的亡命徒，没有护照的刑事犯罪分子，贩运人口的经纪人，私卖鸦片的掮客，杀人越货的海盗，一个个在“领事裁判权”的大纛下面接踵而至，都把这座纸醉金迷的城市当作最后的渊薮。中外各种犯罪分子都在租界里进行活动。华洋杂处，政出多门，敌人营垒内矛盾重重，革命者可利用的空隙很多；全市人口复杂，不查户口，住房易找，设立党的机关，进行秘密活动，便于掩护，比任何城市的条件都好得多。因此，中共中央机关和江苏省委都设在这里。

同时，也有不利的方面。中共中央机关虽然设在法租界，但法租界和公共租界一样，是帝国主义凭借不平等条约，在上海设立的“国中之国”，由法国驻沪总领事独揽行政大权，不受中国政府管辖。根据不平等条约关于领事裁判权的规定，租界司法权由外国领事法庭行使，中国法院无权过问。但是在反对中国共产党、镇压革命人民的事情上，他们又是立场相同，利益一致，相互勾结，配合行动的。例如帝国主义在租界内统治中国人民的神经中枢——法租界巡捕房的政治处，就是他们同国民党反动派和官僚、政客、军阀、豪绅以及地痞流氓等反动势力相勾结，刺探政治、军事、经济情报，干涉我国内政，镇压人民革命运动的执行机构。帝国主义的陆、海军云集上海。英国、法国、印度、安南等国巡捕屹立每条街头统治着租界。大批中国巡捕、包探、流氓、帮会、反动势力为帝国主义效劳，起了警犬的作用。此外，上海又是国民党的政治、经济、外交、文化中心，它的统治区驻有重兵，宪兵、警察、特务机关林立，向人民实行残酷的白色恐怖。

自党中央机关迁回上海以来，国民党特务警探同法租界和公共租界巡捕房的巡捕、包探勾结起来，共同缉捕党的负责人和党团员、工人领袖，每星期都有人被捕被杀。当时有一些人变节投降敌人，这些出卖灵魂的叛徒，也同反动派勾结在一起，出卖革命者和党的机密。这些叛徒曾经一度非常猖狂，如早在6月底，由于江苏省委一个交通被捕叛变，向敌人告密，致使江苏省委书记陈延年、组织部长郭伯和及省委秘书长韩步先相继被捕。韩步先被捕后叛变，不但指认了陈延年、郭伯和，使他们遭到敌人的杀害，并且还供出了另一位江苏省委负责人赵世炎的住地，带着包探捉人，致使赵世炎遭到杀害。

周恩来看到敌人如此猖狂，深感在这种情形下如不建立情报、保卫工作，没有严格的秘密工作纪律，我们随时都会遭到各种敌人的袭击，党的存在是不堪设想的。这时他虽然担负中央许多重责，异常繁忙，但是为着党的安全，他多方考虑后认为唯有向敌进攻，才能保卫自己。因此，他积极筹建隐蔽斗争的工作。他总结了以往工作的经验和教训，于1927年11月向党中央建议成立中央特科，同时提出建立中央特科的指导思想：地下党必须设立情报和保卫工作的专门组织，采取情报和保卫工作手段从事活动，以保卫党的安全，防止敌人的破坏。

中央特科未成立前，武汉特务科的干部如李强等，随中央迁回上海时就已担负着许多保卫党中央的任务，如由汉口到上海的护送中央负责同志的交通线，重要文件和器材的转移，上海领导机关的布置，主要负责同志的住房和安全等等，都作了很大的努力，从而顺利地完成了迁移中央机关的重大任务。原来特务科的人员在中央特科成立前后，主要是负责中央机关的设置和其他保卫工作。中央特科初期的干部多数也是来自特务科的。

中央军委特科和中央特科是在国民党背叛革命，大革命失败，中国共产党开始独立开展武装斗争的情况下成立的。中央军委特科为中央特科的迅速建立准备了各种条件。中央特科继承了武汉时期中央军委特科的传统，在新的形势下展开了新的斗争。

中央特科及其所属机构，是在周恩来直接领导下，从1927年11月开始建立、逐渐健全起来的。首先成立的第一科，是由原来专为党中央机关服务的“总部”改称的。以原武汉特务科及上海工人武装纠察队部分人员组成的红队（“打狗队”）为基础建立起第三科，专门镇压叛徒特务。接着成立了主要搜集情报、掌握敌情的第二科。最后建立的是设置电台的第四科。

1928年11月14日，中共中央政治局常委会议决定成立由向忠发、周恩来、顾顺章组成的特别委员会，领导中央特科工作。周恩来花费不少心血领导中央特科，从各方面加强了党的保卫工作。

1928年春，中央特委为了训练秘密工作干部以适应新环境中对敌斗争的需要，开办了为期20天的训练班。当时顾顺章、陈赓与中央特科绝大多数人员，都参加了这个训练班。训练的主要内容是怎样做秘密工作，怎样坚持白区的斗争，怎样保卫自己、打击敌人，等等。同时，还进行秘密工作技术和秘密工作纪律的训练。周恩来、恽代英等向训练班的学员作了多次政治报告。

地下党要在白色恐怖下生存和活动，就必须依靠全体党员严格执行秘密工作纪律，利用公开合法的形式，掩护“非法”活动，密切与群众的联系，随时防止敌人的袭击。周恩来非常重视这一工作，并经常检查秘密工作纪律执行的情况，严格批评和处理违反秘密工作纪律的同志。1930年4月19日，中央又发出了《中央对秘密工作给中央各部委全体工作同志的一封信》，指出：“中央对于秘密工作之重要，不断督促全体同志之注意，但一般同志在日常生活中，仍有意无意地忽视，这不仅对机关对工作之安全与推动有莫大的妨碍，并且在客观上是帮助敌人企图的成功。”同时，中央继续规定了14条，要全体同志对保障机关安全负严重责任。周恩来还曾要求在特科工作的同志，尽可能寻找公开职业，以掩护自己，即向职业化、社会化发展，同社会各种人来往，广泛地交朋结友。

周恩来为他亲自所领导的中央特科制定的保密纪律是极其严格的。所有参加工作的人都是单线联系，各自所有活动的内容严格保密，不能向包括自己亲属在内的任何人泄露。陈养山在1928年4月情报科刚成立不久就进特科，直到1935年9月特科撤销为止，是在中央特科工作时间最长的一个。有一次他却说过：当时是单线联系，只知自己的工作情况，连工作单位的名称“中央特科”，都是1936年到西安后才知道的。令人听了吃惊之余，更认识到这是一条真正的隐蔽战线。

二、一科——特科的“总管家”

中央特科，第一科成立最早。1927年8月，中共中央机关从武汉迁回上海之前，即设立了一个专为筹建中央机关服务的“总部”。当时中央机关陆续迁回上海，要在上海设立各种领导机构，需要采购各种物资设备和布置机关，租赁中央领导机关和领导同志所需住房，没有这样一个专门组织来负责办理，这项任务是很难完成的。中央特科成立以后，这个“总部”就改为特科第一科。

一科工作的特点，是和党中央的关系最密切，工作既多又杂，必须做得非常机密、稳妥，稍有粗心大意，就会直接影响党中央的安全。因而由中央特科领导是很适宜的。他们对中央机关和领导同志的安全，负有重大的责任。经常操心领导同志的衣食住行，让领导同志不致在这方面引起问题。如租赁房屋，必须选择环境；购置木质家具，要适合不同身份；室内布置，力求社会化。中央召开人数较多的会议时，一科的任务就更繁重。选择会场，室内的装饰和警卫、生活供应的管理，近邻住宅的调查，周围巡逻和警戒等，都须在事前进行周密的准备，以保证会议绝对安全。中央曾开过多次重要会议，没有出过事，是很不容易的。

它还担负着对外交涉的任务，必须开展各种社会活动。如租房屋要打铺保，布置室内要购买家具，这就需要开设各种商店，如木器店、电料行，以应工作的急需。此外，还有许多特殊任务，如营救被捕的中央负责同志出狱，购买枪支弹药，运送危险物品，保存中央重要物资和文件等等，以至对牺牲的同志负责收殓、料理家属生活，等等。这些事情看来琐碎，也和特科其他工作一样充满着惊心动魄的斗争（而且许多工作都要和其他科密切配合）。

一科科长是洪扬生。在第四科成立以前，李强也常管一科的事。他曾在一次会上说：“一科就是总务科，生老病死都管。陈赓不会说上海话，所以这事也叫我管。小孩出生，送育婴堂。人死了，买棺材，埋葬。一些事情都是几个科联系起来一起搞的……”

洪扬生以后改名洪松涛。1921年在上海参加青年团，1922年转为共产党员后，曾在上海地方委员会和团中央担任交通工作。1925年底在中央军委办的军事训练班受训后，曾被作为军事特派员派往东北，1927年春调回上海。四一二反革命政变后，随中共中央机关前往武汉，在中央组织部负责登记工作。中央机关迁回上海不久，即被调进中央特科担任一科科长。

中央特科第一科的工作较多较杂，主要有三项：设立机关、布置会场、营救负责同志以及亲属的安抚工作。

设立党的秘密机关

设立机关，是中共中央机关迁回上海首先要解决的问题。需要设立的机关很多，各有不同的用场：有的用来开会、办公，有的用来接头联络，有的设立电台，有的专门保管文件，所有同志的住所，都要由第一科统筹安排，秘密设置。洪扬生说：“设立机关、布置会场是一件具体而细致的工作。当时上海空屋较多，租房并不难，但要有‘殷实店铺具保’，不然办不成。特一科刚开始工作时，租房找保十分困难。周恩来同志指示我们，千方百计找社会关系，设法解决这个问题。经过一段时间，特一科逐步建立了三个点：一处是劳合路（现六合路）泰亨源水电行，店主张义安（又名杏生），原是我远亲，但不往来。为了工作需要，我主动上门攀亲，认为表兄。张义安比较相信我，我们要求他为租房作保，都愿盖章，凡有所求，从不推托。一处是北四川路三民照相馆，经理是范渔人（又名梦菊，上海本地人），他常协助我们工作，还替我们购买、储藏武器，传递密件和做些掩护工作。此人以后情况，我不清楚。还有一处是李瑞生开的布店，他原先是店员，组织过店员工会。他开布店后，就为我们租房屋做保人。1928年后，他带同全家为党住机关。这个机关设在威海

大革命时期的李强

卫路永吉里，为中央的一个接头地点。”（洪扬生：《中央特科一科的工作情况》，上海《党史资料丛刊》1981年第2辑。本节引用洪扬生的话均见该文。）

当时住机关的人，男方如果是单身汉，党组织都要调一个女同志扮作“假夫妻”。在上海做秘密工作，如果没有女同志以夫人身份作掩护是不行的，单身汉独居不单是容易受人怀疑，就连租房子都很困难。按照秘密工作需要社会化的原则，人们的行动都要符合自己的合法身份，住家要像住家，商店要像商店。住家的夫妇，女的得像家庭妇女操持家务，买菜、煮饭等家务活都要做，才能隐蔽得好，不出破绽。多数住机关的假夫妻，相处的时间久了，双方有了感情，经党组织批准成了真夫妻。1981年10月，有一天，李强回忆在上海的地下工作，在谈到“住机关”的时候，除了讲述了上述那些话，还举例说：《永不消逝的电波》那部电影里面讲的就是这样的事。这是真人真事编写成的故事影片，男的叫李白，女的就叫裘慧英，她现在上海，是外贸部下属一个公司的经理。

影片中党的地下电台工作者李侠的原型李白，原是红一方面军的电台台长，调到上海做秘密工作，化名李霞，党组织调了一个绸厂女工出身的女共产党员裘慧英（原名裘兰芬）和他扮作“假夫妻”。当过“包身工”的裘慧英同他住到一起后，看到他对党的忠诚和废寝忘食的工作精神非常感动，两人在工作中逐渐产生了爱情，经党组织批准成了真夫妻和生死与共的战友。他们同甘苦、共患难，在严重的白色恐怖下出生入死，并肩战斗。他们曾经多次被捕，面对敌人的酷刑和死亡的威胁，坚贞不屈，维护党的利益。李白受尽惨绝人寰的酷刑，终被敌人残酷地杀害。他用自己的生命谱写了一曲壮烈的战歌，他的革命气节及忘我的奋斗精神为我们树立了光辉的榜样。

遇到中共中央召开人数较多的重要会议，就由第一科租来较大的会场，还要设法组织一个临时家庭作掩护。如1930年5月中央在上海召开中华苏维埃区域代表大会预备会议，有将近50人参加。中央特科一、二、三科的人员都动员起来，共同筹备这次会议，会场选定卡尔登戏院（现长江剧场）后面白克路（现凤阳路）上一排楼房。会前决定由在中央机关工作的李一氓充当这座开会楼房的主人，李一氓的夫人和两个男孩以外，党又调来赵毅敏当李一氓的弟弟、李一超（又名李坤泰）当他的妹妹，共六口人组成一个临时家庭。整座楼房的布置，与会人员的吃、住、行，以及房内房外的警戒，均由中央特科安排。会议一结束，这个临时家庭就解散了。那个临时当他妹妹的四川姑娘李一超，以后就不知道她到哪里去了。

过了20多年，全国解放初期看过《赵一曼》这部电影，李一氓才晓得赵一曼就是那个李一超。

第一科当时主要还是为中共中央设立一些办公机关、联络点和接头地点。如在天蟾舞台隔壁的云南路447号生黎医院楼上（现云南中路171—173号），设立了中央政治局开会办公的机关，由熊瑾玎和朱端绶夫妇住机关。1928年春，中共湖北省委遭到破坏，熊瑾玎转移到上海后，中央任命他担任中央机关的会计，负责筹措经费。他挂起一个“福兴商号”的牌子，经营土布生意，自任老板。实际是为中央政治局设立开会办公地点，进出的中央负责同志像顾客可免人怀疑。熊瑾玎在《自传初稿》中记述了经过情形：“1928年4月，由于湖北省委机关大半已被破坏，我即转到上海，与李维汉、龚饮冰、黄文容等同志接上了头，当即分配我担任中央会计，并建立中央政治局开会办公的机关，还要准备发信、收信的地址等秘密工作。我首先就以商人的面貌出现，去找适当的房子，在四马路跑马厅口（现福州路人民广场口）有一处房子，正在天蟾舞台后面，可由一个很肮脏的小巷子出进。全部楼面三大间，正可供政治局开会办公之用。楼下二房东是个西医名医周生赉，开设了一个私人医院——生黎医院。我们住了三四年之久，来往的人总共二三十之多，真是安然无事。”“福兴商号”开张不久，为了掩护，周恩来又调来19岁的湖南女共产党员朱端绶当“老板娘”，与“熊老板”一起住机关。他们两人先前在湖南就认识，并且相互留有良好印象。在这里相处了几个月，加深了了解，建立了深厚的感情。这年中秋节的夜晚，周恩来、李维汉、邓小平等在“福兴商号”开过会后，他们两位在四马路川菜馆备了一桌酒席，请他们饮酒赏月。周恩来有意促成他们的婚事，就在席间提议他们结为伉俪，李维汉、邓小平等都很赞成，两人就此结为革命伴侣开始终生甘苦与共的革命生涯。

凡是当年在上海或国民党统治区的其他地方做过地下工作的同志，都对这些机关留下了难以忘怀的印象。半个世纪以后，李维汉对于“熊老板”夫妇设立的这个机关津津有味地回忆说：“1927年10月，党中央迁到上海以后，相当多的中央机关设在爱多亚路（今延安东路）附近。爱多亚路以南是法租界，以北是公共租界。我到上海后开始住在爱多亚路以北的淡水路上，附近都是党中央的秘密机关。从我的住处往西走，是瞿秋白的住处，再过去是苏兆征的住处。爱多亚路南面有中央农委的机关，从农委机关往东，是中央秘书处的机关。中央其他一些负责同志多住在爱文义路（今北京西路）一带。

“开始时，中央政治局常委经常在秋白同志住处开会。那里是整幢房子，楼上开会，楼下住何家兴、贺稚华夫妇（后来成为出卖罗亦农同志的叛徒）。大概在1928年上半年，党中央在四马路天蟾舞台后面房子的楼上（今云南中路171—173号）设了一个机关，中央政治局经常在这里开会。开会的同志从天蟾舞台西侧云南路的一座楼梯上去，直接就到了开会的房间。房间里窗前有只小桌子，供开会作记录用。当时，作会议记录的是中央秘书长邓小平同志（后为黄文容同志）。那里住机关的是熊瑾玎夫妇。六届四中全会以后，中央要分配我工作，周恩来同志就是在这个房间里同我谈话的。后来，大概由于顾顺章被捕叛变，才放弃了这个机关。新中国成立以后，1952年毛泽东同志在杭州起草宪法，通知小平同志和我去那里商量。小平同志对我说：‘罗迈，我们两个到上海去看看那个老地方吧！’我说：‘好！’跑到那里一看，房间的样子没有变化，但已变成卫生站了。这里是两届中央政治局——八七会议后的一届、六大后的又一届工作过的地方，而且是一个长期没有受到破坏的秘密机关。”（《李维汉同志谈一九二九年时的江苏省委》，上海《党史资料丛刊》1981年第3辑）

周恩来也对这处办公地点念念不忘。1946年，因同国民党举行谈判他又来到上海，住马思南路107号（今思南路73号）“周公馆”。他对这时为准备《新华日报》在沪发行也到上海的熊瑾玎夫妇说：你们应去看看当年的旧址，拍些照片回来。1966年1月，已任全国红十字总会副会长职务的熊瑾玎欣逢80岁诞辰时，周恩来特地带着邓小平送给自己的两瓶绍兴花雕陈酒来为他祝寿。“文化大革命”前夕，周恩来亲笔为他们夫妇写了一份证明材料：“在内战时期，熊瑾玎、朱端绶同志担任中央最机密的机关工作，出生入死，贡献甚大，最可信赖。”1973年，熊瑾玎病危的消息传来后，周恩来不顾自己重病在身，赶去医院看望。这时熊瑾玎已不能说话，周恩来问朱端绶：熊瑾玎同志留下什么话没有？朱端绶递过一张纸条，上面是熊瑾玎留给周恩来的两句遗诗：“叹我已辞欢乐地，祝君常保斗争身。”表达了他对老战友的衷心崇敬和最后祝愿的情愫。

1980年，上海市人民政府已将当年中央政治局开会办公的“福兴商号”旧址定为市级文物保护单位。洪扬生说，第一科设立的机关还有：

一、1928年，在法租界金神父路（现瑞金二路）租了一幢由一个白俄老太为二房东的洋房。由洪扬生和一位女同志扮假夫妻，住在三楼，作为中央特科的内部接头处。周恩来、陈赓和王根英夫妇、顾顺章等少数人常来这里接头谈话。特科的其他人不到这里来，洪扬生等也不到陈赓家里去。陈赓家里情报系统的人员来往较多，由于特科工作的特殊性，工作上不相关的人都避免来往。

二、中央特科的另一活动地点在同孚路（现石门二路）上一条弄堂口，是一幢石库门房子。门口挂有两块牌子：“费国禧律师通讯处”和“信谊代办所”，实际上是秘密接头和转递文件的机构。房子的底楼厢房为第一科和第三科（“红队”）成员的聚居区。这里还储藏了一些武器，比较热闹，特科的主要负责人一般不来这里。

三、在西摩路（现陕西北路）斜桥会馆旁，开设了一家“古董店”，作为中央秘密接头机关，中央政治局常委会也在那里开过会。派一个湖南人朱锦棠当“店老板”，顾顺章的岳母当烧饭阿姨。朱锦棠原是安源工人俱乐部的干部，大革命失败后在湖南站不住脚，到上海来找党中央，中央派他开了这个

"古董店"，中共六大期间，朱竟卷款逃走，随即"古董店"也关闭，但这个地方没有遭到破坏。

四、在泥城桥东堍开办一家木器店，由戴荣鑫当店员，另由顾顺章安排一个松江阿姨来烧饭。那时领导人经常搬家，租房时木器店可以提供铺保，所需家具也由这里供应。有一些秘密会议开过以后，房子虽然退租了，但是购买来的家具一时无处堆放。开了这家木器店以后，这里既是一个接头机关，也作家具堆栈用。

五、1928年底，在西摩路菜场旁租到一幢弄堂房子。原来以为这里环境很好，适宜作为重要的接头谈话机关。但是搬进去以后，发现暨大的教授邓初民夫妇也住在这里。虽然他是著名的民主人士，同情共产党，他的一个女儿也是共青团员，但因他有不少朋友来来往往，人员也较复杂。为安全起见，这里只作一般的机关使用。

六、1930年，在爱文义路（现北京西路）的一条弄堂里租到一幢三层洋楼。这幢洋房独门独户，环境较好，楼下是客厅，楼上是住房。于是就将这里作为中央负责同志与共产国际代表接头开会的地方。洪扬生扮作资本家和全家人住在这里，还住着负责文书的严重夫妇和一位双目失明的英语翻译。中央负责同志和共产国际代表进出这里，都由洪扬生以"资本家"身份接待。

布置党的会议会场

第一科的另一项重要任务就是布置会场。当时所有中共中央召开的重要会议，都由第一科负责筹办。从确定开会的地点、租赁房子、布置会场，直到备办庶务，全由第一科负责办理。一科从安全着眼选定会场后，即由第三科派出"红队"携带武器前往卫护，有的骑自行车在附近巡逻，有的化装成小商贩在房前、房后和里弄口观风，有的在会场警戒。万一发生险情，外围人员发出报警的信号，在会场的人员分头行动，一部分抵抗敌人，一部分保护负责同志转移。

当时几次中央全会，都是由第一科布置会场，有的则是周恩来亲自布置的。

1929年6月下旬至7月初在上海召开的中国共产党六届二中全会，就是周恩来亲自布置李宇超、刘淑琴夫妇和罗登贤的夫人周秀珠去住机关。

当时李宇超和刘淑琴都在中共中央秘书处的下属机构文书科工作，李宇超负责文书科的日常工作，刘淑琴也在文书科工作，机关住在尊义里（现松寿里）。

刘淑琴回忆六届二中全会召开的情形说：“1929年的夏天，我结束了文书科的工作。李宇超也从文书科调出，去搞军事训练班工作。当时，中央正在筹备召开六届二中全会，会议要求用家庭形式来掩护。这时，周恩来要我去住机关搞掩护工作，公开身份是家里闲住的女主人，实际上却是为全会做些文书工作，听听报告等；同时把顾维桢调去机关烧饭。当时，我担心自己做不了，周恩来对我说，另找别人要添做衣服，党的经费有困难，这个会很重要，一时很难找到更合适的人了。于是，我就接受了这个任务。六届二中全会开会的地点记不清了，只记得那幢房子是在一条弄堂的最后一排，样子很漂亮，像是公馆。为了把房间布置得像有钱人家的住房，我把结婚时的缎子被和好衣服都带了去。周恩来是会议的总负责人，顾顺章负责会场的安全保卫和大会的行政财务。出席这次会议的人员中，我认识的有周恩来、关向应、贺昌、刘少奇、项英、卢福坦、李立三、罗登贤、顾顺章，可能还有邓恩铭。我还看到一个外国人和一位翻译也参加了会议。会议只开了个把礼拜，具体情况就不了解了。会议期间，顾顺章的老婆打扮得很妖艳，坐着小汽车来会议处转过几次。还有罗登贤的爱人（名字叫秀珠）也来过开会的地方，并和我一起住在楼下，其他来开会的人都住在楼上。周恩来、李立三、项英等不住在这里，只有开会时来。……”（刘淑琴：《党中央机关在上海的活动片断及其他》，上海《党史资料丛刊》1980年第2辑）

1930年9月24日至28日在上海召开的六届三中全会，会场设在麦特赫斯脱路（现泰兴路）一所洋房里。会议开了三天，参加者数十人。

开会期间，第三科“红队”全体出动做保卫工作，第一科派人在场照料。这次会议前在瞿秋白、周恩来等主持下，根据共产国际的指示，已纠正了部分“左”倾错误。这次全会进一步批评了以李立三为代表的“左”倾错误，停止了李立三等组织全国总起义和集中全国红军进攻中心城市的冒险行动。就此在中共中央结束了以李立三为代表的“左”倾冒险错误的统治。会议期间，有的同志在会场上发言批判李立三“左”倾错误时情绪激昂，声扬屋外。周恩来特别提醒大家，在秘密工作环境中要注意安全；同时吩咐第一科的人员维持秩序，对发言声音过高者，须予以制止。开会期间，警戒人员虽然几次发出警报，最后会议还是安全结束。

1931年1月7日在上海召开的中共六届四中全会，会场在法租界武定路修德坊六号。会议开了一整天，直到深夜结束。会场上争论十分激烈，为了掩护会议的进行，代表们在楼上开会，楼下由中央特科第一、第二科的女同志打牌并开留声机。第三科派来的“红队”的警戒工作也十分严格，他们穿上厨师的衣服保卫会场的安全，准备随时投入战斗。根据共产国际指示召开的这次全会，“出席会议的除中央委员、候补中央委员22人外，还有全总、海总、铁总党团、团中央、苏维埃准备委员会以及白区党的基层组织的代表，共37人。共产国际代表米夫出席了会议，并不断使用组织手段控制会议的进行。”经过这次全会，王明等人实际上掌握了中共中央的领导权。从此，以王明为代表的左倾教条主义统治全党达四年之久。1930年5月，中共中央和中华全国总工会中央执行委员会在上海主持召开的中华苏维埃区域代表大会预备会议，会场也是第一科布置的。这次会议参加人数多，开会时间长，工作量较大，动员了中央特科各科的力量（这次会议召开的过程，本书另行专门记述）。

营救被捕同志

营救被捕的中央负责人，为牺牲的烈士处理后事，安抚亲属，也是第一科的任务。

处在白色恐怖的环境中，经常有我们的同志被捕。当时一般的同志被捕后，依靠中国救济总会进行营救。遇有中央负责同志被捕的时候，就由中央特科负责营救。营救的办法主要有三种：

当被捕的同志未暴露身份时，中央特科采取公开聘请律师出面辩护的方法，合法营救。洪扬生说：“在特一科的直接关系下有两位律师，一位是潘震亚，他是法学教授兼办律师事务，十分同情革命，我们有所求，他必应，从不附带任何条件。另一位是费国禧律师，我们请他出面辩护，仍得花点钱。”这是常用的一种办法。如1929年11月17日任弼时在上海被捕，化名彭德生，没有暴露身份。11月19日，上海公共租界会审公堂（“会审公堂”指上海市军法会审处，是由国民党淞沪警备司令部、上海市公安局、上海市地方法院和上海市党部联合组织的，专门迫害革命者的审判机关）开庭审判。中央特科请潘震亚出庭辩护，据理驳得法官词穷理亏，宣布休庭。11月22日第二次开庭，敌人没有从他嘴里得到任何情况，也没有任何证据，只是借口“危害国家安全”对他判刑40天。三天以后，12月25日，租界洋人过圣诞节时，任弼时即被“减刑释放”。

第二种办法，寻找内线，或托人说情，或者行贿买通，争取释放。如1928年10月13日任弼时前往安徽巡视工作，在南陵县第一次被捕时，临时化名胡少甫，没有暴露身份。经陈琮英延请任氏家族的姻亲、长沙四大律师之一的何维道赶到安庆奔走营救，将案子从特刑庭转到安徽省法院；中共中央亦令特科在国民党上层开展营救活动，国际济难会拨款8000元收买有关官吏，终于取保无罪开释，于1928年底出狱回到上海。

恽代英于1930年5月6日在上海被捕，押在老闸捕房，但他装作工人，化名王作林，没有暴露身份。洪扬生说：“当时，一个打入国民党淞沪警备司令部的中央特科的同志找到老闸捕房的探长尤阿根‘打招呼’，自称恽代英是他的‘表兄’，请他卖个情面。于是，恽代英被从轻判处三年徒刑，转押到苏州陆军监狱。恽代英关在苏州时，陈赓又通过江苏高等法院的一个法官的关系，准备将恽提前释放。周恩来同志派我到苏州送钱给恽代英作路费，并叮嘱恽出狱后不要坐火车回上海，或乘船或步行均可，以免半途密探找麻烦。如不是顾顺章叛变投敌，出卖了恽代英，恽代英也不至于最后在南京牺牲。”

第三种方式为武力抢救。在上述两种方式无效后，万不得已才用此着。武力抢救列为“红队”的训练项目。“红队”在执行武力抢救计划时，特一科的同志有时也从旁协助。彭湃等五位同志被捕后，中央特科曾计划乘敌人将他们转押的半途中用武力劫持营救，不料由于计划安排不周，贻误了时机。罗亦农被捕后，中央特科也曾打算“半途拦劫”或“法场劫持”，但由于形势不利，无法下手，最后只得放弃原定计划。

对于牺牲了的同志负责收殓，安抚料理家属生活，也是第一科的任务。其他各科的同志也都参与这类工作，李强就是经常参与的一个。罗亦农烈士牺牲后，他的棺木寄存在安徽会馆中。李强就和罗亦农的夫人李文宜一起，将罗亦农的棺木从安徽会馆迁葬至江湾公墓。他还亲自办理过苏兆征烈士和邓小平已故夫人张锡瑗等烈士的安葬。1982年3月9日，李强写给上海《党史资料丛刊》编辑部的一封信中，曾经谈到有关情况。他在信中说："1930年初，春暖花开时，党中央把安葬苏兆征、罗亦农、张锡瑗烈士的灵柩的任务交给了我。记得是先葬苏兆征和罗亦农，再葬张锡瑗，但相隔时间不长。在公墓安葬时，邓颖超同志和她的妈妈、张锡瑗的妹妹张晓梅、李文宜同志都在场。我还以'曾幼范'具名，在三位烈士墓前立下了'姚维常、毕觉之墓'和'张周氏之墓'两块石碑，作为标记。上海解放初期，我在旧的民政局管理公墓的登记簿上查到过这些名字，并依此线索，找到了苏兆征和张锡瑗同志的棺木。由于江湾公墓在抗日战争期间被改建为机场，棺木散置荒郊，遭破坏的很多，因此罗亦农烈士的灵柩始终未找到。"（《来信摘登》，上海《党史资料丛刊》1982年第2辑）

一科负责的工作，还有购置、保管武器和一些特殊用品；建立各种掩护机关为中央服务，等等。为了营救被捕的中央负责同志，特科在中央特委领导下，曾经动员很大力量和各种社会关系，不惜巨款，不顾危险，积极进行营救。为了购置武器，一科也建立了不少利用关系，和在上海的外国洋行、军火商人、军阀和流氓等都有直接或间接的交往。1930年特科通过中央军委，就曾在上海一家外国洋行里买过许多枪支。当时北四川路、老靶子路口西北角转角的"三民照相馆"，就是一科储存武器的地方之一。一科还担负运送武器的任务。有时派女同志运送武器，以减少抄靶子的敌人的怀疑。武器多的时候，常由女同志打扮成阔绰的太太、小姐模样，坐着流线型的卧车运送。为了租房子打铺保，给中央机关安置必要的家具，一科用开铺子做生意的形式，建立了掩护秘密工作的各种机构。

关于第一科的工作人员，洪扬生说："特一科的工作人员，除我之外还有：阚思颖，四川南溪人，住机关。邹志淑，浙江嘉兴人，做交通和掩护工作。周青，四川人，曾当过兵，由'红队'调来。陈家康，广东人，为特科专职医生。广东阿四（化名），广东人，当时特一科备有一辆敞篷汽车，他为司机。朱胜

（化名），湖南人，做古董店的老板。张克诚（化名），北方人，当木器店的老板。张阿桃，为顾顺章的岳父。张陆氏，为顾顺章的岳母。张爱宝，为顾顺章的小姨子。叶小妹，为顾顺章的姨母之女儿。顾维桢，为顾顺章的胞兄，住机关当烧饭师傅。吴韵兰，为顾顺章的嫂嫂，做掩护和交通工作。吴克昌，为吴韵兰的胞弟，做掩护工作。吴克昌之妻（名字已忘），也做掩护工作。戴荣鑫，浙江余姚人，木器店店员。松江阿姨（名字已忘），在木器店里烧饭。”

三、情报科长“王庸”——陈赓

陈赓的传奇经历

中央特科二科为情报科，是专为搜集情报、掌握敌情、专对敌人侦探机关进攻而设置的。在帝国主义和国民党军、警、宪兵、特务机关严密统治的上海，如果不对敌人采取进攻，就不能达到保卫自己的目的。特科情报工作最重要的一个方面，就是采取“打进去”和“拉出来”的手段，深入敌人的要害部门，及时打破它的阴谋活动。

情报科科长是由其后在革命战场上叱咤风云、驰名中外的陈赓大将化名“王庸”担任的。他的军事生涯，则是由军阀部队里的二等兵起始的。

陈赓别号庶康，1903年出生于湖南湘乡县。幼时，曾听早年从军的爷爷讲过许多作战故事，天长日久，使得天性活泼好动的陈赓“时思弃读从戎”。终于，以父母给他包办的婚姻为导火索，陈赓离家出走了。

1916年冬天，13岁的陈赓怀着独立生活的心愿和期望能有所作为的志气离家出走，成为湘军鲁涤平部的二等兵。

随着军旅生活的延续，军阀部队里的种种黑暗，渐渐破碎了少年陈赓单纯的梦。1921年，陈赓终于丢掉了那支套筒枪，在长沙粤汉铁路湘局谋到一个办事员的差事。

他一面谋生计，一面进补习学校和夜校学习，还参加青年救国会等进步群众团体，积极从事反帝救国活动。此间，得到何叔衡等人的引导，于1922年12月加入中国共产党。根据党组织决定，陈赓于翌年底秘密考进孙中山在广州创办的陆军讲武学校。1924年5月，他又考取黄埔军校，成为第一期学员。

7个月后，陈赓以出色的军事素质毕业留校，任第二期入伍生连长，第三期本科副队长。随后，他又在第一次东征陈炯明，扑灭滇军杨希闵、桂军刘震寰叛乱以及支援省港大罢工、追查刺杀廖仲恺凶手等斗争中，显示了智勇过人的才华。

陈赓（1903—1961）

1925年10月1日，广东革命军举行第二次东征。蒋介石任东征军总指挥兼第一军军长，周恩来任总政治部主任兼第一军第一师党代表，陈赓在第二师第四团当连长。在夺取惠州的战斗中，陈赓冲锋在前，敌人的子弹打中了他的左脚，陈赓拔出弹头继续冲杀，带领部队最先攻上城头。随后，他这个连被调到东征军总指挥部担任护卫。

10月21日，周恩来和师长何应钦率领第一师攻克海丰。而靠近总指挥部行动的第三师因27日贸然向华阳前进，与敌遭遇，全线败退。蒋介石赶去督战，一看形势不妙，忙叫陈赓到前线去向第三师师长谭曙卿传达“不准退却”的命令，并且要谭枪毙任何一个临阵逃跑的人。见到蒋介石的命令，这个师曾想反攻，结果又遭失败。待蒋介石赶到那里，敌人一个侧击，谭师全线崩溃。蒋介石叫陈赓代理第三师师长，要他前去把溃散的队伍重新集合起来。可是为时已晚，局面已到了无法收拾的地步。“兵败如山倒”，这个师的军官也在掉头逃跑，敌人步步紧逼过来，最后连总指挥部的人马也各自逃散。当时蒋介石刚在惠州被欢呼为“总指挥”，趾高气扬，不可一世。这么一来，他感到有些不体面了。情况越来越危急，他装模作样地叫嚷：“我必须在这里杀身成仁，我没脸回去见江东父老。”陈赓见他这样作态，感到好笑，但还是劝慰他说："因为你是总指挥，你的行动会对整个战事发生影响。这次溃败的只不过是一个师。赶快离开这里，我们还可以把部队整顿一下再打过来。"经过陈赓又哄又劝，蒋介石见有台阶可下，不再作态。眼看敌人逼近，蒋介石心慌腿软，路也走不动了。陈赓把他连拖带背地疾走了好几里，直到一条河边，上了船，才脱离了险境。

起初蒋介石不知陈赓是共产党员，对陈赓的救命之恩十分感激，并借此拉拢，将陈赓调做侍从参谋，可以随便进出他的住处。东征军打下汕头后，总指挥部驻在畸庐，蒋介石住一楼，陈赓跟周恩来住在二楼。有一天，陈赓在蒋介石的桌子上发现一本黄埔军校学生和各级负责人的名册，翻开一看，见共产党员的名字上头都有一个红圈，对陈赓还有批注："此人是共产党员，不可让他带兵。"陈赓即将此事报告了周恩来，请示该怎么办？周恩来说："你给他写个条子，辞职不干，看他如何处置？"第二天，陈赓就托词母病请假回家，蒋介石看过他的条子，狡黠地问："不是这样吧？你看了我的什么东西了吧！"陈赓没有吭声。过了一晚，蒋介石叫人送来了船票、路费和一张"委任状"，委任陈赓为陆军军官学校中校队长，陈赓随即离开汕头，回到广州。

1926年5月，蒋介石向国民党二届二中全会提出《党务整理案》，强迫黄埔军校国民党内的共产党员退出共产党。共产党内的机会主义分子，竟然也劝共产党员退党。而在这时，陈赓毫不犹豫地公开自己的共产党员身份，声明脱离国民党党籍。

1926年9月，根据周恩来的安排，陈赓秘密离开广州，到上海找中共中央报到。陈独秀接待了陈赓，告诉他中央决定派他和顾顺章、陆留三人前往苏联，学习苏联的政治保卫工作经验。当时在党中央机关工作的李强找来一条舢板，带陈赓和顾顺章、陆留上船，划到一只苏联轮船那里。他们从上海坐船到苏联海参崴，在红军中学习政治保卫工作群众武装暴动经验。1927年2月回到上海的时候，北伐军已攻占长江流域。3月间他到南昌，正逢蒋介石开始叛变革命，大肆摧残革命力量，捕杀共产党人。他即转往武汉，被党组织派到北伐军第二方面军唐生智部特务营任营长，这年4月，他曾出席在武汉举行的中国共产党第五次全国代表大会。蒋介石、汪精卫公开叛变后，陈独秀右倾机会主义路线迫使陈赓把特务营交出去。陈赓只身离开部队，退到武昌，随周恩来乘船秘密到达九江，转往南昌。8月1日，参加了南昌起义。在起义军撤离南昌的时候，他在贺龙的第二十军第三师工作，随军南下。8月24日，部队在会昌地区和反动军队交战当中，陈赓负了重伤，左腿中了三颗子弹、胫骨、腓骨全被打断。以后由副官卢冬生陪他经长汀，辗转来到潮州汕头。在起义军失败后乘坐太古公司的轮船到达香港。陈赓后因故返回上海，与周逸群一起在上海找到了党组织。

牛惠霖医院里的风波

陈赓和周逸群、卢冬生同船离开汕头，历尽千难万险到达上海。这时已是1927年10月中旬。他们在上海找到党，是经过陈赓的夫人王根英的帮助。王根英于1906年出生在上海郊区的一个贫农家里，11岁就到日商恒丰纱厂当童工（以后又转到英商怡和纱厂）。1925年加入中国共产党，是五卅运动的积极参加者。她在厂里长期领导女工进行斗争，成为厂内外女工热爱的群众领袖。1926年10月至1927年3月间上海工人举行的三次武装起义，她都积极参加了。1927年3月，第三次武装起义胜利后，上海特别市临时政府宣告成立，她当选为市人民委员。蒋介石发动四一二反革命政变后，王根英遭到国民党警探、租界巡捕的追捕，被迫转入地下。这年4月，她作为上海党的代表，前往武汉参加中国共产党第五次全国代表大会。她在上海就与陈赓相识，彼此倾慕已久，即在汉口结婚。中共五大会后，她又作为上海派出的工人代表，出席了6月在汉口召开的全国第四次劳动大会。在汉口期间，她又作为中国工人阶级的代表，出席了太平洋劳动会议。同年7月，王根英又回上海参加秘密工作，在党中央担任交通。自从在武汉和陈赓分别以后，王根英一直期待着他的消息。她在报纸上看到8月1日南昌起义的消息时，非常兴奋；不久又得到了起义部队南下潮汕失利的消息，担心和悬念的心情一天比一天强烈。如今，忽见陈赓拖着重伤的腿，备历艰险回到上海，非常高兴地把他安顿在家里，尽心照料，并且马上帮助他和组织接上了关系。许多年后，即1983年5月24日，李强谈起此事还说：“王根英在上海做地下工作是勇敢的。没有她，陈赓不会那么快就找到党的。”

党组织了解陈赓伤势严重，想方设法把他送进上海爱多亚路（现在延安中路）、成都路口牛惠霖骨科医院医治。牛惠霖曾经留学英国，是出色的骨科医生，政治思想倾向进步。因为他的医术高超，在上海很有名望，许多国民党的“党国要人”和有钱的阔佬都来找他治病，这里常有国民党军队的高级军官进进出出。陈赓初进去的时候，牛惠霖大夫怀疑他是一个强盗，以为他的腿是在盗窃作案的时候摔坏的，不很乐意医治。虽经反复解释，仍不能够消除医生的猜疑。陈赓见医生为人比较正直忠厚，觉得与其被怀疑做强盗，还不如端出本来面目的好，于是把真情告诉了他。牛惠霖听完陈赓的叙述，深受感动，对他非常友好。这位大夫问陈赓为什么不早说？原来，牛惠霖是宋庆龄的亲表兄弟，一向同情革命，衷心支持她的革命活动。这时宋庆龄虽然不在上海——她在这年8月下旬已经前往苏联，正在莫斯科。但是，牛惠霖大夫知道，宋庆龄素来爱护黄埔军校的进步师生，她又是这次南昌起义时成立的中国国民党革命委员会委员及其主席团成员。当他得知陈赓是在南昌起义中的伤员，经过千辛万苦来到上海求医的时候，认为应该尽心照料。从此牛惠霖大夫对陈赓就更加热情，决心把他的腿给治好，非常认真地给他治疗。以后两人成了亲密的朋友。

陈赓左腿骨折，在进军途中虽经接上，但接歪了，又经两个来月辗转流亡，艰苦奔波，伤势恶化。按照病情，通常只好截肢完事，但是陈赓坚决反对截肢。牛惠霖大夫满足了他的要求，重新给他接起来，保住了这条多处负伤的腿。这，如果不是在设备条件先进的上海，没有牛惠霖高超的医术，真是难以想象的事。陈赓对牛惠霖非常感激，直到很久以后，每逢提到他们，总是赞不绝口。

在刚住进医院的时候，卢冬生继续照料陈赓。11月上旬，周恩来也来到上海。接着，贺龙等也经香港来到上海。周恩来派卢冬生把贺龙接到党中央机关。本来，中央决定派贺龙和刘伯承、林伯渠等一起前往苏联，定于11月17日动身，但16日机关突遭破坏，敌人已经知道贺龙到了上海，到处搜捕他。贺龙误了行期，没有走成，以后他与周逸群商量，决心回到湘鄂西去发动群众，组织武装斗争，建立革命根据地。周逸群完全赞成贺龙的意见，愿意跟他一起去湘鄂西，即将此事向周恩来作了汇报。中央很快批准了他们的要求。翌年

1月中旬，周恩来又派卢冬生护送贺龙、周逸群离开上海，前往湘鄂西。卢冬生在革命战争中经受锻炼，又经过陈赓的教育帮助，接受了共产党的政治主张，思想上有了进一步的飞跃。1927年12月7日，在上海由陈赓、王根英两人介绍加入中国共产党。

陈赓住院期间，党组织对他关怀备至，周恩来经常派人到医院探视，李强就是来得最勤的一个。徐以新从潮汕脱险后，稍迟一些时候也经香港来到上海。他听到陈赓负伤住院的情况，也常常到医院里来看望、叙谈。

陈赓手术过后很快发现，这家医院里面住有不少黄埔军校毕业的军官。这些人在上海的头头，还到医院里看望过他们。陈赓怕被他们认出，藏在病房里避不见面。可是，在他腿伤快要治愈的时候，忽有国民党军队的一个团长住进这家医院，而且刚好住在陈赓的病房隔壁。此人也是黄埔毕业生，认识陈赓。有一天，他的马弁认出陈赓，接着他本人就过来攀谈，询问他的腿是怎样受重伤的？他不相信陈赓临时向他编造的“故事”，提出许多疑问。陈赓晓得这个人的思想反动，预感到继续留在医院里面会有危险。此人刚一走开，他就当机立断，连招呼都来不及与牛大夫打，马上请当时也住在这家医院里面的一位同志背着他迅速逃走。过了几天，牛惠霖大夫在马路上遇到陈赓，立刻把车停住，跳出来紧紧握住陈赓的手，问询发生了什么事情。陈赓便把逃离医院的原因告诉了他，牛惠霖大夫带着非常遗憾的神情说：“真没想到啊！早先给你找间好一点的房间就好了。”

无所不在的“王先生”

就在陈赓住进牛惠霖医院治伤期间，根据周恩来的倡议，中共中央已在上海筹划成立中央特科，以保证中共中央的安全。陈赓从牛惠霖的医院出来，又在家里疗养一段时间，1928年4月，受伤的腿尚未彻底痊愈，走起路来还一瘸一拐的时候，遵照党中央的决定，他就在上海参加了中央特科工作。

在严重白色恐怖笼罩下的上海，准确而及时地掌握敌人活动的情报，对保证党的机关的安全和正确开展各项斗争，有着极为重要的意义。为了加强建立新的对敌人侦探机关进攻的工作，中央特科在1928年4月设立了情报科

20世纪30年代初时的李克农

（二科）。在它成立之初，就任命陈赓为科长。这个科的工作是在周恩来直接领导下进行的。

陈赓担任了特科的情报科长，同时党组织又安排他给主持特科日常工作的顾顺章当副手，每当顾顺章因事离开的时候，就由陈赓代理顾顺章的职务（顾顺章偶有离沪，陈赓就代其负责特科工作）。从那时起，陈赓在上海日夜与国民党特务和党的叛徒作斗争。

经过陈赓和先后在情报科工作的李克农、钱壮飞、胡底、陈寿昌、陈养山、刘鼎、柯麟、欧阳新等人的共同努力，在周恩来的直接领导下，中央特科的情报工作迅速开展起来，很快就在上海和党的各个活动地区，建立了秘密工作的网点；改变了党在白区的活动方式；建立健全了秘密工作的制度、纪律；同时选派了优秀的共产党员深入虎穴，打进敌人机要部门，直接从敌人手中获得情报；并在敌人专业的反共领导机关建立了反间谍关系，从而为深入敌人要害部门、控制上海敌人侦探机关打开了局面。

这个时期，陈赓通过这一系列关系，胜利地完成了党中央交给的许多任务，有些事情完成得非常出色。这固然与各方面的因素有关，但与他专心致志的敬业精神和认真负责的工作态度，以及善于团结同志的作风是分不开的，尤其是他“用人不疑”，对下级充分信任，让他们能够放手大胆地工作，一旦遇到困难，就和他们一起商量、解决；工作中出现差错，勇于承担责任。这就使他在当时那样复杂险恶的环境中，如鱼得水，乘风破浪，不断前进。1930年夏天，“立三路线”准备在上海发动武装暴动，命令陈赓带领情报科的同志调查帝国主义和国民党在上海的军事、政治、经济等情况。任务繁重，时间紧迫，而且人手不够，他就亲自带领刚从苏联回来的刘鼎和刘大汉（欧阳新，又叫大块头）、陈养山进行侦察工作。后期调查租界军警团的情况需要外文人才，党又派来了一位姓龚的女同志，还派来一个姓魏的来协助他们工作。他们为了调查帝国主义的舰只情况，恨不得爬上每条军舰去看看上面到底有多少炮位，可是敌人规定，军舰附近不准船只来往。后来听说长途航船可以在军舰附近通行，他们设法找来一条大船伪装成长途船只，由同志们亲自驾驶到军舰附近去侦察，终于逐一地查清了全部情况。他们还设法搞到了吴淞炮台的地图。不知道外国兵营里有多少人，他们派人在兵营门口摆摊，观察每日进出人员和运进物资的情况，又把每天运进多少粮食、蔬菜等逐项登记，然后综合分析，推算兵营驻军的约数；不晓得监狱里关有多少犯人，他们就悄悄地爬上监狱附近教堂的屋顶，把监狱中全部屋脊绘制成草图，然后按照屋脊算出房屋的使用面积，再根据牢房里的人口密度，推算出关押犯人的约数。在调查上海的街道和建筑物的情况时，他们把项目分得很细，连建筑物的层数、结构和质量，以及街道如何交叉，外滩每幢大楼有多高，各楼间的距离有多远等，也都作了精确的探测，为巷战和炮兵射击提供了各种数据。为了在暴动后我们能够控制上海的经济局势和金融市场，陈养山买到了上海市银行、大商号的地址和电话号码簿子。他们对各大银行、商号作了详细调查，收集了许多重要资料。

参加这次调查工作的“刘大汉”，据说他本姓刘，化名欧阳新，湖北人。他的英语说得流利，又以新新通讯社特派记者的名义活动，可以出入驻在上海的外国兵营。为了解外国驻军的武器装备，他设法调查了军火仓库的情况。对国民党军事情报的搜集，他也是以记者身份，利用各方关系，采取各种方法接近国民党的军事机关以及来往上海、南京的军政官员，并与某些反动军官交朋友，拉上了关系，得到了不少情报。这样，经过很短的时间，就把上海外国驻军和国民党军队的实力摸得相当清楚，在调查中作出重要贡献。

他们把国民党驻上海军警和特务机关的情况会同这次侦察得来的各种情报，集成一大厚本资料送到当时中央军委的参谋长刘伯承那里，为党准备发动武装暴动，提供了大量可靠的情报。直到新中国成立后，刘伯承在北京有一次见到陈赓、刘鼎，同他们谈起“立三路线”的错误和危害的时候，还说：“不过，我们的共产党员是非常英勇的，就拿你们在上海为立三路线暴动准备的那一套材料来说，那也真不简单哪！”

这个时期中央特科的实践证明，情报工作是阶级斗争的重要武器。没有情报工作，党就失去了耳目。这个时期党的情报工作，充分运用了当时形势中对我方有利的因素，从公开和秘密方面搜集各种情报，采取合法与非法相结合的形式了解敌人的阴谋，依靠党和各种力量对敌人展开隐蔽斗争，使得保卫党中央安全的工作，取得了重大的成绩，也为尔后党的情报工作提供了丰富的经验，打下了良好的基础。

这个时期，陈赓在异常艰险的条件下坚持工作。当时陈赓需要依托家庭作掩护，他在环龙路（今南昌路）上租了一间房子，王根英便搬来和他住在一起。房东是英国巡捕房的探长陆连奎。陈赓对王根英说：“租这种人的房子可以减少敌人的怀疑，让陆连奎也做一做‘保镖’。”第二年，他们家里诞生了一个男孩，取名知非。为了避开敌探特务的追踪，他们经常搬家，改换姓名。按照秘密工作的要求，每次都须选择出路多、遇事便于躲避的住房。从1929至1931年的两年当中，他们就搬过五次家，先后在霞飞路、辣斐德路、保定路等地住过。在此期间，根英尽心竭力地掩护陈赓，保障他的安全，使他能安全地进行工作。她自幼生长在上海滩，非常熟悉这里的情况。平素，她细心而巧妙地观察房前屋后的动态，注视着每一个形迹可疑的人，随时都在考虑如何应付可能出现的惊险紧张局面。无论是对待警察、巡捕的查问，或是遇到便衣特务的打探，她都能够机敏地对付过去。小知非逐渐长大了的时候，自个能说会跑，她不让孩子知道自己家的街道门牌号码，在孩子面前从不谈起陈赓的真实姓名和在外面工作的事情。陈赓有时把枪带到家里，睡觉时便压在枕头下面。在知非三岁的时候，有天独自悄悄地跑到街上去玩，看到“红头阿三”（就是英租界的印度巡捕）身上挎的枪，忽然想起前几天他爸爸藏在床头的手枪，天真地说：“红头阿三的枪，没有阿爸的枪好。”巡捕一听，马上盯住小知非，紧跟知非到家门口，正好遇到根英出来找孩子。巡捕问她：“你家有枪吗？”她便想到可能是知非泄露了机密，马上机警地回答：“有，有支枪，是他阿爸在永安公司给他买的玩具枪。”因她讲话的神情从容、自然，就把印度巡捕支走了。

根据秘密工作的要求，陈赓不但经常变更住址，还要时常改变自己的身份，变换自己的形象。幸好他自幼擅长辞令，会说很多方言，在学校里演过戏，扮演过各种角色。他在上海工作的这几年，时而西装革履，像租界里惯见的西崽；时而全副武装，又成了国民党的高级将领。有时身穿短装，头戴鸭舌帽，充当敌特捕房的“蟹脚”；有时长袍马褂，礼帽缎鞋，又是巨商大贾的模样。陈赓经常穿长衫，有时到工厂里工作，又改穿工人服……

当时陈赓常与各方人士接触，无不对他留下深刻印象。冯玉祥部西北军张自忠师参谋长，后来在淮海战役中与何基沣等率部在台儿庄地区宣布起义的张克侠将军，其间就在上海见过陈赓。张克侠早年即进西北军任职，1927年春曾去苏联进莫斯科中山大学学习，于1928年夏回国。他在学习中提高了政治觉悟，决心参加中国共产党，为共产主义事业奋斗终生。1929年7月，张克侠到达上海，通过与中央特科情报科有关系的董健吾找到组织，申请入党，不久经中央批准他为中国共产党特别党员（秘密党员），由党直接派人与他单线联系。根据党的指示，他即返回西北军，被任命为张自忠师参谋长，积极参与了反对蒋介石的斗争，随时将有关情报送给党组织。1930年10月，冯玉祥、阎锡山反对蒋介石战争失败后，张克侠又来到上海向党组织汇报情况，请示今后工作。这时陈赓曾到旅社看望张克侠，同他亲切交谈。半个世纪以后他回忆这次同陈赓见面时的印象说：

在上海期间，党派许多同志来旅社探望我，同我交谈，告诉我许多生动的革命事迹。其中，陈赓同志给我留下深刻印象。陈赓同志来时是化了装的，他穿了一身青缎子裤褂，裤腿用黑缎带扎紧，样子很像上海的“小开”，一进门便高声招呼，一见如故，十分亲切。他英姿焕发，诙谐善谈。我先已听说他在南昌起义中腿部负伤，关心地问他伤势是否严重，伤口是否复原。他就立刻当场表演起来，一会纵情跳跃，一会又下蹲屈腿，显示他的伤腿已经彻底痊愈。我们相互交谈了彼此的见闻和感受，十分知己，这一会面，使我至今记忆犹新，难以忘怀。（张克侠：《秘密的岗位》，《革命史资料》第3辑，文史资料出版社1981年出版）

陈赓置身龙潭虎穴，在错综复杂而极其尖锐、残酷的隐蔽斗争中，公开和敌探特务周旋。由于他沉着、机敏，敌人对他不但没有怀疑，而且认定他是自己人，见面时全都很亲切地叫他“王先生”或“老王”。那个时候，不论是国民党特务活动的场所，或是外国侵略者的租界巡捕房，必要时陈赓都可以随时进出。有一次在法租界一家戏院里开会，有许多共产党员参加，租界巡捕和国民党特务突然包围了现场，情况异常紧急。陈赓也正在那里。为了掩护同志们安全转移，他灵机一动，站了出来，立即同那些前来围捕的警探“合作”。他充当“蟹脚”，独自把守着一个出口，悄悄地将一些党员放走。在周恩来直接领导下，陈赓依靠党组织，通过各种社会关系，掌握着租界巡捕房和国民党的某些探目特务，甚至还掌握了个别在蒋介石左右的人。

陈赓在同敌人周旋的时候，根据党的指示，经常单枪匹马，冒着极大的危险，深入敌人的心脏，严厉地惩治那些背叛党、危害革命的叛徒。陈赓的活动，使得敌人闻风丧胆。国民党特务和租界巡捕一提到陈赓的名字又恨又怕，千方百计地想捕捉他、杀害他，曾为他的头颅悬了巨额的赏格，却无法找到他的踪影。实际上，那时候他经常来往于一些国民党特务当中。但是，敌人始终没有发现他就姓陈，不晓得他就是他们日夜谋算的那个共产党人。

火车上险遇钱大钧

在此期间，陈赓曾有过不少有惊无险的传奇故事。30多年后，陈赓在病逝前一个月，对家人和身边工作人员讲过一个当年他在中央特科工作时在火车上遇险的故事。

1961年春节（1961年春节是公历2月15日，陈赓于3月16日在上海病逝），正当陈赓第二次心肌梗塞发作后不久，乘坐专列前去上海医治。火车驶出北京站以后，他先问孩子们：“你们知道从前这种车叫什么车？”孩子们都不知道。他说：“这是花车，是阔佬要人们乘坐的。那时我只坐得起普通车厢，三等客车。”

1928年他在中央特科主持情报工作时，有一次从上海前往天津执行任务。火车行经南京停车的时候，陈赓走出车厢，在站台上转转。突然发现在他乘坐的列车后面，临时挂上一节专用的花车，抬头又见几个国民党的高级将领正沿站台走来。陈赓怕被人认出，赶快跑进车厢，他帽子拉得低低的坐下，偷偷地朝车窗外面仔细一看，大吃一惊，心里不禁说道：“糟糕！”原来被那些军官簇拥着送上花车的，正是认识他的原国民党淞沪警备司令、其时已经调任国民党江南“剿匪”司令的钱大钧。

钱大钧早在黄埔军校就认识陈赓。1924年孙中山命蒋介石筹备黄埔军校的时候，钱大钧是筹备委员。军校开学后，在叶剑英负责的教授部任中校兵器教官，其后又任代理上校总教官，升任校本部参谋处长，再后并曾代理教育长代行校长职务。陈赓在黄埔军校第一期就读时，钱大钧曾教过他们的兵器课。陈赓毕业后以其取得优异成绩留校连续担任第二、第三、第四期的副队长、队长，是军校有名的左派活跃人物。他和蒋先云、贺衷寒3个湖南人，一起被人们称作“黄埔三杰”，颇受校长蒋介石的器重，钱大钧当然是熟悉他的。1928年3月至9月，钱大钧担任淞沪警备司令，曾是中央特科的死对头。这时他虽已调任国民党“剿匪”司令，京沪一带仍是他所属部队的辖区。

当年火车离开南京以后，陈赓本以为可以避开他不被发现。哪知车行不久，钱大钧的副官突然来到陈赓乘坐的车厢，对他说道：“陈先生，长官有请。”陈赓心想坏了，到底还是给他看到了。但他沉着地说：“我不姓陈，是做生意的，哪里认识你们长官，你认错了人吧？”那副官说：“没错，请你到那边去谈谈。”陈赓心想事已至此，只得去了。陈赓走进花车，钱大钧见到他，狡黠地说：“我一进站就看见你了，叫副官跟上你的。”陈赓望着对方，没说什么。及至陈赓坐下，他又问道：“你近来干些什么？”陈赓答道：“没有事情可干，正在到处谋事。”钱大钧哪会相信，望着他又问讯了几句。陈赓见他并不认真，就想法子应付过去。陈赓还说，中途要下车，去看一个朋友找点事做。这样闲聊一阵，陈赓便走开了。火车到了一个车站，陈赓赶快下车，当火车继续开动的时候，才又迅速登上另一节车厢，仍把帽檐拉得低低地坐下。这时他已被钱大钧手下的人盯住，火车开动不久，那个副官又找来了。只见他抿着嘴，带点诡秘的神色说：“陈先生没有下车啊，长官请你。”陈赓又壮起胆量去了，因钱大钧在黄埔军校教过他们的课，总算有点“师生之谊”，陈赓对钱大钧谈起黄埔往事，晓以大义。由于陈赓救过蒋介石一命，在黄埔军人中留下深刻印象，他若抓捕陈赓，将会是拿到一个“烫手的山芋”，自找麻烦。所以，钱大钧乐得睁一眼、闭一眼做个人情。而且火车过了徐州，就出了他这个“江南‘剿匪’司令”的防区。因此闲谈一阵，就让陈赓走了。此后钱大钧未再纠缠，使他得以顺利经过徐州，前往天津去了。

陈赓讲完这段经历，告诉孩子们说：“胜利得来不易啊！为革命要锻炼应付各种困难环境的本领，机智灵活地对付狡猾的敌人。善于抓住各种可以利用的条件，才能转败为胜，完成任务。”

四、情报战线的英豪

在陈赓周围，情报科里人才辈出，他们配合中央特科其他部门的同志，成功地做出了许多惊天动地的事情。这里先说刘鼎、柯麟、陈养山、陈寿昌的来历，下章再讲被周恩来赞为“龙潭三杰”的钱壮飞、李克农和胡底的经历。

兵器专家刘鼎

曾做陈赓助手的二科副科长刘鼎，是1923年加入中国社会主义青年团，1924年经孙炳文、朱德在柏林介绍转党的老共产党员。他曾留学德国、苏联，是我党最早在国外学习科学技术的共产党员之一，以后成为新中国军事工业的创始人和杰出的领导人。

刘鼎（1903—1986），原名阚思俊，字尊民，曾用名阚泽民、甘作明、戴良。他出生于四川南溪县城一个小康之家。幼年他在家乡读高小的时候，学校里曾驻扎过朱德率领的云南护国军。这支部队纪律严明，战功显赫，朱德这时成为刘鼎心目中敬慕的英雄；另一位令他景仰的革命前辈是南溪的大学问家孙炳文。孙炳文曾就读于京师大学堂（北京大学前身），参加过同盟会，进行过反清反袁（世凯）斗争（其后是朱德旅部的咨谋）。刘鼎曾找孙炳文辅导功课，从他的言谈中受到革命思想的启蒙。碰巧的是：正是这两位刘鼎自幼敬慕的前辈，以后于1924年在德国一起介绍他由共青团员转为共产党员。

早年在学校里读书的时候，刘鼎就是一个“不安分”的学生。他进江安三中读书后，因为五四运动的影响，受到新文化思潮的熏陶，萌发了追求民

刘鼎（1903—1986）

主自由、崇尚劳工神圣等进步观念。其时他曾和同学郭伯和等带领同学上街游行、讲演，宣传爱国、痛斥汉奸、抵制日货。他们的爱国行动引起学校几个顽固守旧教员的极度反感，煽动一些教员罢课来要挟校长惩处爱国学生。校长秦镜淮思想比较开明，但为平息事态，公开宣布将刘鼎等八名学生开除，暗中又给他们办了转往叙府联合县立中学的转学手续。联中校长思想落后，教员守旧的多。刘鼎等一些进步学生，对顽固教员的课，常以考试时交白卷的办法进行抵制。法制课考试，因教员所讲尽是维护反动统治阶级的观点，刘鼎就交了白卷。校长把刘鼎叫到办公室，拿出手板要打，刘鼎马上高喊："反对体罚！""人人平等！"围在外面的同学也跟着高喊起来，刘鼎乘机溜走，以后不了了之。刘鼎和中学时代的一些同学好友，带领当地进步学生成立了学生会组织，经常走上社会开展爱国宣传，成为宜宾地区五四新文化运动的中坚力量。

刘鼎在高中毕业后来到上海，未能考上他向往已久的以理工科著称的南洋大学（今上海交通大学），他就转往杭州，考取浙江省立高等工业学校。这个学校各项设施完备，教员大多是美、英和日本留学回来的。理、化、工各科上课全用英语讲课，教材全用英美原版书，作业和各种实验报告也都要求用英文写。初时刘鼎听不懂，看不懂，也不会写，他便起早贪黑苦攻外语，逐渐适应了外语教学，各门功课都跟上了。他在杭州高工三年，学习了高等数学、物理、化学等17门课。他在假期常去上海，和中学时代的好友都取得了联系。跟他们见面的时候谈的都是马克思主义、社会主义的传播和正在蓬勃兴起的工人运动。1923年暑假后，虽然只差一年高工可以毕业，他已无心回校，决心留在上海，在时代大潮里搏击，寻找中国社会的正确出路。他在上海进了国共两党合力创办的上海大学，这里汇聚着许多进步学生，刘鼎与郭伯和、李硕勋、李一氓成为这所学校的第一批学生。他在这里加入了中国社会主义青年团，还和一些留法勤工俭学的同学建立了通信联系，见到过蔡和森等从法国留学回来的人，得知中国学生在法国半工半读的情况，十分向往。

刘鼎正在憧憬着出国勤工留学的时候，和朱德一起去德国留学的孙炳文正好回国探亲。1924年春，他跟随孙炳文乘火车前往德国。途中他们在莫斯科住了一个月，临时编进东方大学学生支部，学习了《共产党宣言》和《共产主义ABC》，还见到前来莫斯科参加共产国际会议的李大钊，听了斯大林所作《论列宁主义问题》的讲演。在莫斯科一个来月的耳闻目睹，劳动人民当家做主的新社会的幸福生活，给他留下难忘的印象。很久以后，刘鼎说："从那时起，我无时无刻不在想，中国一定要从帝国主义、封建主义的压迫下解放出来，走社会主义道路。"

刘鼎到柏林后，听从孙炳文的劝说，改变了前去法国勤工俭学的打算，到中共旅德支部报了到。不久，他随孙炳文到大学城格廷根见了朱德。朱德当时没有公开共产党员身份。刘鼎在孙炳文、朱德指导下留在留德学生中，并为发展统一战线做了许多工作。1924年12月，刘鼎经朱德、孙炳文介绍转为中共正式党员，并当了旅德中国社会主义青年团书记。他一面从事革命活动，一面开始勤工俭学。他用半年时间自学德语，达到基本上能说会听和读讲义，然后就在格廷根大学选学工业方面的课程，哪个老师哪个课好，就到哪里听，学校不大限制，教授不管学生是不是在册的，乐意让听课的人多，谁提问题都解答。刘鼎以"打游击"的方式，学到了许多想学的东西。但是，他的学习始终为生活所困扰。他没有找到进工厂做工的机会，只好在一家中国饭馆里跑堂，每天只能挣到很少一点钱，还要节余一些帮助有困难的同志，所以生活十分窘迫，通常一餐就是一两片黑面包、一杯清茶，常常是在饥饿状态中工作、上课。有一段时间，由于中国饭馆停业，他一时找不到工作，吃饭住宿都成了问题，幸好一位中国同志给了他20马克，才渡过难关。这时，他在国内时产生的以为到了外国可以做工、学习两全其美的幻想都被粉碎了。"原来勤工俭学就连着饥寒交迫，就是在冷酷无情的资本主义私有制下磨炼。这段历史不仅把我从学生变成了半学生、半工人，而且变成了失学的学生、失业的工人。我饱尝了私有制度下的残酷和求生存的艰辛。这时我对学生生活完全不留恋了，反对资本主义、消灭私有制的觉悟非常深刻了，对马克思主义的学习和当一个无产阶级革命战士的要求更迫切了。”（参见刘鼎生前谈话录音记录。吴殿尧：《刘鼎》，《中共党史人物传》第四十三卷，陕西人民出版社1990年版，第272页）

刘鼎在德国参加了一些革命活动，受到锻炼。他们多次和留德的国民党右派学生进行斗争，压制了国民党右派的猖狂气焰。1925年五卅运动的消息传到柏林，中国留学生立即开展声援活动。当时中国留学生到中国驻德公使馆，要求公使魏宸祖在一个抗议英帝国主义暴行的通电上签字。这个公使拒不露面，惹起公愤。刘鼎跟随朱德和大家冲进公使馆，终于在3楼从一个大衣柜里把魏宸祖拖出来，迫使他在抗议通电上签了字。魏某勾结德国政府，下令把朱德、刘鼎和其他闹事的中国留学生驱逐出境，并将他们逮捕，关了三天才释放出来。他在离开德国以前，跟朱德等一起参加德国共产党中央在柏林组织的“红色前线”阅兵式和野营军训活动，受到德共领袖台尔曼的接见。

刘鼎回国途经莫斯科的时候，又进东方大学进行短期学习和军事训练，还受到中共旅莫斯科支部委派，参加接待冯玉祥的国民军参观团的工作。1927年，被调到苏联空军机械学院学习、任教并兼任翻译，边工作边学习。空军机械学院的课程有兵器构造、爆破原理、无线电技术、电话电报等。他学到了航空发动机的理论技术，为他以后从事兵工事业打下了基础。1929年夏天奉令回国，又遇上中东路事件而受阻于伯力，并受命参加刘伯承任司令的远东中国游击队。离开伯力前，他聆听了苏联元帅布柳赫尔（即加仑将军）连续两天关于中东路事件导致苏中边地战争的总结报告。

1929年底回到上海，刘鼎即到中央特科二科任副科长，协助陈赓开展情报工作。他到特科工作不久，陈赓就把他直接掌握的重要情报关系杨登瀛、杨度等交给刘鼎联系；先后参与为“立三路线”准备在上海发动武装暴动进行的全面调查、为召开中华苏维埃区域代表大会预备会议进行的警戒工作；营救被捕的关向应同志；到淞沪警备司令部看守所，冒险给叛变的山东省委负责人拍照取证，等等。

在此期间，刘鼎按照党中央的指示，从1930年夏天开始，利用日本人和国民党胡汉民改组派相勾结联合反对蒋介石的事，做了一些工作。开始时曾弄些改组派的情报，通过特情关系向国民党发送，扩大他们之间的矛盾。同时帮助改组派的反蒋活动，帮助他们散发传单标语和政治情报，到处送。后来调李宇超来编写情报。唯恐国民党侦探看不到，还把快邮代电寄到国民党特务机关。周恩来看到这些传单，称赞这个办法很好。

刘鼎在同杨度联系中取回许多重要的政治情报，并取得同上海大流氓杜月笙的联系，通过这些渠道及时了解南京统治集团的动向和一些“党国要人”活动的情报。

刘鼎1927年下半年在莫斯科东方大学与同学吴先清结婚，并于1929年冬同时回国。吴先清由中共江苏省委分配在浦东地区做女工工作，1930年夏调入中央特科，在刘鼎领导下做情报工作。“吴先清曾利用自己家乡的特产——黄岩蜜橘，在小街巷口开设一爿水果店，为秘密工作作掩护。那时刘鼎负责以无线电与各有关部门联络，吴先清负责收藏、传送中央文件和情报，夫妻俩一个在小楼上工作，一个在店面‘做生意’，配合得很好。吴先清具有秘密工作者特有的工作能力和灵活性，她利用敌人营垒中的‘关系’开展工作。1930年，吴先清调中央特科工作不久，她的弟弟吴全源由浙江陆军监狱获保得释，到上海来找她。吴先清与弟弟长谈中，知道他的被释放是得到身兼国民党上海市党部委员、国民党社会调查处专员等要职的陈宝骅的担保。陈宝骅还保荐她弟弟在反动当局发行的《新生命》月刊任总务主任。吴先清想利用这一关系来开展工作，征得陈赓同意后，把党的秘密联络站，设在该刊发行处的楼上。她通过与陈宝骅的‘密切’交往，设法从其周围的重要人物中，获得国民党内部的一些秘密和大量重要情报，特别是对一些被捕人员在押期间的表现，了解得一清二楚。她曾通过另外一些重要关系，为贺龙的部队弄到一批军火。由于国民党对黄浦江的严密封锁、监视，贺龙派来接应的船只到不了江边，没能成功。”（赵子劼：《吴先清》，《中共党史人物传》第三十四卷，陕西人民出版社1987年版，第97—98页）

1931年10月刘鼎被捕后，吴先清在潘汉年领导下工作，同时负责与狱中的刘鼎联络。她到南京探监时，还利用上层社会关系巧妙地向刘鼎传达了党组织的指示，使他以后得以取保获释。但她同刘鼎以后再没有见过面。1933年，吴先清经中共中央批准，调往共产国际远东情报局任谍报组长，曾到日本东京工作。她“在不懂日语的情况下，独自大胆地跑到人地生疏的东京来的勇敢精神”令人敬佩。1935年9月吴先清又到莫斯科，改名罗莎•拉库洛夫，入马列学院学习。不幸在她学习期满结业后等待分配工作期间，碰上苏联肃反扩大化。1937年11月间，吴先清被诬为“日本间谍”蒙冤被捕，流放到西伯利亚去做苦役，从此再无她的音信。这年吴先清年仅33岁。

1986年7月25日，83岁的刘鼎因病在北京逝世。

曾在中央特科长期和他并肩战斗的李强，对刘鼎毕生战斗经历十分了解，对他多次遭受极左倾向的摧残和迫害深表同情。刘鼎逝世后，李强在悼念文章中深情地写道：“刘鼎同志的一生，曲折坎坷，特别是由于他历史上曾被捕和被俘，因此在历次政治运动中总是‘挨整’，还曾被扣上过‘叛徒’的帽子。刘鼎同志为此一直心情很不舒畅。‘文化大革命’中刘鼎同志又被关进‘牛棚’。直到党的十一届三中全会拨乱反正以后，在刘鼎同志的多次申诉和许多老同志帮助下，原三机部党组重新审查了刘鼎同志的历史，根据潘汉年同志被关押时为刘鼎同志写的有力的证明材料，以及与刘鼎同志一起被俘的人的证明，才终于查清了刘鼎同志被捕被俘的前后经过，从而彻底推翻了多年来给刘鼎同志定的叛徒罪名。我为帮助他弄清历史，曾看过他在敌人那里的口供。那些口供从多方面证实了，刘鼎同志在极其恶劣复杂的环境中，不畏艰险，与敌人进行机智顽强的斗争，为保卫党中央和党的地下组织作出了特殊的贡献。对他的大智大勇，我和其他同志一直十分钦佩，他称得上是我党为数不多的具有特殊经历和事迹的传奇式的人物。”（李强：《忆刘鼎同志》，《光明日报》1987年6月7日）

济世名医柯麟

一代名医柯麟也是隐蔽战线一位带有浓厚神秘色彩的传奇人物。中学时代，他就和同学至交彭湃一起参加了讨伐袁世凯称帝、恢复民国的斗争；还把当地的恶势力打得屁滚尿流，吓得海丰大土豪劣绅陈月波卷起铺盖逃往香港。在长期的秘密工作中，他孤身深入龙潭虎穴，在残暴的敌人眼皮底下，一

1950年陈赓（左）与柯麟在广州会晤

次又一次地出色完成了党交付给他的各项任务，保护了许多党的干部和革命群众。以后他被派到香港、澳门工作，他以高尚的医德和精湛的医术，广交朋友，团结各界人士，扩大了爱国统一战线，深受港澳同胞的尊重和爱戴。

柯麟（1900—1991），广东海丰县人。他在读中学时与彭湃是同学，因受这位中国共产党早期领导人、著名农民领袖——“农民王”的影响，阅读进步书报，追求革命真理，接受先进的革命思想。1920年中学毕业后，他到广州以公费生资格考取广东公医大学。这所学校原名广东公医专门学校，是当时美国在中国创办的一所医学专科学校，是一所贵族化的大学。柯麟刻苦学习，获得了全校第一名的成绩。

1921年5月，留学日本的彭湃在早稻田大学毕业后回国，接连两次到广州来，曾同柯麟在广州见面。这时的彭湃，政治上更为成熟。他向柯麟谈道：“中国内忧外患，像一条失舵的大船，在狂风巨浪中颠簸。要救中国就必须找到正确的航向，中国必须进行一场革命，必须走俄国革命的道路。”彭湃还向柯麟讲述了在日本进行的革命活动和种种奇闻轶事以及在日本等国中的革命活动家的情况。在与彭湃的谈话中，柯麟第一次听到周恩来的名字，并且，他明显地感觉到，周恩来是彭湃最敬重的同志之一。

1924年春，柯麟经彭湃介绍参加中国社会主义青年团，他是“公医”的第一名青年团员。1926年，党组织决定中山大学医学院（已由“公医”更名）的青年团员转为共产党员，柯麟是该校第一批中国共产党党员之一。

这个时候，“公医”学生因驱逐洋奴教师邓真德引起学潮，受到一向媚外的校长李树芬的蛮横压制。柯麟根据党、团组织的指示，立即发动全校进步学生开展争取民主、自由权利的罢课斗争。罢课由1924年3月开始，坚持到5月，李树芬被迫接受了复课条件：罢免邓真德，收回开除学生的布告。接着，柯麟组织领导“公医”学生参加了省港大罢工。同时，党组织提出由中国政府收回学校领导权的主张，这一主张立即得到进步师生的热烈拥护。国民党左派领袖廖仲恺坚决支持学生的这一正当要求。柯麟又在学校里召集大部分师生开会，议定三条：反对奴化教育，打倒李树芬；收回“公医”领导权；“公医”并入由国民党领导的大学。师生们为此到国民党中央党部请愿，要求承认三条要求。7月1日，在这天成立的国民革命政府决定将“公医”并入广东大学。第二年广东大学更名为中山大学时，广东大学医学院也跟着更名为中山大学医学院。以后，柯麟又领导进步师生同国民党右派斗争。

1927年，上海“四一二”及广州“四一五”反革命政变后，柯麟又领导党组织营救被捕学生，并将被敌人追捕的中山大学中共党总支书记徐彬如安全送出广州。随后，柯麟根据组织安排，从广州到达上海，继又辗转前往武汉出席共青团全国代表大会。会后，分配他到深受共产党影响的国民革命军第四军担任医务工作。他在第四军见到军参谋长叶剑英和第二十五师党代表李硕勋。同年9月，柯麟随第四军回到广州，参加了12月11日广州起义。起义失败后，起义部队一部分转移到花县。柯麟当时没有接到转移通知，在广州躲藏了十几天后，化装经澳门到达香港。他在香港与叶剑英一同隐居大埔墟，度过了艰苦难熬的九个月。1928年夏，柯麟和叶剑英一道乘船前往上海。

到达上海不久，1928年11月，柯麟根据周恩来的指示，由中央特科安排，和贺诚在上海四川路延安里开办了一所“达生医院”。实际上，这是中共中央的一个秘密机关，是在中央特科卫护下党中央举行例会和政治局同志接头的场所。其时柯麟化名“柯达文”，贺诚化名“贺雨生”，从他们化名中各取出一个字作为这所医院的名称。

贺诚（1901—1981），原名贺宗霖，字润之，四川射洪县人。1925年在北京医科大学参加中国共产党，从事学生运动。他和柯麟一样，在大革命时期参加了北伐战争。“四一二”后白色恐怖笼罩全国，他在失掉党的关系的极端困难情况下，率领国民革命军第四军军医处参加了广州起义。起义军退出广州在花县改编为红四师，他找到了党。他以医师职业为掩护，辗转从事党的地下工作，1928年9月来到上海。11月间达生医院开业前夕，为了工作方便，党组织批准贺诚与共产党员周越华在这所医院里结婚。

周越华是湖北广济县人。她性格刚强，因要摆脱封建家庭的羁绊，只身离家前往汉口，进入一所女子师范读书。当邓演达和恽代英主持的武汉中央军事政治学校（原为黄埔军校分校）于1927年4月成立时，她又考进这所学校的女生连——这是中国革命史上最早出现的女子部队。她于1927年11月在军校参加中国共产党，其后也参加了广州起义和红四师在海丰的斗争。红四师失败后，她辗转香港等地，后来到上海从事党的地下工作。

“在医院，周越华既是主妇，又担任护士工作。她除了单独外出联系熟人、亲友，建立秘密工作关系外，还常常穿起旗袍，涂上口红，挎着贺诚的手臂外出活动。他俩经常装着迎送亲友的样子，到车站、码头与党内的同志接头，掩护中央负责同志和交通员的行动。

“达生医院是一幢三层小楼房，每个房间互相连通，有后门通向另一条街区。党中央领导同志只要走进这所医院，立即就成为医院的‘病人’，受到掩护并周密安排他们安全转移。贺诚还把每一个房间作了精心布置。中央领导同志秘密谈话的房间挂上传染病房的牌子，门口摆了消毒用品。病床上随时都可以挂出事先准备好的患者的治疗卡片等各种标志，一切伪装都是那样周密，找不出任何破绽。

“医院开办之初，周恩来同志曾亲自向贺诚交代这里的工作，他说：‘目前，党处于严重的白色恐怖的包围之中，我们的同志必须适应这种复杂困难的环境，深入社会，深入群众，利用各种关系，打开工作局面。’周恩来同志在房间里来回踱着步，用手指了指医院陈设，接着说，‘医院虽小，责任重大。你们的工作关系到党中央和政治局同志的安全。你们做的工作是党的保卫工作，要经常同敌人直接打交道，要成为党的耳目、神经和血脉。’周恩来同志进一步风趣地说，‘你是个医生，自然是知道耳目、神经、血脉对人体的重要作用的。我们要胜过敌人，高敌人一着儿，先敌人一筹，取得主动。党信任你，让你担当如此重要的工作。你们要做到胆大心细，沉着冷静，临危不乱，守口如瓶。’说到这里，周恩来同志笑了起来，‘斗争会使我们的同志聪明起来。’”（冯彩章、李葆定：《贺诚传》，解放军出版社1984年版，第

46—47页）

1929年8月下旬，由于叛徒白鑫出卖，发生彭湃、杨殷等人不幸被捕并遭杀害的案件。柯麟在陈赓指示下参与追捕白鑫、处决这个叛徒的斗争，作出了重要贡献。在全党欢呼胜利的喜悦中，柯麟为自己能在替彭湃等遇害同志复仇行动中尽一份力量感到欣慰。

镇压白鑫事件也影响到达生医院的安全。直接参与此事的柯麟首先得到党组织的通知，要他马上搬家。柯麟说："（11月11日夜里镇压白鑫的）事发生之后，党中央派小四川（四川人，因年纪小，同志们都称呼他小四川，具体姓名不清楚）到我家来通知我马上转移，离开医院。就在我离开家后两三个小时，国民党公安局的人就来抓我了，但此时，我已经安全地到了蔡孟康诊所——党中央机关所在地了。"（柯麟：《回忆彭湃》，人民出版社1992年版，第216页）

敌人捉不住柯麟，就气急败坏地把与柯麟同住的王克欧的爱人等邻居抓走。考虑到柯麟、贺诚和周越华的安全，中央决定立即撤销达生医院。这时周恩来同邓小平来到医院。周恩来说：这里的工作很出色。可是上海这个地方敌人的耳目也很多，一处"生意"做久了，容易引起敌人的注意。邓小平风趣地说：庙小龙王在，换个地方，照样呼风唤雨嘛！达生医院的工作结束后，贺诚和周越华到白克路单独开了一家诊所，仍作为中央政治局同志碰头的地方。

接着，陈赓又找到柯麟，传达了党的指示。他说："我们除掉叛徒，敌人一定会报复。你的处境很不利，你要立即离开上海，到东北去，由那里的党组织安排工作。"陈赓最后加重语气说："这是伍豪同志的意见。"

11月间奉天（今沈阳）的气温已经很低。这是柯麟第一次到北方来，又值冰雪季节，难以适应，到这里后身体一直不好。过了一个多月，中共满洲省委书记刘少奇约见柯麟。他在广州时已认识刘少奇，在此相逢，非常高兴。刘少奇在交谈中说：这里天这么冷，你穿着这样单薄，又不会说东北话，工作困难，我看建议中央在南方分配工作更合适些。第二天，柯麟即坐火车到大连，然后坐船回到上海，陈赓到码头迎接他。元旦前后，经陆定一、阳翰笙、关向应等热心做媒，他与上海同德高级助产学校毕业的陈志英结为终身伴侣。

在上海稍作休息，柯麟夫妇根据党的决定，前往厦门开了一所“同德医院”，作为党的掩护机关。

“第一个来接头的是罗明同志，他当时担任党的福建省委书记。早在学生时代，柯麟就同罗明相识，罗明还是柯麟的入团介绍人。老朋友意外相见，自然十分高兴。罗明带给他党中央的一些文件并向他通报了党中央最近的活动情况。从谈话中，罗明表露了他对中央出现的‘左’倾倾向的不同意见。他认为，福建的革命运动尚处于恢复过程，根本不可能具备马上发动城市工人暴动的条件。为此他受到中央一些领导人的责难。令人鼓舞的是，罗明向柯麟介绍了他最近亲自到闽西农村调查的情况和朱德、毛泽东领导的红军向闽西发展的消息。他认为中国的革命希望在农村，在朱、毛的红军。几个月后，厦门的省委机关受到敌人监视，有的同志遭到逮捕。罗明同柯麟商量后，决定让柯麟夫妇去香港。

“从大革命失败到1929年，当时党中央的主要领导人及多数党员，依然迷信城市暴动，党的工作重心正处在以城市为中心向农村转换的过程中。由于不符合当时中国的实际，党在城市的工作不断遭受挫折。柯麟这几年的经历也反映了这一情况。1929年以后，党在上海等大城市的组织接连遭到几起严重破坏，一时鱼龙混杂，真假难辨，工作更为困难，环境更为复杂和凶险。在香港，具有丰富地下斗争经验的柯麟给自己定下的行动策略是：暂不同香港的组织接头，自己先在香港站住脚，静观形势，再作打算。在弟弟柯平的帮助下，他在香港深水埗开办了一家小药铺——‘南华药房’，挂出了‘中医师柯麟’的招牌。柯麟本是西医，但港英当局规定非香港医学院毕业的西医医生，不得在香港挂西医招牌行医，这使他的生意大受影响，收入仅够糊口。”（李葆定、冯彩章编著：《柯麟传略》，人民卫生出版社1988年版，第16—17页）

1931年春天，柯麟早在省港大罢工时认识的李少石到香港组织党的联络站。从这时直到1933年夏这个联络站被破坏的两年多，柯麟根据李少石的安排，多次想方设法将一些苏区紧缺的医药用品秘密运往苏区。1935年1月遵义会议之后，红军总政治部宣传部长潘汉年奉命离开长征队伍，以中共中央特派员的身份来到香港，准备去莫斯科向共产国际汇报。这年中秋节前几天，潘汉年约请柯麟在自己的住处弥顿酒店会见了叶挺。当时叶挺刚从国外回来，定居澳门。潘汉年告诉柯麟，叶挺需要有人经常同他联系，影响他重新参加党的工作，同时照顾他的家庭。考虑到柯麟在港熟人太多，容易出事，又不能挂西医牌行医，不如转往澳门，可以一举数得。柯麟遂于中秋节这天举家迁居澳门。此后通过柯麟，叶挺同中共中央建立起了密切联系，党的指示都由柯麟及时转达。叶挺同澳门上层社会人士和李济深的旧部下混得很熟，柯麟借机也与这些人交了朋友，给他的工作带来许多方便。西安事变后，中共中央派张云逸到澳门来找叶挺，柯麟陪他来到叶挺住处。张云逸向叶挺传达了中共中央邀请叶挺去上海共商成立新四军的事。叶挺高兴地表示愿意前往，曾经约请柯麟一道北上，主持新四军医务工作。后经向党请示，潘汉年仍要柯麟留在澳门。

从1935年到1951年，柯麟在澳门工作了17年。他一面默默无闻地在隐蔽战线上为党工作，同时又由一个普通开业的医生成为澳门镜湖医院的院长。他以华南一代名医的显耀身份跻身澳门上层社会，赢得了各界人士的信赖和赞誉。

自1951年起，柯麟就任广州中山医学院院长兼党委书记。在新中国的医学教育战线上，他以自己的远见卓识，爱护、团结知识分子，从严治校，奖掖后进，被誉为医学院的一代宗师。1991年9月23日，柯麟因病在北京逝世，终年91岁，同年9月29日，新华社报道柯麟的生平事迹，就他对革命事业的重要贡献和高尚品德给予高度评价："柯麟同志一生光明磊落，襟怀坦白，坚持原则，遵守党纪。他勤勤恳恳，任劳任怨，认真负责，勇于进取，开拓创新。他艰苦朴素，平易近人，严于律己，宽以待人，团结同志，作风正派。他从不计较个人得失，关心群众，爱护知识分子，深受广大干部和群众的尊敬和爱戴。他桃李满天下，凡是熟悉他的人，对他的高风亮节，无不钦佩。柯麟同志为了共产主义的崇高理想，无私地把自己的一生全部奉献给了中国人民解放事业和社会主义建设事业，鞠躬尽瘁，死而后已。"

隐蔽战线的“福将”陈养山

陈养山是在中央特科情报科成立之初就调来的人员之一，也是这个科里从事情报工作时间最长的一个。“他从1924年至1940年转战武汉、上海、天津、重庆、成都、西安等地，在严酷的白色恐怖环境下，历经艰险；1940年以后他才被调回根据地工作，又长期参与领导情报保卫工作。在长达18年之久的地下斗争中，他从未被敌人逮捕过。老同志们称他是隐蔽战线上的一员福将。这并非他有什么诀窍，而是由于他具有坚定的革命信念、正确的政治方向、灵活的斗争艺术和严格的组织纪律观念。”（罗青长：《创业艰难百战多》，《纪念陈养山文集》，中国检察出版社1993年版，第25页）陈养山在中央特科时期的老战友李强，称赞他是“隐蔽战线的英豪、忠诚廉洁的公仆”。

陈养山，原名程仰山，字应骀，曾用化名陈英舟、陈德清、陈仲英、陈鸣钧、高君实。1906年生于浙江上虞县。自幼家境贫苦，1919年13岁到汉口一家钱庄当学徒。三年满徒后即当店员。其间兴起的五四运动与1923年“二七”京汉铁路大罢工，都在他的思想上引起深刻影响，经常阅读《中国青年》等进步书刊，促使他很早就把个人前途同国家盛衰联系起来，放弃了原先有过的实业救国和教育救国的信念，认识到只有革命才能救国救民。他开始在店员中成立读书会，学习马克思主义理论。1924年4月，他曾写信给《中国青年》杂志主编恽代英，谈到他们成立读书会，进行社会调查的情况。恽代英热情地回信对他鼓励称赞，同年7月还约陈养山到家里见面，跟他长谈六七个小时，对他的启发和教育很大。陈养山说：“这次会见是我永生难忘的！”以后他同恽代英长期交往，恽代英对他言传身教，恽代英坚定不移的革命意志、艰苦卓绝的工作精神，都给陈养山留下极其深刻的印象。他为怀念恽代英所写的文章题目，就叫《恽代英是我走向革命的引路人》。

这次谈话后，恽代英还介绍共产党员余世颂与陈养山联系，没过多久，余世颂到莫斯科学习去了，改由武昌电话局的柳柏文同他联系。这年10月，陈养山参加了中国社会主义青年团的入团仪式。此后他们的读书小组迅速扩展，改称“汉口青年励志社”，成为团结店员的活动中心。1925年，有一天陈

1981年11月陈云（右二）会见李强（右一）、陈养山（右三）、柯麟（右四）

潭秋（曾出席中国共产党第一次全国代表大会，是中国共产党第五、六届中央委员会候补委员。1943年9月27日在新疆被军阀盛世才秘密杀害。牺牲后因消息隔绝，在1945年“七大”仍当选为中央委员）约陈养山谈话，向他说：“今后你不仅是社会主义青年团团员，而且还是中国共产党的党员，责任更大了。”

陈养山入党后，中共武汉地委将他所在的钱庄作为党的交通站，从此来往找他的人很多，引起钱庄老板的注意。1925年5月组织上调他到上海，担任团中央交通，曾随任弼时参加五卅示威和上海总商会的请愿活动。7月，他回武汉任武汉团地委代理书记；9月又任国民党汉口市党部常委兼组织部长。因他在汉口的熟人较多，做秘密工作极不方便，党又将他调回团中央工作。当时恽代英正筹建上海交通局，分配他到交通局工作。

1926年冬，陈养山被调往浙江，在宁波国民党浙江省党部做统战工作；1927年3月，调到杭州组建党的组织机构。不久发生四一二反革命政变，杭州不能落脚，党调他回上海任法南区委宣传部长，旋又调往武汉做店员工作。这次仍因当地熟人太多，不宜在那里工作，不久又回到上海。陈养山一时找不到组织，无处安身，暂回浙江家乡。

1928年1月初，陈养山和几位党的同情者在海门县计划搞些枪支发动农民暴动。后因被人向反动政府告密，国民党派军警前来追捕，陈便在亲戚家躲避了一些时日，于这年春节后回到上海，不久就到中央特科情报科工作。

陈养山在中央特科工作时最大的贡献，就是首先发现和联系杨登瀛（原名鲍君甫）。这是中央特科从国民党特务机关中拉出来的第一个重要反间谍关系，是从敌人内部“拉出来”的典型。

陈养山和杨登瀛是1926年春季认识的，陈曾经向他学习日语。当时，陈养山在恽代英主持的上海国民党中央交通局做事，这个交通局负责将广州出版的大批进步书报杂志由广州运到上海，再转发各地，以免被各地邮局没收。这些书报杂志是由广州经由海路自行运来上海的，存放在闸北路弄内一所空房子里，杨登瀛也常去帮忙。陈养山常将书报杂志送给杨登瀛，他很高兴，说把这些书刊译成日文能得到较高的稿费。从此两人成为比较好的朋友，有时他也托杨登瀛办点事，杨都乐意帮忙。这次回到上海，因为没有地方住，就住在杨登瀛家里。陈养山说：“1928年三四月间，鲍君甫告诉我说，国民党中央组织部党务调查科（即中统）的总干事杨剑虹，要他当侦探，做破坏共产党的工作，鲍君甫想去国民党里做官，又想靠拢共产党，问我怎样才能两全其美？我考虑他是国民党左派，对我党有一定的同情，可以争取利用，便向党中央汇报了这个情况。经党中央批准要我同鲍君甫联系，并派陈赓同志同我约鲍君甫面谈，确定任务和联系方法。不久，杨剑虹因贪污案自杀，鲍君甫升任国民党上海特务机关的负责人。因我同鲍有特殊关系，党中央决定将我调到中央特科做情报工作。自此，我一直在中央特科工作。”

当时面对白色恐怖的威逼，地下党的活动是极端秘密的。陈养山也和许多同志一样，“隐名埋姓，经常变换着身份、化名，按照党的命令和其他同志联系，做了好事对方还不知道自己的真名实姓和真实身份，有的过了许多年后偶然邂逅，才得重新‘相识’，出现许多戏剧式的场合”。陈养山同贺龙之间就是这样。

1927年南昌起义失败后，贺龙于11月初辗转来到上海。他是国民革命军第二十军军长、南昌起义总指挥，正遭国民党严令追捕，敌人悬赏10万大洋捉拿他。党组织把掩护贺龙的任务交付给陈养山，他不顾艰险，欣然领命，从找隐蔽地点、安排食宿和联络工作，一切事情都处理得非常出色，保证了贺龙在上海的安全。其后贺龙经中央批准，和周逸群回湘西组织武装，开展游击战争，开创根据地，中央又让陈养山布置交通线，把贺龙一行顺利地护送到洪湖地区，再次出色地完成了任务。贺龙从中体验到情报工作的重要，并对陈养山留下深刻印象。但在十几年后，贺龙在延安见到陈养山时才知道他的真名实姓。贺龙在延安说，这工作是了不起的，陈养山这个人也是了不起的，这个工作花多少钱也值得。贺龙对陈养山很赏识，他向中央建议，要求把陈养山调到晋绥边区担任中共中央晋绥分局调查局局长。1945年1月，中央情报部根据贺龙的提议，即调陈养山去晋绥边区担任晋绥分局调查局局长。

陈养山和杨献珍之间也有类似的情况。1931年4月，中央特科派胡鄂公、杨献珍前往天津，营救中共顺直（即河北省）省委书记陈原道等被捕同志，同年6月陈养山随陈赓到达天津。陈养山当时化名“老王”，由陈赓派到大同公寓和杨献珍住在一起，一道开展营救工作。7月下旬杨献珍去北平与秘密党员接头时不幸被捕，营救工作停止下来。杨献珍被捕后即被关进监狱，不久陈养山也随同陈赓返回上海，两人从此未再来往、互不知情（当时杨献珍用化名杨仲仁）。经过半个世纪以后，直到1978年中共十一届三中全会后，杨献珍才知道当年这位叫“老王”的人，就是其时最高人民检察院的副检察长陈养山。

笔者早在60年代，为写陈赓大将的传记就曾访问过陈养山同志，承他热情地详细谈过陈赓当年在中央特科的斗争事迹。传记写作在“十年浩劫”期间中断，资料全部被“造反派”“抄”走毁掉。当笔者结束了林彪、江青反革命集团强加给的八年冤狱生活以后，从1978年11月2日开始，接连前往他住的红霞公寓家中谈过多次。他像先前一样热情地接待，详尽地回答我所提出的问题。单独谈过几次以后，还和曾在中央特科工作过的李强、刘鼎、柯麟等座谈过两次。根据所谈情况写成的《陈赓大将·龙潭虎穴》一章文稿，他曾经反复核阅，先后还曾分别同李强、刘鼎一起对这一章文稿提出修改意见，使它能够逐渐修改得比较充实，同时消除一些记述中的差错。他这种认真负责的态度和实事求是的作风，给我留下深刻的印象。他的语言如同他的为人，坦诚简洁，朴实无华。每次访谈，他对所谈内容都很认真。凡是比较重要的事件，总是不厌其烦地思索回忆，不断地补充修订。对于不了解的事情，他就回答不知道，或者推荐可能知情的人，要我前去访谈。“知之为知之，不知为不知。”在他口中从来不作揣测臆断、牵强附会之语，也没有说过含糊不清、“惝恍迷离”的话。陈养山青年时代投身革命，在长达67年的漫长时间里，他始终站在维护党的利益、对敌斗争的最前线。特别是1928至1931年间，他在中央特科工作期间，参与了党的保卫和情报工作的创建，在保卫党中央和领导同志的斗争中作出了卓越贡献。但是每当回顾这段斗争经历的时候，他对自己所作的重大贡献总是轻描淡写，一语带过，而对陈赓以及其他战友的斗争事迹，却是绘声绘色，津津乐道。本来，他的性格内向，沉默少语。长期深入虎穴，在异常险峻的环境中从事情报保卫工作的斗争经历，更加锻炼得老成练达，谨慎稳重。平素说话，总是三言两语，简单明了。但一提到那些充满惊涛骇浪的拼搏经历，马上引起无法抑制的激情，神采逼人，异常兴奋。如镇压叛徒白鑫的那场搏斗，同大叛徒顾顺章斗争的胜利，以及其他深入敌特心脏进行的斗争，他都侃侃而谈，如数家珍。若与他平素的举止相比，简直判若两人。令人尤为感动的是，他对当年亲自领导中央特科工作的周恩来和同他长期亲密相处、并肩战斗的陈赓，经常流露无比崇敬、无限眷念的深情，充分表现出共产党人特有的同志之间的真挚友谊。

血染沙场的陈寿昌

情报科的另一员战将陈寿昌（1906—1935），又名陈希堪，别名袖沧，出生于浙江镇海县一个书香之家。祖父是清朝举人，父亲则是晚清秀才。他在家乡读书时因受五四运动影响，参加过抵制日货等演讲宣传活动。他16岁时离家来到上海，祖父通过友人介绍，劝他进上海汇丰银行工作。这是一般人羡慕的收入丰厚的职业，他却不屑一顾，婉言谢绝。早在13岁时，他为悼念在校参与抵制日货运动期间病死的哥哥所写的诗中，就有“他年若展凌云志，定教苍天无闷雷”的豪言，思想上怀着宏远的志向。他的祖父虽是举人出身的旧式学者，思想却比较开明。见他如此，便以“人各有志，不可强求”作罢。

陈寿昌在上海以优异成绩考进电报局做职员。因他天资聪颖，勤奋学习，很快学会电报业务，又掌握了修理收发报机技术。1922年他被分配到郑州电报局工作。他从1923年的“二七”铁路工人大罢工中，看到工人阶级的强大力量，积极参加声援铁路工人的罢工，从中在思想上受到锻炼。1925年陈寿昌转到武汉电报局工作，1926年加入中国共产党。从此在党的领导下从事工人运动。这年9月，全国总工会驻武汉办事处成立，李立三任主任，刘少奇任秘书长。陈寿昌在李立三、刘少奇领导下组织工人配合国民革命军北伐战争，参与收回英租界的斗争。1927年1月5日，陈寿昌参加了李立三在汉口主持召开的有30万人参加的群众大会，并在会后参加示威游行，和群众一起冲进英租界，拆毁了殖民当局设置的路障和墙堡，收回了英租界。

大革命失败后，党和工会遭到严重破坏。陈寿昌一时与党组织联系不上，于1927年冬天摆脱敌人的追捕，辗转来到上海找党。一天，他偶然在马路上遇到李立三，接上了党的关系。此后不久，他被调到中共中央机关担任秘书工作。

陈寿昌(1906—1935)

1928年冬，陈寿昌被调到中央特科第二科做情报工作。他在陈赓直接领导下与李克农联系，及时传送“龙潭三杰”李克农、钱壮飞、胡底从敌人最高特务机关得到的情报。同时协助陈赓做了许多工作。他在工作中机警勇敢，每遇不速之客或不祥之兆，就及时搬移住处，往往每月搬家十几次。尽管当时环境十分险恶，陈寿昌却从未遭到敌人暗算，总能避开敌人的搜查破坏，保证了党的秘密机关的安全。他的眼睛虽然高度近视，反应却特别灵敏。每次外出执行任务，只要遇见有人盯梢，都能随机应变，巧妙地甩掉“尾巴”，从险境中脱身。

陈寿昌还曾参与营救护送工作。在保卫中共中央领导机关的同时，并对保卫党内外革命同志的安全作出了贡献。“1929年底，日本共产党总书记佐野学，从苏联开完会来到上海。蒋介石的特务机关获悉这一情报，下令追捕佐野学。周恩来将保护佐野学的重要任务交给陈寿昌。陈寿昌接受这一任务后，经过周密安排，让佐野学住在租界里的一位进步人士家中。这样一个被蒋介石的特务机关追捕的日共领袖，安然无恙地住了一个月零五天，然后安全地返回日本。”

以后，陈寿昌又由第二科调到第四科，协助第四科科长李强领导该科工作，主要负责建立和管理无线电台。因他精通无线电技术，常以无线电料行老板身份作掩护，从事革命活动。1930年12月17日，第四科在上海四成里办的无线电集训班被敌破坏。其后电台由中央书记处直接领导，与中央特科分离。曾三任报务员，李强深居简出。中央派陈寿昌领导，每晚都由他亲自送取电报。

1931年4月顾顺章被捕叛变后，陈寿昌在周恩来领导下参与中央采取的紧急措施，保卫了中央机关的安全。其后中央特科缩编，无线电和交通工作均由陈寿昌负责领导。这年年底，中央派他去中央苏区工作。尽管当时上海有他年迈的母亲，两岁的女儿，爱人又正怀孕，有许多困难，但他以革命事业为重，12月末即乘船离开上海，经厦门、汕头转往中央苏区。

1932年1月，陈寿昌任中华全国总工会苏区执行局主任。1934年，蒋介石发动第五次“围剿”时，中共中央军委派陈寿昌带领40余人，越过重重险阻，前往湘鄂赣苏区主持省委和军区工作。到达以后，他指挥被围困在江西万载仙源山上的省级十多个党政机关的干部和红军第十六师伤病员，全部安全转移到铜鼓县，他即重新整顿队伍，带领部队在湘鄂赣边区海拔1600多米的罗霄、幕阜山脉间开展游击战争，配合中央红军的战略转移。在异常艰苦的斗争环境中，陈寿昌和大家一样，以草根树皮充饥，有时一天只吃一餐，饿得口吐黄水，腿脚浮肿，仍坚持工作。他对身边的工作人员说：“老百姓也很苦，吃了人家的，还得还账呀！”省政治保卫局的同志看着实在不忍心，拿出过去攒下来的钱买来一碗面条给他吃，他坚决不肯吃。对大家说：“你们也很饿，大家都一样。”他让拿去给伤病员吃。面对强大敌人的威逼，红军为能保存实力，暂时化整为零，与敌周旋。陈寿昌在群众掩护下，一次又一次地避过了敌人的搜索。为防敌人的突然袭击，他几乎天天都要换个地方睡觉。有一次，他藏在一座桥下面的水沟里待了六七个小时。

同年六七月间，陈寿昌率领省级机关干部转移，遭到敌人数次包围，损失惨重。一次突围时，他因长期跋涉，双脚浮肿发烂，行走非常困难，仍然坚持在前线指挥战斗。一时“无法冲出敌围，只好返回宜丰黄沙北面高枧的半山腰隐蔽起来。在山上隐蔽了一个多月，陈寿昌一面治疗脚疾，一面等待时机。当时，一无药二无医疗器械，他脚上伤口的脓全是用竹片刮掉，再用盐水洗伤口，痛得他额上的汗珠直往下淌。可是敌人正在四处张贴悬赏活捉陈寿昌的告示，为了躲过敌人的搜捕，他们有时一天换几个地方，‘高山岩洞当住房，青山绿叶当睡床’。在这样艰苦险恶的环境中，陈寿昌仍然充满着革命乐观主义精神。‘不到深山里，焉能伏虎威。余生艰险尽，后继可沾晖。’他吟诗激励自己和战友们。他的脚疾经过短时期的治疗，终于痊愈了。接着，继续突围回到平江县黄金洞苏区。”（金生成、欧阳琥：《陈寿昌》，《中共党史人物传》第四十九卷，陕西人民出版社1991年版，第268页）

1934年11月间，陈寿昌从国民党报纸上看到中央红军已从湖南西进的消息。他即率红十六师向西南发展，以配合中央红军的战略转移。1935年初，部队进至崇阳、通城县之间的老虎洞鸦尖附近，突然与敌遭遇，陷入重围。他在战斗中不幸中弹负重伤，终因流血过多而英勇牺牲。陈寿昌所领导的红十六师一直坚持战斗到1937年，被编入新四军，奔赴抗日战场，开始新的战斗。

五、“龙潭三杰”

探取敌人情报、掌握敌人行动的最重要、最有效的手段，就是想方设法把优秀的共产党员派到敌人内部，犹如孙大圣钻进牛魔王的老婆罗刹女肚里降妖灭怪那样，钻进敌人的特务机关、警宪系统和租界巡捕房以及敌人的党政要害部门，长期潜伏，搜集情况。依靠他们对党的赤胆忠心，依靠他们的沉着、机智、勇敢，深入敌人心脏，进行不屈不挠的斗争。

早在1927年12月31日，中共中央在上海发出的《中央通报》（第二十五号）中就曾规定：经过党支部决议，得派遣一两个忠实的同志，到国民党党部以及某种反动机关，做侦探和破坏工作。但必须限于有这两种作用方可派遣。在陈赓同志负责的中央特科二科成立以后，就根据中央的这一指示，选派一批忠诚勇敢的党员打进敌人内部，从各方面向国民党侦探机关进攻。

1929年起，第二科派遣李克农、钱壮飞、胡底打进国民党最高特务机关——国民党中央党部组织部调查科（中统前身）。从而掌握了敌特的核心机密，控制了国民党全国特务机关的全盘活动。他们深入龙潭虎穴，在这场隐蔽斗争中，演出了最为惊心动魄的一幕。在一年多的时间里，给党提供了许多重要情报，作出了卓越贡献，得到中央的嘉奖。1962年2月，李克农同志因病在北京逝世。在追悼会的悼词中，遵照周恩来同志的意见，写上了这样一段话：“在大革命失败后，在严重的白色恐怖下，坚强勇敢地同敌人进行斗争。同为革命而牺牲了的钱壮飞、胡底同志一起，对保卫党中央领导机关的安全，作出了卓越的贡献。”在此之前，1949年7月，周恩来同熊向晖谈起他和陈忠经、申健三人，在西安胡宗南那里做情报工作取得成功时说：“在我们党的情报工作中，李克农、钱壮飞、胡底可以说是‘前三杰’，你们三人，可以说是‘后三杰’。所以这样说，是因为都为保卫党中央作了贡献。毛主席曾设想，如果发勋章，也要发给你们。”（熊向晖：《我的情报与外交生涯》，中共党史出版社1999年版，第59页）

李克农说：我是党中央的“警卫员”

李克农是中国共产党和人民军队情报、保卫工作的卓越组织者和领导人，是中国共产党在隐蔽战线上的杰出代表。他勤勤恳恳，任劳任怨，即使在重病中，依然不知疲倦地为党工作。他常诙谐地说：“我们是毛驴子，驮惯了东西，不驮是不舒服的，能驮多少，就驮多少。”李克农毕生献身于党的情报工作，在紧急关头及时而准确地向中央提供决策情报，为中国革命和建设建立了重大功绩。他是一个富有传奇色彩的神秘人物，一颗令敌人敬畏的“煞星”。1962年李克农在京病逝的时候，董必武在悼念他的挽诗中写道：

三十年前事已赊，知君才调擅中华。
能谋颇似房仆射，用间差同李左车。
天不慭遗兹一老，人如可赎岂千家？
箕裘光绍芝兰秀，高举红旗障落霞。

董老这首悼念李克农同志的挽诗，表达了对革命战友深沉的哀悼，也对他领导情报、保卫工作取得的重大成就给予高度评价。诗中的“仆射”一词，是唐代的官阶名称，房仆射指的是房玄龄，唐太宗时任尚书左仆射。他多谋善断，与魏征、杜如晦同为唐太宗所倚重；李左车则是秦汉之际的谋士，在他归附汉朝大将韩信后，提出乘胜争取燕、齐的计谋，使韩信取得燕地。董老以此赞誉李克农采取革命的两面政策取得胜利的事迹。李克农生前却谦虚地说：“我参加革命这些年，为党做过两件事：一是保卫党中央的‘警卫员’，二是统一战线的‘尖兵’。”

李克农（1899—1962），又名曼梓、稼轩、泽田、侠公、震中、钟和，安徽芜湖市人。他在中学读书时就受到民主革命思想的熏陶，1917年退学前往北京，在鼓吹进步思想的《通俗周报》做发行工作。后因张勋在京都搞“宣统复辟"，形势剧变，报纸被封，他被迫回到芜湖。1919年，五四运动的狂飙席卷全国，李克农投入新文化运动。1925年，五卅运动以后，他受党的指示，为了解决教会学校退学学生的学习问题，同张秋人、宫乔岩、阿英（钱杏邨）等人组织了"芜湖救济教会学生组织新校筹委会"，开办了民生、新民两所中学。大革命前后，民生中学"成为地下党的重要据点，培养了不少人才"，并通过张秋人、柯庆施、高语罕输送学生30多人去广州。从民生中学创建之日起，李克农就肩负着学校的实际责任，并任第二任校长。

1926年，李克农在芜湖加入中国共产党。这年秋天，北伐军一举攻克武汉三镇，革命风暴席卷大江南北。民生中学的中国共产党和中国共产主义青年团组织有了较大发展，中共外围组织也经常以这里为据点进行秘密活动。这年冬季，芜湖党组织联合国民党左派给右派以坚决的回击，召开了国民党芜湖市第二次代表大会，重申了"联俄、联共、扶助农工"的三大政策。10月22日，国民党芜湖市党部正式成立，以个人身份加入国民党的共产党员李克农、胡浩川、钱杏村等人担任国民党市党部执行委员。1927年3月初国民党芜湖县党部成立，经组织指定李克农任委员兼宣传部长。

在此期间，李克农还曾组织开展了反对安徽军阀陈调元的斗争。陈调元原本隶属北洋军阀冯国璋的直系，1925年投奔孙传芳，当上皖军总司令。自从他的部队进驻芜湖以来，强占民房，抢劫商店，被人民称作"票匪"。三年中他通过抢劫搜刮的个人财产约达2000万元。1927年3月，这个"票匪"又投靠蒋介石，被委任为国民革命军第三十七军军长兼北路军总指挥和安徽省政务委员会主席。4月6日，李克农带领学生军走上大街，打出"打倒票匪陈调元"等标语游行，揭露了陈调元的罪行。

蒋介石在上海发动四一二反革命政变后，芜湖地区也迅即陷入白色恐怖之中。大批共产党员和革命志士被捕被杀，各群众组织和国民党市党部被封闭捣毁，李克农被迫转移至江北裕溪口镇和巢县夏阁镇进行隐蔽活动。4月18日，陈调元下令悬赏5万元通缉李克农。在严酷的斗争面前，他以大无畏的革命气概坚持斗争，一面领导群众进行反对蒋介石、陈调元新旧军阀和他们的爪牙豪绅地主的斗争；一面派人打入流氓帮会内部，建立关系，进行反击。

1927年8月蒋介石下野，情况好转，李克农又回芜湖收拾残局，作复校运动，担任民生中学董事会会长和校长。遵照中共安徽省委指示，在校内成立济难会。1928年1月17日，国民党芜湖县公安局逮捕了济难会负责人王绍虞等共产党员、群众30多人，芜湖县委交通处被破坏。次日早晨，民生中学被封，敌人继续抓人，李克农得到警报，转移到南京，旋赴上海。

当年一直在芜湖和李克农并肩战斗的阿英，因遭陈调元追捕，早几天转移到上海。他曾著文记述李克农在芜湖的英勇斗争事迹：

1926年岁暮，国民革命北伐军占领了武汉，我回到故乡。克农同志和宫乔岩同志入党以后，我们一同在党的领导下，参加了准备起义，以及后来的政权工作。到"四一二"事变前后，国民党利用流氓帮会向我们开始进攻，克农同志和我们一面领导群众与豪绅地主进行恶斗，一面又打入流氓集团内部，建立关系，进行反击，一直到蒋介石公开杀戮工人，逮捕共产党员，万分危急的日子，我们才一同撤出。在这些紧张而又复杂的斗争中，克农同志表现了非常的英勇和机智。

我不能忘记当克农同志和我们渡江到北岸一个农村以后，敌人一再追捕我们时，李老伯和赵瑛同志对我们的关怀与热爱。她抢在敌人追捕轮开驶之前，冒雨乘小舟渡江，在泥深逾尺的田埂上苦行了很长路程，不断摔跤，弄得满脸满身泥污，前来通知我们急离。李老伯也曾跑到近二百里的他的故乡巢县，来探望我们。虽然风浪险恶，克农同志的精神，是乐观而且坚定的。（阿英：《深切的怀念》，《人民日报》1962年2月14日）

1928年春，李克农秘密转移到上海后，通过先期转移到上海的阿英接上组织关系，经党组织安排在北四川路春野书店小组（春野支部，亦即太阳社支部）过党的生活。太阳社是1927年冬在上海成立的一个革命文学团体，阿英和蒋光慈、洪灵菲、孟超等都是发起人，它的成员都是共产党员，创办了《太阳月刊》，宣传革命文学；还创办了春野书店，实际上是上海党组织的秘密机关。这个党支部受瞿秋白直接领导。李克农初到上海时，常和阿英等人到马路上张贴传单，进行宣传活动。其后，根据党组织的决定在上海办小型报纸，担任经理。先后办过《铁甲车》《老百姓报》，都没出版多久即被封闭。同年冬，李克农被调到中共沪中区委担任宣传委员。

初到上海的时候没有找到一个公开职业，党的活动经费又极紧张，李克农有一段时间生活窘迫，常饿肚子。那时原在民生中学的学生宋治家（宋季仁）从芜湖来上海后与他同住，曾经谈到和李克农一起经历的食不果腹的生活：

……党组织决定我转到上海春野书店支部。初到上海两眼摸黑，举目无亲，花花世界没有我立足之地。就这样我找到李克农住的景林堂寄宿社。他也是春野支部成员，与宫乔岩同住一间小房子。我挤进去后搭了临时小铺，早拆晚铺，他们两个人的伙食变成三人分享，这种深厚的同志情谊是难以用语言来形容的。

不久宫乔岩从小房间搬出去与他弟弟住一起。我开始为李克农跑交通、送情报。他不仅指导我当好交通员，还挑起我生活的担子。为了填饱肚子，他常常典当自己的大衣等用品。我实在不忍心自己的领导和师长为自己受这苦楚，急切地想分担一点生活的愁苦。有次，我到乍蒲路桥看到几个瘪三推人力车上桥，可以弄到一点施舍。我也试着推了几趟，谁知几个瘪三不约而同将我团团围住，打得我晕头转向，鼻青脸肿，口袋里几个钱也被一抢而光。那值班的巡捕装模作样，不闻不问，我只好认倒霉，回到住所。李克农见我这副模样大吃一惊，以为我干了坏事给别人打的。他一连串问话我概不回答，他终于动了气，这是第一次，也仅这一次他真生了气，表示不回答问题，不能再工作下去，必须迅速离开。我听他这样一说，只好讲出自己的想法和在桥头遇到的事情经过。我们两人难过得都流下了滚烫的眼泪。事后李克农说，上海这地方是洋人、阔人的天堂，穷人的地狱。推车的瘪三要给巡捕交“拔头”，推车没那么容易的。这样的世界总有一天我们要叫它底朝天。不久，我进了地下党办的新华印刷所当排字工。生活有了保障，晚上仍旧给李克农跑交通。

1928年11月间，李克农在上海一家电影公司摄影棚内遇到了老朋友胡底（胡底和钱壮飞一起转移到上海后，曾在1928年春入上海影片公司当了演员）。李克农通过胡底的介绍认识了钱壮飞，钱壮飞向李克农介绍了国民党正在招兵买马扩大特务组织的情况，并希望组织上利用他们招聘广播新闻编辑的机会，打入上海无线电管理局。李克农立即将此情况通过中共沪中区委向中共中央作了汇报，请示他能否前去应考？中央特委对此非常重视，周恩来认为这是打入敌人内部探取情报的好机会，同意他的意见。后由钱壮飞安排，李克农经过认真的准备之后，以优异成绩连过几关，考入国民党上海无线电管理局。

以后李克农曾经谈到这次应考的经过以及他和钱壮飞、胡底先后进入徐恩曾的上海无线电管理局无线电训练班的情况：“那时在国民党内主持特务工作的是国民党的头子陈果夫、陈立夫，还有另一中央委员徐恩曾，他们极端仇视共产党，与北洋军阀也有矛盾。他们为了扩大自己的势力，由徐恩曾以上海无线电管理局的名义，举办无线电训练班，招考学员，网罗人才。1928年春，我在芜湖从事革命活动被敌人通缉逃到上海，与潘汉年一起办小报，被封闭后到沪中区委工作。1929年先后与钱壮飞、胡底相遇，他们均是北平‘南社’成员，亦为躲避敌人追捕来沪。当时我们均无职业，从报上见到无线电训练班招生的消息，就向组织报告能否去考。江苏省委、特科均认为这是打入敌人内部探取情报的好机会，要去考。钱先去了，他的字考第一，以良好成绩被录取。然后他介绍我去管理局担任广播新闻编辑。不过也要经过考试。考试科目有三民主义和科学常识，还有古文。我买了这方面的书，记了一些条文，考试成绩很好。古文作文的题目是：‘你的母亲死了，父亲也死了，要合葬在一起’。我当场就写。开头说：‘此是丧事，亦是喜事’，然后用古文讲了这方面的道理，最后两句是：‘似此墓穴已安，人子之心可告无愧矣’。经过这番考试被录取了。从此，我们就在国民党的办公室里开共产党的会。来了人，也不怕，‘看嘛，这是从那里搜捕来的共产党的文件！’……”

李克农考取以后，经过敌人的严密考查，被委任为该局的广播新闻编辑。李克农才华出众，思路敏捷，文笔流畅，凡是他经手整理的调查材料，徐恩曾都十分赞赏。党组织常将一些过期的文件交给李克农，让他送往徐恩曾的调查科，以便他能取得国民党特务机关的信任。徐恩曾看过这些文件，一再对他表示赞赏。李克农继续送情报和过时的“党内文件”哄他，越来越受到徐恩曾信任，被提拔为电务股股长。官位不大，却统管着全国的无线电报务员，是获取情报的极好位置。他同时管理全国无线电报务员的登记和考试。每次考试，凡是党组织送来的名单，他都加以录用。

李克农和钱壮飞、胡底打进国民党最高特务机关后，给党提供了许多重要情报。

传奇英雄钱壮飞

钱壮飞是中国共产党杰出的情报工作人员，隐蔽战线的传奇英雄。因他潜伏在国民党中央调查科截获了顾顺章被捕叛变的绝密电报，及时向党组织报警，粉碎了敌人将中共中央机关和中央领导人一网打尽的毒计，扑灭了一场关乎全党存亡的特大灾祸。在谈到钱壮飞的时候，周恩来多次深情地说："要不是钱壮飞，我们这些人都不存在了。"当时钱壮飞善于隐蔽打进敌人最高的特务机关，取得敌人的信任，竟被国民党特务头子徐恩曾视为"知己"，直到顾顺章被捕叛变供出此事，才使徐恩曾得知这一"令人震惊的情报"。将近30年后，徐恩曾在其回忆录里讲到钱壮飞的时候，还惊骇不已地说："我得悉捕获顾顺章的消息时，极为兴奋，命令立即将其递解南京总部。……顾顺章的自新立即使我得到一些令人震惊的情报。顾说，我的手下有一个最能干的工作人员保管着我们的绝密文件，此人实际上是一个共产党的间谍。他是我的秘书，我在1928年建立第一个商业的无线电台时，便雇用了他，并在我手下工作近三年时间。我过去一直认为他是一个工作勤奋、忠诚、有能力的年轻人。他从不多说话，也从不打听他工作范围以外的事情，熟练地执行我的命令。我确实怀疑，这样一个模范职员会是共产党的特务。报告捕获顾顺章的密电是由他译出的，又是他把译出的报文交给了我。我希望顾是在撒谎，但是我派去寻找他的人回来报告说，我的职员已经在前一天早晨偷偷地溜走了，我才相信顾顺章所说的话是真实的。"（徐恩曾：The Invisible Conflict，1957年）徐恩曾这一过失使得他的顶头上司陈立夫十分恼火，直到1980年7月2日，他在写给蔡孟坚的信中还以责备的语气说："其时双方做渗透工作，无孔不入，可均兄（即徐恩曾）录用钱壮飞为一大疏忽。"（台北《传记文学》第三十七卷第5期）

令人感到可笑的是，当年徐恩曾派到武汉的"特派员"蔡孟坚，曾在武汉亲手逮捕、审讯顾顺章，亲自押送顾顺章到南京并且首先从他口中得知钱壮飞是徐恩曾的秘书。时隔半个世纪以后，他在1980年11月台北《传记文学》

发表的《两个可能改写中国近代历史的故事》一文中，竟然还没有弄清钱壮飞是谁。他在文中正经八百地说："我安全单位某代表杜君直接告诉我：有确实资料证明大陆陷匪后，匪政权社会部长李克农，即是钱壮飞。"（台北《传记文学》第三十七卷第5期）

钱壮飞（1896—1935），原名壮秋，又名钱潮，浙江吴兴县（今湖州市）人。父亲在家乡做收购生丝的生意，母亲操持家务，幼时家境尚称小康。他在湖州浙江省立第三中学读书时父亲病故，幼子弱母生活日益困难，全靠典当卖田度日。母亲托媒给他介绍了一家布店的女儿徐双英，两人于1914年结婚，第二年生了一个女儿。1915年他从中学毕业后，考进北京医科专门学校。他在这个学校结识了女同学张振华，她出身安徽桐城名门望族，祖先做过宰相之类高官，家中比较富裕。钱壮飞经常得到她的资助，得以坚持修完学业，二人于1919年毕业后就在北京成家。以后钱壮飞的母亲范老夫人到北京看他，方知他另有所娶，并已生了男孩钱江。老夫人不是很高兴这门亲事，回乡又带徐双英母女来京同住。幸好张、徐彼此都能以礼相待，和睦相处，家中一直平安无事（其后徐双英改名钱双瑛）。

1919年10月，从北京医科专门学校毕业后，钱壮飞即在北京长兴街挂牌行医，后在京绥铁路的附属医院工作。由于收入微薄，白天还需去美术学校教解剖学，夜晚到小报馆里当编辑，维持全家生活。张振华则在天坛传染病医院当医生。1925年，张振华由弟弟张暹中介绍加入中国共产党。第二年，钱壮飞也经张暹中介绍入党。

钱壮飞博学多才，兴趣广泛，不但精通医术，兼习书画，还能写剧本，充当演员。1926年，钱壮飞夫妇移住平安里13号，曾经资助、参与许光华创办光华影片公司。他们夫妇和胡底一面扮演影片里的角色，一面借此掩护党的工作。在摄制的影片《燕山侠隐》中，钱壮飞和他11岁的女儿蓁蓁（黎莉莉）同时在影片中担任角色（黎莉莉30年代成为著名的进步影星）。为了便于掩护在他们家开党的会议，曾在家里设立"赌场"，表面看像在赌博，实际是在开会、工作。张振华回忆说："当时来过的人很多，都按各人的特点叫。如'拿扇子的''胖子''戴眼镜的'等等，所以我都不知道他们的真实姓名。有时也让我到别人家了解情况，回来向党组织汇报。有人要求入党，有时让我去谈

20世纪20年代末的钱壮飞

话……”

他们夫妇利用医生的职业掩护党的秘密工作，都是党的活动分子。他们经常以“行医”为名，将党的秘密文件和标语、传单，装在漆着红十字的皮包里面，利用“出诊”形式到处送递、散发。有时在夜幕掩盖下，把传单塞进居民的门缝里，或者张贴在街头巷尾，经常同反动的警察、特务玩“捉迷藏”的游戏。有的同志要走了，需要衣服、箱子等生活用品的，张振华就及时买好送去。钱壮飞在京绥铁路附属医院当医生的时候，有时写一张条子要张振华送出去，她又成了秘密交通员。那时反动派的盘查非常严格，出西直门，站岗的警察要检查（是妇女就由女警检查），全身都要翻遍。她的胆子大，总能从容应付。她把密信缝在棉衣的棉花里面，敌人检查不出来，每次都能平安“过关”，从来没有出过差错。有的时候，全家老小穿上漂亮衣服，去北海公园划船游逛，乘机散发传单……

大革命失败后，北方各地党组织屡遭敌人破坏，白色恐怖严重，难以存身，经组织安排，钱壮飞在1927年底转移到了上海。上海虽较安全，但是寻找工作困难。好不容易在上海市公安局找到一份抄写黄包车牌照的临时差事，才将全家接来上海。因为收入菲薄，家里生活窘困，1928年夏天，他和张振华又离开上海，前往开封到冯玉祥的国民军中当军医（张振华1961年8月9日、1963年6月2日两次在北京与来访者谈话时均曾谈到此事。可能由于年久记忆不清，两次说法不同。头次说：“我们在北京待不下去了，当医生不行，当教师也不行”，就到开封当兵。第二次说：“壮飞离开北京去上海是在1927年冬天，从上海去冯玉祥部队当医生时是1928年夏天。”根据有关资料来看，第二次所讲准确）。张振华说：“我和壮飞是一块儿去的。冯玉祥在开封招考，原说给80块钱一个月，还有多少多少钱‘安家费’。这样，对上有老、下有小的我们，生活就可以维持了。没想到他们不给钱，有时给20元，还不许走。后来因为我有病，我们就偷着跑了，又一同回到上海。”“后来，张振华在南京路先施公司后面一家外国人开办的克美妇产科医院（后迁到赫德路——今常德路）当住院大夫；徐双英婆媳则带着孩子们在法租界甘司东路西爱咸斯路（今永嘉路）新兴顺里四号定居下来。这时，钱壮飞已接上党的组织关系，被编入中共法南区委所属的法租界支部，支部书记是张沈川（现任全国政协委员），同在支部过组织生活的还有在北京和他一起入党的胡底（胡北风，安徽人）。有一次，法南区委书记李富春布置法租界党支部成立一个特别宣传队，专门负责散发传单，张贴标语，支援法商电车公司中国工人的罢工斗争。为了携带和张贴方便起见，钱壮飞设计出一种只有两指宽的微型传单，携带方便，受到同志们的称赞。”（叶炳南：《钱壮飞》，《中共党史人物传》第三十四卷，陕西人民出版社1987年版，第105—106页）

1928年下半年，钱壮飞在上海国际无线电管理处找到一个职业，从事画广告画儿和招揽生意等业务。这个无线电管理处是国民政府建设委员会官办的一个对外营业机构，专替住在上海的外国人收发国际来往电报。它虽不是国民党的秘密特务机关，但对于我党来说，却是一个隐蔽党员骨干、掌握无线电报收发技术和有关情报的一个很有用的地方。因此，党支部决定钱壮飞作长期潜伏的打算，不要求他参加其他活动。

其后，陈立夫派徐恩曾来上海国际无线电管理处当处长。徐恩曾见钱壮飞才华出众，善于交际，又是他的湖州同乡，深为信任。

1928年底，徐恩曾被蒋介石任命为上海无线电管理局局长时，钱壮飞即被任命为该局的秘书。1929年春，陈立夫兼任国民党建设委员会主任后，徐恩曾又受他这位表弟的提拔，一度调任国民党浙江省政府建设厅厅长。徐恩曾将钱壮飞一家带到杭州。这年建设厅在杭州举办规模盛大的西湖博览会，钱壮飞协助徐恩曾筹划博览会的设计和会务准备，显示出卓越的才华和组织能力，钱壮飞为了给徐恩曾更好的印象，特意“奉公守法，勤勤恳恳”，把这次博览会搞得格外精彩，颇得社会人士和国民党官僚们的好评，连国民党的“财神”孔祥熙也去参加了开幕式。由此，钱壮飞进一步得到徐恩曾的器重，博览会一结束，就当上了徐恩曾的私人秘书，为他和李克农、胡底以后打进国民党最高特务机关创造了有利条件。

“年纪最轻，才华最高”的胡底

胡底（1905—1936），原名胡百昌，别名有北风、胡马、裳天、伊于胡底等，安徽省舒城县人。大革命时期他在北京中国大学读书，经同学、钱壮飞的浙江同乡吴鹿鸣介绍，在安徽会馆和钱壮飞相识。他和钱壮飞一样，也是一个文采出众的才子，在校读书时就很喜爱文学艺术。他们两人情趣相投，认识以后来往密切，成为亲密的朋友。当时钱壮飞住在北京西城平安里洋房13号，胡底经常到他家去，他从中国大学毕业后就住在钱家。

胡底比较年轻，比1896年出生的钱壮飞小9岁。他大学毕业后，继续在文学、艺术方面下功夫，有较深的文学根底，文章写得流利，字也写得漂亮，谈吐生动风趣而有吸引力。年长胡底7岁的李克农以后也曾称誉他说：“胡底年纪最轻，而文笔才华最高。”胡底的性格也较活泼开朗，吹拉弹唱样样都很擅长，善于交际，并能克己待人，乐于帮助朋友。他在许多地方都与钱壮飞相似。

1926年，胡底和钱壮飞都参加了中国共产党，他们经常一起秘密从事党的活动。张振华以后向人们谈起当年在北京的秘密活动情况说：“记得有一天，壮飞、胡北风、钱双瑛和我，都穿着很漂亮的衣服到北海公园划船。将船划到湖心，就把卷成小卷的传单拿出来，大家就分头贴到公园的各个地方去了。当时撒传单常在夜里出去，悄悄放在人家的门缝里。有时被敌人跟踪了，就马上把手里的传单找个地方放下，很快地跑掉。”（张振华1961年8月9日谈话记录）

四一二反革命政变后，白色恐怖笼罩全国，北京反动当局捕杀共产党人也很疯狂，天天都有相识的同志“失踪”。胡底的革命活动也被敌人发觉，遭到北京反动当局明令通缉。在他得到组织报警后，马上改名胡马，字“北风”，钱壮飞则化名“南飞”（系来自古诗“胡马依北风，越鸟巢南枝”句。此句取自《玉台新咏》，列为汉代枚乘所作《古诗十九首》第一首《行行重行行》），他在这年冬天和钱壮飞一道离开北京转移到上海。

初到上海，同党组织失去联系。1928年春，胡底为了生活，曾应聘入上海影片公司当演员。他是背着被“通缉”的罪名转移到上海的，很快被上海反动政府发觉，派军警来围捕，他机警地越墙逃脱。胡底虽然出身于富裕家庭，但在革命艰苦年代经受过严峻的考验，面对艰险困难，总是勇往直前。这时他跑到松江和沿海一带村庄中，同贩卖食盐的私商混在一起，团结群众同反动政府的缉私官员进行斗争。1929年夏由于敌人追捕甚急，前往杭州在钱壮飞家里隐藏起来。其后他随钱壮飞回到上海，进入另一家影片公司做事。1929年11月间，他在摄影棚里碰到李克农，并介绍钱壮飞同李相识。以后经党组织批准，胡底随李克农、钱壮飞打入徐恩曾的特务机关，成为中央特科反间谍工作中的一员。

六、第一个反间谍关系——杨登瀛

陈赓深深懂得，深入敌人侦探机关夺取情报，是地下党反击敌人阴谋破坏最有效的手段，是隐蔽战线斗争中极其重要的一着儿。没有这种斗争，党就不能在敌人统治区生存，必然会被敌人搞垮。要打入敌人的侦探机关，在上海有两个方面：一个是国民党警、宪机关和市党部；另一个是帝国主义在租界里面设立的巡捕房。于是，陈赓进行调查研究后，在敌人专业的反共领导机关建立了第一个反间谍关系杨登瀛，从而为深入敌人的要害部门，控制上海敌人侦探机关打开了局面。

“日本通”杨登瀛

杨登瀛这个关系，建立过程是比较顺利的。

陈赓在1928年4月调进中央特科担任情报科长的时候，国民党中央党部中央组织部内正由陈立夫筹备设立党务调查科。这是恶名昭著的“中统”特务组织的前身，以党务调查作掩护，进行反革命特务活动，反苏反共、镇压人民的反抗，屠杀中国共产党人和革命者。

这个国民党的特务机构开始筹建的时候，就在上海筹建侦探机构，物色适当的人选。当时国民党对于特务工作尚无经验，也没有内行的干部，物色上海特务机关的负责人曾经煞费苦心。为此，陈立夫和杨剑虹来到上海，以“办案”为名，同国民党在上海的党、政、军、警等机关广泛联系，同时探亲访友，积极物色特工人员。经过多方面的选择，杨剑虹选了他的同乡杨登瀛来建立上海的侦探机关。

杨登瀛原名鲍君甫，别名刘君珊，1901年出生于广东中山县。他自幼留学日本，在东京读完中学，又从早稻田大学毕业，1919年回国。他精通日语，交往较广，曾有不少日本朋友，同一些日本商人也有来往，还当过日本洋行的职员，与几个日本通讯社的关系也很密切，在一般人的眼里是个“日本通”。他在日本接触过马克思主义书籍，五卅运动时期常去上海总工会，之后和我们的一些同志交朋友，并参加了国民党左派的活动。其时他在上海总工会结识了洋务工会负责人杨剑虹，同是广东人，一见如故，关系很密切。杨剑虹不久离开上海，到广州投靠了国民党右派，成了陈立夫的亲信。1925年10月，杨登瀛曾到广州找过杨剑虹，并结识了不少国民党右派人物。1927年杨剑虹回到上海，也常去杨登瀛家里玩。到1928年春，杨登瀛同国民党的来往更加密切了。这年年初，张道藩（以后是调查科接替陈立夫的第二任科长）、杨剑虹筹建这个党务调查科的时候，常到上海来策动反共工作，同杨登瀛关系密切，无话不说。张道藩每到上海，也都同杨登瀛吃喝玩乐，搅到一起。杨登瀛同他们相识以后，就积极靠拢他们，尽力为他们做事，以讨好他们。因为他很聪明，有侦探才能，表面听话，心眼机灵，很快就取得了他们的信任。

杨登瀛同张道藩之间，更有一种暧昧的特殊关系。原来在国民党内部派系斗争中，有一个政敌同张道藩过不去，只要那个人存在，张道藩就爬不上去，杨登瀛应张道藩的要求，将这个政敌除掉，张道藩才得以爬上国民党的高位。他有这个把柄抓在杨登瀛手里，如果他要与杨登瀛过不去，就怕杨登瀛会把他的老底兜出来。同时在生活上，他在1928年还曾帮助张道藩把一个法国女人（中文名郭淑媛）接到上海，并且代他料理同这个女人结婚的事，取得他的好感。杨登瀛控制住这个女人，并且通过她掌握了张道藩的行动和许多机密。

因此，张道藩对杨登瀛十分信赖，有求必应，成了杨登瀛在国民党中的庇护者。

杨登瀛也认识一些共产党员，对共产党表示同情，我们有事找他帮忙，也都尽心给办。1928年春节过后，陈养山就住到北四川路杨登瀛的家里。这年3月间，杨剑虹对杨登瀛说，南京国民党中央党部成立了调查科，这次要用中央党部的名义在上海筹建一个调查机构，要杨登瀛参加办案，他答应了。第二天，杨剑虹邀杨登瀛到他家，介绍杨登瀛同陈立夫见了面，并对陈立夫说杨登瀛是日本通。他们就一起到日本菜馆去吃饭。这时，陈立夫和杨剑虹进一步说明了他们的意图。杨剑虹说："主要是想办法消灭在上海租界内各'反动党派分子'的活动，尤其是中共。"又说："每次给租界来公函办案，多数由于办手续的时候拖长，以致泄露机密。目前要研究设法打通这条路，简化手续，严保机密。"陈立夫说："首先要联系所有各种社会团体、机关和学校等，搜集各种情报材料。"当时杨登瀛思想上产生了一定的矛盾。别的事都可以做，要当侦探，若不告诉共产党，不仅对不起朋友，而且如不取得共产党的帮助，就会什么事都做不成，还会有生命的危险。如果帮共产党做点事，又弄到一点共产党的消息去应付特务机关，那么既可在国民党里做官，又可以不担风险。

经过反复考虑，他就把杨剑虹两次要他做侦探，准备在上海侦察共产党及其他反蒋党派活动，建立办案机构，同租界当局拉关系等情况，全部告诉陈养山了，并且表示愿将所了解的情报供给我们。还把随身带的一份搜捕名单交给陈养山，又说今后要将所了解的情报及时提供给共产党。

陈养山感到杨登瀛的态度诚恳，他提供的消息很有价值，就把这些情况向中央写了一个请示报告（通过闸北区委送去），建议同杨登瀛建立工作关系。周恩来研究了陈养山给中央的报告，认为杨登瀛这样一个关系，在政治上虽然不是很可靠，但在隐蔽斗争中确是非常需要的，中央特科正需要在这方面大力开展工作，对他可以加强政治教育和党的教育，使之为我工作。当即决定使用杨登瀛，派陈赓同陈养山见了面，确定今后陈养山断绝同其他方面的关系，由陈赓单线联系，负责对杨登瀛的联络工作。

陈赓接到周恩来的指示后，先约陈养山谈话，详细了解杨登瀛的具体情况；随后就找杨登瀛谈话，直接了解他同国民党的关系。研究今后如何开展工作的时候，陈赓向杨登瀛指出：要他除同国民党调查科继续保持联系以外，还应同国民党上海市党部、上海市政府和淞沪警备司令部等机关取得联系。最后陈赓问杨登瀛有何要求，杨提出：同这些国民党特务、党棍鬼混，需要花一些钱；另外，一旦国民党向他索取共产党的情报，该怎么办？陈赓逐项答复，基本上满足了他的要求。半个月后，陈赓又找杨登瀛商谈，部署工作；同时确定陈养山调中央特科情报科工作，改派连德生和杨登瀛联系。

从此杨登瀛由陈赓直接领导，成为我党在敌人侦探机关中建立的第一个反间谍关系。

就这样，敌人在上海的专业反共侦探机关，一开始就在陈赓的控制下进行工作。杨登瀛按照我们党的要求，也适应国民党的意图，制订了一个“反共”计划。

兰普逊说：巡捕房不希望与杨登瀛以外的人接触

中央特科对杨登瀛的工作指导，和他深入敌探机关取得敌人的信任，大致经历了三个阶段。

1928年5月到10月，是杨登瀛同情报科建立关系后活动的初期。

1928年5月，杨登瀛根据陈赓的指示，对陈立夫和张道藩极力拉拢，建立私人友谊，博取他们的好感；驯服地在杨剑虹指挥下办理指定的事。陈赓让杨登瀛这样做，不是没有道理的。因为他知道，敌人还在对杨登瀛进行试探。就在这个时候，杨剑虹介绍杨登瀛去见国民党淞沪警备司令钱大钧，办理一桩要求英巡捕房派人搜捕共产党人的手续。杨剑虹事前什么情况都不告诉杨登瀛，直到他们两人会同英巡捕房包探到马立斯新村去搜捕的时候，杨登瀛才知道搜捕的地址。这次我们住在这里的人已经转移，结果一无所获。陈立夫不放心，还亲自到现场检查一番。这年夏天，杨剑虹又拉杨登瀛去破坏我党平凉路机关，事前对他还是严守秘密，毫不透露。

陈赓为了加强对杨登瀛的领导，经常同他见面，大力在政治上争取他，并且让他利用同陈立夫、张道藩、杨剑虹的关系，大胆地接触有关敌人，进行活动。陈赓考虑，杨登瀛要应付国民党特务机关，就得送去一些共产党的文件。经请示获得批准以后，陈赓就把我们党的宣言、传单和公开刊物如《红旗》《布尔什维克》等，逐期优先送给杨登瀛，作为他接近敌人、取得敌人信任的资本；有时也给他一点有关党的活动情报，真真假假，迷惑敌人。此外，还送给他一笔活动经费，作为他请客应酬之用。这时杨登瀛得到杨剑虹的同意，在老靶子路建立了秘密接头关系。为了及时得到杨登瀛手上的情报并且保护他，陈赓又派连德生以他的保镖身份跟在杨登瀛身边。

连德生是浙江上虞县人。自幼家境贫寒，他父亲去世早，他十多岁随母亲逃难到上海谋生。他于20岁前曾在一家小商店里当过几年学徒，后进上海英商电车公司做售票员。虽然家中贫苦，他却很乐于助人。朋友有难，也都热情慷慨帮助，在英商电车公司里很受工人尊敬，提起“224号售票员”来，无不称赞。他在五卅运动前参加中国共产党，五卅运动中是电车公司工人罢工运动的领导人之一，曾同顾顺章等人一起镇压破坏罢工的工贼。有一次上海电车工人全部罢工，全市电车停驶，只有一辆无轨电车上的司机和售票员为资本家所收买，拒绝罢工，继续行驶。一天晚上，连德生和顾顺章等4人持枪跳上这辆电车，立即强令它停止行驶。“四一二”以后，连德生原单位回不去，由党派往莫斯科东方大学学习，这时刚从苏联回来，调到中央特科工作。他跟随杨登瀛去各侦探机关活动，常跑国民党淞沪警备司令部、公安局和市党部以及英、法租界巡捕房等特务机关。杨登瀛如获得紧急情报，就交给连德生送给中央特科。从外表上看起来，连德生很像个“保镖”，他身材魁梧，力气过人。但更能使他胜任这一工作的，是因为他机警灵活，胆大心细，又善于应付各种环境。除给杨登瀛传递情报，他还利用自己的特殊身份搜集不少情报。遇到党的秘密机关突遭破坏，他就站到门口假装监视；若遇不知情的同志前去接头，他就打招呼暗示我们的人走开，因而营救了不少同志。只是杨登瀛爱摆官僚架子，脾气暴躁，常把党派去帮助他工作的连德生当作自己的下级任意支使，并常毫无道理地大发雷霆。连德生尽力克制自己，避免同他对立。私下还对同志们说：“为了党的工作，就是最大的气我也要忍受下去。如果闹翻了，我怎样向党交代？”尽管有这样的境遇，他却干得非常出色。

这时，国民党要杨登瀛同巡捕房建立密切联系，以便随时协助捕人；陈赓也要求他在巡捕房收集各种情报。而杨登瀛经过办案，同英巡捕房政治部的西探长兰普逊（Lampson）、帮办谭绍良（广东人，原来就相识）建立了工作关系，英巡捕房知道杨登瀛和淞沪警备司令部的关系密切，也正想利用杨登瀛为他们办事。陈赓根据这一情况，除了过细地做杨登瀛的思想工作外，还主动帮他出点子、想办法，增加他接近敌人的勇气和工作能力。8月间，谭绍良要杨登瀛替他打听：码头上的两个工头，是否被关在淞沪警备司令部。杨登瀛便直接找钱大钧了解情况。钱大钧说确实有这两个人，问杨登瀛巡捕房想怎么办？杨登瀛没有回答。没想到，杨登瀛回到巡捕房，谭绍良便对他说：这两个人已经放出来了。谭绍良奉英国人的命令，拿出200元给他，杨登瀛拒绝接受。他微微一笑，说："你认错人了！"这件事给英国佬的印象很深。后来，兰普逊和谭绍良又要杨登瀛替巡捕房弄一份淞沪警备司令部的印鉴式样。杨登瀛将此事告知陈赓，陈赓便对杨登瀛说，要想方设法，投其所好，取得信任。于是，杨登瀛通过警备司令部副官处长茅乃功，把司令部所属各处和侦缉队的印鉴式样都弄全了。兰普逊看到这些东西，如获至宝，十分感激，给予的评语是："杨登瀛不是警备司令部的人，但可以叫司令部的人听他指挥。"他还表示："巡捕房不希望同杨登瀛以外的人接触。"当然，兰普逊之所以特别赏识杨登瀛，因为他不仅是只手通天的国民党高级官员，还是不可多得的"日本通"。自1927年"田中奏折"出笼后，日本便准备发动侵华战争。为此，日本各系统的情报机关在上海活动猖獗。当时日本在北四川路驻军很多，英国佬深感威胁，英日在上海的矛盾尖锐。当兰普逊就日本情报机关内幕及中日、英日关系的前景请教杨登瀛的时候，他就如数家珍般地将日本政府及各财团的情报系统一一道来，其渊博的知识、准确的判断，都使兰普逊折服。为了和咄咄逼人的日本人较劲儿，兰普逊很需要借助于杨登瀛这样一个精通日语的日本专家的帮助。

在此期间，陈赓则能通过杨登瀛的关系，每当敌人侦知我党机关的办公地点时，都能及时知道，立即向党组织报警，使有关同志及时转移，党的组织可免遭敌人破坏。

1928年10月，杨登瀛被陈立夫正式任命为国民党中央驻上海的特派员。这项任命是由蒋介石签署的："特派杨登瀛在沪协助办理重要案件并处理之。此令。"

蒋介石任命的"中央驻沪特派员"

从1928年10月至1929年底，是杨登瀛在陈赓指示下活动的第二阶段。

这个时期，杨剑虹因过去在汉口曾贪污巨款，被孙科告发，他在被调离国民党调查科后，服毒自杀。同时张道藩、叶秀峰也先后辞去了国民党调查科负责人的职务，由徐恩曾任主任。他们因为忙于内部事务及国民党的派系斗争，一直没有过问杨登瀛的工作。杨登瀛则打着国民党“中央特派员”的招牌，实际是在中央特科指挥下，在上海国民党的军警机关和帝国主义的侦察机关独立地进行活动，几乎不再受别人的管束。唯一同他保持密切关系的就是陈立夫了。杨登瀛自己虽然暂时没有办什么案子，却代表国民党在租界法院出庭参加“陪审”。他按照陈赓的指示精神常去找陈立夫解决问题，陈立夫总是有求必应。杨登瀛在无聊中随便去南京走走，陈立夫、张道藩也总是热情接待。杨登瀛每次从南京回到上海，就向各警探机关吹牛，仿佛他又从南京带来了什么新的任务，所以警探机关都把他当作“中央亲信的人”，这样就给他的活动增添不少方便条件。

杨登瀛在英国巡捕房中，逐渐建立了比较深厚的交情。他成为兰普逊的座上客，同兰普逊家里的人搞得很熟。他同谭绍良的关系更为密切，他们都是广东人，在交往过程中成了知心朋友。杨登瀛每天跑了国民党军警机关以后，总要到谭绍良那里聊天，一起吃饭，晚上同到一品香饭店抽大烟，一榻横陈，无所不谈。所以帝国主义也常用他，兰普逊常约他去协助捕人。兰普逊认为他是一个专家，什么情况都告诉他。兰普逊那里的情报、材料，杨登瀛都可以看到；遇到重大疑难案件，也找杨登瀛商量；还请他做英、法巡捕房的顾问。这样，通过杨登瀛的关系，能够基本掌握英、法巡捕房的情况。

虽然这时杨登瀛和南京调查科新的头头徐恩曾还没有来往，但他从国民党军警机关，特别是从英巡捕房了解许多敌情。有几次敌人的搜捕计划都扑了空。

陈赓和有关同志商量，为了掩护杨登瀛的工作，有时我们故意留下一些机关或布置一个机关让敌人去破坏，免得敌人对他发生怀疑。

为了提高杨登瀛的地位，陈赓请示中央特委批准给他买了汽车。1929年10月，替他在北四川路大德里对面的过街楼上设立一个办事处，作情报集散的地方，正式挂上“国民党中央调查科驻沪办事处”的牌子。陈赓派安娥（张红惠，又名张玉英）去做秘书，杨登瀛把所搜集到的情报，全部拿到办事处来，凡属我们有用处的，安娥及时抄送陈赓。至此，杨登瀛有了一个正式的对外联络机关，便于和一些侦探、奸细接头。特科除及时送来各种党的公开刊物外，继续拿给他一些秘密性不大的党内文件，使他有向敌人吹牛报功的资本。

徐恩曾把大案交杨登瀛全权处理

从1929年底直到1931年4月，杨登瀛因为叛徒顾顺章出卖而被捕的时候，是他在陈赓直接领导下活动的第三阶段，也是他得到国民党中央调查科主任徐恩曾重用时期。这时杨登瀛自己换了一部法国造的新汽车，也给上海国民党公安局长陈希曾以及陈果夫、陈立夫各买了一部不纳税的汽车，并且把给“二陈”的两部汽车运到南京。

1929年底，陈立夫的亲信、新任国民党中央调查科主任徐恩曾，秉承陈立夫的旨意，亲来上海跑到杨登瀛的家里来看望，从此他也得到徐恩曾的重用。徐恩曾把陈立夫交下来的上海方面的重大案件，全部直接交杨登瀛办理。杨登瀛同国民党军警机关的关系，特别是同英国侦探机关的关系也愈益密切，于是上海的敌探机关经过杨登瀛进一步置于特科的控制之下了。打这以后，徐恩曾秉承陈立夫的意图，经常到杨登瀛这里来进行拉拢，不仅把党务调查科秘密办事机关的地址——“南京中山东路五号”告诉了他，而且派人常住在他的北四川路办事处。徐恩曾虽然经常写信或打电报给杨登瀛一些指示，但是从未检查过他的工作。徐恩曾还对杨登瀛说：“在用钱上，中央（指陈立夫）总是依从你的。”并且送了两本曾国藩写的《家书》给他，以示笼络。

英帝国主义也重用杨登瀛。兰普逊告诉他说：如果确有要案需要急办，不必办理拘捕手续，作为现行犯尽管随时去逮捕就行了。这正是徐恩曾不得不把一些重要案件交给他办的原因之一。这样，我们也就可能在敌人行动以前得到情报。

这时中央特科同杨登瀛联系的，除陈赓外还有情报科副科长刘鼎。他们发现杨登瀛在上海敌探机关中的地位有了显著的提高，发挥作用也比较大。

但也感到他给我们做事，已不如以前那样痛快，有时表现畏首畏尾，还常表现骄矜自满的神色。针对这种情况，中央特科对他提高警惕，防备他向敌人告密来整我们。开始留意不让他接触那么多我们的人，把在他那个办事处工作的安娥和连德生都撤回来。同时，对他继续加强政治思想教育，防止他翘尾巴，或者在思想上发生不利于我们的变化。陈赓还派陈养山对他的妻子进行政治思想工作，以稳定他对革命的忠诚和信心（她是一个通情达理的人，对革命有所认识，在帮助杨登瀛坚持革命的问题上起了好的作用）。并且对他暗示，为我们做这项工作的还大有人在，并不是独此一家，除了在政治上帮助他，陈赓还在必要时代表党组织给予适当的鼓励。一面大胆地使用他，也很注意保护他，使他不致露出马脚。针对徐恩曾的要求，陈赓还叫人专门编写一些假情报，交给他送去哄骗敌人，从而提高他在敌人那里的地位。

杨登瀛掌握的情报日益增多。这个时期他对我们的贡献，主要是提供了有关内奸的情报，使我党免受叛徒奸细的祸害。如在1930年秋，有一个山东省委的负责人到上海来开会，在旅馆里被捕叛变，被关进淞沪警备司令部白云观侦缉队的拘留所。关了几天，他叫嚷有话要讲，并且要求见大头子。警备司令部就让杨登瀛见他，叛徒除了供出自己的身份和经历，别的情况不知道。用刑逼他，也说不出更多的东西，杨登瀛就赶回来找到陈赓报告情况。陈赓根据中央的指示，为核实被捕者的真正身份以及叛变与否，派刘鼎以杨登瀛的“专家”身份前去给叛徒拍了两张照片。原来那个叛徒曾在莫斯科东方大学学习过，竟认出了来拍照的是刘鼎，并且大喊：“他是共产党，我认识他！”刘鼎镇定而机智地搪塞过去，将情报带回来汇报，证实此人确是山东省委的负责人，曾在莫斯科东方大学军事班学习过。杨登瀛转去又逼他的口供，仍逼不出什么来。国民党见他的身份很高，又供不出更多的情况，就把他枪毙了。

1930年上半年，陈赓通知杨登瀛，我党有两个组织机关暴露了，巡捕房和国民党当局准备前去抄查。如果敌探机关一动手，就会给我们造成严重损失。杨登瀛接受任务后，立即将两处的文件等物转移，敌人前去搜查扑了空。上海北火车站华界旁边有一所双开间的门面房屋，是我党的宣传机关，被叛徒出卖。陈赓事先将文件、旗帜等物品全部转移，然后再由杨登瀛向敌方打电话“报告”。上海市公安局和巡捕房在杨登瀛带领下“帮助”搜查，结果仅搜到一些用处不大的宣传品。这些东西交到公安局后，局长袁良分外高兴，当场嘉勉了杨登瀛，还签发了手谕：“以后杨督察员来报告消息，当快些行动。”

看到这些情况，也许有人会问：当时上海是中外反动势力集中盘踞的反共基地，敌人的力量特别强大，白色恐怖严重，党的秘密工作人员岂能这样随意活动？像兰普逊这样的英国特务头子岂能为我所用？其实并不奇怪。在一切形态的剥削阶级统治的社会里，“有钱能使鬼推磨”，可以说是一条普遍适用的规律。特别是在被人称作“冒险家的乐园”的旧时代的上海，“金钱万能”的特点无时无刻不在表露出来。敌人的致命弱点，正是不分中外，一个个唯利是图，见钱眼开。这些形形色色的“冒险家”，万里迢迢来到上海，就是要大大地捞上一票。正像《上海——冒险家的乐园》这本书所揭示的：这些“20世纪的冒险家不向荒原绝域中去讨生活，也不在真理正道间找材料，而专门在人海中施展他们的绝技。他们站在一旁暗中忖度他人的钱囊的重量，而后布置巧妙的机关，让一颗颗好吃的果子落到他们的怀里。人瘠则我肥，是他们的信条，他们的宗教，他们的全部人生哲学。”当时中央特科正是利用这班“冒险家”贪得无厌的天性，把一些吃人的野兽诱捕过来。就是兰普逊这个英国巡捕房的政治探长，也接受了我们不少贿赂（其中包括一辆汽车），而交出来的则是大量极其重要的机密情报。

从敌人营垒“拉出来”的典型

在隐蔽战线的斗争中，形势是错综复杂的。既须像孙大圣钻进铁扇公主（罗刹女）的肚子里那样去兴妖作怪，“打进去”在敌人心脏里战斗；也要从敌人的侦探机关里把有些人“拉出来”，建立起为我所用的反间谍关系。毛泽东曾在1935年说过：

日本帝国主义者和蒋介石能够用纵横捭阖的手段来对付革命队伍，共产党也能够用纵横捭阖的手段对付反革命队伍。他们能够拉了我们队伍中的坏分子跑出去，我们当然也能够拉了他们队伍中的“坏分子”（对于我们是好分子）跑过来。假如我们能够从他们队伍中多拉一些人出来，那敌人的队伍就减少了，我们的队伍就扩大了。（《论反对日本帝国主义的策略》，《毛泽东选集》第一卷，人民出版社1952年版，第152页）

杨登瀛的事例，就是周恩来领导中央特科从敌人营垒中“拉出来”的典型。从使用杨登瀛的经过情况，证明中央特科大胆使用敌人中各种可能使用的人的方针是完全正确的。只有向敌人进攻，才能达到保卫自己的目的。特科通过杨登瀛在国民党专业的反共机关建立的这个反间谍关系，帮助我们深入敌人的要害部门，控制上海敌人的侦探机关，获得许多极其重要的情报，掌握了敌人的行动规律，控制了敌人许多重要的具体活动，冲破了敌人的阴谋，给保卫党中央机关的安全提供了有利条件。

“拉出来”，就是采取各种各样的方式，将国民党特务机关某些人员和英、法租界内帝国主义巡捕房的包探以及能够利用的一些人，尽量设法拉过来。当时拉出来的人，一般是党的同情者、朋友和其他社会关系。凡是可以利用的人，包括用钱收买的，采取多种方式拉出来。对于上述可以利用的各种对象，既要大胆使用，又要慎重掌握，在使用中进行考验。对不同的对象，需要采取不同的方式。如对同情我们的人，我们可以用党员的面目同他们进行联系；有的可以是一般朋友来往，保持联系，并不暴露我们的政治面目。有些人虽然为我们党做了不少事情，但他并不知道在为共产党做工作。我们通过党的政治影响，利用私人关系交朋友，以至金钱收买的办法，广泛争取使用一些人帮助党。当时同上海一些流氓也有关系，要他们帮个忙，他们是肯帮的。为了党组织的安全，这些工作是非常必要的。在敌特机关中，那时都有我们的同情者以及可利用的关系。敌人的阴谋计划，我们能够了解；敌人要逮捕我们的人，我们事先知道了；敌人几次要破坏我们中央机关，都失败了。1931年前没有受到什么大的破坏，多靠这些关系提供的情报。彭湃、杨殷等同志被捕，事先也得到了情报，但是迟了一点，来不及通知。如果情报早到一些，就可以避免了。

七、深入龙潭虎穴

调查科与徐恩曾

“龙潭三杰”工作的对手，是国民党中央党部组织部党务调查科和它的科长徐恩曾。

顾顺章被捕叛变后，在他为国民党训练特务所写的《特务工作之理论与实践》中说：“中国特务工作的幼稚，是谁也不能否认的，原因就是因为历史太浅。……中国特务工作的产生，是1927年国共分裂以后的事，但系开始于C.P.［C.P.是英文‘共产党’（Communist Party）一词的简写。当时党内外多以此作为中国共产党的简称］并且十分利（厉）害，对于全国的军事政治社会等等情形极为熟悉。至于国民党的中央党部以前并不注意特务工作，到了最近，因为时势的需要，才正式着手进行。然在创始时期，一切均极粗浅，而于特务人材（才）尤感缺乏。……”

早在北伐战争时期，设在广州的国民党中央组织部就有一个党务调查科，专门收集和统计党内各种资料，迁到南京后，这个科虽然增加了带有特务性质的调查党员思想及派系隶属的任务，仍只限于调查国民党内部的情况。及至1927年秋蒋介石一度下野去日本，南京政府被桂系李宗仁、白崇禧以及何应钦、李烈钧所组织的“中央特别委员会”所把持。蒋介石的嫡系陈果夫以反对“特别委员会”为名，组织“中央俱乐部”（英文名称为Cental Club，简称C.C.），联合亲蒋势力，组成C.C.的最核心组织，逐渐排挤、压制国民党其他派系势力。同年12月“特别委员会”垮台，蒋介石从日本回国复职后，因

C.C.一些骨干分子分任各地官吏，它的领导权便落到陈果夫及其胞弟陈立夫的手里，成为他们兄弟操纵的一个庞大派系组织，其后形成“蒋家天下陈家党”的格局。

1928年1月，蒋介石在争夺反革命领导权中取得胜利。他在2月召开的国民党二届四中全会上改组了国民党中央委员会、国民政府和军事委员会，夺取了党、政、军的大权，建立了独裁统治。蒋介石重任国民党军队的总司令，当了国民政府主席，还自兼国民党中央组织部长（陈果夫任副部长、陈立夫任机要秘书）。经过这番折腾，蒋介石知道，想要牢固地独揽大权，确保其反动统治，除须严厉地反共反人民，还要打击国民党内的其他各派，必须加强特务工作，排除异己。因此，他就在国民党中央组织部内重新设立了一个任务完全不同的党务调查科，以党务调查作掩护，进行特务活动，镇压人民的反抗，屠杀中国共产党人和革命分子，并且排除国民党内部的异己派系。它是国民党中央调查统计局（简称“中统”）的前身，是国民党最早设立的特务组织。

这个党务调查科的首任负责人，就是蒋介石的亲信陈立夫。调查科内设两个股：采访股、整理股，分别由杨剑虹、吴大钧负责。陈立夫升任国民党中央党部秘书处长后，调查科主任这一职务他就不再兼了。但是这个作为国民党的一大特务系统，实际上始终牢牢地控制在陈立夫手中。蒋介石出于排除党内异己和反共反苏反人民的需要，一直亲自掌握特务工作。曾任中统局第一组组长的张文（张国栋）说：“1927年‘四一二’反共大屠杀后，蒋介石为巩固其法西斯统治，决定让陈立夫担任国民党中央组织部调查科科长，将总司令部机要科的整套阴谋活动一齐搬到调查科，使它成为对党政军实行强有力的特务统治的机关。蒋介石对于调查科，从一开始就加以培植，努力促其发展。1928年6月，他从国民党中央党务学校毕业学生中，挑选了被认为最忠实可靠的10名学员（我便是其中之一）派到调查科工作；1930年，再从受过‘政治警察’训练的中央军校第六期毕业生中，挑选十余名学员派到该科工作。这两批人后来成了中统特务的核心骨干。蒋介石对于该科的活动费用也不断给以增加，真是要人有人，要钱有钱，宠爱非凡。调查科特务组织，就这样逐渐地发展起来……”（张文：《中统头子徐恩曾》，中国文史出版社1989年版，第7—8页）

陈立夫之后，党务调查科的第二任科主任是张道藩，在他升任国民党中央组织部秘书后，第三任科主任是吴大钧。吴大钧干了半年又升任中央统计处长，接替他的是叶秀峰。1929年12月，徐恩曾取代叶秀峰正式担任这个科的第五任科主任，他在这个特务机构里一干就干了15年。

徐恩曾，字可均。1898年生于吴兴县双林镇一个大地主大资产阶级家庭。他与1892年出生的陈果夫、1899年出生的陈立夫弟兄有点亲戚关系（是他的“表兄”和“表弟”），又与陈立夫这个“表弟”是留美同学；著名的浙江财阀徐新六则是他的近亲本家。这些都是徐恩曾日后升发的后台，他一生的官运亨通，更是与陈氏弟兄分不开的。

徐恩曾的父亲死得很早，他们四弟兄全靠母亲抚养长大。徐恩曾排行第三，他的长兄徐恩源，北洋军阀时期是一个官僚，曾是徐家的经济支柱，负责供给3个弟弟的教育费用，于1932年亡故。徐恩曾的近亲徐新六，于南洋公学毕业后曾赴英法留学，回国后做过北洋政府财政部长梁启超的秘书，其后成为一个著名的银行家。此人对徐恩曾有一定的影响。

徐恩曾在双林镇读完小学，1917年从浙江省立湖南中学毕业后，考进上海南洋公学电机工程科。1921年在南洋公学毕业，1922年自费到美国留学。先在西屋工厂实习，继进卡耐基工程学院读工厂管理专业，于1925年获得硕士学位。他在留美时期曾参加一个中国留美学生联谊会“健社”。创办和领导这个组织的是陈立夫和曾养甫。陈立夫后来当了国民党中央组织部长，曾养甫当了国民政府的交通部长，分别成为C.C.系的大头目和高干。徐恩曾正是经过陈立夫、曾养甫的提携，先后当上中央组织部调查科长、交通部政务次长。

1925年，徐恩曾回国后进上海南市自来水厂任工程师。1927年4月，国民党南京政府成立后，决定筹建中央广播电台。徐恩曾经陈果夫、张静江等推荐，参加广播电台筹建工作，同时兼任建设委员会无线电工程处的营业科长。这年8月中央广播电台开播，经陈果夫提名，国民党中央宣传部长叶楚伧正式委任徐恩曾为第一任电台主任。在筹建电台的过程中，徐恩曾开始踏进国民党C.C.系的门槛，成为蒋家王朝的鹰犬。

上海有一个国际无线电管理处，原是国民政府建设委员会官办的对外营业机构。1928年下半年，当时担任建设委员会秘书长的陈立夫为了扩大私人势力，培植党羽，把手伸向这个国际无线电管理处，就把他的亲戚又是亲信的徐恩曾弄到这里当处长。徐恩曾举办了无线电训练班，钱壮飞就是这个时候进入这个管理处的。这年年底，徐恩曾又被任命为上海无线电管理局局长。1929年，徐恩曾一度调任浙江省政府建设厅厅长，他将已任上海无线电管理局秘书的钱壮飞一家也带往杭州。由于钱壮飞的尽力筹划，浙江省建设厅举办的规模宏大的西湖博览会比较成功，赢得各方人士赞誉。

其后，徐恩曾调进国民党中央党部，当了秘书处总务科长。1929年12月，党务调查科主任叶秀峰与陈立夫意见不合，跟他较劲儿，赌气请假去杭州“休息”。事出突然，但他并不正式辞职，却又“久假不归”，而调查科的性质使它不能一日无主。叶秀峰原欲以此要挟陈立夫对他让步，陈立夫恼羞成怒，便令对这个职位觊觎已久的徐恩曾以总务科长身份临时负责调查科的工作。为时不久，叶秀峰即被陈果夫派往国民党浙江省党部任职，陈立夫才叫徐恩曾正式辞去秘书处总务科科长一职，专任中央组织部党务调查科科长。

从此，徐恩曾统治国民党的这一特务组织长达15年。这个国民党的特务机关，1936年由“党务调查科”改组为“党务调查处”，1938年扩组为“国民党中央执行委员会调查统计局”（即臭名昭著的“中统”）。它的人员由初始一二十人，最后扩展成为一个人数达20万的庞大复杂的特务机器。它的特务活动，无孔不入，无处不在，祸害全中国，殃及海内外。“中统”与后起的“军统”并存，“中统巨枭”徐恩曾与“军统魔王”戴笠争霸。这是后话。

周恩来说：“你们把它拿过来”

徐恩曾开始担任这个国民党中央组织部党务调查科科长的时候，它的工作对象早已不再停留在国民党内部的派系调查和党务调查上面了。这是由于各苏区的中国工农红军运动这时已成为国内政治运动的重要因素，中国共产党在国民党统治区的组织和工作也有了相当的恢复，蒋介石企图一举消灭红军，彻底破坏白区共产党的组织，很希望国民党特务头子陈立夫助他一臂之力。而陈立夫则想乘机扩大自己的势力，便积极筹划把这个党务调查科扩建成为一个进行秘密侦察、审讯的特务机关。陈立夫虽然是这个特务机构的开创性人物，但是当时他对于此道还是个外行，他便找亲信徐恩曾来办；徐恩曾那时更是一窍不通，他又找钱壮飞策划。

这时，钱壮飞已经深得徐恩曾信任。经过他的安排，李克农考进上海无线电管理局做了广播新闻编辑。在临近1929年底时，徐恩曾把由他担任党务调查科主任、着手扩建特务组织的事情告诉了钱壮飞，要钱壮飞帮助他。徐恩曾还透露：陈立夫和他准备对共产党的动摇分子实行软化，利用叛徒做他们的侦探奸细，潜伏在共产党内部进行秘密活动。也就是说，敌人要在调查科的基础上，扩建一个镇压革命活动的反共特务机构。

怎么办？钱壮飞和李克农及时把这个情况报告中共中央。当时，中央特委对于是否打入国民党特务组织的问题，曾有两种意见：一种主张派遣我们的同志打进去，钻进敌人的心脏去同它进行斗争；另一种意见，反对打进去。中央特委周恩来指示："你们把它拿过来！"于是，特科决定派李克农、钱壮飞、胡底打入敌人最高特务组织。当时李克农、钱壮飞还在上海，党的组织关系此后便转到陈赓手上。

徐恩曾到南京一上任，就立即扩充人员，增加经费，增设机构，充实内部，并派特务进入国民党的军警机关进行活动。当时徐恩曾最关心的就是：在上海如何重用杨登瀛，如何在蒋介石势力所能达到的地区，如长江沿岸各地，建立起基层秘密机关，进行侦察活动。为了便于指挥全国的特务活动，他委托钱壮飞以机要秘书名义，在南京组织一个秘密指挥机关，并且设立秘密电台，建立各地基层机构。陈立夫、徐恩曾还一再交代，除了搜集共产党的情报，还要搜罗有关其他党派的情报。"龙潭三杰"根据中央特科的指示，就又"帮助"国民党在全国各地建立起更多的情报网。

从此，钱壮飞掌握了国民党全国最高特务指挥机关，李克农掌握了上海无线电管理局的情报，又将胡底派到天津，掌握北方的情报。胡底先在南京主持"民智通讯社"，以后被派到天津创办"长城通讯社"。为了加强我们党的领导，中央特科派陈赓与李克农保持经常联系，南京有什么情况，由李克农及时反映给陈赓。李克农、钱壮飞、胡底三个人组成一个党小组，由李克农任组长。工作中的重大问题，由党小组讨论决定，分头执行。当时上海三明照相馆是中共的一个重要秘密据点，陈赓以该馆老板的身份常在这里活动，李克农若获有重要情报，便来此地与陈接头。为使情报能及时送到中共中央手中，组织上还派宋治家（他原是李克农在芜湖民生中学的学生，到上海后改名宋季仁）担任李克农的地下交通员。宋治家则以“佣人”身份给李克农送饭。局内“同事”都知道这位李股长派头十足，脾气特大，常因送饭太迟或做得不好，把宋治家训骂一顿。正是在这训骂声中，神不知鬼不觉地传递了情报。

许多年后，宋治家（宋季仁）曾对当时的情况回忆说：“1929年李克农打入国民党特务机构。他装胃病，我以‘佣人’身份天天为他送饭菜。他经常摆出主人架势，动不动骂我饭烧硬了，菜做咸了，似乎没有满意的时候。我装作唯唯诺诺，一副可怜相。情报就在这样的气氛下顺利传递。当我们回宿舍关上大门时，常常为白天这样的表演而捧腹大笑。”

宋季仁还曾谈到1931年住在上海保定路永裕里时，他为李克农传送情报的情况：

李克农把搞到的文件叫我送到郑家木桥和三洋泾桥之间，那儿再有别人从我手里取走。李的文件又是怎样转到我的手中的呢？我是利用每天替他送午饭的机会，将文件装在饭盒里带回。如有情报，李在把饭盒交还于我时，就递个眼色。当时，我用钢精锅送饭，因为如果用普通的饭盒送饭，就会被乞丐拦住将剩下的饭菜倒走（这叫“断路的”），那就会坏事。那时，党的情报系统有个接头地点在四川路桥边的“中国公园”。我按上级指示，守在公园的亭子里与来人接头。还有个接头地点是在铁马路（今彭泽路）菜场。凡是按规定的接头时间，不管刮风下雨，天寒地冻，烈阳似火都得如期赴约，坚守岗位。记得有次中央决定要在上海召开会议，国民党得到情报，准备破坏。李克农掌握了这一重要情报，就通过我立即向中央报告，会议就不再举行，避免了一次损失。（《战斗在地下交通线上》，上海《党史资料丛刊》1980年第2辑）

党务调查科的办公地址原在南京丁家桥国民党中央党部内。徐恩曾感到那里乱，不容易保密。他便选定中山东路五号一幢两层的西式小楼作为秘密机关的“大本营”。这里人不多，钱壮飞只配备了少量的机要人员：一方面管理电台，兼做秘书、会计等，一方面担任他和李克农联系的秘密交通（其中就有钱壮飞的女婿刘杞夫等）。徐恩曾是个纨绔子弟，整天在舞场、妓院里混日子。他把所有的事情全都推给钱壮飞去办。调查科迁到新址后，凡是送给徐恩曾的文件、电报，都由中央党部转送到这里来。首先看到这些文电的就是钱壮飞。经过他的审阅并提出处理意见，再送给徐恩曾看，而徐只是在上面签个字，就交钱壮飞负责办理。由于钱壮飞的工作条件好，他同李克农、胡底互相配合，收集了很多国民党军事、政治、特务等方面的情报，使我们党中央掌握了国民党的动向。这一时期的情报工作做得非常出色。

陈立夫在国民党第三次全国代表大会后，担任了国民党中常委和中央政治会议的秘书长。他凭借秘书长的特权地位，把蒋介石准备在1930年9月发动对江西苏区第一次“围剿”和1931年2月发动第二次“围剿”的命令、兵力部署等重要文电都批给徐恩曾看。钱壮飞从徐那里获得了这两次“围剿”的绝密战略情报，由李克农交陈赓和中央军委书记周恩来。这些情报准确及时，中央转发到中央苏区，对于红军作战获得胜利起了重大作用。

抓住徐恩曾的弱点，拿到绝密电码本

关于徐恩曾的外貌和人品，在他手下混事较久、接触较多的特务骨干多有议论。“外表斯文，内心恶毒”就是众口一词的评价。有的说：“徐恩曾身高约1.72米，脸方形，戴近视眼镜，外表斯文，不爱多讲话，有如白面书生。”又说：“徐恩曾其人，表面颇斯文，实则极阴险。”“在生活方面，饮食、日用竭力模仿西洋。衣着完全西式，间或也穿中山装。他爱好汽车，尤爱新式汽车，见有新式样的，定要设法弄来……”还说他时常举办私人舞会，“徐的跳舞技术并不高明，其所以爱好此道，一为显示其为‘高等华人’，二则以此作为勾引女性、蹂躏女性的一种手段。”（张文：《中统头子徐恩曾》，中国文史出版社1989年版，第5页）有的说：“徐恩曾的外表，与戴笠显然不同。戴笠面黑，浓眉大眼，嗡鼻阔口，外形呈凶相，而徐恩曾呢，面白无髭，戴金丝眼镜，文质彬彬。邹韬奋先生在他所著《抗战以来》一书中曾谈到徐恩曾。邹先生与徐同为南洋公学的同学，说徐外形俊秀，在学校时内务整洁等。抗战初期，民主人士章乃器、李公朴等，在昆明市，亦遇到过徐恩曾，并表示惊异：‘怎么这样一个斯文的人，会是国民党的特务头目呢？’其实，徐的外表虽很斯文，心肠却异常险恶，什么事他都干得出来。”（赵敏麟：《徐恩曾的历史和活动片断》，第81页）

邹韬奋和徐恩曾是南洋公学的“同班同学”。他在《抗战以来》一书中提到徐恩曾的时候说：“徐先生的仪表和他所担任的职务，似乎完全不配合，他的表面上看来是一位温文尔雅的白面书生，他无论穿西装或中山装，都漂亮整洁，在学校时，他的房间布置得最整洁讲究，为同学们所赞美。我在陪都和他几次晤谈，有一次无意中问他：‘你学的是电机科，应该做一个电机工程师才是，现在却干着×××××××，真是出人意料之外！’他微笑着说：‘我有什么办法？总裁一定要我担任这个职务，只有等到革命成功之后，再去干我的工程师吧！我现在已经干了，只有干下去！’”抗日战争期间，国民党发动第二次反共高潮时，徐下令特务把生活书店55个分店查封，邹韬奋无比愤慨，曾找这个“同班同学”抗议。徐恩曾见到他，竟对共产党“破口大骂”。邹韬奋“问他：‘依我们老同学的友谊，彼此都可以说老实话，你是主持特务的，依你所得的材料，我究竟是不是共产党？’他微笑着说：‘我‘跟’了你7年之久，未能证明你是共产党。’我说：‘既然如此，你何必对我说了许多关于共产党的话？’他很直率地说：‘到了现在的时候，不做国民党就是共产党。其间没有中立的余地，无所谓民众的立场！你们这班文化人不加入国民党就是替共产党工作！’”徐恩曾还劝他要“识相”，拉他参加国民党，逼他将生活书店与特务办的正中书局合并。邹韬奋严肃地驳斥这些诱逼说：“做一个光明磊落的国民，只能做有益国家民族的光明磊落的事情……我不能做任何私人或私党的走狗！‘仰承意旨，的玩意儿是我这副硬骨头所干不来的！”（《韬奋文集》第三卷，香港三联书店1957年版.第297—298页。引文中“×××”之处，是被新闻检查删去的地方）结果不欢而散，徐恩曾悻悻而去，仍对生活书店照封不误，逼得邹韬奋飞逃香港，作第四次流亡。邹韬奋简单几笔，活画出了这个特务头子的狰狞嘴脸。

当时国民党高官腐化堕落、私生活糜烂，恃有特权的特务头子徐恩曾更是出格的贪财好色之徒，一个玩弄女性的登徒能手，整天混迹于舞厅妓院，在国民党官员和特务机关中无人不知。据说1945年，当徐恩曾已经爬上国民政府交通部政务次长高位时，突被蒋介石下令“撤去本兼各职，永不录用”而下台，就与这个毛病有关。其中的罪名之一，就是与他由姘居而成二姨太太的那个王素卿，打出“徐次长”的招牌，在成都大做黄金、美钞买卖，利用滇缅公路大肆走私洋货以及放高利贷，等等。他的这一弱点，“龙潭三杰”自然也可以加以利用跟他斗法。

除了无数姘头不算，徐恩曾娶到家里的太太就有三个。他的原配老婆是吴兴人，姓张，与徐母同住，是“带有浓厚封建思想并相当迷信的家庭妇女”。据说开始两人感情尚好，1928年起感情恶化。1929年，徐恩曾的一个朋友去英国留学，将其妻王素卿托他“照顾”。友人走后不久，徐恩曾就与她姘居，而且生了儿女。后来朋友学成回国，见生米已成熟饭，又慑于他这个特务头子的权势，不敢过问。

其后徐恩曾又与一个叫费侠的湖北女人姘上，这是一个曾去苏联留学的叛徒。刚娶进门不久的姨太太王素卿晓得后，曾对费侠破口大骂，而且大打出手。徐恩曾差人将王素卿送到成都，打入冷宫，又与费侠在汉口结婚。徐恩曾的许多姘头情妇，不单是他寻欢作乐的玩物，有的还是他进行反革命活动的工具，诱骗革命阵营中意志不坚定者变节的钓饵。例如，费侠就曾用色相帮助徐恩曾拉拢收买了任卓宣（叶青）等留苏学生甘为国民党反动派效劳。

有的时候，他的这一毛病我们也可以利用。如徐恩曾和他友人妻子王素卿开始姘居的时候，他怕家里的大老婆吵闹，就托钱壮飞帮他找处合适的房子“藏娇”。钱壮飞向党组织作了汇报。经过研究，决定“投其所好”，让钱家把在上海所住的二楼前楼让给他这个姘妇居住。这样既可使钱壮飞进一步取得徐恩曾的好感和信任，又为钱家获得一把十分安全的政治保护伞，有利于用作党的联络点和开会的场所。据钱壮飞的夫人张振华说，当时徐恩曾对钱壮飞确实是“谬托知己”的。她说：那时我们住在法租界甘世东路拉菲德路新兴顺里四号，与徐恩曾的姘头“密斯王”同住一幢房子。记得“密斯王”后来大了肚子，进医院打胎。她从医院出来后，就住在我家里，睡在我床边。……（张振华1963年6月2日谈话记录）当时徐恩曾和王素卿还是偷偷摸摸地姘居，他对钱壮飞亲自“帮忙”安排十分满意，越发引为“知己”，倚为他的左右手，视作“亲信”。

徐恩曾把党务调查科的“大本营”设在南京中山东路五号以后，这里不但建立起了秘密电台，还开始制造便于携带的小型收发报机。因此就在门口挂上一块“正元实业社”的招牌，作为这个神秘机关的掩护。徐恩曾的秘密电台也设立在这里，以后派到汉口、九江、安庆等地的调查员，都同这里的电台通报。凡是给徐恩曾的电报、报告和各种情报，都是首先经过钱壮飞，由他审阅并提出处理意见，徐恩曾只在上面签个字。这样，钱壮飞就掌握了这里的全部机密。

这个时候，徐恩曾虽然对钱壮飞越来越信任，可是有一件东西，他却紧紧抓住不放。这东西就像徐恩曾的护身符，每次外出的时候，总是把它带在身上，藏在贴身衣服口袋里面。原来这是他同国民党高级官员通报用的密码本。这本绝密电码，按照蒋介石、陈立夫的指令，只许徐恩曾一人保管使用，不得交给任何人。钱壮飞知道，没有这个密码本，国民党最高统治集团的核心机密就搞不到。他虽然早就想搞到这个密码本，可是却一直到不了手。怎么办呢？钱壮飞和李克农分析了徐恩曾的致命弱点是腐化堕落，好色喜嫖，于是设下一计：有一次徐恩曾到上海开会，他们趁机一起向徐恩曾渲染，哪儿哪儿有个漂亮姑娘。徐恩曾一听便动了心，马上要去。钱壮飞却故意说：“你不能去，你带这么个东西去怎么行？”徐恩曾马上从小褂里掏出密码本交给钱壮飞，等徐一走，钱壮飞便马上复制收藏起来。有了这个密码本，许多极机密、最重要的尖端情报也就落在我们手里了。

拿他的护照和钱，办我们的情报；
用他的手和枪，除掉我们最恨的警探

由于国民党的需要和我们工作的便利，钱壮飞进一步“帮助”他们在南京、天津等地建立了一套以“通讯社”名义为掩护的公开情报机构：在南京丹凤街设立“民智通讯社”，天津日本租界秋山街五号设立“长城通讯社”，而把这套机构的指挥机关“长江通讯社”，设在南京中央饭店四楼（中山路五号隔壁），由钱壮飞负责。这些机构名义上是国民党特务机关的附属组织，

实际上自上而下完全掌握在我们党的手里。然而，积极筹建这些机构，正是李克农、钱壮飞、胡底进一步取得徐恩曾信任的方式之一。胡底在天津建立了“长城通讯社”后，就利用国民党的名义，拿着国民党的钱，四处活动搞情报，常把搜集到的情报，密写寄给钱壮飞，转交给党组织。当时密写的方法是将密语用柠檬或橘子汁写在一封普通信的夹缝中，用火一烤就显影。有时在报纸的上面用米汤写字写情报，拿到后用碘酒一刷，情报就出来了。

自从有了长江通讯社，李克农、钱壮飞、胡底的活动就更加便利了。每次李克农来南京，就在中央饭店四楼住下，三个人在这里商谈工作，过党的生活。国民党特务搜集来的我党文件，都汇集到通讯社来，钱壮飞只在上面盖一个图章，交人收藏起来就完事了。当时国民党要什么情报，钱壮飞就给他们编造。这些东西都是夸大的，如说共产党游行示威多少人。这些情报都经徐恩曾的手送了出去。

1930年4月，蒋介石和冯玉祥、阎锡山混战之后，蒋介石对东北军很不放心，千方百计想要搞到东北军的情报。因为东北军对于全国局势举足轻重是谁都晓得的。那时东北的情况复杂，张学良在那里是皇帝、东北王，蒋介石的势力想到那里，根本不可能。过去国民党也搞过他们的情报，但是几次派到东北的特务，都被日本人搞掉了。于是，徐恩曾就将这个“重任”，委托钱壮飞办理。钱壮飞闻得此讯，告诉陈赓，他打算亲自出马，邀上正在天津的胡底，组织一个小组去沈阳。我们中央这时考虑，党在东北的情报工作也得发展，既须搜集东北方面的情况，也须健全那里的情报机构。因此中央特委对此事特别重视，派陈赓和他们一同前往，同时也安排东北地方党组织全力办理此事。于是陈赓他们利用这个难得的机会，拿国民党特务机关的护照作掩护，花着国民党的钱，就便巡视了中央特科在东北和华北的工作，他们在沿途各处中共地方党组织的帮助下，为党带回许多重要的机密情报。同时还在东北建立了一套名义上归国民党、实际上是向中央特科提供情报的秘密组织。为了应付国民党，钱壮飞回到上海，同李克农一起，把报纸上的消息剪剪贴贴，加上一些这次搜集到的有真凭实据的东北军的内部情况，写成一份四万多字有关东北情况的详细报告。发展的情报机构，都是住在东北的某些人，就是有名有实的作为国民党驻东北的机关。因此，钱壮飞回到南京以后，拿出这些东西就立了大功，那是国民党想不到的情报。徐恩曾连声称赞“了不起”，“哪来这么好的材料”。他对钱壮飞表示“佩服之至”，立即给予了嘉奖。因为有了这些，不但徐恩曾能够以此邀功，陈立夫也可以在蒋介石面前炫耀。在徐恩曾心目中，钱壮飞从此就成了有名有实的陈立夫、徐恩曾系统特务组织的创建人，他在那里越发显要，地位更巩固了。

这次陈赓、钱壮飞东北之行异常成功。正像有些同志讲的：利用他的钱、他的名义，把全部情报掌握在我们手里，这是情报工作最好的办法。这次是当年做得最好的一例，但也不是情报工作唯一的事例。

像钱壮飞在南京的做法那样，李克农以上海无线电管理局为掩护，把所得到的情报，全部送交陈赓。与此同时，李克农给徐恩曾提供的情报，凡属有关我党活动的，大都夸大其词，不着边际。徐恩曾对李克农送去的那些假情报，也从不怀疑，一律照转上去。

就这样，在中央的领导下，李克农、钱壮飞、胡底3位同志打进了国民党最高特务机关，掌握了国民党全国特务机关的全部活动，为党提供了许多重要情报。特别是在顾顺章被捕叛变后，敌人企图将我党中央机关和中央领导一网打尽时，他们为保卫党中央的安全作出了巨大的贡献。

“龙潭三杰”除了探取敌人的情报，掌握敌人的行动，还利用敌人盘根错节的内部矛盾，用敌人的手除掉我们最痛恨的某些严重危害我党安全的反共恶棍。有一个国民党上海公安局的侦缉队长，非常反动，对共产党十分凶狠，抓捕过许多共产党员和革命者。中央特科决心把他除掉，几次派红队去镇压他，都未得手。陈赓找李克农和打进淞沪警备司令部的“老宋”商量，他们先在上海租一处房子，布置一些共产党员住进去，还在那里放上若干被国民党搜获过的、已经毫无价值的党内文件，然后将此线索透露给那个侦缉队长。但当他想立即前去搜捕的时候，陈赓又经杨登瀛通过其他渠道，从侧面关照他不要马上行动，而要“放长线钓大鱼”。过了几天，等这个侦缉队长前去搜捕时，早已人去楼空，一个人也没见到，只捡回一些如同废纸的失效文件。这事被他的上司知道后就责问他：你早就知道为什么不立即动手，是否故意让共产党跑掉？此人有口难辩，无言以对，终于引起他的上司怀疑，经过一段时间的“察看”，这个侦缉队长就被敌人当作“共产党的奸细”秘密除掉。敌人还以为真的除掉一个“共犯”，而不知道是上了共产党人的当。这是1929年的事。

他们还利用国民党特务机关没人敢惹的特权，依靠调查科的特殊身份，先后护送了党的许多干部摆脱险境，还帮助党组织输送一些地下工作者打进敌人内部。特别是遇有负责同志要前往或者途经蒋介石盘踞的南京时，中央都交由李克农护送。

1930年初，刘伯承刚从苏联回到上海，就接受了中共中央布置在武汉发动武装暴动的任务，同时决定由他担任总指挥，必须迅速前往武汉。而当时白色恐怖严重，由上海去武汉，敌人封锁很严。为使刘伯承能迅速而安全地抵达武汉，中央特委决定由李克农利用他的特殊身份掩护刘伯承经由南京前去武汉。李克农的传记作者，生动地记述了他这次护送刘伯承的经过：

李克农按照约定的时间，冒雨来到外滩公园接头地点。

身穿蓝色绸缎长袍的李克农手举一把黑色雨伞在此等候，他不时看看表，表情显得很镇静，内心却踌躇不安，警惕的目光投向公园的入口处。

一辆雪佛莱轿车从远处驶来，停在公园边，从车内下来两个人，径直朝公园走来。李克农见状便朝这两人迎面走去，当离这两人还有几米时，他止步摘下眼镜哈哈气，掏出手帕擦一下又戴上。这是事先约好的暗号，表示身边没有“尾巴”，一切正常。当李克农和这两人相遇时一言未发，只是用眼神向其中一位熟悉的人——李立三示意了一下，三人先后钻进车内。

汽车启动后，坐在前座的李克农这才转过身来和李立三握手问好。李立三指指坐在身边的人说：“老李，这位就是刘伯承同志，交给你，好好送去。”

李克农急忙伸过手来紧紧握住刘伯承的手说：“久闻大名，没想到在这里和你幸会。”

刘伯承不动声色地微微一笑说：“我也是今天才识庐山真面目啊！”

在火车的头等车厢里，由于李克农持有特种证件，因而巧妙地应付了特务的监视和军警的搜查，终于顺利抵宁。事后，蒋介石及其他的特务机构虽然也掌握了刘伯承离沪的情报，但他们万万未想到是李克农只身一人将刘伯承送往南京的。（林聪：《李克农传略》，《中共党史资料》第57期，1996年2月

出版）

以后李克农谈到此事时说：那时还做了护送干部的工作。“我党干部到南京总是我送。刘伯承也是我送的。是李立三当面交给我的，要我‘好好送去’。我送干部是坐头等车，我们有Pass，上去以后很神气，叫人家‘让开让开’。到了南京，就在中央饭店楼上一住……”

向国民党最高特务机关“打进去”的典型

中央特科在周恩来直接领导下，于1929年底派遣李克农、钱壮飞、胡底打进了国民党最高特务机关，掌握了敌特的核心机密，向党提供了很多重要情报。蒋介石几次欲破坏驻上海的中共中央领导机关的企图均告失败，特别是及时报告了中央特科负责人顾顺章叛变的消息，对保卫党中央领导机关的安全作出了卓越的贡献，受到党中央的高度评价和嘉奖。这个小组取得了巨大成绩，是中央特科在敌人内部发展情报关系“打进去”的典型。

对在敌人心脏中战斗能够取得如此重大的胜利，李克农说：“那时敌我双方都没有实际经验。敌人是统治阶级，它暴露在外面。我们党转入地下以后，很多工作是可以做的。政策对头，依靠群众是可以进行隐蔽斗争的。

“归根结底，当时我们处于地下，是隐蔽的，成天在那里研究敌情，与敌人进行针锋相对的斗争，而敌人是暴露的。另外，他们缺乏人才，我们就抓住时机打进去，敌人在上海、南京、天津建立的侦察点都控制在我们手里。”

对于这场关系两党命运的较量，国民党特务头子徐恩曾面对事实只得认输。他在过了将近30年后写的回忆录中不打自招地说：“共产党的地下组织机构非常严密，我上任后的开头几个月里，就像在黑暗的洞穴里摸索着的瞎子，然而到这一年（1930年）年底情况有了突破，开始摸到共产党秘密组织的门道。……”（徐恩曾：The Invisible Conflict，1957年）四个月后发现他手下“最能干的”“保管着我们的绝密文件”的“模范职员”钱壮飞“实际上是一个共产党的间谍”，令他“震惊”，使他大吃苦头。20世纪40年代，徐恩曾在重庆碰到李克农的时候，神色尴尬地说：“你看，你们都把我的头发给整白了。”

八、奉天讲武堂教官——赵唯刚

四一二反革命政变后两个月参加共产党

这个时期，中央特科领导的情报网遍及全国各大城市，直至遥远的边城以及香港等地。红色战士在不同的地区不同的岗位上，在同形形色色敌人的斗争中，创造了许多可歌可泣的英雄事迹。顾顺章被捕叛变后，为向敌人献媚取宠写的《特务工作之理论与实际》这本书中画的中央特科情报工作关系表中，就有“满洲麻子”为首的“满洲情报网”，其中包括“奉天讲武堂教官”“日本人组织及领事馆”等等。前者说的就是赵唯刚同志，他于1927年6月在日本大阪参加中国共产党，同年9月在日本士官学校毕业后回国。他于四一二反革命政变两个月后，正当中国革命趋向低潮，白色恐怖最严重的时候参加了中国共产党，表现了他对中国共产党的忠诚热爱和对中国革命胜利的坚强信念。他回国后进入奉天讲武堂、高等军学研究班，以讲授功课为掩护，长期为党搜集军事、政治情报，是向敌人军事机关“打进去”的一个典型。

赵唯刚（1905—1999），原名赵石羽，曾用名石际民、赵国元、王林、札哈诺夫。辽宁沈阳市人，满族。1925年官费赴日本千叶士官学校步兵科留学，并在日本参加中国共产党。关于赴日留学和参加党的经过，赵唯刚回忆说：

1925年，我中学毕业后，通过同学父亲的关系，得到东北军总参议兼兵工厂督办杨宇霆的支持，由东北兵工厂垫支学费留学日本（毕业后回到该厂工作偿还）。就这样，我和同班毕业的四名同学一起前往日本千叶县入日本士官学

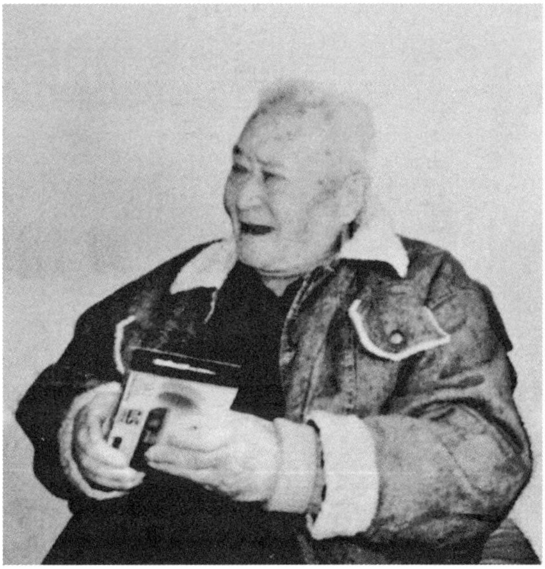
93岁时的赵唯刚（1905—1999）

校学习。在日本学习期间，我结识了李人一（李国琢，中共地下党员）。他是我思想进步的启蒙老师。在他的启发诱导下，我读了不少进步书籍，其中包括《共产党宣言》《资本论浅释》《列宁主义十二讲》和中国共产党出版的《新青年》《向导》等刊物书籍。他还带我参加一些会议，听进步演讲，如反对帝国主义制造五卅惨案等。我的觉悟逐渐提高，逐渐地懂得了旧社会里剥削与被剥削关系、日本帝国主义与奉系军阀的关系、国民党与共产党的区别、国民党左派与右派的区别，还有为什么要国共合作、什么叫治外法权，以及关税自主等问题和概念。那时，日本翻译苏联新书速度很快，一本新书不用一个月就能翻译过来。不过，关键、重要之处，往往用点点点代替，一般人看不明白，所以我往往和李人一两人一起学习，他能帮助我理解。当时国际国内形势动荡不安，大浪淘沙，泥沙俱下，各种思想观点都有，同学间时常争论不休。十月革命后，苏联于1924年宣布取消沙俄时代一切对华不平等条约，这对中国的进步人士和青年学生震动很大。1925年，冯玉祥支持郭松龄倒戈反对旧军阀张作霖。这一切，使我认识到绝不能再走旧军阀的道路了。1925年12月，我写了一篇《反对日本帝国主义侵略中国》的文章，通过我同学父亲的关系登在奉天《国民日报》上。这是我下决心走革命道路的誓言。1927年6月10日，我在日本由李人一和老王（名字不详）介绍加入中国共产党，在中共日本大阪支部领导下工作。

1927年9月，赵唯刚在日本士官学校毕业，回国后在东北军兵工厂任少校厂员。因在兵工厂的收入扣除留学学费后所剩很少，他又找了几个兼任职务：一个是在奉天讲武堂任少校教官；另一兼职工作是在张学良第三四方面军的模范队（招收中学生培养尉级军官和军士的单位）任日语翻译教官；不久又兼任奉天讲武堂附设的高等军学研究班教官。他担任这些职务，直到九一八事变发生。

赵唯刚就在这时开始做情报工作。开始是直属上海中共中央特科领导，1928年底，满洲特委（特务部）在奉天成立后，中央特科派蔡伯祥为特委主席，赵唯刚为秘书长，受中央特科和满洲省委双重领导。1932年参加苏联远东红旗军司令部情报工作。1933年至1934年在苏联远东伯力炮兵学校学习。1935年至1936年在莫斯科机械化兵学校学习。1937年被莫斯科参谋本部派至新疆考察。1938年至1940年任新疆独山子石油厂厂长。1940年去莫斯科参谋本部任参谋。1941年在延安军事学院任教员，1943年任中共中央军委高级参谋，1945年任东北炮校教育长，1948年任东北军区司令部军训处处长。1951年在中央军委军训部工作，1952年10月任哈尔滨军事工程学院炮兵系主任，1959年10月调往国家化学工业部工作。笔者是在哈尔滨军事工程学院工作时认识赵唯刚的。

赵唯刚1928年至1931年间在中央特科领导的满洲特委（特务部）做情报工作时，陈赓是中央特科的情报科科长。陈赓前去东北地区视察情报工作时，曾同赵唯刚有过多次接触。1929年7月26日中苏两国因中东铁路事件爆发战争后不久，陈赓前往沈阳。经陈赓派往东北负责“满洲情报网”的蔡麻子引见，赵唯刚和陈赓在奉天迫击炮厂后院第一次见面。事先蔡麻子已叫赵唯刚为陈赓准备好护照、路费，此后即派他穿上军装，以张学良的高等军学研究班翻译教官身份，陪同并保护陈赓到齐齐哈尔、海拉尔等地活动多日。1930年四五月间，陈赓偕同钱壮飞、胡底到达东北，表面上为国民党、实际上为我党搜集东北军情报、建立东北地区情报组织，赵唯刚也曾参与其事。赵唯刚进军事工程学院工作时，陈赓是这所学院的院长兼政治委员。当时在一些小型会议的会前会后或在会议间隙，曾见他们谈起当年情报工作的往事。因此20世纪70年代末，当我准备撰写陈赓大将传记着手搜集他在中央特科活动的材料时，很想访问赵唯刚。但因多年没有联系，很久没打听到他的消息。直到1997年夏天，在他92岁高龄的时候才又见面。有一天，我外出时在朋友处接到家里打来的电话说：“有一位92岁的老战友来找你，他叫赵唯刚。”我忙赶回家里，见面时都很激动，非常高兴。他说，已经看到1985年出版的我所写的《陈赓大将》，对其中记述陈赓在中央特科经历的《龙潭虎穴》一章饶有兴趣。可惜这时他因年事已高，又在“十年浩劫”中饱受折磨，记忆力受到严重损伤，谈论往事不甚通畅。所幸早于1983年3月他已写出了在满洲特委（特务部）时期情报工作的回忆录，完稿时间比《陈赓大将》出版还早两年。他把这篇回忆录定稿特地带来交给我，供作参考并且希望能有机会帮助披露于世。

这里，笔者特将赵唯刚这篇记述翔实、内容生动、文笔朴质的回忆录全文，照录于后：

在奉天讲武堂和高等军学研究班

1927年11月根据中共日本大阪支部的指示，我从大阪直达上海，准备和上海地下党取得联系，不料却扑了个空，只得回到沈阳去见我的老同学朱式勤。他告诉我说，我们4个人都被分配到沈阳兵工厂（那时叫东北兵工厂）。我给大阪支部去了信，汇报了这一情况，并请他同上海接上关系。我即到兵工厂报了到，被分配在机关枪部，为少校厂员（另外在我同上海取得了工作联系之后，我还兼任模范队日本顾问滨本的讲课翻译，每半月一次，并任讲武堂少校教官[未上过班]，在家翻译日文《阵中要务令》，稍后又到高等军学研究班工作）。就这样，我一方面等着大阪来信，一方面工作着。不久，大阪给我回信说，他们正在联系，叫我别着急，工作先做着（指的社会公开职业）。又过了一段时期，大约在1928年元旦，我又给大阪支部书记去了一封信（电报），提出想去大阪或直接去上海找组织的意见。他仍回信说别着急，联系上马上告诉我，早晚总会联系上的。

又过了两三个月，有一天，刘伯刚来我家说：“上海派人来了，叫你到日本站悦来客栈去接头。”于是他领我到这个客栈四五层大楼上，同来人作了介绍之后就走了。

那人姓廖（即廖如愿，时任中共满洲省委秘书长），好像是东北人，身体微胖、圆脸，年龄、个子和我都很相仿，在那以后我同他在蔡麻子家又见过面，他们说他是东满特派员，从此我就把党的地下工作重点放在搜集军事情报和政治情况方面。

记得他头次和我见面是在下午3点钟的样子，他一开口就叫我赵同志，并对自己作了介绍，说他姓廖，是上海组织派来和我接头的。我看他这个屋子很小，很简单。有张小床，床上铺着床单子，有本《聊斋》还是叫什么的旧小说，床旁有个床头柜。他说你来了，我正在等你呢！这时经过他的传达我才知道八七会议精神等国内的一些情况。他还讲了我们犯了右倾机会主义错误，我国革命正处于低潮，遭到很大的破坏，今后的革命任务将更艰巨，等等。当然那时的水平也不像现在这样，只能大概讲一些。此外，老廖还讲了我的工作任务是搜集情报。他给了我一个通信地址，是上海四川路东亚大酒店一个女性的名字，是什么珍、素之类。好像是个会计、管账的。通讯方法很简单，一个是化学墨水写的信，另外一个是用米汤，在字里行间写上密信，到时候用火一烤，写的字就显出来了——那时都用这个方法。我用的是第一种方法。给了他信源号点心铺的地址。我还问他，假如我和上海再断.了关系怎么办？可不可以找刘伯刚？他说你不能找他，他还不是党员。我问他那找谁？他说你往上海一个月写一回报告，到第三个月还不给回信就有问题了，就不要再往上海写信了。这时你可以往沈阳城里青年会找某某（名字忘了）联系。

我同老廖见面后给大阪支书去了一封信，告诉他们我和上海组织已接上了关系。就这样我一直以上述方法和上海通信，直到1928年年底，蔡麻子来以前，有个中年人来我家找我，当时我不在家，他留了个字条，叫我按假名给他开了个住房铺保，我给他办好寄去了。

1928年年底，差不多要到过阴历年的时候，蔡麻子（即蔡伯祥，又名邵扶民）来了。我到车站去迎接他。东北是那么冷的气候，他来的时候穿的是西服大衣，一看目标很明显，显得那么突出，我说你不打信号我也知道是你。

由于事前我做好了安排，所以他一来我就把他介绍到我认识的那个铺子，也就是我那个通信地址住下，这个点心铺在小西关朝鲜银行隔壁。店家想利用我弄个电话、盖个厕所，我披上虎皮利用我的条件给他们解决，他们很感激，我对他们也有所求：让老蔡暂时住那儿。

日本站那儿有家饭馆，他对我说饭馆楼上住经理一家。经理很阔气，房间里的摆设很好，古色古香的，是他的亲戚，山东人。

老蔡这次来，是来了解我的工作情况并指示我今后除情报工作外还做些什么。我向他作了汇报。并对他说自己经验不够，能不能请他来领导开展工作或者帮我一个时期，指导指导，以后再回去。他说他自己不好决定，写信把我的意见向家里反映。不久，他告诉我，有了回信，组织上同意他帮助我工作。但是，他要回上海去一下再回来。

他说他是学医的，想开个诊所或者小医院作为掩护。这当然好，但是，他不是东北的医学校毕业的，没有东北学校的证书，要开业得办手续，要考试，否则外地的文凭一律不行。我找了过去的同学冯希廉等帮忙，假称老蔡是我哥哥东吴大学的同学。他们一口应允了，还领着我转了一气，看看医院搁在什么地方为好。

沈阳的小西城门里有介安梨窖，是专门卖鲜货的铺子，很有名的。它的大掌柜董庆余是我的姑爷爷，我就托他找个小楼。这小楼外边一个小屋，里面一间有楼梯通到楼上，要看病者在外间等着。进门摆设也挺像回事儿，我们就看中了这块地方。

我们要做的第一步是把下层先弄到手，花钱送礼，动员楼下的一家搬走。面子还不小，动员的力量也不小，最后都动员到察哈尔都统汲金纯那儿去了。汲的儿子汲绍刚是学生队的队长，士官学校第16期的留学生。汲绍刚打着他老子的牌子。医院起名为首善医院。这医院的牌子还是汲绍刚的父亲汲金纯写的，这可是不简单啊！不这样办不成。那时尽走后门，没关系可不行，单花钱没关系还花不上去哩！

1929年春天，蔡麻子带他老婆来到奉天，住日本站那家饭店，不久，他母亲也来了，这时我给他找的房子在迫击炮厂的后边。迫击炮厂厂长李宜春是东北某旅长的儿子，看我和杨宇霆有关系，又看到兵工厂总办臧士毅、会办翁之彬都想把我拉为己用，对我另眼相看，就给我解决了房子。这个小院共住两家，外头是李宜春弄来的一个什么科长，里三间给了蔡麻子，蔡的老婆在日本饭店死了之后，他就搬到这里，同他母亲住在一起。

在首善医院蔡麻子还用了个医助。蔡麻子每天晚上回家，这人就给他看医院，帮他看些小病，做些护士的工作。蔡同社会上的交往一直在首善医院进行，而同党内的人的来往，则在他的家里。他是特委主席，我是特委秘书长，我们俩一摊。我们做的工作是侦察敌情、保护党、除奸，还建立了一条交通线——从沈阳到上海的一条交通线。这条交通线怎么用的我不知道，但是这条交通线是我们以后建立起来的，而且从那以后我有了最直接的上级。姓李的医助是老蔡从山东找来的一个同志，可能是共产党员，不过我和他没有什么特别的联系，可是我知道他做些医务方面的工作。

从来，我们和上海组织联系都是由大东亚饭店转。此外，老蔡是否还有其他的和上海联系的地址我不知道。

当老蔡初来工作时，我介绍一些思想比较好点，工作上能够有些作用的人给他，我的社会关系是比较多的。平常要有较紧要一点的事，我就亲自跑到老蔡的家里，否则就到医院去找他，但不论到医院或是到他家里，之前我总是先打个电话。当时我们和省委、中央特科是双重领导关系，我们有情况向中央报告，对省委委托的事我们每次都照办，有重要情报我们也向省委报告，但是一般地说，省委对特委的工作说不出应该怎么干。因为有中央管，省委对特委好像没有发过什么工作指示，从省委那里我们能看到如《满洲红旗》一类的刊物。

我们的人很少，工作却是很多的。这么多工作主要靠群众，靠关系，那会儿即使有的在工作上表现好的同志，特委也不准吸收他们加入组织。那时，要是和那些七七八八的人没有交情，就是你有好几个人也不行，不靠广大的社会关系做不好工作。我从日本回来以后做工作首先依靠士官同学，随后在讲武堂、兵工厂、模范队，尤其在高等军学研究班为党做工作，主要是依靠老熟人。我在高等军学研究班待了四期，直到九一八事变以后，高等军学研究班迁移到北京，我还曾通过那里的一些人办过事情，了解张学良对日入侵有什么反应，准备采取什么行动？我依靠的主要是那些地位可上可下的中等军官，这些人对我办事用处极大，有实权。我把一些对我做特委工作有用的人员名单、职位、地址、电话、他们的社会关系，都记在一个小本子上，平常多跟他们拉拢接近，请客吃饭、聊天应酬，到时候要找哪个人解决什么问题就到小本子上找一找，求他给解决一下。我在哪儿都挂上这么几个人，使我活动方便。我在延安整风学习期间写过一本东北军史料（约十万字，军委秘书长看过，并提过修改意见，交王家坪军委图书馆存放。未来得及修改，日本投降了，我也离开了延安）。

我也给老蔡介绍了几个人，供他活动利用。这些人有讲武堂的、模范队的、督办公署的……各种各样的社会关系。他也对这些人特别拉拢，看病也特别卖力，有时他提了个包包主动到他们那里去，说："嘿！不要钱，这算什么。"这些人也来找他，渐渐地这些人也成了他的朋友。这也巩固了他的社会地位，掩护了他的工作。

也正因为这种特殊的工作关系，才能在那种"敌军围困"的白色恐怖中顺利地为党做一些工作。

老蔡是1931年春调往青岛工作的，他为人胆大心细，对地下工作很有经验。我俩一直相处很好，合作得很融洽。有一次我同陈赓同志闲谈，他说蔡被诬为叛徒，栽赃，遭党误杀，临死前他高喊中国共产党万岁，引起了党的注意，最后才弄清原委。

吴宝祥是党员，1928年在哈尔滨做地下工作时被捕入狱，伪称是国民党员。张学良与南京合作挂青天白日旗时吴宝祥被释放，后去苏联治病（肺病）。1930年秋冬时节，被派到特委工作，他的妹妹同来，住首善医院，他去青岛，其妹也随同前往，蔡走后，吴继任。九一八事变后，吴病复发，后由其表兄护送青岛疗养，我也在这时离开中国党。

那时，我主要在高等军学研究班，此外还在讲武堂和模范队有过一段兼差，同时还在兵工厂挂了个名。兵工厂有我几个同学，有时我就去转一转露个面，那里的人才是很多的，杨宇霆从上海弄来技术工人当骨干，把到各国留学的各种专业的大学毕业生、专家，都搜罗来养在那儿，以壮大自己的实力和张学良抗衡——这也是他们之间矛盾的具体表现。杨宇霆弄来的人当中甚至有省长兼总办臧士毅、会办翁之麟。这些人都是士官毕业生。他拉拢这些人，我也故意向这些人靠拢，尤其对翁之麟，人前人后管他叫老师，其实他哪是我的什么老师？只不过我们想和他关系搞得密切些，有个依靠，行动可以自由、特殊。别人要问我们哪儿去，我们就说看会办去了，这样我们就可以越过厂长这一级偷偷地办点事，下边人不敢说什么，我们常常这样借口到这个厂那个厂串门参观，搜集情报，弄资料，这很容易。那时真是想弄什么资料就弄什么资料，要搞什么情报就搞到什么情报。所以在老蔡来之前，我就已经搜罗了一大堆东西了。这些资料都是有关军事方面的，包括军事技术、军事生产计划、产品产量品种、原料来源、军队编制、人员配备、军事装备以及各种各样的内部情况，应有尽有，这都是长期积攒起来的。等老蔡一来，我就都交给了他。资料相当的多，他一看很高兴。他这个人脑子相当的快，人很果断，马上就说：我得把这些资料立即弄走。我怀疑地说能弄得走吗？这么多怎么弄法？他说弄不走还行啊？他立即动手做了个有夹层的大箱子，把资料一摞摞地往里塞，并且兴高采烈地对我说：一定能把它送到。

老蔡第一次来沈阳，先后总共待了不到两个礼拜。

1929年上半年，发生了这样一件事。驻兰州的蒋介石西北行营主任蒋某某的弟弟，当时20岁上下，用我的名义送他去东北讲武堂学生队第一队当学兵。队长是当时察哈尔省督统汲金纯的儿子汲绍刚（系日本陆军士官学校第16期学生）。蒋的弟弟看我们党的文件，看完后放到他床上的毯子底下，检查卫生时被查获交到汲绍刚队长那儿去了。人家说这不是老赵介绍来的吗？要逮捕他。他回宿舍后，发现文件丢了，发毛了，他想跑又跑不了，站岗放哨的把得很严。第二天上岗时他被叫去了，问他，你是谁介绍来的？他傻了，回答不出。“怎么来的你都不知道？是赵石羽介绍来的？”他也不知道这个赵石羽是谁，我怎么介绍他的我也不知道。名单底子我有，平时放在墙里。我的墙上有个活砖，名单塞在里头，到时候我就偷偷地拿出来看一看，用完后，再赶快塞进去。出事后，汲绍刚给打来了电话，说老赵你送来的活宝出事了。我说这么严重，他说你快来吧！我一看说，这是什么玩意儿？共产党的传单！怎么弄来的？他们说怎么弄来的？你介绍来的！你问谁？我半开玩笑地说：既然如此，那你们就把我送到宪兵司令部去吧！他们都笑了，说：你看怎么了结这个案子吧！我说：我怎么说法？我又不是你，能说了算？一定要我说的话，我看你是督统的大少爷，谁能怀疑你是共产党啊？还不是你一句话就完了？叫个保不就得了，或者你们可以把他押起来送走，走弯道时就说没看好叫他跑了，不就得了！这有什么难的？他们连说带笑地说这能行吗？我说能行。汲绍刚曾经是日本士官学校16期的学生，和我同学关系较好，加上送个人情对他也不会有什么损失，于是他把蒋放跑了，然后说蒋是逃跑的。问题就这样解决了。可是不久蒋的妈妈来了，一来直奔我家，坐在炕上要人，不给不走。这可不好伺候，叫她走又不走，赖在你这儿了，又不能怠慢她。说什么她也不听，就要人！可她儿子的行踪一点儿线索也没有，一待就是好几个月。直到后来接到了她儿子的信，才走了。

营救被捕的刘伯刚

1930年春有一天，老蔡找到我研究刘伯刚（刘伯刚是赵唯刚的同学，1927年4月在日本京都加入中国共产主义青年团，后转中国共产党。刘返国后入上海中共中央军事训练班，毕业后来奉天与赵联系。赵以朋友身份介绍刘到讲武堂搞兵运工作，并任中共满洲省委秘书室文书）的工作问题，问我能不能安排刘伯刚做士兵工作。我说他是大学教授，过去日本帝国大学学经济的，走路都文质彬彬，立正稍息都弄不好，叫他当军官怎么行？他又不懂军事，哪能做士兵工作？可是老蔡还是叫他做了。我只好安排他住在讲武堂里我那个地方，公开职业是叫他组织一些教官学日语，身份是机迫平传习班（即机关枪、迫击炮、平射炮学习班）班长杨炳森的朋友，工作对象是在机迫平传习班学习的学生（军士）。

杨炳森又名杨凤璋，是我同事的好朋友，比较进步，又是这个传习班的班长。以他朋友的名义出现，接近学习班的士兵更方便。刘伯刚从此就在这里做兵运工作，利用节假日和学习班官兵交谈。贾揆（即贾陶）是这个班的三个队长之一，自己住一个房间，比较方便，刘伯刚常去和他聊天，谈些国际国内形势等，对他的思想进步启发很大。

除此之外，刘伯刚还常到东陵山林守备队去找士官聊天，不料引起了他们的怀疑。当年七八月间刘伯刚下浑河去洗澡，就有人偷偷地摸他放在河岸上的衣服口袋，发现有张《满洲红旗》，这就给抓住了。简单地问了他一些问题以后，就备了个文，把他从东陵押出来弄走。当走到讲武堂门口时，因为哨兵传达都认得他，看他被绑着，后面好几个兵都拿着枪，连忙回去报告给杨炳森。杨炳森急得连帽子也没戴，上衣也没穿好，就跑了出去叫“站下”。抓人的山林守卫队一看是个中校不得不站下，向他报告说抓了个共产党并且有证据，杨也没有办法把他救下来，只能使他绑松一点，然后立即去找我。我们立即赶到东北清乡委员会，他们已经过了堂，下班走了。审案时是书记长、陪审和山林守卫队共同参加的。杨炳森那时是机迫平传习班班长，并不知道刘伯刚是共产党。根据他平常的了解，认为刘伯刚这人很有学问，讲话谈问题都很有道理，大概刘在教他们日语时做了他们不少工作，所以杨对刘的被捕很关心。

当时我和杨炳森一块儿合计如何救刘伯刚。我说，他可能是共产党，也可能是国民党，我也弄不清，现在进步的人多，又在外国留过学，朋友之间有共产党，也有国民党，也可能他看到人家的文件，随便拿来看一看就看出问题来了，我们可不能因此见死不救啊！我们花几个钱把他弄出来吧！你看怎样？他说行，可以。我说钱我负责，先把他弄出来再说。我们见下班了，又去找了审判官。他见我们穿了军官服，连说长官长官，去找了记录，又找书记官，并献计献策说，刘伯刚还有个讲武堂的徽章，叫他说是地上捡来的，这就可以把麻烦事化为简单，文件能不能摆脱掉就看他自己的本事了。

至于解送的地点，他说得往上送，先送监狱，再送法院。好说歹说，他们就是不敢放人，最后同意对刘佩戴的讲武堂徽章（是我给的）不再追究，接受了那是刘捡来的说法，由此我们切断关系，但仍然将刘监禁。

这时，我还没有死心，我想我认得讲武堂教育长鲍文越、总队长戴师韩、王静修等这些人，他们原来都是日本步兵学校的，可以找他们去，给这个人多凑几个钱送个大礼，看看能不能把刘伯刚救出来。于是我找了老蔡，把情况说了说，老蔡说你有多大把握，一个问题是花钱少不了，这倒是小事，最重要的是没有多大把握，弄不好把你还暴露了，如果暴露了以后工作你咋做？说实在的像你这样打进去不容易啊！以后你就不要活动了？你只好离开东北。当然离开东北不是不能做工作，整个组织就吃亏了。你再说怎么个说法？说他是共产党？说他不是？可他自己又有个文件，所以这个问题先别动，得看一看。

当时论我的条件地位我也可以自己出面要，但是就怕一下要不成。因为我们回国时间不长，和教育长、总队长的关系并不深，不过只是认识，没有大交情，他们怎么能听你谈了就证明他不是共产党啊！这样搞弄不好就搞进去，人家使用你就要打个问号，将来你有个小小不然的、出个事就不好办了。在日本时没有露马脚，假如在这儿弄个风言风语不合算，他说他打报告请示一下。我说我现在干什么？我探监去，起码也得给他送行李去啊！他说行李之外，还有工作的线索也帮他带出来。

刘伯刚住第一模范监狱，我去了，见他戴着脚镣。他把在传习班发展的四个党员的名字告诉了我，这些人就改由我联系。老蔡问我知道不知道佟英翘这个人，我说知道，佟是平旦中学教师，当时是不是党员，我不知道，但知道他是进步的，担任红色救济会工作；他说把刘的这个关系转到他那里去。我找到了佟，把刘的行李给他送来了，对他说："行李你送进去，关系转到你这儿。"他同意了。后来杨炳森也去看了老刘。行李、我给刘做的小褂，他都收到了。

这以后就由我来回进军校做士兵工作。我带着老蔡（他不能进去）在传达室喊士兵的名字进行联系，就这样我们把士兵工作也兼上了。搞了几个月，一直到满洲军委主席胡、秘书长黄等来了之后，才把这项工作关系转给他们了。

1948年东北解放，我在哈尔滨碰到刘伯刚，他说他是溥仪登基时大赦出来的。遇到他时他在一个商业部门工作，该部政治部门曾给我来函了解刘被捕情况。我曾到我们的军管部门去了解了刘在狱中的表现，我也看过监狱档案，证明刘在监狱的表现没有问题，当时有个同学在监狱医务处当处长，叫周德与，这人一直照顾他。刘交代说文件是他捡来的，人家不信，但他总是这么说，没有旁证，没有人追问他，也没有另外的坏人去咬他。加上周德与总是说好话，为他张罗，给他看病，照顾他。敌人不能不看这个关系，所以他的案子始终是共产党的嫌疑，在里头也没有受过什么刑。周德与曾找过南满中学日本老师诸石。诸石的条件是叫他自首，别信仰共产党，说共产主义在中国行不通，你写个东西我就把你要出来，刘伯刚拒绝了，没有上这种诱降的当。这些情况是通过监狱军代表调查了解到的。

兵运工作再遭挫折

在我们接管士兵工作以后，大约四五个月的样子，1930年年底，满洲省委派来两个同志搞军事。一位姓胡的（由苏联归国，后被害，报纸报道时称其为韩元波），为满洲省委军委书记；另一位姓黄的（黄埔军校第一期毕业），为秘书长。他们都由我接关系打铺保租了房子。

当时正是立三"左"倾冒险主义盛行时期，全国到处在搞武装暴动。他们来后，我把机迫平传习班的兵运工作交给他们做。该班卢透云等4名党员，是刘伯刚发展的。他们是由北满博克图来的东北军第十五旅三十八团的士兵，在学习期间也受到"立三路线"的影响，回原部队后积极准备武装暴动。满洲省委军委还在沈阳办了军事训练班，由我负责弄来一支步枪、一支驳壳枪和一枚手榴弹，并由我上军事训练课，老黄讲政治课。

学员是从抚顺调来的5名工人党员，学习地点就选在满洲省委军委黄秘书长家里，学习的项目是打枪、投弹技术。后来中央文件很快来了，批判了立三"左"倾路线，停止全国搞武装暴动的计划，这个打枪投弹训练班就解散了，5名工人党员返回原单位工作。满洲省委军委书记老胡（即韩元波）拿着我给开的护照，马上启程到北满（博克图一带）去传达中央文件，通知停止武装暴动。老胡到达当天——1931年1月13日晚上，正召开会议时，与会的十余人全部被捕，后来5人被杀害（他们是：满洲军委书记韩元波，十五旅三十八团中士班长、中共团工委书记卢透云，十五旅三十八团中士班长、中共团工委委员高万九和十五旅三十八团的连、排长各一名）。因老胡在沈阳的房子是我给打保租的，所以出事后满洲省委马上叫我清理了老胡的住处。

一次抢救文件的斗争

我的另一项工作任务就是为同志们打铺保，打铺保就是证明某人是"良民"。

我有很多社会关系，但是还得继续发展，因为打铺保不能老找一个地方，老找一个地方不安全。所以讲武堂、高等军学研究班、兵工厂、广济医院、安梨窖、信源长、桂香斋、冯锡联诊所都"挂上了钩"，这次这个打铺保，下次那个。一出事儿我和老蔡就看报纸、查名单，到处打听谁进去了，谁的铺保，当时哪几个人经手的，会发生什么问题，等等。那时党比较幼稚，组织有些涣散，有的党员无组织无纪律，对敌斗争比较缺乏经验，所以老出事。

1930年满洲省委遭破获以后发生了这样一件事。

那时朝鲜同志自己没有独立的党，朝鲜族的共产党员都参加我们的支部，和我们一道做地下工作，都同属我们东北党领导。一次为省委的安全，决定把省委的一些重要文件，交给一对朝鲜族青年夫妇保管。这对夫妇，我没有看见过，但是省委是通过我打的保，房子是我租的谢镇的一个旅长的厢房。这旅长虽然已经卸了任，但仍有电话、房子和听差，一切待遇照旧。房子很齐整、气派，独门独院。可是这旅长很“鬼”，他要调查这房客。收到保条之后他立即亲自去对保，要求再打个图章，查问住房这个人和你们铺保广济医院是什么关系？托你替房客打铺保的这个人是谁？姓名、工作身份？广济医院我的同学张海堂讲了我的护身符。这旅长说你告诉他，你们打保的夫妇有问题，问他什么问题，他只说问题严重啊严重，就走了。这对年轻的朝鲜族夫妇呢，看当时局势严峻，吓得不敢回去。旅长一看厢房的门老锁着，更犯疑，撬开窗户一看里边别的东西很简单，却有好几个大柳条包，怎么回事，人跑啦？

我听到张海堂说的那旅长亲自去对保，又追问是谁叫打的铺保。我们得知消息后，觉得问题很严重，威胁到了省委和特委的安全。怎么办呢？老蔡是很有经验的地下工作者，我立即找了蔡麻子，他也觉得这事有点挠头，一是人到哪儿去了？是叫宪兵司令部弄去了，还是跑了？二是文件怎么样？是叫人弄开了，还是怎么的了？都得弄清楚，他对我说别害怕，要沉住气。可是连县委也查不到这夫妇跑到哪儿去了的线索。而那旅长却已经叫人把柳条包撬开了，发现了里面都是文件，这一来事情就更严重了，因为这问题牵涉大啦！牵涉到省委、我们特委，也牵涉到铺保。我很着急，蔡麻子却叫我到中街去买几样礼物准备送给那旅长，同时告诉我，假如他不讲交情就打；另一手是准备动手烧。我们包了一辆汽车，找了我们的人开，从兵工厂又弄来几个人，由我去找了枪。万一他要往外挂电话，就掐断他的电线；要是想派人出来送信就用枪打。还带去一桶汽油，如果到那时候文件抢不出来，就浇在他的厢房上点火烧。同时布置好了谁站在什么地方，谁放火，谁打枪，谁干什么。我们不是烧你房子来的，是冲这文件来的，抢不出来嘛！

我也去了，蔡麻子做工作给我的印象很深，他胆大心细能想办法，布置周到，很有经验。他先进去了，我在外门守着以防万一。那旅长的传达室有电话，我准备一有人来打电话就把他按住，堵住嘴巴，捆起来再掐断电话冲进去。我们事先约定好：事成老蔡出来要把帽子翻过来；怕电灯灭了看不见，每个人脖子上缠一条白毛巾。

可是一进去那旅长一看又有礼物又有钱，态度就好了些。加上蔡麻子说那个帮你房客打铺保的长官今天不能来，委托我来见见你——表示我很有架子，官儿虽没你大，但挺有地位——吹一通。蔡麻子又解释说，他也不认识这两个青年人，他是士官毕业，哪会和这两个小孩子有什么联系？还不是朋友托朋友。我们都是军界的人，也交个朋友嘛！来这么一套，那旅长看有这么多礼物和钱，他又是个退休的军官，井水不犯河水嘛，交个朋友也好啊！将来也可能有事要麻烦人家，他虽当个旅长，今天没实权了，人家又是士官毕业，又跟这个那个大官有交情，只好让步说：你把那柳条包拉去吧！告诉你这个朋友下回可要注意点啊！情况复杂啊！我们再三表示感谢，叫人把东西全部抬到汽车里去，这就把这个问题圆满地解决了，没有动干戈。我们都非常高兴。从这儿看老蔡处理问题还是很不简单，很有两下子的，还有其他好多事情他都处理得挺好！

“九一八”前一个月侦知日军要动手

那时我们日常的任务就是侦察敌情，递送情报。1931年九一八事变前夕，我们在沈阳南满铁路车站发现异常现象：车站的大仓库，本来已经很大了，这时又扩大了许多；原来是铁丝网围着的，现在用木板围起来，防止外面的人看；周围又搭了很多临时军用帐篷，还挖了不少掩体。从高处往里看，发现里面有很多日本青年在接受军事训练。为此我还特地到四平去一趟，也发现了类似现象，铁路的给水塔旁均加了日本岗哨。看起来日本人要动手了。我们在事变前一个月就向上级党组织打了报告。事变前两周又给辽宁省省长臧士毅打了报告，告诉他日本人要动手了。

另一件事是蔡麻子叫我了解侦察敌人两个问题：一是究竟会打得怎样，打完后下一步想怎么办？是不是继续蛮干下去？再是日本帝国主义进一步还有什么活动？当时蒋介石想利用张学良和苏联挑起战争，想利用苏联的军事力量牵制住张学良。

总的来说，那时因为社会关系基础雄厚，我们觉得做特科工作并不太费劲。可是想把工作做到日本人那儿去就难了，不容易打进去。要打进去，通过洗衣房取送衣服的这类人作用也有限。日本人用中国人做佣人，但一般中国女的不住在日本人家里，去了干完活下午就回家了，而他们自己谈话时，对中国人防守很严，你别想听得见。所以利用这种人也搜集不到什么情况。还有一种是准日本人，是给日本人当交通指挥的，这种警察也是便衣。一开始我们拼命对这种人做工作，后来发现收效也不大，因为他们也没法弄到"核心机密"。至于他们军队的行动、实力、装备、驻防、列车货运来往情况等等，我们都可以有办法了解到，平时利用工作之便搞军事情报、资料，他们也发觉不了。可是极机密的事情不成功，比如我们当时想了解日本最新防毒工具的情况，弄了好久，始终没弄出来。

但是，我们还是完成了任务的。省委有个什么工作我们马上配合，而且办总有结果：打铺保、开通行证、找住房、隐蔽地下工作人员；要钱出钱，要工作有工作，出了问题给疏通关系营救，这些方面我们对他们都是有用的。我们的分工是：省委有什么事都找老蔡，我呢？老蔡叫我打保就打保，叫开通行证就开通行证……叫侦察什么就侦察什么，抓了人我就到宪兵司令部去找张新亚的儿子张家真（士官19期的）了解抓了谁，什么案情，怎么处置的。平时的工作就是拉关系、套近乎、搞交际、凑热闹；张家过生日去送礼，李家生孩子去贺喜，没事这儿扯扯，那儿遛遛，到时候有事好方便。谁有用，多请谁吃饭，多送礼，看谁有过硬的关系就往上凑，扎进去。当时自己心中也苦恼，不喜欢这样，但是为了完成任务也没办法。我们这么干倒有个好处：直到老蔡走，我们四个人也没出什么危险，省委、中央交给我们的任务都完成了。

九一八事变以后，这个点取消，我离开东北到苏联去，但是我把线索关系都给吴宝祥留下了。究竟他以后开展工作没有，我就不知道了。只知道后来东北易帜时他假称自己是国民党，被释放了，获释后他就跑到苏联治病学习去了。老蔡是1931年上半年可能是春天走的，我在"九一八"后两天到了北京，东北特科工作就基本结束了。

九、行动科和“红队”

“魔术大师化广奇”——顾顺章

中央特科第三科又名行动科，这个科的科长是由顾顺章兼任的。

顾顺章（1895—1935），原名顾凤鸣，化名黎明、张华，艺名化广奇。江苏省宝山县白杨人。他出生在一个流氓无产者家庭，这对他一生有很大影响。他自幼游手好闲，拜青帮流氓头子为师。他到上海后，先在杨树浦的英商南洋兄弟烟草公司制烟厂修机间当钳工。因为善于钻营，经常欺压工人，为资本家所赏识，当上了“拿摩温”（工头）。对他比较熟悉的人说：顾顺章身矮体胖，圆面孔，比较黑，鼻子先凹后又凸出来，眼睛凶恶，满脸杀气。他为人阴险、狡诈。在厂里参加过工会，他既是工会活动的积极分子，也是秘密社会的头面人物。他自幼闯荡江湖，身上有许多流氓无产者的弱点，沾染不少不良习气。他受教育很少；喜爱耍枪弄棒，打架斗殴，能够双手打枪，会变魔术（据顾顺章叛变后，敌人派给他当保镖近两年的特务林金生说：“顾顺章的文化水平并不高，但一张嘴很能讲。他的手枪打得并不好，这我和他当面试过。他除了变魔术戏法儿外，还有一个本领我很佩服，那就是他的化装技巧非常高明。一个人经他稍许化装，你就很难再认出来。我记得他曾用一种假牙往嘴上一套，人的模样就全变了。”）（《中统特工秘录》，江苏文史资料编辑部1991年版，第63页）。他曾以“魔术大师化广奇”的艺名，在上海大世界游艺场以及许多堂会中公开表演。还在斜桥路22号开过“奇星魔术社”，专门出售玩魔术的道具，玻璃橱窗内陈列着光怪陆离的各种小玩意儿。他表演的大魔术中有“大锯美人”（“美人”由顾顺章的妻子张杏华扮演）、“骷髅说话”等节目，颇受观众赞赏。表演时，中央特科的红队队员谭忠余、张阿莲、张文虎、张文龙等都充当配角。和顾顺章有关的，还有马力斯小菜场（今重庆路小菜场）附近一所佣工介绍所（俗称“荐头店”），店堂里经常坐满了待雇用的男女佣工。老板赵景福是非党员，是党的外围人员。党组织可借此渗入高门大公馆，能够获得一般难以得到的各种“珍秘”。

顾顺章于1924年投机革命，混入中国共产党内。入党后担任这个厂的工人支部书记，曾领导过几次南洋烟厂工人的罢工。以后他担任上海区委的工作。1925年五卅运动期间，他和烟厂工会带领工人罢工，表现比较勇敢。党组织为了保证罢工斗争的顺利进行，曾由顾顺章组织秘密工人纠察队，镇压向敌人告密的叛徒和敌人豢养的工贼。其后，党组织又派他到英商电车公司机务部去组织工人罢工，镇压了破坏罢工的工贼。他在斗争中不讲方法策略，没有政策观念，常抓一些工贼打骂一顿，也不进行教育就放走了。顾顺章还担任过设在浦东的上海码头工人工会主席，曾负责训练武装工人的工作。五卅运动以后，顾顺章被调到中共中央机关工作。1926年秋，他和陈赓、陆留一起被中央派往苏联学习情报、保卫工作。1927年2月从苏联回国后，他曾任中共江浙区委军委会主任。后又回到上海，1927年3月21日，参加了周恩来等领导的上海工人第三次武装起义。

在这次武装起义中，顾顺章是周恩来为首的指挥起义的特别军委成员（特别军委成员计有周恩来、顾顺章、颜昌颐、赵世炎、钟汝梅5人，后又增罗亦农、王一飞2人），又是工人武装纠察队总指挥，并具体指挥了浦东区工人纠察队的战斗。在工人们勇猛攻击下，两小时内打下了浦东警察署，打垮了地方团队，还打败了驻在钦赐娘娘庙的北洋军阀部队。上海其他各区很快都拿下了，斗争焦点集中到敌人兵力厚集的闸北区。当时军阀毕庶澄部的鲁军为了便于撤退，主要集中于火车站所在的闸北。当天下午4时，顾顺章又赶到战斗最激烈、敌人力量最强的闸北前线，和各路工人一起，同反动军队进行了激烈的巷战。在战斗中，顾顺章凭着一股子蛮劲儿，到处猛冲。他扛着红旗，带头冲进了伪上海市政府。起义胜利后，3月23日，党组织领导召开了上海市民代表大会，顾顺章在上海市民代表大会上当选为“上海特别市临时政府”委员和副市长。这时因他表现骄傲自大，引起群众不满。以后起义工人遭受国民党军队的屠杀，他又曾表现得畏怯动摇。

四一二反革命政变后，顾顺章随中共中央转至武汉，在中共第五次全国代表大会上当选为中央委员，任中共中央军委特务科科长。他参加了八七会议，当时强调提拔工人成分，当选为临时中央政治局委员。1928年7月在中共第六次全国代表大会上当选为中央委员。同年11月14日中共中央政治局常委会决定成立领导中央特科工作的特别委员会，顾顺章是这个特委会的委员，负责主持中央特科的日常工作，并兼任第三科科长。1930年任中央总行动委员会主席团委员。1930年9月、1931年1月分别在中共六届三中全会、四中全会上当选为中央政治局候补委员。

顾顺章虽然身居高位，但他人品低下，政治水平不高，与他当时担任领导的身份很不相称。当时在上海中共中央机关工作、熟悉顾顺章情况的杜宁（杨之华）曾说："顾顺章所担任的工作很重要，然而他平日不看文件，不发表任何政治意见。……虽然他是一个老党员，虽然他过去执行党的决定很勇敢，但他所以勇敢的内容是什么？他没有了解主义和政策，他的一切工作是没有革命意识的内容。上海一般的流氓无产阶级，好勇敢的，但是他们正因为没有革命意识的内容，不能保护自己，不能为整个无产阶级利益而斗争到底，甚至做了阶级的叛徒，顾顺章是上海流氓无产阶级的典型。"（杜宁：《叛徒顾顺章叛变的经过和教训》，《党的文献》1991年第3期）

还有一个当时还在党内、后因加入托派而被开除出党的王凡西说：1929年他和莫斯科东方大学学习的18个人回到上海的时候，中共中央组织局主任周恩来和他们谈话后，在新闸路底一间三层洋房里为他们开办了一个训练班，中央领导人都来讲过话。他对周恩来、恽代英等的讲话印象深刻，说是受到大家的欢迎。顾顺章也来讲过话，他的印象却是这样："顾顺章给我们讲秘密工作，他那时主持着中央的特务（科）。这个人流氓气重极，思想谈不到，虽然工人出身，为人机警异常，但领导革命特工终究不能靠这种人，他后来的叛变与作恶，我认为赏识他与提拔他的人也不能没有责任的。任何革命中不能没有此种人参加，拒绝流氓无产阶级的归附便不能做成群众性的起义，但如何分别他们的正反面作用（认清他们那种远远超过正作用的反作用），马克思和列宁都已经充分教育过我们了。中共的领袖们不接受这个教训，以致在长年的革命工作中，吃过流氓们无数次的亏，顾顺章不过是其中最著名的一个例子罢了。”

美国作家约翰·拜伦、罗伯特·帕克在《康生传》中写到顾顺章的时候说：“作为出生于上海贫民窟的孩子，顾顺章渴望在政治上和社会上得到重视。身为杜月笙声名狼藉的青帮中一员，顾顺章很快就能接触到来自上海各种警察队的情报，因为所有警察部队都被青帮的会员所渗透。他还时常出入夜总会，吸鸦片，并赢得了魔术家的名声，经常以化广奇的名字在著名的大世界娱乐中心表演。大世界是一幢高高的、像结婚蛋糕一样的建筑，坐落在爱多亚路（即现在的延安东路），里面提供各种形式的娱乐游戏，从跳舞和卖淫到射靶游戏、番摊（一种中国赌博，亦称四方摊）和轮盘赌。五卅运动期间同顾顺章一起工作过的张国焘指出，‘他的外表和习性有点像上海的花花公子。’盛岳，一位认识顾顺章的前共产党员，也说他的‘私生活和品行挥霍浪费’……”

中央特科第三科的工作，主要是领导红队打击特务，镇压叛徒，保护中央负责同志，营救被捕的中央负责同志，保障中央机关，保障中央召开的各种会议能够安全进行。顾顺章叛变后，在1933年7月写的《特务工作之理论与实际》一书中，曾经写到他所知道的中央特科第三科的情况：“第三科专做保护工作。如果C.P.今天要在某处开什么重要会议，就要通知该科到开会的地方看看有没有不保险的地方。他们的保护完全是利用电气及武器等，万一发生危险时，他们立时分为两部分，一部分抵抗敌人，一部分保护各要人出去，这是在房内保护的情形。至于房外保护，有自行车队员巡查的责任，还有许多做小生意的，亦皆负有保护的使命。如果有人来破坏他们，或者已经知道有人察觉了他们开会的机关而要发生危险时，这时就用规定的特别记号按门上的电铃，通知房内所有担负保护责任的人特别戒备。如他们有时为要保护党的安全而杀一个敌人，方法很多，或在路上，或在敌人家里，因事制宜，没有一定。内部同志之自首者，他们便要设法捉活的带回来审讯，看看还有其他阴谋否，有小组织及其他分子否，然后再杀。……此外，第三科还有一种责任，就是如果C.P.经费缺乏了，他们就要用非常的手段，或用其他方法筹款来供给他们的党费。但我们要注意他们的举动，不是自私自利，而是为他们的党。”

令敌胆丧的“打狗队”

中央特科第三科的主要成员，就是专门镇压特务和叛徒的“红队”。红队也叫“红色恐怖队”，一般都叫它“打狗队”。它的人数虽不很多，但其活动能量巨大、战斗力坚强、战果丰盈，曾为保卫中共中央和上海市党组织的安全、打击敌探特务、镇压叛徒内奸而英勇奋斗，作出了卓越贡献，是一支令敌探叛徒闻之胆寒的威慑力量。

“红队”的出现早在中央特科诞生之前，可以追溯到1925年五卅运动时期的工人纠察队、上海工人第三次武装起义中的工人武装纠察队，逐渐发展成为后来的“红队”。我党资深的情报工作者陈养山说：

“红队”的产生，有一个过程。它是随着革命形势的发展和斗争的需要逐步形成的。1925年五卅大罢工爆发后，各工会系统为了维持罢工秩序，防止工贼、流氓的破坏，纷纷组织起工人纠察队。当时一般千人左右的工厂都有一支从几十人到一二百人的纠察队，队员从工会积极分子和党、团员中挑选。纠察队除维持本工厂、企业的罢工秩序外，还负责调解工人群众内部的纠纷，纠察队是工会的一个重要部门。

1925年6月下旬，工人罢工已有二十多天，帝国主义及其各种走狗，加紧了对罢工的破坏。他们一方面利用部分工人罢工后生活发生困难，挑拨离间，企图分裂工人队伍；同时又利用流氓、工贼，有组织、有计划地袭击罢工的领导人、工会负责人和积极分子。有的同志甚至被他们秘密打死或打成重伤。

针对这种情况，党组织和工会一方面积极设法帮助有困难的工人群众解决具体困难；同时，对破坏罢工的流氓、工贼，视其情节轻重，或提出公开警告，或给以坚决回击。为了对付少数明目张胆地破坏罢工、不听警告继续作恶的工贼，我们从工人纠察队中选拔少数会打枪的同志，担负镇压流氓、工贼的工作。我们干掉这些作恶多端的人，工人群众是拥护的，社会上也是同情的，其结果，反击了敌人的阴谋，巩固了罢工斗争。

从五卅时期到上海工人三次武装起义前，纠察队是没有枪的。上海工人第三次起义时，我们先缴了警察局的部分枪支，后来又缴了军阀部队的一些武器，纠察队就武装起来了。(《关于中央特科》，上海《党史资料丛刊》1981年第2期)

1927年四一二反革命政变以后，白色恐怖笼罩上海和全国各地，这时不仅流氓、工贼的问题继续存在，又有了要对付国民党特务，党的叛徒、内奸等问题。国民党特务分子和叛徒知道我们的活动规律，对我们的威胁更大，跟他们的斗争也更艰巨。党的组织不断受到破坏，许多共产党员被杀害。面对敌人的疯狂屠杀，多数共产党人奋起反击，坚持斗争；少数投机分子则被吓破了胆，悲观动摇，变节投降，成为无耻叛徒。

大批共产党员和革命群众惨遭捕杀的教训，使我党深感要有一些专门的同志来对付国民党特务分子和叛徒的破坏。于是，按照先前在罢工中对付流氓、工贼的经验，在原来组织工人纠察队的基础上，中共江苏省委首先挑选了政治上坚决、枪打得准，并且对上海情况熟悉的同志，组建一支精干的武装队伍，担负起镇压特务、叛徒、内奸的任务。通常都把他们叫作“打狗队”。

这年9月，中共中央机关陆续从武汉迁回上海。从武汉回来的同志中，原属军委特务科的同志也做这方面的工作。这样，在上海就有分属于中共中央和江苏省委的两支“打狗队”。因为当时情报工作尚未开展，“打狗队”在实际工作中出现了不少问题。叛徒并不都是公开活动的，有的叛徒被国民党特务机关秘密收买利用，对党进行破坏活动，或者是打进来做奸细。对于这种暗藏的敌人，红队没有办法对付。在同叛徒、特务斗争中，红队对于惩罚公开的叛徒起了作用，打掉了一些坏蛋，但因缺少情报工作，很不了解情况，也有某些不该打死的打死了。

当周恩来从香港回到上海的时候，中共中央机关已陆续从武汉搬到上海。他了解到“打狗队”的斗争情况，针对当前敌情，认为要想很好地保护自己，必须向敌人进攻。要打得准，先得了解敌人的情况，必须建立情报工作。否则我们就会防不胜防，怎么能打胜仗？在隐蔽工作中，情报工作具有决定性的作用，是党的耳目。因此，中央特科很快建立了情报科，及时了解敌人动向。他还指出，现在中央和江苏省委有两支“打狗队”，指挥不统一，步调不一致，比较乱，应当统一起来行动。根据周恩来的指示，1928年就把这两支“打狗队”合并起来，整顿了队伍，清除了不良分子。任命谭忠余主持这一工作，由中央特科领导。此时，情报工作也加强了。红队的活动，以准确的情报为依据，打得准、打得狠。由于我们能事先了解敌人的动向，就使工作由被动转为主动。红队经过整顿以后，立即以新的姿态投入战斗，屡立战功。“打狗队”连续镇压了几个公开的叛徒后，打掉了叛徒特务嚣张一时的气焰，这些败类再也不敢明目张胆地活动了。

红队在上海很出名，开头一个时期，国民党特务警宪和外国的包探巡捕都晓得共产党有四条枪。他们从历次在上海发生的案件分析，认为当时“打狗队”所有的武器就是四条手枪。但是，这四条枪可以横冲直撞，在上海打遍天下。由于大革命时期上海工人阶级的余威还在，红队镇压叛徒特务得心应手，战果辉煌，曾引起敌人的震惊和惶恐。当时党在社会上的活动几乎是半公开的，巡捕、警察都不敢乱动；有时发现传单，他们也不敢干预。直到党的活动有人告发，巡捕方敢破案。他们出动捕人的时候，也是吵吵嚷嚷，把人轰走。

如前所述，在红队成立初期，由于尚未建立起反间谍的情报工作系统，不能事前制止敌人的破坏，只能在事后查明叛徒的活动，予以镇压。中央特科成立情报科后，红队的工作起了很大变化。因为通过情报工作，可以及时从敌人内部得到叛徒奸细活动的情报，不必太费周折，就能准确及时地镇压叛徒。有时还能事先发现敌人的阴谋，做到先发制人，防患于未然。这样，等于红队长了耳目，工作更加主动，执行任务也更加顺利。红队曾在这个时期完成许多艰巨的任务，而没有发生问题，这同情报科反间谍工作的紧密配合是分不开的。

到1929年下半年，红队的力量发展到了顶点：人员共有40多名，主要武器有勃朗宁（一种手枪的牌号）、左轮、驳壳枪，另有一批化学手榴弹，能使敌人流泪，大家管它叫“流泪弹”。每次行动以后，遇有敌人追捕，就扔出去，迟滞敌人（自己戴上特制的眼镜，不受影响）。当时三科能从外面随时调动枪支，甚至能够调来机枪（这个时期，特科在国民党军队驻浦东的炮兵营的炮兵中都建立了联系），还能随时从洋行里买枪，并由洋行派人送来。遇到重要行动的时候，一科派人到米店购买成批大米，把米袋装上卡车作为红队射击的掩体，搞成一个活动的堡垒开到现场射击敌人。特科的交通工具，有小型汽车、摩托车，主要是靠自行车活动。这些自行车都是不登记的，没有牌照号码，紧急关头就扔掉了。

红队归第三科领导，在工作中除与负责情报工作的第二科密切联系外，还同负责总务工作的第一科密切配合。每逢中共中央召开重要会议，先由第一科从安全着眼选定会场，然后即由红队派人携带武器前往卫护，有的骑自行车在附近巡逻，有的化装成小商贩在房前、房后和里弄口观风，有的在会场警戒。万一发生危险的时候，外围人员发出报警的信号，在会场的人员即分头行动：一部分抵抗敌人，一部分保护负责同志转移。

1930年5月，中华苏维埃区域代表大会预备会议的会场是由一科布置的。这次会议参加人数多，开会时间长，工作量较大。当时，会场准备了两处，以防一处发生问题时可以转移到另一处。一处在卡尔登戏院（现长江剧场）后面白克路（现凤阳路）上的一排洋式楼房，另一处即在爱文义路卡德路口（现北京西路石门二路口）的一幢洋房里。实际上两处会场先后都用上了。当时一科还为参加会议的同志租了很多旅馆，预备了许多阔气的衣服给他们换上，然后进入会议地点。这次会议规定，代表进入会场后不可以出来，就地寝食，以资安全。伙食由一科专派邹志淑带两个同志负责备办。会议期间，一科的同志以及红队都出动，担任警戒保卫工作。同时，陈赓叫刘鼎出面，在近邻处另租一间房子住下，布设机关，成为与会人员迅速转移的通道，遇事可以从红楼楼顶转到刘鼎住房顶上，再经他的住房走出大门转移。一科请李一氓当房主人，另有专人当账房，负责应付查电表、收水电费和收房租等，不使外人进入会议的正楼。三科还派出红队在这座楼房的周围进行警戒，准备一旦被敌人发觉，遇有巡捕前来搜捕的时候，红队立即持枪抵抗；同时指定专人负责引路，带领参加会议的代表，穿过刘鼎的住房转移出去。

红队的主要任务是镇压叛徒特务，保卫中共中央机关的安全。从1928年到1931年，进行了一系列镇压叛徒特务的战斗。有些重大案件，例如镇压叛徒何家兴、白鑫等，在上海引起极大震动。

红队在镇压叛徒奸细的英勇斗争中锻炼成长，成为保卫党的一支重要力量。他们机智善战，极出色地完成了保卫党的任务。红队所取得的辉煌胜利，是同党中央对它的精心培养分不开的。红队在成立的初期，由于经验不足，在工作中曾经出现过缺点和错误，但是党中央及时采取有效措施克服了这些缺点和错误，总结经验教训，认真整顿组织，加强对红队队员的政治教育和技术训练。1930年，中央特科还在卡德路专为红队举办了一个短期的训练班。训练项目是：熟悉上海各街道里弄的名称、路线和居民住宅的具体情况，熟悉敌人警宪特务机关和流氓帮会等情况；学习化装术，以便能够切实有效地隐蔽自己和对敌人进行侦察、监视；学习猜破敌人密码、隐显墨水书写密函以及自己被捕后打开镣铸、在汽油里掺糖以破坏敌人汽车等技术；学习射击术，等等。每次学习射击技术，都是租船出长江口，到海上去学练打枪。

正是由于党对红队无微不至的关怀和精心培养，不断地提高了红色战士的思想觉悟和业务本领，使得它的战斗力量逐步提高，日益坚强。在反对叛徒奸细方面，进行了英勇顽强的斗争；在保卫党的安全方面，创造了不朽的功绩。他们在中外强大敌人严密统治的上海神出鬼没，在长期尖锐复杂的斗争中百炼成钢，无数轰轰烈烈的精彩表演，无数可歌可泣的英雄事迹，在上海劳动人民的心里留下深刻的记忆，至今尤为许多熟知当年斗争史迹的老上海津津乐道。

美国作家约翰•拜伦、罗伯特•帕克在其合著的《康生传》一书中，按照他们的观点记述了“红队”在上海的活动：

“为了采取较具实力的行动，特科雇用了一批熟练的枪手，以‘红队’之名而著称，为上海全党的高级干部提供警卫，并负责各类会议的安全；他们还紧盯因反共特别有效而著称的调查科特务，作为打击目标。但是‘红队’最重要的职责是实施惩罚、处置那些对应尽义务发生动摇或者背叛投向国民党一边的共产党员——这个任务为‘红队’争得了‘打狗队’的名称。

“‘红队’实施行动时用尽各种各样的花招和伪装。枪手们有时会装扮成乞丐和沿街叫卖的小商贩。女追捕队员们有时会化装成家庭女佣；参加更为精心策划的行动的枪手会装扮成拍电影的摄影师和技术员。但是‘红队’

手法的戏剧性绝不能掩盖他们任务的生死攸关或行动的干脆利落。

"从1927年年中开始，共产党的卫士们实施了一系列的攻击和保卫。上海市警察局档案卷宗中记载，仅仅在公共租界，从1927年到1931年之间，'红队'消灭了至少40个对手或叛徒——一个最低限度的数字，因为'红队'的许多行动从未被发现过。他们经常被悄悄地遗忘掉，所以他们的命运依然无人知晓。除此之外，许多行动是在法租界和中国人管辖的大上海进行的，因此上海市警察局是没有记录的。……被上海市警察局详细记录的40名'红队'的牺牲者中，至少有13人是共产党员，他们或者是投靠警察成为提供情报者，或者是投向其他反共组织。叛徒们通常被打死，但是'红队'也遭受过惨重的损失；负责暗杀的'红队'队员中有26人被上海市警察局逮捕。对于一个秘密组织来说，共产党的伤亡人数是很高的，在一个以告密和私人交易作为生存手段的社会里从事活动，这是必然的结果。"

李一氓笔下的"苏维埃会议"

当年红队所进行的这些惊天动地的斗争，引起党内外人士的兴奋，也在上海市民中留下了极其深刻的印象。其时在中共中央机关工作的李一氓，目睹了红队在上海的这些斗争。1930年5月召开中华苏维埃区域代表大会预备会议时，李一氓奉命组织了一个临时家庭，做开会地址的房主人，并且参加了这次会议。他在所著的《模糊的荧屏》这部回忆录中，详细记述了中央特科精心组织的这次会议的整个过程：

1930年5月，在上海开了一个全国苏维埃代表大会。这个会议是用中共中央委员会和中华全国总工会的名义召集的。因此，筹备工作都是全总林育南负责。筹备工作地址在爱文义路卡德路转角（即现北京西路石门路口690—696号）。至于真正开会的会场则在卡尔登戏院（现长江剧场）后面一排楼房里，在白克路上（现凤阳路）。开会以前，中央决定由我去做这个开会的房子的主人。那时赵毅敏和李一超（女，又叫李坤泰）才从苏联回国不久，他们都是1928年冬天回国的，就让他们一个人当我的弟弟，一个人当我的妹妹，当然，那时我还有妻子和两个小男孩，结合在一起，自然很像是一家人了。

赵毅敏，解放前就在东北工作，解放后曾当中共中央联络部副部长。可惜的是李一超，她是个四川女同志，是以产五粮液出名的宜宾县人，就是后来在东北参加抗日联军牺牲了的鼎鼎大名的赵一曼。作为一个家庭成员时间不长，但由于她性格爽朗，又是四川人，又姓李，所以我们的同志、同乡、同宗的关系很好。这个“家庭”解散以后，我们还有几次私人来往，但以后就不知她到哪里工作去了，我也离开了上海。直到解放初期出了一部《赵一曼》的电影，我才知道，赵一曼就是李一超。她1932年就到了东北，参加了东北的地方工作和军事工作，任一个团的政治委员，1936年在黑龙江珠江被杀害的。这些事情都是看了《赵一曼》这部电影以后才知道的。现在有些关于赵一曼生平事迹的叙述，无论在她牺牲的尚志县，还是她出生的宜宾县，都没有她参加苏维埃代表大会，作为我李家的家庭成员这一段。大概现在知道她这段短期生活的，除了赵毅敏和我以外，已没有什么人了。

这个机关是顾顺章他们精心组织的，我不过以一个房主人的面目对外。厨房是他们组织的，汽车是他们的，房子里面的家具陈设也是他们搞的，房内房外的警戒也是由他们布置的。我们无非是大人小孩在楼下打麻将，开留声机，掩护这个会议。当然除我们这个临时家庭以外，还有参加会议的工作人员，他们不住在那里，是来来往往的。我记得有贺昌，可惜他后来在江西牺牲了，有阮啸仙（此人后来叛变了）；有李春繁，即柯柏年，30年代在上海搞马列主义理论工作，解放后在外交部任美大司司长，后来当过驻丹麦大使和驻罗马尼亚大使；当然还有林育南。此外还有哪些人，就记不清楚了。

出席这个会议的人，实到四十七八个人。红军代表每个军两个人，一个军官，一个士兵，因为他们都是从部队来的，我全不认识。但我却记得两位同志，一是江西来的可能是代表三军团的滕代远，二是湖北来的何长工。特别是滕代远，他在四马路买了一件女人的雨衣，因此出名了。中共中央的代表大概是向忠发和李立三，全国总工会的代表大概是徐锡根，因为林育南代表全总负责筹备工作，他是不是代表不清楚。至于上海的其他群众组织，团中央的代表大概是胡钧鹤，左联的代表肯定是柔石，另外，一个胡也频（福建人）、一个冯铿（广东女同志，又叫冯岭梅）也参加了会议，他们是代表反帝大同盟，还是代表互济总会，现在很难说。柔石后来曾根据他参加会议的经历，发表过一篇《一个伟大的印象》。可惜这三个同志去参加了1931年1月的东方旅馆会议，全都被捕牺牲了。

这个会议开得很正式，不但挂了镰刀锤子的旗子，还唱了国际歌。政治报告是李立三作的，有文字文件，我就不去提它了。由于是李立三领导的，也正是立三路线的形成时期，所有会议文件，都带有立三路线的色彩，这是不可避免的，也是无可奈何的。立三在作报告的时候，脱离稿子说了一句："等我们打下武汉的时候，再告诉第三国际。"这一句豪言壮语，立刻传遍了整个房子，甚至于我们这些男男女女的房主人都知道了，真可谓语惊四座。现在看来，这个大会虽然开得很热烈，但是过高估计主观力量，为立三路线打下理论基础。他搞了十个文件：一、全国政治形势及苏维埃区的任务；二、苏维埃组织法；三、扩大红军与武装农民；四、劳动法；五、暂行土地法；六、告全国工人书，七、告农民书；八、告劳动妇女书；九、告青年书；十、援助东方被压迫民族革命宣言。这么多文件，只在文字上下功夫，是不是切合实际，是不是太繁琐，反正会是开了。由于李立三起了主导作用，我以为这个会对于苏维埃运动以后的实际发展并没有多大影响。

出席这个会议的人绝大部分不是真名字，弄不清谁是谁。譬如，第一次会议（5月21日）主席，就无名无姓，只写"C.P.代表"。第八次会议（5月23日下午）议程是：红军问题报告、讨论及结论，报告人是廖泰沧，就不知道是出席会议的哪位红军代表。这次我去帮忙做记录，后来文件上在"记录"后就注上了"李一氓"三个大字。李春繁（柯柏年）也在大会上担任过记录。

当然会议一结束，这个临时家庭就解散了。（李一氓：《模糊的荧屏》，人民出版社1992年版，第121—124页）

这是笔者看到的有关这次会议的最详尽的记述，故特全文引述，以供读者欣赏。

镇压叛徒绝不手软

如前所述，第三科的主要任务是打击特务、镇压叛徒。"堡垒是最容易从内部攻破的"，在严酷的白色恐怖下进行隐蔽战线的斗争，叛徒内奸对党的危害极大。由于叛徒内奸的告密、出卖，曾使一些党的组织受到破坏，使一些党的负责同志遭到杀害。

自从在敌人侦探机关内部“拉出来”第一个反间谍关系杨登瀛，加以打入敌人军警机关的情报人员相配合，中央特科就能及时了解敌探特务的动态和叛徒内奸的活动，随时予以镇压。尤其是到了1929年年底，杨登瀛日益得到国民党特务头子陈立夫、徐恩曾的信任与重用，他又同英、法租界巡捕房建立起密切联系；再加上情报科派人打进了南京和上海的国民党特务机关，就有可能在事先掌握敌方情报，在事前粉碎敌人的阴谋，避免重大的损失。当时南京国民党特务机关和上海租界巡捕房破坏我们党的计划、命令，中央特科都能通过杨登瀛以及其他分布在敌人内部的各种关系及时得到。这个时期，敌人虽然获知不少我党组织的驻地，可是每当遇到有人告密，敌人准备抓人的时候，打入敌人内部的关系即能事先通知我方，然后才叫巡捕警探出动，结果大多能够逃脱，化险为夷。为了扑灭敌人的嚣张气焰，特科根据中共中央的指示，还利用这条线，秘密镇压了那些向敌人自首告密的叛徒。

1928年8月，戴冰石向国民党自首叛变做了内奸。当时负责上海国民党特务工作的杨剑虹，把这个叛徒交给杨登瀛，并且对他交代说：这个人在时机成熟的时候，会提供重要情报。过了几天，杨登瀛奉命把淞沪警备司令部的一封密封公函，送往英巡捕房政治部。写信人就是混入我党的内奸戴冰石，他向国民党淞沪警备司令部提供了我沪东区工会秘密机关的情报。巡捕房帮办谭绍良当即约杨登瀛同去平凉路搜查我党机关，结果有7人被捕。其中有戴冰石的小姨子。

密捕后，杨登瀛立即报告陈赓，让我们处理戴冰石。不久，戴冰石直接找杨登瀛求情，他说这个案子是他告密的，杨剑虹事前曾经答应他，为了不使他犯嫌疑，捕人时把他的小姨子也一起逮捕，等到被捕人员全部引渡到淞沪警备司令部后，就立刻把她释放。现在他要求杨登瀛实行杨剑虹的诺言，以免他老婆日夜吵闹。杨登瀛把这些情况报告陈赓，经中央详细调查，戴冰石确是破坏平凉路机关的内奸，立刻批准红队将这个内奸处决，免得他再给党造成更大损害。红队队员便趁戴冰石在湖北路安东旅社里等待他的小姨子的时候，将他镇压。

1929年夏，又发现了陈尉年秘密自首叛变做内奸的案件。当时谭绍良把一个叫作王松生的流氓（以后当了特务）介绍给杨登瀛，要杨同王松生联系。谭绍良说：王松生对共产党的事情最了解，大有利用的价值。此后不久，王松生搞到一份党的秘密文件《中央通告》（代名《华字通报》），拿来交给杨登瀛，问他要不要。杨登瀛假意跟他讨价还价，乘机掏摸他的底细，得知他还要向巡捕房出卖文件。杨登瀛问他文件是哪里来的，王松生说是一个叫陈尉年的人为了搞钱，托他转卖共产党的文件和情报。王松生说：如果要的话，还有其他秘密刊物和文件，今后可以继续供给；他还表示，愿意把供给此项文件的陈尉年介绍给杨登瀛，以后由他直接来接洽。

杨登瀛立刻把这些情况报告陈赓。陈赓要杨登瀛同叛徒陈尉年接头，并且收买叛徒手上的文件。杨登瀛就把王松生找来，表示想买这些文件，并说要跟陈尉年见面商谈价钱。几天后，由杨登瀛请客，让姓王的流氓带陈尉年一道参加。红队也派人前去，认清陈尉年的面貌；饭后又尾随陈尉年回家，弄清他的住处。然后就把陈尉年的住处监视起来，在他住的那个弄堂门口，摆了一个连环画书摊，注视同他来往的人，了解他的社会关系和他的进出时间及行动规律。经过一个短时期的调查，查明陈尉年不但秘密自首出卖文件，而且是一个打入我们内部的淞沪警备司令部的密探，危害很大。他为了得到更多的钱，又把文件卖给英巡捕房的流氓，于是落入我们的手中。

由于特科作了细致的调查和周密的部署，此案不到一个月即行侦破。最后，红队就在弄堂口把这个叛徒处决了。

1930年10月，黄埔军校第一期毕业生黄第洪，刚从莫斯科回到上海不久，他见国民党反动派到处吹嘘“剿匪胜利”，便对革命前途悲观失望，决心叛党投敌。他秘密写信给蒋介石，说他在共产党内“不得意”，要求同蒋介石面谈，但不要让旁人知道；还把周恩来准备同他会面的地点以及他的联络地址告诉了蒋介石，让蒋介石派人找他接头。

首先看到这类自首信件的，照例是蒋介石的特务头子陈立夫。蒋介石批给陈立夫办，陈立夫批给徐恩曾办，徐恩曾交给杨登瀛去同黄第洪接头，并且告知接头的办法：地点在南京路邮局，双方手里拿着皮包和报纸。

黄第洪又名黄警魂，湖南平江县人。1924年考入黄埔军校第一期学习，编入学生第6队。毕业后留校，在军校政治部编纂股工作，当时政治部主任是周恩来。以后黄第洪曾去苏联学习，不久前从苏联回来。

杨登瀛接到徐恩曾的通知，便把黄第洪秘密自首的情况报告刘鼎（刘鼎有时和杨联系），刘鼎一听，感到事关重大，便一面要杨登瀛把这个案子暂时压一压，一面报告陈赓转报中央。周恩来知道此人，是他直接联系的。黄第洪确曾写信约请周恩来在先施公司旁边的邮局里见面。周恩来接到报告，便指示特科要先将黄第洪隔离，同时进行深入的调查，了解是否确实。虽然黄第洪这个叛徒十分狡猾，杨登瀛两次约他到指定地点见面，派人在那里等他，他都没有去。他因做贼心虚，经常搬家，找到他也不容易。但是党经过周密调查，证明黄第洪写信向蒋介石自首，企图勾结敌人对党进行大破坏，完全属实。中央即决定将叛徒黄第洪秘密处决。中央特科加紧侦察，终于找到了黄第洪的住处，及时将他镇压，为党除了大害，保卫了周恩来和党中央的安全，使敌人的阴谋未能得逞。

前后几年间，红队还除掉其他一些可耻的叛徒、内奸和可恨的警探、特务。其中曾经震撼上海的两件大案，是镇压出卖中央政治局常务委员罗亦农的内奸何家兴、贺稚华夫妇和镇压出卖中央政治局委员彭湃、政治局候补常委杨殷等5人的叛徒白鑫。

十、“红队”利剑出鞘

中央特科在国民党的专业反共机关里建立了第一个反间谍关系杨登瀛以后，对敌斗争掌握了主动权。尽管敌人曾多次截获我党秘密机关的地址和活动场所，但大都能通过杨登瀛事先得到情报，避免了敌人的暗算。可是，杨登瀛在敌特阵营中的地位是逐渐增强的，他对中央特科所起的作用也是逐步增大的。即使是他被正式任命为“国民党中央驻沪特派员”，在上海掌握了很大权力后，我们党组织的活动和一些负责人的安全，也并不是绝对保险，万无一失，不会遭到敌人破坏了。这是由于上海的斗争环境极其复杂，中外警探组织盘根错节，若要理清它的头绪，实属不易；加上敌人常用金钱引诱，使得个别混进我党内部的不坚定分子发生动摇、自首叛变，所以特科有时难免会碰到一些料想不到的问题。

1928年4月15日，在上海发生了中共临时中央政治局常委、中共中央组织局主任罗亦农因被叛徒出卖被捕事件。

英国巡捕冲进罗亦农屋门

罗亦农又名善扬，字慎斋，号振纲，别号罗觉、一农，是中国共产党初期的党员和领导人，无产阶级的英勇战士。他于1902年出生于湖南湘潭县。从小爱看《水浒》《三国演义》等古典小说，那些疾恶如仇、大义凛然的英雄人物引起他的崇敬，影响他的性格成长。他的家庭富裕，父亲当过团总，管过公堂，后来做过谷米生意，还与人合股开过杂货铺。他见父亲为人刻薄，锱铢必较，爱财如命，曾在自家门口贴了一副对联，对父亲讽谏："存得天良，蒙庆受福；放开眼界，创业成家。"

幼年时罗亦农在家乡读书。1916年，14岁时考进美国人办的教会学校——湘潭益智学校，这里的课程以讲授英文和神学为主，他不愿听那些荒诞的神学课，也不做"礼拜"，讨厌学校的各种清规戒律，经常冲出校门参与各种社会活动：参加反日游行示威、捣毁焚烧日货的斗争，参加迎接讨伐袁世凯军队的宣传活动……为了摆脱这种学校的思想桎梏，他于1917年底毅然退学。转过年来，他曾数次跑到长沙寻求入学机会，未能如愿。1919年夏天，他不顾家庭的阻挠，离开家乡到了上海。

他到上海进入一所中学读书，由于父亲不肯寄钱接济，这年冬天他便停学，进法租界一家小报馆当校对工人，自谋生路。当时待遇虽然低微，但能在报馆里看到各种书报，自学条件很好，他在这里阅读了许多进步书报。1920年夏天，上海成立了共产党组织，罗亦农通过阅读《新青年》杂志等，接受了革命思想。这年陈独秀移居上海，《新青年》也迁上海出版，发行所离他所在的报馆很近。罗亦农很佩服陈独秀，打听到陈独秀的住址后，几次登门求教。陈独秀也很喜欢这位热情好学的青年，介绍他参加了工读互助团的活动。其后又经陈独秀介绍，参加了上海共产党组织为要选送赴苏俄留学在法租界举办的外国语学社，学习俄语和有关无产阶级革命的基本知识。同年8月加入上海社会主义青年团，于1921年初和任弼时、刘少奇、萧劲光等20余人前往莫斯科，进入东方大学中国班学习。同年冬转为中国共产

罗亦农（1902—1928）

党党员，曾任东方大学中国班学生中党、团员中共旅俄支部委员。

1925年3月回国，被派到广州参加全国第二次劳动大会。5月3日，他又以农民国际代表身份出席了广东省农民协会成立大会并致开幕词。劳动大会后，他留下任中央驻粤临时委员会候补委员并参加中共广东区委，主管宣传工作，参与领导了五卅运动和省港大罢工。10月，参加在北京召开的中共中央第二次扩大会议，会后主持北方区委党校工作。12月，任中共江浙区委书记。1926年11月至1927年3月，先后与赵世炎、周恩来等组织领导了上海工人三次武装起义。1927年5月，在中共第五次全国代表大会上当选为中央委员。后任中共江西省委书记。七一五反革命政变后，罗亦农被调到武汉，任中共湖北省委书记。在党的八七会议上，当选为中共临时中央政治局委员，会后领导了鄂南暴动。9月，中共中央机关迁回上海。为了加强长江中游各省党的工作领导，中央决定成立长江局，由罗亦农任中共中央长江局书记。11月，在上海临时中央政治局扩大会议上当选为临时中央政治局常务委员。不久，任中共中央组织局主任。

1927年年底，罗亦农离开武汉到达上海。当时，中共中央机关处在极其艰险的环境中，同志们多以家庭的形式分散居住，召开会议要相机而行。由于他在上海的名声很大，一直被帝国主义者和国民党反动当局以万元巨款悬赏追捕，所以，特务、暗探、叛徒、巡捕，无时无刻不在寻觅着他的踪迹。前来上海前夕，这年11月4日，他在接到中共中央的调令时，就曾对王一飞说：“今日我动身去沪，吉凶未卜，但君命急召，加以此次之行程关系甚大”，因而决定“冒险而去”。

1928年2月，罗亦农受中央委托巡视两湖工作。他到了湖南、湖北的一些县、市，重点了解农民运动开展的情况，掌握了大量的第一手材料，供中央制定全国斗争方针时参考。4月中旬，罗亦农出巡两湖回到上海，又开始频繁地接待各地来沪的同志，听取汇报，商讨斗争的方针与策略。4月15日上午，他来到地处英租界戈登路（现江宁路）望志里的办公地点，准备与山东来的同志接谈工作。进屋不久，英租界巡捕房的一群捕探突然冲进来。为首的英国特务洛克与叛徒交谈了几句之后，用手枪对准了罗亦农，凶狠地叫道：“你是罗亦农，我已经注意你两三年了，跟我们走吧！”遂将罗亦农带走。

第二天，许多中外报纸传出这一消息，帝国主义和国民党军阀莫不弹冠相庆，说什么“首要已擒，共祸可熄”。消息传开后，上海广大工人和市民群众愤慨万分，社会舆论谴责的矛头对准了反动当局。

查找出卖罗亦农的叛徒

罗亦农被捕的信息，党组织很快就知道了。原来罗亦农出巡两湖工作刚回到上海，就有两个外省代表（其中一个是从山东来的）到中央接头。14日晚，李维汉到静安寺愚园路亨昌里中宣部机关罗亦农的住处报告了这件事，并且商定：第二天由罗亦农去戈登路望志里中共中央机关接待山东省委代表，由李维汉去哈同花园南边南成都路机关，和另一个省的代表接头。15日晚，李维汉到罗亦农的住处汇报接头的情况，在那里等了很久，罗亦农却没有回来。不久就传来了罗亦农被捕的消息。

中共中央得知这些情况，十分重视。周恩来立即指示中央特科设法营救，迅速查明出卖罗亦农的祸首。中央特科通过在英国巡捕房的内线，很快知道出卖罗亦农的是一个女人，说话带四川口音，长得很漂亮，能说一口流利的德语。不久，又弄清楚了，这个女人就是何家兴的老婆贺稚华。很快查明：出卖罗亦农的就是何家兴和贺稚华。

何家兴夫妇都曾留学莫斯科东方大学，回国后都在罗亦农领导下工作，分配在戈登路的接头处看守党的机关。他们迷恋资产阶级生活方式，经常出入于饭店、舞厅，并且不遵守秘密工作纪律，有时外出很晚才回来，受到过罗亦农多次严肃的批评。当时，党的工作人员每人每月生活费只有20元，自然满足不了他们追求腐化堕落生活的需要。由于工作关系，他们两人了解党的许多机密，掌握一些中央负责同志的住址，深知罗亦农是被悬赏追捕的中央领导人，要同敌人做一桩肮脏买卖。他们去找了英租界静安寺巡捕房的一个帮办，想用一批中央机关和负责同志的秘密地址，换取敌人两万美金和两张出国护照，逃到国外去过淫糜堕落的生活。为了取得捕房的信任，他们首先出卖罗亦农。4月15日上午10时，罗亦农到戈登路机关后，何家兴夫妇即照预先和巡捕房约定的办法，叫奶妈给站立在戈登路爱文义路口的华捕送了一封信，告知罗亦农已到。英捕头洛克立即带领数名中外捕探前来。洛克用德语和贺稚华交谈以后，当场捕走了罗亦农。在场的其他人员均未被捕，放置在抽屉里的党的文件也未被抄走。

情况查明以后，中央特科立即派人和敌人接触，准备使用巨款买通敌人，争取释放罗亦农。后又考虑罗亦农系由叛徒出卖，他的身份已经暴露，公开营救事难成功，决定改用武力抢救，准备待罗亦农由英租界工部局捕房引渡解往龙华淞沪警备司令部时，在路上武装劫救。顾顺章当时曾将这一计划告诉罗亦农的夫人李文宜，要她先找何家兴夫妇打听罗亦农从捕房解往龙华淞沪警备司令部的时间。李文宜说：

关于营救亦农的计划，是由顾顺章告诉我的，没有看见文字材料。当时顾说：已经和敌人接了头，他们要价4万元，考虑到敌人是很狡猾的，只怕把钱给了他们，人还是救不出来，落个人财两空。因此，决定拿出两万元作为经费，等敌人把亦农从租界引渡到龙华时，拦路把他抢下来。当时计划买口棺材，伪装送葬，在棺材里暗藏枪支，让我披麻戴孝，作为死者的家属，随伪装送葬队伍的工人，走在棺材后面。等到囚车经过时，猝不及防地从棺材中取出武器，把亦农抢下来。顾顺章要我找何家兴夫妇探听亦农引渡的时间。他说：英探洛克懂德文，亦农被捕时，何家兴的老婆曾用德语和他打过交道，还送给他一只钻戒，可以叫她去找洛克探听引渡的时间。当时，他并没有告诉我正是这一对夫妇出卖了亦农。

我到了何家兴夫妇的住处。那时，他们已经从戈登路搬出来，住在一个党给他们找的旅馆中。我在那里等了她几个钟头，何家兴的老婆才从外面回来。她穿着一件天蓝色的长袖丝绒布拉吉，披着一条粉红色的纱披肩，打扮得格外妖艳。她看到我贸然来访，像外国人那样双肩一耸，两手一摊，不等我开口，就摆了摆手，示意要我不要哭。接着假装亲热地把我拉到床上，小声咬着耳朵对我说：他们是秘密搬的家，不能让人知道戈登路那边的事。随后又讲了些亦农被捕时的情况，讲得眉飞色舞，表功说幸亏靠她，才保护了来接头的山东省委代表和党的文件。我说：你认识洛克，和他说过话，又送过钻戒给他，能不能去找他了解一下亦农到底什么时候引渡？我说了几句，她就不说话了。当时我知道一时得不到回音，只好走了。大约隔了一天，我又去找她，到那里已是早上九点多钟，何家兴夫妇仍躺在床上，直到看见我去了才懒洋洋地起来。我问他们："有回信了吗？"他们说："搞不清，人家不告诉我们。"何家兴夫妇早已与敌人暗中勾结，怎么会把亦农被引渡的时间告诉我呢！结果这样一来倒做了反面工作，反而使敌人警觉起来，亦农很快地被引渡了。这个营救计划就这样落了空。(《李文宜同志谈话记录》，1981年3月30日。转引自上海《党史资料丛刊》1981年第三辑金再及著《罗亦农同志被捕、牺牲前后的一些情况》。本章所引李维汉、张维桢、黄玠然谈话记录亦均自该文转引。)

结果，罗亦农于4月18日就被引渡到国民党淞沪警备司令部。因为事先未能探明引渡的时间，武装劫救的计划未能实现。

"残躯何足惜，大敌正当前"

罗亦农被引渡到龙华淞沪警备司令部后，关押在龙华看守所。敌人妄图从他身上打开缺口，破坏中共中央机关和地方组织。国民党警备司令钱大钧，一面电告蒋介石请示处理办法，一面布置敌军法处长裘某进行审问，连续审问三次，未能得到任何对他们有用的东西。当时和罗亦农关押在同一监狱的张维桢说：

罗亦农被捕后，关押在我们牢房的后面一排，正和我们的牢房斜对着。我是1928年2月被捕的，我们这个案子一共20多人，包括郑覆他(上海总工会委员长)、许白昊(上海总工会组织部长)。那次是三个机关：浦东区委、江苏省委组织部和上海总工会同时被破坏，是唐瑞林告的密。……我们被捕后，罗亦农和顾顺章组织营救我们。当时，我们和外面有联系，情况都清楚。正在营救的过程中，罗亦农被捕了，对我们的营救也就中断了。罗亦农是知道我们的情况的，所以，他站在窗口和我们说话，当然话也不能说得很多。看到他被捕，我们心里很不平静，所以他和我们说话的时候，我们都站到窗口旁边来听。他要我们赶快写信到外面去，告诉组织他被捕了，设法营救等。这是他的原话，我印象很深。其实敌人已知道他是罗亦农，怎么营救得了呢？就是花十万元也无济于事呀！但当时我们并没有考虑这些，赶快写信告诉了外边。

唐瑞林叛变我们当时并不知道，罗亦农也不知道，当他被关到龙华司令部以后，敌人把唐从我们隔壁的牢房调到关押他的牢房（和他同牢的其他人都是些绑票、土匪等刑事犯），这时我们才发现唐有叛徒嫌疑。大约过了四五天唐就被释放了，这时罗亦农已被枪杀。罗亦农被害的照片，一个和我们有关系的看守曾拿给我们看过。（《张维桢同志谈话记录》，1980年1月25日）

罗亦农早把生死置之度外，他在酷刑面前坚贞不屈，敌人妄想从他身上得到任何秘密都绝无可能。4月20日，钱大钧接到蒋介石回电，命将罗亦农“就地处决”。临刑以前，罗亦农视死如归，写了首绝命诗：

慷慨登车去，相期一节全。

残躯何足惜，大敌正当前。

在就义前，罗亦农曾用暗语给党中央写了一封信，由狱中的同志传出交给了党组织。他还在给家属的遗书中写道：“学我之所学，以慰我。”充分表现了一个革命者对人民解放事业的赤胆忠心和对后来者的殷切期望。

1928年4月21日，敌人在龙华杀害了罗亦农同志。据4月22日上海《申报》《新闻报》载称：4月21日下午，上海龙华刑场戒备森严，荷枪实弹的反动军警如临大敌。罗亦农穿着整齐的直贡呢马褂、灰色哔叽长袍，在敌警备司令部派来的特务营一个排的押解下，从容步入刑场，英勇就义。

罗亦农牺牲后的第二天，党组织通知了李文宜。1980年7月4日，李文宜在写给李强的信中回顾当时的情况说：“最后一天早晨，顾（顺章）敲门叫醒疲惫不堪的我，告诉我：‘快到龙华去，在有条马路上面有文治大学四个大字的地方，你去看看电线杆上贴的什么字。’我立即叫了出租汽车，看见文治大学四块方形铁牌，一字一块悬在一条马路口上方一根横的铁丝上，就下车找电线杆，看到电线杆上的布告上写的是：‘奉蒋△△令……共党要犯罗亦农立即枪决。淞沪警备司令钱大钧。4月22日。’我的腿移不动了，但我必须找到行刑处和亦农的遗体，就顺着马路前行。那位司机跟在我后边。在马路右边，凹进去一块草地当中有桌面大的一汪鲜血，旁边地上斜倒在那儿一个纸标，写的是‘要犯共匪罗亦农’字样，还有一方折叠整齐的我送给亦农的洁白手帕。我不觉躺下去了，右袖筒掉进血泊里。司机把我拉起来。大概是哭声引来了不少过路人，其中有一位穿黑色衣服、背上背着一个不大的蓝布包的劳动人民，他长叹一声，请我到不远的他家里去休息一下。他告诉我是头一天下午2时执行的。我问他临刑时的情况和尸首在什么地方，他说：‘临刑前听到大声喊什么万岁吧。我听不懂，尸首不知是不是善堂收了。我可以领你去看。’我跟着他仍顺着这条马路走不多远，看到在右边一块土地上，矗立一堆黄土新坟，坟头上栽了一把青草，在阴雨绵绵之中，我没有看到任何标志……我凄然站了很久，仍乘原车回旅馆向顾顺章汇报并提出我的要求，不料顾已退掉旅馆走了，从此我再没有见到过他。”罗亦农英勇牺牲后，党中央机关安然无恙，依旧在奋勇战斗。据当时在中央宣传部工作的黄玠然同志说：

1928年三四月间，我在《布尔塞维克》党刊工作，罗亦农曾到我们那个机关里去过。……不久，接到警报说罗亦农被捕了。按党中央规定，凡有人被捕，他所知道的机关马上要转移。但我们是编辑机关，书多得很，二楼、三楼全都是书，俄文的、法文的、中文的，什么都有。怎么办呢？大家都相信罗亦农不会供出来，对他有这个信心，但按党的纪律必须搬开。于是我、郑超麟、我的老婆等人只好躲出去。躲了三天，报上就登载了罗亦农牺牲的消息，连他牺牲后的照片都登出来了。又过了一两天，见没有什么动静，我们就回到了机关。我们的机关罗亦农去过，直到他牺牲后仍安然无恙，这就证明他被捕后异常坚定。（《黄玠然同志谈话记录》，1930年4月1日）

罗亦农同志被害，是党的重大损失。1928年5月30日出版的《布尔塞维克》杂志第二十期上，中共中央发表了痛切悼念他的文章《悼罗亦农同志》。文章写道：“亦农同志被害了，中国无产阶级失去了一位最热烈的领袖，中国共产党失去了一位最英勇的战士。”文章高度评价了罗亦农的革命精神，指出：“罗亦农同志的热烈的革命精神，可为中国共产党全党党员的楷模。反动派吴稚晖等提起罗亦农三字为之齿颤。他的死是莫大的损失！”

叛徒在鞭炮声中毙命

罗亦农的遇难，激起了大家对叛徒何家兴、贺稚华的无比愤恨。虽然案发后很快查明向敌人告密的是他们两个，但中央非常慎重，为了取得他们出卖罗亦农的真凭实据，经过周密布置，暂时把他们安置在南京路一家小旅馆里。直到取得确凿证据之后，鉴于这一对叛徒掌握了党的大量机密，对党组织的安全造成了严重威胁，当时在中共中央工作的李维汉和邓小平共同商定了严惩叛徒的决策。李维汉说：

当时，我们已经通过内线知道是何家兴夫妇告的密，但表面装作不知道。以后，我和小平共同作出决定，要把他们干掉。我在党中央秘书处楼上和我们的特科接了头，作了布置。为了使叛徒相信我们对他们没有产生怀疑，就派人告诉他们，新闸路（即戈登路机关）不能住了，要他们搬个地方，搬家前先到南京路一个客栈里去暂住几天。当时南京路有许多大铺子，有的两个大铺子中间有个小号子，进门就是楼梯，楼上接通两个楼。特科找了个这样的客栈，要他们先搬去住。我并约了他们在那儿相见。见面前，特科作了周密布置，楼上、街上都派了人，进行监视和掩护，万一出事，我可以悄悄从后面走掉。在事先约定的时间，我到那里和他们见了面，见面后说了些应付的话。我说：你们受惊了，原来的地方不能住了，还是另外找个房子住，躲避一下。我又给了他们一些钱，要他们搬家后把地址告诉某某同志。他们见我亲自去见面，就相信了组织上并没有怀疑他们，因此，搬家后很快把地址通知了某同志，其实这个同志就是特科的。（《李维汉同志谈话记录》，1980年5月14日）

中央特科在接受了任务，并弄清了何家兴、贺稚华的住址以后，迅速采取了行动。4月25日，即罗亦农牺牲后的第四天清晨，陈赓带领红队，闯进何家兴夫妇住的旅馆，由一人把守后门，三人登楼。同时以办喜事为由，于旅馆外面燃起震耳的鞭炮声。陈赓和红队队员以迅雷不及掩耳之势，冲进何家兴夫妇住的房间。何家兴从梦中惊醒，知道事情不妙，向外逃跑，陈赓手枪迎了上去，“砰”的一声，何家兴即应声倒地。贺稚华额上被击中一枪，打瞎了一只右眼，她吓得浑身发抖，连滚带爬钻入床下。红队队员以为已经将其击毙，其实她只受了重伤（以后得知她到上海广慈医院治疗时，因为敌人防范甚严，无法下手）。其时旅馆外面的鞭炮声仍然响着，掩护这支镇压叛徒的轻骑顺利地离开了现场。

红队严惩叛徒何家兴夫妇的行动，制止了叛徒进一步出卖党组织的罪恶行动，保卫了中央机关的安全。

十一、霞飞路侧的枪声(上)

针对周恩来的袭击

1929年8月，由于叛徒白鑫告密出卖，发生中共中央政治局委员、中央农委书记兼江苏省委军委书记彭湃，中共中央政治局候补委员、中央军事部长杨殷，中共中央军委委员兼江苏省委军委委员颜昌颐，江苏省委军委干部邢士贞，共产党员张际春五位同志在上海被捕、四人遭敌杀害的不幸事件。

彭湃 (1896—1929)

彭湃（1896—1929），原名汉育，广东海丰县人。早年留学日本，参加中国留学生反帝爱国活动，曾被日本警察列入社会主义者“黑表”（黑名单）。1921年在早稻田大学毕业，回国后在广州参加中国社会主义青年团，1924年转入中国共产党。1922年在家乡从事农民运动，创建农会。自此到1927年，一直从事农民运动，为中国共产党最早从事农民运动的领导人之一。其间曾任海丰县总农会会长，惠州农民联合会会长，广东省农会执行委员会委员长，第一届、第五届广州农民运动讲习所主任，国民党广东省党部执行委员兼农民部部长，中共中央农民运动委员会委员、中华全国农民协会临时执行委员会委员兼秘书长等职。他以全部精力投入农民运动，积累了丰富的经验，进行了理论的总结，在指导农民运动中发挥了更大的作用，被誉为"农民运动的大王"和"中国农民运动的领袖"。在此期间，他还曾任中共海陆丰特别支部书记，中共广东区委委员、农委负责人，参加两次东征，又任中共汕头地委常委。1927年5月在中共第五次全国代表大会上当选为中央委员。大革命失败后，参加南昌起义，任中共前敌委员会委员。在八七会议上被选为临时中央政治局委员。同年11月领导海陆丰农民武装起义，建立海陆丰苏维埃政权，创立了中国最早的苏维埃政权和海陆丰根据地，为开创中国革命的正确道路作出了贡献。广州起义时被任命为广州苏维埃政府人民土地委员。起义失败后，部队改编为红四师，彭湃和农民热烈地欢迎起义军。第二年海丰、陆丰在敌人"围剿"中失陷，彭湃率领红军和武装农民退入根据地，转移到普宁、惠来交界的大南山地区，在艰苦的条件下坚持游击战争。1928年在中共第六次全国代表大会上当选为中央委员，六届一中全会当选为中央政治局候补委员，后又补选为政治局委员。同年初冬彭湃到了上海，住在大西路百禄里，担任中共中央农委书记兼江苏省委军委书记。

瞿秋白在《纪念彭湃同志》一文中，对于彭湃在革命斗争中的贡献给予高度评价："武汉政府叛变以后，彭湃率领一支第一批出现的农民游击队开始战斗在广东、湖南交界地区，尔后挺进到海丰，在那儿遵照当时党的南方局书记张太雷同志的指示，积极筹备海陆丰暴动。他从农民自卫队和向广东征伐失败后退到海陆丰的革命士兵（叶挺团）中组织了海陆丰工农军队，这支军队在成功地发动海陆丰暴动中起了决定性的作用。经过这次暴动，中国第一个苏维埃政府诞生了，它从1927年11月一直存在到1928年4月。海陆丰苏维埃共和国极大地促进了湖南、江西和广东东北部红色游击运动的发展。"（《回忆彭湃》，人民出版社1992年版，第62页）

杨殷（1893—1929），字孟揆，又名梦夔、夔礼、典乐。广东省香山（今中山）县翠亨村人，与孙中山先生同村。他的堂叔杨鹤龄是孙中山的同学和密友，与陈少白、尤列时称反清的所谓"四大寇"，常发表抨击外国侵略者和清

杨殷（1893—1929）

政府的革命言论。杨殷在少年时代受杨鹤龄民主革命思想的熏陶，对孙中山不屈不挠、坚持奋斗的革命精神十分崇敬。他早年参加同盟会，曾追随孙中山参加护法运动。五四运动爆发后，开始接触马克思主义。1922年冬加入中国共产党。后赴苏联学习。1923年回国后，党组织考虑到他过去在同盟会和工人中有较广泛而密切的联系，有较高的威信，决定派他在广州开展工人运动。1924年被派往粤汉、广九、广三铁路领导工人运动，曾组织广州后援会，资助上海南洋烟草工人大罢工。1925年参加平定滇、桂军阀杨希闵、刘震寰的叛乱。五卅惨案发生后，前往香港和苏兆征等组成中共香港党团，并组织全港工团联合会，发动领导省港大罢工。当时由于斗争策略的需要，杨殷虽然没有担任省港大罢工的公开领导职务，但他对这次罢工作出了重要贡献，在香港工人中享有很高的威望。因此，后来党中央称杨殷“是中国历史上最有名的广东省港大罢工的领导者”。（中共中央：《以群众的革命的斗争回答反革命的屠杀》，1926年9月）1926年任中共两广区委委员、区委监察委员会书记。1927年4月任中共广东省委委员兼省革命军事委员会主任、省肃清反革命委员会主席。同年12月参与领导广州起义，任广州苏维埃政府肃反委员会主席。张太雷牺牲后，他被任命为广州苏维埃政府代主席，率领革命武装反击国民党反动派的疯狂进攻。起义失败后，他率领赤卫队员掩护部队撤退，最后他同十余人突围，转移到香港，负责处理善后工作。他鼓励同志们说：“起义是失败了，但血是不会白流的。现在已是腊月残冬，春天不是就要到来的吗！”1928年初，前往海陆丰，和彭湃一起坚持海陆丰革命斗争。1928年6月，杨殷出席了在莫斯科举行的中共第六次全国代表大会，当选为中央委员、中央政治局候补委员、政治局候补常委。回国后，任中央军事部部长，协助中央军委书记周恩来工作。

颜昌颐（1900—1929）

颜昌颐（1900—1929），字夔甫，湖南省安乡县人。1918年在长沙明德中学毕业，时值留法勤工俭学兴起，他和许多爱国青年一样，追随新思潮，寻求救国救民真理。1920年初前往法国勤工俭学，先在法国蒙达尼公学补习法语。同年8月，以湖南留法青年为主成立世界工学社，颜昌颐为第一批社员。1921年9月，因反对里昂中法大学拒收在法勤工俭学学生入学，进占该校，10月13日被中国驻法大使馆和里昂中法大学当局勾结法国政府，将颜昌颐和陈毅、蔡和森、李立三等共104名中国学生强行押送离法，于11月23日到达香港，年底回到上海。同年底加入中国共产党，进北平香山中法大学学习，1924年夏毕业后又被党组织派往苏联东方大学学习。1925年8月回国后，曾在中央军委、湖南省委军委工作，1926年9月调至中共江浙区委工作，参加了上海工人第一次、第二次武装起义。“四一二”后调回中央军委工作。南昌起义时成立以周恩来为首的前敌委员会，并指派聂荣臻、颜昌颐、贺昌3人组成前敌军事委员会，颜昌颐兼任起义军第二十四师党代表。南昌起义军南下时，颜昌颐根据前委指示直接回到上海。后因南昌起义部队南征广东潮汕一带，陷入敌人重围，严重受挫。1927年10月中旬，颜昌颐带着中央给南方局并广东省委的指示，前往香港商议善后工作。事后，颜昌颐又到海陆丰找到由董朗带领的1200余众在流沙战斗失利的队伍，经过整顿改编为中国工农革命军第二师第四团，不久升格为红二师，颜昌颐被任命为红二师党代表兼东江特委委员（董朗任红二师师长）。红二师配合海陆丰工农武装于10月30日举行广东第三次武装起义，占领了海丰和陆丰，成立海陆丰苏维埃政府。其后，在反击国民党军队“围剿”中他身负重伤，历经艰险，绕道香港辗转到达上海治疗，伤愈后任中央军委委员兼江苏省军委秘书。

邢士贞（1903—1929）

张际春（？—1933）

邢士贞（1903—1929），原名邢履祥，山西汾西县人。早年在家乡县立高小读书时，受五四运动影响，毕业后南下汉口从军。1927年加入中国共产党，曾任中共中央军委和江苏省委军委干部，负责指导士兵运动。常在上海吴淞一带活动，领导和发动群众同帝国主义、国民党反动派进行斗争。

张际春（？—1933），湖南醴陵县人，中国共产党党员。黄埔军校第一期学生第二队毕业的学员。1929年任上海总工会纠察队副总指挥，参加领导上海5月30日和8月1日反帝大示威，后任中共江苏省委军委委员（1931年冬出狱，1933年病故）。

1929年8月24日，彭湃、杨殷（时任六届中央政治局常委和中央军事部部长）和中央军事委员兼江苏省委军委委员颜昌颐、江苏省委军委干部邢士贞及张际春，在上海沪西区新闸路经远里12号白鑫家里（中央军委、农委经常碰头的地方）开会，讨论江苏省委军委的工作。由于白鑫事先向敌人告密，彭湃、杨殷等五人被国民党反动派勾结租界工部局逮捕。

周恩来得知彭湃、杨殷等被捕，当天晚上就召开了紧急会议，同顾顺章、陈赓等中央特科的负责人一起研究营救办法，并且亲自领导对彭湃等同志的营救工作。为了保证中共中央的安全，周恩来又于9月10日在中央政治局会议上提出改进目前中央政治局的工作方式，建议每周开会一次，变更开会时间、地点，专门讨论政治问题，开会时政治局委员不必全到，常委五人也要有一人保留在外。14日，他满怀悲愤地写下了《彭杨颜邢四同志被敌人捕杀经过》一文，用笔名“冠生”在中共中央机关报《红旗日报》上发表。他在这篇文章中比较详细地记述了彭湃等人被捕情况，号召革命人民“踏着死难烈士的血迹，一直向前努力，一直向前斗争！”

周恩来写道：“彭湃、杨殷、颜昌颐、邢士贞4同志之被捕，日期在1929年8月24日下午4时许。那时，帝国主义的武装巡捕与公安局的中国包探，驾着几辆红皮钢甲车，如临大敌地到沪西叛徒白鑫夫妇的住家。彼等于弄堂内外布置妥帖后，登楼捕人如像预知的一样，按名拘捕共五人（除彭、杨、颜、邢外，还有张际春同志），而对白鑫夫妇则置诸不问。人捕齐后，于白鑫床下搜出一些革命刊物，如《布尔塞维克》《红旗》及共产党的中央通告等。被捕五同志当即为警探拥上汽车，直驶向新闸捕房。此事发生后，各报均禁止登载，因此广大的群众不知其领袖有此被捕的事件。”（本文刊载于1930年8月13日中共中央机关报《红旗日报》）

叛徒白鑫是黄埔军校第四期学生，1927年曾在叶挺的二十四师教导营任党代表，1928年参加广东海陆丰革命根据地工作，1929年调上海中央军委工作。叛变前他任中央军委秘书。那时候，中央军委经常召集有关部门开会，由军委书记周恩来主持，军委秘书白鑫当然参加。开会的时间和地点，有时还由白鑫通知（这次开会的地点就在白鑫的住处）。事后查明，白鑫的胞弟白云深在南京国民政府军政部储备司任司长，白鑫暗中曾叫他妻子潜往南京去同白云深牵线，早在一个月以前就向国民党市党部秘密自首，企图在中央军委开会的时候，将中央和江苏省委军委负责人一网打尽，作为他卖身投靠国民党的资本，并取得一大笔奖金。

深知白鑫底细的柯麟说：“关于白鑫叛变的问题，我认为它不是偶然的。白鑫原是叶挺部队政治教导队的指导员，当时我在国民革命军第四军军部当医务主任，他经常患病，常来找我治疗，因此对我颇有好感。他参加广州起义后随军到了海陆丰，后来又到了上海，也找我看病。开始时，他曾对我说他有一个亲戚原是国民党武汉部队中比较高级的政工干部，后来参加南昌起义随军南下到海陆丰，起义军在潮汕失败后，他想逃跑，被彭湃发现后枪毙了。白鑫跟我讲这件事时，就表现了对彭湃有着咬牙切齿的痛恨。白鑫对彭湃有私仇这件事，我曾对杨殷谈论过，但由于杨殷没有及时将这件事汇报给党中央，因而党中央派了白鑫到江苏军委，当了彭湃的秘书。事后，经党组织查明，白鑫到上海后，就与国民党上海市党部负责人范争波发生了密切的联系，暗中出卖组织和同志。白鑫当了彭湃的秘书后，一直在寻找机会破坏江苏省委机关，帮助反动派逮捕彭湃。8月24日，白鑫在通知江苏省委军委负责人到新闸楼开会时，就已经事先将开会的地点、人员情况报告了范争波。会议开始，白鑫未到，而国民党反动派的警察却来了，荷枪实弹，如临大敌，将彭湃等五位负责人逮捕带走。”（柯麟：《回忆彭湃》，人民出版社1992年版，第214—215页）

周恩来原定要来参加会议。这次敌人袭击的目标，显然首先是针对周恩来。所幸开会那天，周恩来因临时有事没有参加，得以避开敌人的暗算。大批捕探冲进来，在场的同志全被捕去。敌人为了掩人耳目，事后还把白鑫一起押走。

可是，任何狡猾的狐狸都是骗不过猎人的。如前所述，很长时间以来，陈赓通过杨登瀛在国民党专业的反共机关建立的这个反间谍关系，派遣人员深入敌人的要害部门，控制上海敌人的侦探机关，获得许多极其重要的情报，掌握了敌人的行动规律。在这个时期，敌人获得不少我党机关的住址，都因通过杨登瀛的关系，事先得到情报而转移，避免了破坏。可是，这次破坏是由国民党上海市党部策划的，执行人是市党部常务委员范争波。这个人是C.C.分子，与陈立夫有关系，又挂名上海市公安局督察员。这次破坏的特点是：同英捕房政治部办交涉的，不是杨登瀛，而是范争波；不是用淞沪警备司令部的名义，而是用上海市公安局的名义；被捕的同志不是引渡到淞沪警备司令部，而是引渡到上海市公安局。因此，这次的破坏我方事前不知道。但在事情发生之后，周恩来即叫陈赓马上要杨登瀛去打探，很快就知道是白鑫告的密。周恩来看到陈赓的报告，就在当天下午发出白鑫叛变的警报，以免组织继续遭到破坏。

武装营救未能奏效

彭湃、杨殷等被捕的当天晚上，周恩来主持召开的紧急会议上，交给了特科两个紧急任务：一是营救彭湃、杨殷等人；二是侦察白鑫的行动，坚决予以制裁。这个时候，陈赓和顾顺章特地搬进西藏路、南京路交界处的新世界饭店，指挥这场惊心动魄的斗争。

彭湃先被囚禁在英租界工部局巡捕房，26日被引渡到上海市公安局，关押在公安局小北门水仙庙侦缉队的拘留所里（水仙庙位于租界和华界的交界处，北面紧靠法租界）。引渡以前，敌人审讯他的时候，由国民党反动分子、汕头市市长方乃斌出庭指认，彭湃大义凛然，痛斥叛徒无耻，揭露国民党反动政府及其头子蒋介石祸国殃民的罪行，接着就被引渡。在转移途中，彭湃还向押解他的兵士们进行宣传。有的兵士对他非常尊敬，有的公然表示同情，有的低头叹气。因此，反动派就下令禁止兵士们和彭湃接近。他被关进敌人龙华警备司令部的牢房以后，难友们对他都很关切，从各个号子里想办法向他表示慰问。彭湃不断地进行革命宣传，给难友们很大鼓舞。彭湃在监狱中受尽各种严刑拷打，几次死而复苏，脚骨也被打断，始终坚贞不屈，抱着钢铁一样的决心，与敌人斗争到底。他还排除万难，想方设法与党组织取得联系，并且向党中央写了报告，汇报他们在狱中同敌人斗争的情况，还提出营救同志的设想。

他和杨殷联名秘密向中央写的报告中说："（1）尽量设法做到5人通免死刑。（2）上条不能做到，则只好牺牲没有办法之安（彭湃化名为孟安）、揆（杨殷化名为孟揆）二人，而设法脱免无口供之3人……"

彭湃、杨殷等同志被捕以后所遭受的残酷迫害，以及他们在敌人的监狱里和法庭上所进行的英勇斗争，《红旗日报》发表的周恩来那篇文章中也有详细记载："25日为星期日，临时法院不办公。26日法院开审，合作的帝国主义走狗法官与公安局代表故意做作一番，然后判交公安局引渡带去。在审问时，只被捕5同志到案，照片已于被捕当日弄好，按名讯问，显然叛徒白鑫已在暗中作证指明。引渡时，公安局亦以铁甲汽车武装解入城内公安局。审问与引渡情形，曾载在当日晚报，但未将其真姓名宣布。这是统治阶级故意如此，为的是避免广大群众严厉的直接反抗。

"彭、杨5同志至公安局，当晚即开审，问官一无所得。而彭、杨5同志在看守所中即开始宣传，许多保安队员为之感动。27日下午复开审，审问历四五小时。问至彭湃同志，有人出为证明，彭湃同志公开承认。问官询其经过历史，彭同志慷慨而谈，历时一点多钟，从未入党以前在海陆丰做农民运动起，直谈至在海陆丰建立苏维埃的经过。当谈至在海陆丰惩办反革命时，彭同志向审问官抗声说道：似你们这班反革命党，我们在海陆丰不知杀了好多，你现在不必再问了，将我枪毙好了。问官亦为之动容。问至杨殷同志，杨殷同志亦公开承认自己的经过。审问毕，回至看守所，5同志齐唱国际歌，以赋同仇，直影响了全所。”

中央调动了特科的全部力量，来营救彭湃、杨殷等，营救的办法是当敌人将他们解往龙华的时候，在路上实行武装劫救。他们被押进拘留所就传出消息说，公安局要对他们进行“审讯”。中央特科立即行动起来，一是派李强住在水仙庙侦缉队附近进行侦察监视（李强在民国路的北面法租界一边一个小旅馆内住下）；一是由陈赓找杨登瀛商量，利用杨登瀛参加“陪审”的机会，带一个彭湃所认识的同志去，站在杨登瀛的背后，暗示彭湃：组织上正在营救他，使他有所准备；再就是由行动科指挥红队准备行动。这场“审讯”是在8月26日夜里进行的。这天杨登瀛在“审讯”时装得样子很凶，骂得很厉害，但是非常巧妙地把党的意图暗示给彭湃同志了。

8月28日晨，敌人将彭湃、杨殷等从拘留所解往龙华警备司令部囚禁。周恩来得到这一情报后，即下令特科所有会打枪的人一起出动，埋伏在囚车经过的途中，准备截车营救。那天红队队员和许多人，一起化装成拍电影外景的摄影队。武器装在一只皮箱里面，指定专人骑机器脚踏车送到现场。这次事先经过周密布置，出动全部人员，还有些人化装成小商贩，或者装成过路人，一起来到现场，摆成一个“劫法场”的阵势。但是送武器的人（即“三民照相馆”老板范梦菊，此人在1931年叛变）来迟了，加上清除枪内的润滑脂比较费时间，不能立即使用，用煤油洗去润滑脂和加上枪油费了一个多小时，再加上敌人戒备森严，如果仍照原计划行动，势必要造成很大伤亡，亦难成功。周恩来立即下令取消了这次行动，我方人员迅速撤离现场。

当日在现场参与指挥这次行动的李强说：

中央特科的武装行动，通常是由三科下属的“红队”担负。这次营救彭湃的行动规模较大，“红队”人手不够，周恩来下令中央特科所有会打枪的人都出动。参加营救工作的约有20人。他们接到任务后，连夜进行营救前的准备工作。上街购买了一些急用器材，如敲开铁铐用的工具等。28日清早，中央特科的同志集合在同孚路的中央特科机关里，待范梦菊骑机器脚踏车把枪送到后，他们打开装枪的小皮箱一看，发现里面的驳壳枪全部涂着一层黄油，不能使用，便马上派人去买来煤油，把黄油擦洗掉，再涂上生发油，这样用去了一两个小时。一切准备妥当后，乘卡车出发了。为了掩护这次行动，中央特科的同志们在卡车上放了一个三脚架，架子上摆了一个拍电影用的机器，假装是拍电影外景的。卡车开到囚车必经之路的一个名叫枫林桥的三岔路口停下来，大家分散开，准备行动。可是他们在那里等了很久，也没有看到敌人的囚车开过来。原来，中央特科的同志错过了机会，敌人已经将彭湃等同志押去龙华了。武装劫车营救没有成功。（《阶前白刃明如霜——中央特科营救彭湃严惩叛徒的经过》，《中华英烈》1986年第5期）

柯麟回忆说："营救的那天，我和陈赓在法国公园等候消息，很久了都还没有听到枪声，才知道抢救计划没有能够实现。"（柯麟：《回忆彭湃》，第214页）

营救没有成功，但是这次行动却轰动了上海，敌人十分震惊。

彭湃、杨殷等四烈士英勇就义

这次对彭湃等人的营救没有获得预期的结果，他们被敌人押解到了龙华警备司令部。周恩来的文章记述说："第二审过后，公安局深惧有意外，至28日清晨即转解警备司令部。适当晚发生了蒋介石被刺事，一切嫌疑卫兵统押至司令部。上至熊式辉，下至司法科，统统忙得屁滚尿流。被押卫兵，经严刑拷打，血肉横飞，骨折肢断，无一肯供出刺蒋来源。于是五同志在押的三天中（28—30日）未经一审，只是手铐脚镣，铁链叮当，被严重地看管在司令部看守所中。在这三天中，五同志没放过一刻机会，不断向在狱群众与司令部内的士兵宣传。当彭、杨诸同志与士兵谈至痛切处，士兵中竟有捶胸落泪，痛骂国民党军阀非杀尽不可的。当他们说至激昂处，便齐唱国际歌与少年先锋歌，士兵与狱中群众亦高呼口号和之，于是愁苦惨淡的狱中，一变而为激昂慷慨的沙场。有些因贫穷而走入抢劫的罪犯，他们都感动而觉悟道：只有跟共产党走，才是我们穷人的正当出路！有些因革命嫌疑而下狱的群众乃更加坚决说：我们今后只有革命的一条路了！有些被困的同志则说道：到底是我们的中央领袖，能做我们的表率！有些久闻彭湃大名的人，闻得彭湃在此，均争相来看；还有几个识得彭湃的人，均以旧时相识为荣。

“他们入警备司令部后，已知必死，故他们传出书信多是遗嘱之辞。他们嘱咐党中同志不要因他们被捕而伤痛，要继续努力谋得革命的发展。他们嘱咐党中重要负责同志要为党惜身。他们望党内对于反对派的斗争要多从教育上做功夫，以教育全党。他们相聚谈话时，亦曾谈及许多政治问题，可惜未曾传出他们所谈的内容。他们都是谈笑自如，杨殷同志曾笑说：‘朝闻道，夕死可矣’，他们对于自己爱人的遗嘱，都勉其为党努力。”

当死亡的威胁逼在眼前，在生命的最后时刻，彭湃、杨殷联名写信给周恩来（“冠生”），向党中央写下了最后一份秘密报告：

冠生暨家中老少：

我等此次被白害，已是无法挽救。张、梦、孟都公开承认，并尽力扩大宣传。他们底下的丘（即“丘八”，指看守的国民党士兵）及同狱人，大表同情。尤是丘等听我们话之后，竟大叹气而捶胸者。我们在此精神很好。兄弟们不要因为弟等牺牲而伤心，望保重身体为要。

余人还坚持不认。

揆安

彭湃在殉难前还写了一封遗书与妻子许冰（许玉庆）诀别，嘱她“努力前进”，继续坚持革命斗争：“冰妹：从此永别，望妹努力前进，兄谢你的爱！万望保重！余言不尽！你的湃。”

彭湃、杨殷、颜昌颐、邢士贞4位同志终于在8月30日被敌人杀害了。这天，彭湃同志昂然地走向刑场，态度自若，大义凛然。在被押赴刑场途中，他们一路高呼口号：“打倒帝国主义！”“打倒卖国贼蒋介石！”“中国红军万岁！”“中国共产党万岁！”充分表现了为共产主义事业牺牲生命的坚强决心和视死如归的勇敢精神。他们牺牲的这天，距离被捕只有一个星期。

关于彭湃、杨殷等同志遇难经过，《红旗日报》周恩来的文章记述：“在

30日这天，临时法院忽又故意标传5人复审，司令部遂亦于当天午后，在形式上将5人严密地解送至法院。到法院时有步兵一排，公安局包探多人，司令部副官几个，并有捕房巡捕携手提机关枪两架跟着警戒。法院在特别法庭开审，不许人旁听，问辞与供词如上次。法官与陪审之帝国主义领事及捕房律师都含糊其词地说了一些，并未将彭、杨等同志罪状究是些什么公开宣布。被告律师虽说了一些，法官等并不注意，最后判决文亦无人能听见法官究竟读了些什么。直至彭、杨等4同志已经枪毙了，上海英文报上忽皇皇地登着法院判决文是处彭、杨等同志以8年的有期徒刑。这一复审，简直是帝国主义强盗与国民党军阀合作的一出滑稽的杀人剧。他们想以法律的手续来欺骗群众，但又深恐怕群众晓得。其实，广大的革命群众老早就不相信你们这种鸟法律了！从1927年的'四一二'到现在，帝国主义者与国民党不知暗杀了冤杀了几多群众。屠杀成河的血，早已染红了工农劳苦群众的心，他们只知道以群众的斗争力量来回答你们的白色恐怖，谁还管你们的鸟法律！

"在临时法院审后，即刻又武装紧严地解回警备司令部。当由法庭回至囚车时，颜昌颐同志举手呼共产党万岁，5人相视而笑。至司令部，先回看守所，当即送进一桌酒饭，5同志都知是死期已届，谁还肯吃这一桌劳什子'赏饭'！约一小时，便提彭湃、杨殷、颜昌颐、邢士贞4同志行刑。他们4人慷慨地向士兵及在狱群众说了最后的赠言，唱着国际歌，呼着口号出了狱门，引得一般士兵及狱犯都痛哭失声，甚至看守所员都为之掩面。行刑是秘密的，枪毙地点并未出司令部，开熊式辉任内之先例，其严重与畏惧之情可想而知。4同志死时的枪声，狱中群众隐约闻见。有一狱犯特杀鸡一只望空致祭，可见其感动之诚！4同志死时特留下内衣三件作为纪念，成为最后的遗物！死后，司令部又秘密地派人掩埋，以图灭迹。但是，广大的革命群众虽看不见他们领袖的英勇遗体，然他们领袖之英勇的战绩，却永远光明地纪念在每一个人的心中，永远不会湮灭！

"当着彭、杨5同志初被捕时，南京国民党中央便得到上海国民党市党部的夸功报告。他们的回电是命令熊式辉着即枪毙，加以刺蒋案件忙得这班走狗们寝食不安，所以枪毙的执行乃更加迅速。"

周恩来怀着极度悲痛和无比愤怒记述了彭、杨、颜、邢等5同志被敌人捕、杀经过之后，进而指出：“阶级斗争剧烈的今日中国，革命的群众、革命的领袖死在敌人的明枪暗箭中的不知几多！这原是革命成功前所难免的事变，而且是革命成功之血的基础。没有前仆后继的革命战士，筑不起伟大的革命的胜利之途！每一个革命战士牺牲，不管是在前线，是在后方，都有他伟大的代价。尤其是革命领袖的牺牲，更有他不可磨灭的战绩，照耀在千万群众的心中，熔成伟大革命的推动之力，燃烧着每一个被压迫群众的革命热情，一齐奔向革命的火原！所以我们在死难的烈士前面，不需要流泪的悲哀，而需要更痛切更坚决地继续着死难烈士的遗志，踏着死难烈士的血迹，一直向前努力，一直向前斗争！”

当时在中共中央机关工作的张纪恩说：“彭湃等牺牲后，中央出了个通告，专门纪念4位烈士。这个通告是周恩来起草的。通告中有引用彭、杨遗书中‘朝闻道，夕死可矣’的句子。当时周恩来很悲痛，他一边流泪一边写，我们在旁边抄，他说要赶快发出去。同时还说，我们一定要把敌人消灭掉，要把白鑫干掉。”

十二、霞飞路侧的枪声(下)

穷追叛徒白鑫

彭湃等四人惨遭杀害的消息传出后，引起全党的悲痛。周恩来当即代表党中央起草了题为《以群众的革命斗争回答反革命的屠杀》的告人民书，愤怒揭露国民党反动派残杀彭湃等同志的罪行，沉重哀悼为革命牺牲的烈士，号召人民学习烈士的高贵品质，以实际行动回答反革命的屠杀。当时，彭湃的母亲周老太太正流落在澳门。

周恩来当即派人帮助老人转移到上海，予以慰藉照顾。同时妥善地安置了原在彭湃身边的幼子彭洪。柯麟说："彭湃在上海工作时，他的爱人许玉庆跟他住在一起。他们生有一个男孩，叫彭小沛。彭湃牺牲后，许玉庆坚持革命，向党中央要求派她回海陆丰工作，党中央批准了她的要求。行前，她将亲骨肉小沛寄放在我党中央机关以天主教会名义办的一个托儿所里，由李立三的爱人负责照管。顾顺章叛变投敌事发生后，彭小沛也就下落不明了。许玉庆后来在广东大南山被敌人杀害，壮烈牺牲。1931年至1935年，我在香港期间，彭湃的母亲周凤带着彭湃的儿子彭仕禄常到我家，帮助做点事。当时，党组织每月都有生活费接济他们。"(《回忆彭湃》，第216—217页)

彭湃等4人的遇难，更激起大家对叛徒白鑫的无比憎恨，抓紧了对白鑫的侦察。杨登瀛以国民党中央组织部调查科上海特派员的身份找到白鑫的住处，并同他谈话，问他还有什么计划，还有什么线索？当即从白鑫的口中知道，他要到南京去，出卖党的机密，回来对党搞大破坏。陈赓遂叫杨登瀛严密监视白鑫的行动：每天上午在什么地方，下午干了什么，晚上有何活动，及时告诉我们，严防这个叛徒离开上海。

这个时候，国民党反动派故意施放烟幕，极力掩盖白鑫告密出卖彭湃的真相，设法保护这个叛徒。他们在1929年9月14日的上海国民党机关报——《民国日报》上发表枪杀彭湃、杨殷、颜昌颐、邢士贞的消息时，故意同时另发一条消息说：白鑫“曾在黄埔学校毕业，前以受人之愚，误入共党，罪状较轻，已由蒋主席（当时蒋介石任南京国民政府主席）负责保出，业于前日带往南京，听其戴罪立功，以观后效”。

白鑫是曾去过南京一趟，但是早已回到上海。

如前文所述，当时柯麟化名柯达文，利用医生的职业作掩护，和化名贺雨生的贺诚，共同在上海四川路开设一所“达生医院”，用以掩护中共中央机关的活动。

柯麟认识白鑫多年，因他医术高明，白鑫相信他的医术，常来达生医院看病，对柯麟颇有好感。但他不晓得柯麟的真实身份，更不知道这家医院的底细。陈赓、李强都知道白鑫和柯麟的这层关系，当一查明出卖彭湃、杨殷等人的叛徒是白鑫，就想到这时白鑫正患疟疾，估计他会来找柯麟看病，在这里最可能抓住白鑫。

彭湃被捕的第二天早晨，关向应来到柯麟家里，告知白鑫叛变出卖彭湃的事情。同时告诉柯麟：白鑫这两天正患疟疾，估计可能会来找你看病，你应当有所准备。不久，陈赓又来告诉柯麟：已派联络员在你们医院附近设点，有事就去找联络员；陈赓还留下自己在新世界饭店所住房间号码。叫他不论有无情况，每天晚上都去饭店汇报。

约莫过了十来天，彭湃等已被杀害，白鑫西装革履、神气十足地带着两个保镖，突然来到柯麟这里看病。柯麟一边看病，一边考虑如何通知联络员，看毕装作寻找药品下楼，遂出后门找联络员。等他回来，白鑫已经溜走。当晚柯麟前往饭店汇报的时候，陈赓要他次日照常营业：“如果听到枪声，你就马上跑开。”遂把红队的谭忠余、王德明派到柯麟的诊疗所附近，做好捕捉白鑫的周密部署。他们每天都到那里埋伏，整整等了一个星期，白鑫再未露面。陈赓估计，白鑫也许害怕出事，会请柯麟到家里去出诊。

果然，又过了两个星期，白鑫打电话来，请柯麟到法租界白宫饭店看病。看病时在场的还有白鑫的老婆、保镖，以及他的保护人范争波。

这次给白鑫看病的情形，柯麟说：“我到了白宫饭店，跟往常一样给白鑫看病，白问我：‘最近有哪些认识的人来找你看病？’我说：‘很少了。’反过来问他：‘你想见他们吗？’他说：‘想见。’这次看完病以后，他给了我不少钱，还有一封酬谢的信也一起装到我的药箱里。从白宫饭店出来，我在家里一直等到天黑，看着夜幕已经降临了，就马上乘车到大字街还是新字街，找到我‘打狗队’的负责人顾顺章（后来叛变投敌）和陈赓，汇报了当天跟白鑫见面的情况，他们嘱咐我沉住气，照样给白鑫看病，有情况随时汇报。根据当时情况来看，我们估计白鑫还会到医院来看病。”（《回忆彭湃》，第215—216页）因此，陈赓决定临时在法租界租了两层西式楼房作为柯麟的住所。楼房底层是法国人的住家，二楼为柯麟的住处，三楼是中央特科“红队”埋伏的地方。特科这样设好了圈套，单等白鑫来上钩。只要他一出现，就马上消灭他。可是等了一段时间，还未见到白鑫的影子。

又过了两个星期，白鑫从他住的法租界霞飞路（今淮海中路）范争波的公馆里打来电话，请柯麟到他那里去看病。柯麟回来，把所了解的情况向顾顺章、陈赓作了汇报：范争波的公馆在霞飞路和合坊四弄43号，范争波、范争洛弟兄住在二楼，白鑫住在三楼。陈赓叫人在白鑫所住弄堂的最后一家和紧靠白鑫住处的27号三楼租了两间房子，派人设了监视哨。27号后门斜对面，就是43号前门，这里居高临下，可以非常清楚地俯瞰43号住宅内的动静。特科人员就在这里严密监视着白鑫，准备随时行动。

白鑫呢，他素知红队镇压叛徒厉害，深感自己处境危险，生命难保。他恳求主子批准，准备逃往意大利避风，出国时间定在11月11日，而却扬言前往南京，借以转移人们的视线。因为白鑫原来是中央军委秘书，了解很多党的机密，出卖彭湃、杨殷等同志后，还在继续破坏党，十恶不赦，绝不能让他逃脱应得的惩罚。周恩来决定在他动身那天将他处决。这天周恩来听过陈赓的汇报后，又和顾顺章、陈赓等对于这次行动计划进行一次研究，为了保证这次行动不出差错，还亲自到白鑫住的和合坊弄堂里观察现场，看到白鑫匿居的和合坊，前门临霞飞路，后门通蒲石路，两门都雇有巡捕看守，就结合连日所得到的情报，进行研究，制订周密的行动计划，交给特科执行。

他还叫特科再在和合坊租了一间铺面房，前门开在大街上，后门通在弄里，以防万一弄堂口被敌人封锁，可以从这里撤走。

叛徒倒毙在“红队”枪口下

很快，白鑫的行动规律我方已经完全掌握。事先不仅知道了白鑫动身的时间，乘坐的轮船，而且知道范争波还要派车送白鑫去码头等细节。白鑫动身以前，敌人戒备森严，除在范争波家里加强警卫外，在和合坊两个出入口处，还有武装巡捕巡逻。临行这天，白鑫居处的人出出进进，非常紧张，又见佣人买回很多水果，证明情报准确。但是，陈赓还有点儿不放心。临动手前，他又特地打发杨登瀛前去43号探明：白鑫此刻是否还在范争波家里？正巧这时陈立夫的亲信张道藩要去范争波家同白鑫接头，约杨登瀛一起去。杨登瀛就随同前往，在范争波家里见到了白鑫，并且弄清了白鑫当天晚上确要离开上海。陈赓获悉这些情况之后，决定按预定计划行动。

这天下午，由顾顺章、陈赓指挥，红队的谭忠余、邵达夫（又名邵扶民）、王德明、赵一帆、吴蓝甫、陈永嘉、左光余等，在43号周围的弄堂里面埋伏下来。至夜10点多钟，只见范争波的汽车开进弄堂，他的保镖韩云秀又到霞飞路苏州汽车公司，雇来一辆号码是6730号的汽车。两辆汽车都停放在蒲石路和合坊后门口，不久就由保镖和佣人搬运行李上车。11时许，白鑫穿着一条藏青色西装裤子，上面罩着一件灰哔叽的衬绒袍子，脚上的黑皮鞋擦得油光锃亮，由范争波弟兄及来送行的王容川陪同，后随保镖等共7人，从43号后门出来，走向停放汽车的地方。他们刚刚走到东五弄口，红队队员们突然由对弄黑暗中冲出来。只听大喝一声：“不许动！”红队队员就对准白鑫开枪射击。因为白鑫一伙人多，第一枪没有打中，这个叛徒拔腿就跑，企图夺路逃命。保镖韩云秀拔枪还击，枪弹尚未射出，已被红队队员打中，子弹由右太阳穴射入，洞穿脑际，立即倒地毙命。其余的人争相逃命，在乱枪中，范争波连中三枪，其中两枪，一系由背后穿透前胸，一系由腰部打入，重伤倒地；范的弟弟范争洛身中六弹，弹中腹部，当场毙命；王容川左足中弹，倒在地下装死。这时看门巡捕林汉臣、王定元赶来阻拦，林捕当场被红队队员击毙，王捕抱头鼠窜。白鑫这时拼命向北狂奔，同时拔出手枪顽抗。红队队员跟踪紧追，终于把这个罪大恶极的叛徒打死在71号门根下，弹由前额洞穿后脑，“脑浆迸裂”，登时扑地死掉。打死白鑫以后，红队马上撤离现场。这场战斗历时颇久，红队共计射出90多发子弹。但据上海报纸报道：“肇事后约一小时，捕房始派探前往查勘。”（1929年11月13日《时报》）及至巡捕、包探赶来，红队早已远走高飞，无影无踪了。11月12日上海英文《大陆报》在显著位置报道这次“巷战”的经过说：进行袭击的人“全部逃脱，他们的活动并未留下一丝痕迹”。

这时距离彭湃同志等遇害约有两个多月。这个大快人心的镇压叛徒的消息，立即震动了上海。租界当局和国民党反动派为之胆丧。他们先是极力防止消息扩散，禁止报刊发表有关消息。事发的第二天，只有租界的外文报纸对此有强烈反应，而所有“报道此项消息的中国报纸都开了天窗，保留的只有标题一条而已”。如11月12日《时报》第二张第七版头条新闻只剩下标题《昨晚霞飞路暗杀案》，《申报》第四版、第十四版二条新闻只剩下标题《昨晚暴徒狙击》。然而，纸岂能够包得住火，国民党自难一手遮天，到第三天（11月13日），上海出版的几十种中外文报纸，就像一股洪流终于冲垮了闸门，全都详细报道了叛徒白鑫被镇压的经过，许多报纸上写得有声有色，把有关此案的消息放在显著地位。有的报纸用红色大标题发表此案消息，说是“东方唯一的大暗杀案”。

国民党报纸虽然对这个案件连篇累牍，在细节上写得有声有色，但都不敢吐露这一案件的政治性质。只是11月13日出版的《时报》所发表的《前晚霞飞路暗杀案真相》，透露了一点此案的“政治背景”。该报记者写道：

前晚十一时许，法租界霞飞路和合坊内发生暗杀案，先后死者五人，重伤者一人，轻伤者二人。兹将探访所得，分志于后：

霞飞路和合坊四弄四十三号，住有上海特别市党部常务委员范争波（今年廿八岁），每日往市党部办事，自己备有汽车。范在党部工作十分努力，对于共产党等之破坏革命，时常加以严重处置。以是大遭怨恨，时有不利消息加于范身，范一笑置之。前晚十时许范在家晚膳后，有客白某（闻系白鑫）、王某等二人来访，畅谈甚欢。至十一时许，客均告辞。范乃偕胞弟争洛（今年廿二岁）等送出门外。

范、白等一行共七人，王最先，范之保镖次之，次为白。出门后行至东五弄口，忽由对弄黑暗中蹿出刺客七八人，出枪轰击，范之保镖韩云秀拔枪还击，弹尚未出，即中匪枪，弹中脑际，立时倒地毙命。范氏昆仲亦相继中弹，应声而倒，弹粒均中胸腹部。友人王某（闻名容川）弹中左足，尚无大碍。时该弄看门捕林汉臣、王宝元闻声赶至，林捕亦被击毙于西五弄南墙根，王幸闪避一旁。诸人中弹倒地后，范友白某即向北突围飞奔，并拔出自卫手枪还击，不料寡不敌众，遂被匪徒击毙于七十一号门根下，弹由前额洞穿后脑，脑浆迸裂，登时倒地毙命。总计匪徒共开枪九十余响之多。

肇事后约一小时，捕房始派探赶往查勘，探将伤人分送医院。范争波送广慈医院，范争洛及林捕、王某等送仁济医院。林捕因弹中头部，抵院即毙命（前文讲“林捕亦被击毙于西五弄南墙根”，前后不一），范争洛伤势甚重，周身共中六枪，延至昨晨亦在院中身死。

昨晨张市长、潘局长、陈局长暨朱应鹏等党委赴广慈医院（探视范争波），当为院中医生婉词拒绝。据医生云：范共中三枪，其中二枪，一系由背后穿出前胸，一系由腰部旁边打入，弹尚未取出，伤势颇重，在此三四日内，倘胸旁内部不发炎，或有希望。目前唯一方法使范静卧，勿使移动，因范流血甚多，温度亦不甚高。

捕房人员一方将各死者车送同仁辅元堂验尸所，于昨日下午由法捕房刑事科报请法公堂聂承审官，会同法领事杜犿莅所验明，当由市党部、公安局派员将白、范两尸领去。

记者于闻耗后，驱车而往，见范争波之保镖韩云秀仰卧东五弄口，其弹由右太阳穴入、左端出，创痕大如钱，赤血汩然流，右目掩闭而睡，左眼微启，因身肥胖，腹部隆起如阜，身衣灰布之中山装，头戴呢帽，足登皮鞋……白鑫则在七十一号门口，侧身蜷卧，背傍门榜，而其右手执有手枪，其食指犹伸入于扳机之上，作射人势。身衣灰哔叽之衬绒袍子，藏青色西装裤，黑色皮鞋，其创在后脑，子弹出处白脑赤血殷然而流，厥状甚惨。

这则消息还照敌人散布的白鑫是去南京的说法，补述“暗杀之前”的有关情况：“白某得南京某机关之电，赴京任事。白寓在范家，范争波弟兄二人，居于二楼，白则居三楼（前文曾说范‘晚膳后有客白某……来访’）。动身之时，恐范自车只能载人，不能载物，于是在出门数分钟前，乃命范之保镖韩云秀往霞飞路苏州汽车公司雇得一辆汽车，车之号码为6730号。车停于蒲石路和合坊后里门口，当由范之仆与一保镖者搬运行李上车。迩时，据云：里内寂然，人影稀少，迨范、白等来，而凶手突起狙击。据见者云有七八人，有云十余人。是则若侪之来，早为潜入，而预伏于暗陬内旁间。惟最可疑（者），暴徒何以知白于是晚动身赴京？且何以知范争波诸人之偕行耶？”这个报道虽未真正揭示此案的“真相”，却提出了一个耐人寻味的疑问让读者去猜。

外文报纸则大都认为这是一场“政治谋杀案”，“可能系共党报复所致”。11月13日，上海英商《字林西报》在显著位置报道此案消息，大字标题是《上海发生政治谋杀案件》，副题为《霞飞路附近一条弄堂里，四人在神秘的枪击中死去：据说是共产党报复》。消息全文是：

法租界巡捕房正在调查一起前所未有的行刺案件。星期一晚10时左右在通往霞飞路的一条胡同里（离“孔雀东方戏院”不远），一群身份不明的人当场枪杀了四人，另有三人负伤。已捕获三名嫌犯，估计未来48小时内将有更多的人被捕。据信这是一起政治行刺案件，在被杀诸人中，最重要的是白鑫先生。他是龙华淞沪宪兵司令部侦缉处处长、上海华界反共总部的头子。

案件发生在一条叫“和合坊”的弄堂里，这条弄堂一头通往霞飞路，一头通往蒲石路，在43号住着白鑫先生。正当他带着家属、秘书和保镖离开家门去火车站搭乘夜车赴南京时，突然向他射来一阵弹雨。开枪的是一群人，他们事先隐蔽在阴暗处，他们的身份至今不明。在打了两排枪后，这帮人成功地逃离了现场，没有留下任何痕迹。

枪击的时间仅几秒钟，但当邻居们出来察看现场时，发现四人已死，三人受伤。死者中有白先生和他的保镖，还有看守弄堂的更夫和一家邻居雇用的厨子。负伤的是范争波先生（上海地区国民党党部成员）和范的兄弟，还有白先生的秘书。

枪击发生后几分钟，法国巡捕就赶到发案地点并立即对周围地区进行搜索，结果抓了三名嫌犯。

调查工作昨天仍在继续并审讯了拘捕的嫌犯，以便弄清案情。警方认为，刺客是共产党雇用的，目的是为了报复，因为白先生近几个月抓到了许多共党分子。

关于此案的报道在昨天的华文报纸上都“开了天窗”，只保留了一个标题《法租界发生行刺案件》，给读者一点讯息。

国民党反动派对白鑫等人被我方处决极为震惊。租界当局绞尽了脑汁也未能侦破此案。国民党政府对租界深表不满，由此引起了一阵狗咬狗的争吵。11月9日，国民党办的《上海民国日报》曾经发表吴开先的报告，公开指责：对于这个案件“事先租界当局竟一无所闻，事后租界当局又不能在很短的期间缉拿凶手，岂非怪事”。

敌人为了对付红队（当时被人们称作“打狗队”）的袭击，法租界、公共租界和华界的巡捕、特务立即从500人骤增至1700多人，仍感束手无策。美国情报局也极重视这个案件，马上派一个叫罗斯（Ross）的特务头子到上海公共租界巡捕房来“加强指导”。但这些措施并无多大作用，罗斯身边有个亲信，就是同我们有联系的人物。他曾供给一些很有价值的情报，每月接受我方500元的津贴。

镇压叛徒的英雄谭忠余

11月11日带领红队执行这次任务的，是中央特科第三科顾顺章的副手谭忠余。这天午后，根据周恩来事先确定的行动计划，由陈赓、顾顺章指挥，带领十名红队队员，分别装扮成小商贩、补鞋匠、送衣人或过路者，相继潜入和合坊弄堂里白鑫住所的周围。当天夜里猛然出击，镇压了死有余辜的叛徒白鑫。参与此案的柯麟高兴地说：这场战斗是陈赓亲自指挥的。这一仗打得很漂亮。我们干净利索地处决了叛徒白鑫等四人，而我们特科的同志无一伤亡。处决叛徒白鑫的消息在报纸上出现时，曾一度轰动上海市，革命同志拍手称快，阶级敌人却惊恐万状。柯麟又说：“彭湃跟我是同乡。在海丰中学读书时，彭湃比我高三年级。”柯麟受彭湃指引参加革命，一直并肩战斗。这个时候，柯麟为自己能在替彭湃等同志复仇行动中尽一份力量深感欣慰。

谭忠余（1909—1933），原名谭洪江，又名钟宇、忠宇、但忠宇，上海宝山县人。幼年因为家中经济困难，无钱进学校读书，在一家米店里当学徒。他有个妹妹在纱厂里做工。他在大革命时期参加革命。20世纪70年代末，笔者撰写《陈赓大将》的时候，曾为了解当年中央特科情况，多次访问过李强，听他谈到谭忠余的事迹。1979年11月23日，还曾为了谭忠余的事写信向他请教。我在信中写道："关于但忠余同志到底姓谭还是姓但，想向您反映一点情况。我写的《龙潭虎穴》（为《陈赓大将》中的一章）中，已根据您的意见，改成但。这次您在全国政协送去的稿上（为全国政协《文史资料选辑》约笔者写的《陈赓同志在上海》一书）批注他是苏州人。最近《周恩来文集》办公室的同志讲，总理文章中也提到他，写的是'谭忠余'。他们去问过忠余同志的爱人周惠年同志，她讲他是姓'谭'。她说，忠余同志原来的爱人同顾顺章的爱人是姐妹。在原来的爱人死后，经组织介绍同她结婚。她还说谭的老家在上海郊区。据她所谈，（与您所谈）姓不同，籍贯也不同，是否会是两个人？或者有无可能有时姓'但'，有时又改姓'谭'？"李强即在这封信旁批复："姓和名好几个字都用过的，甚至'忠宇'，又用过'钟宇'。做秘密工作时是经常改名换姓的。至于是苏州人，米店学徒出身，是顾顺章告诉我的。顾顺章的小姨子小名'阿宝'。那时他们住在成都路南口路西一排小洋楼内的那一个号码记不得了，总之快到弄底。"

1927年初，谭忠余在中共上海市沪中部委任交通员。他曾参加上海工人第三次武装起义，不久就参加中国共产党。1927年末，中央特科在上海成立后，他被调到特科，是红队的主要负责人之一，第三科科长顾顺章的副手。1930年8月，特科三科科长蔡飞（绰号"老白脸"）被捕（后叛变），谭忠余任三科科长。从1927年到1931年，他在参与领导红队镇压叛徒、营救被捕同志及为党筹集经费的工作中，积极勇敢，取得良好成绩。除掉这次镇压白鑫，他还在同年镇压叛徒陈尉年、1930年镇压叛徒黄第洪等一系列案件中，带头参加或率领红队完成任务。

1931年4月顾顺章被捕叛变后，中央特科进行了改组，原有主要人员大多转移他处。这时由陈云领导特科，康生兼任第三科科长，谭忠余任副科长。谭忠余继续带领红队镇压叛徒，保卫党的安全。这时经组织批准，他和在三科工作的周惠年结婚。周惠年是河南信阳人，出生时家中尚称富裕，但因幼年丧父，家道急骤衰落。惠年喜爱读书，母亲尽力节衣缩食支持她去学校读书，终因生计困难，被迫中途辍学。1926年北伐军打到河南，在她家乡谭家河镇办起一所补习学校。补习学校免费，不仅使她得到再次求学机会，还使她接触到学校教师中的共产党员。在他们的启蒙下，她逐渐懂得不少革命道理，思想上日渐觉醒，不久就参加了中国共产党。她在信阳、武汉辗转奔波，历经艰险，一度被反动派逮捕，在斗争中受到锻炼。后经组织调来上海，参加地下斗争。她在白色恐怖严重的上海，过着极其贫困艰苦的生活，承担党所分配的各种任务，处处表现出对党的无限忠诚和勇敢进取精神，于1930年调进风险更大的中央特科工作。她被分配到第三科，担负的具体工作是看守机关，保存武器，有时为执行任务的红队运送弹药，有时传送有关行动的命令和情报。这些任务异常危险，在租界里隐藏或携带枪弹，若被抓住可能被处极刑。周惠年说："那时我们去执行任务，必须慎之又慎。先乘有轨电车，然后进公园兜几个圈子，再坐黄包车左绕右绕，确定后面没有'尾巴'，才走向接头地点或执行任务的地点。"据说有的女同志最初执行这类任务，腿都有点哆嗦。周惠年却是一往无前，无所畏惧，总能压倒敌人，完成任务。

1931年11月，因和谭忠余工作关系密切的特科工作人员王世德被捕后叛变，谭忠余难在上海活动。党组织决定调谭忠余、周惠年离开上海，前去鄂豫苏区工作。谭忠余任红军第二十六师政治委员，周惠年分配到苏区特委的妇女工作委员会，负责动员民众参加红军，动员妇女积极支援前线作战。谭忠余率领部队在湖北襄阳、枣阳一带同敌人作战，终因敌强我弱，力量悬殊，根据地失守。谭忠余和周惠年被迫又回到上海。

回到上海不久，党组织派谭忠余去苏联留学（到莫斯科后改名周明）。周惠年因刚刚分娩，留在上海，组织决定她和"革命母亲"夏娘娘（夏之栩的母亲）搬在一起，住守中共中央的一个机关。谭忠余自幼失掉读书机会，到苏联学习困难很大。但他克服一切困难，学习成绩很好。1933年，党组织派谭忠余带电台回国找红军。因他带有电台，怕被国民党发现，没有乘坐火车而是徒步偷越国境线入境，途中被敌围攻，不幸壮烈牺牲。

十三、营救任弼时、关向应

四一二反革命政变后，上海一直是一片白色恐怖，常有党的中央领导人被逮捕，被残杀，许多革命的工人、农民和知识分子被逮捕和监禁，使党的事业遭受很大的损害。如何有效地防止敌人的追捕，如何营救已经被捕的同志免遭敌人的杀害，就成了中央特科的一个十分重要的任务。

两次营救任弼时

1928年和1929年，中共中央委员任弼时连续两次在安徽南陵和上海被捕，都由中央特科营救出狱。

任弼时，原名任培国。1904年出生于湖南湘阴县一个贫苦的教员之家。他在长沙读中学时受到五四运动影响，积极参加爱国活动。1920年参加共青团。1921年与刘少奇等一起前往苏俄，进莫斯科东方大学学习。1922年初，转为中国共产党党员。1924年回国后，历任共青团中央局组织部主任、团中央执行委员、代理总书记、总书记。1927年5月在中国共产党第五次全国代表大会上当选为中央委员。针对中共中央总书记陈独秀对国民党的退让政策，他多次提出《政治意见书》进行批评，有一次陈独秀气得把他的意见书当面撕碎。八七会议上，大家深感他对陈独秀的批评观点正确、态度坚决，23岁的任弼时当选为中共临时中央政治局委员，成为我党历史上最年轻的政治局委员。

1928年3月，中共临时中央政治局决定，调任弼时到中央机关工作。五六月间，瞿秋白、周恩来前往莫斯科筹备中国共产党第六次全国代表大会（向

20世纪30年代初的任弼时

忠发、苏兆征已在莫斯科），任弼时和李维汉、邓小平等留守中共中央。7月，在中共第六次全国代表大会上继续当选为中央委员。六大新当选的总书记向忠发、政治局委员蔡和森和政治局候补委员李立三，会后先期回国，传达六大精神，主持中央机关工作。9月中旬，留守工作结束后，中央派任弼时前往安徽巡视工作。任弼时就在这次巡视中第一次被捕。

任弼时是1928年10月在安徽南陵县被捕的。这年9月18日，他和龚德元离开上海，19日到达中共安徽省委所在地芜湖。10月13日任弼时离开芜湖，和共青团省特委书记林植夫（化名徐厚昌）去南陵县巡视工作。他们在14日黎明到达南陵县城，15日前往城西北的古刹香油寺参加城关地区党团骨干会议。会址附近有座三国时东吴都督周瑜夫人的衣冠冢，名小乔墓。下午3时左右，南陵县党团负责人王德芬领着他和林植夫来到小乔墓，接到通知的党、团员陆续也都到达。这年7月，中共南陵县委书记被捕，组织遭到破坏，有些人叛变。他们这次行动被国民党县党部发觉，叛徒跟踪盯梢，此刻南陵县国民党的自卫队突然将这一地区包围。任弼时和林植夫、王德辉、刘显宗当场被捕。王德芬不在场，当晚赶到芜湖将此事向党组织报告，第二天他也在芜湖被捕。

南陵县法院会同国民党县党部，于16日晚对任弼时等会审，有叛徒到场。王德辉、刘显宗承认是共青团员，他们都不认识任弼时，更不知道他的身份；林植夫虽然承认是共产党员，但没供出任弼时。任弼时遇变不惊，镇定自若，临时化名胡少甫，自称长沙伟伦纸庄的学徒，说是来催账款，顺便到小乔墓看看。敌人只在他的身上搜出80元现款，别的一无所获。敌人并不甘心，对他残酷用刑，“踩杠子”、施“夹棍”，强迫逼供，他始终咬定口供不变，没有暴露身份。敌人将他们作为“共产党嫌疑分子”，把他们几个押解到国民党安徽省政府所在地安庆。在被押解的船上，任弼时碰巧遇到一位同乡，即趁敌人法警不备，托他带信给在长沙第一纱厂当工程师的堂叔任理卿。到安庆后，他被羁押在特种刑事法庭的看守所。

“这时，在上海的陈琮英接到任理卿的电报后，立即报告中央。中央当即派人陪同陈琮英赴长沙营救。长沙的伟伦纸庄是陈琮英的堂兄陈岳云经营的。陈琮英便以纸庄东家的身份延请任氏家族的姻亲、长沙四大律师之一的何维道奔走营救。何维道赶到安庆后，利用他的社会关系，把案子从特刑庭转到安徽省法院。开庭时，何维道出庭辩护。他谴责南陵县党部滥捕无辜，要求法庭查核胡少甫的身份，无罪开释。法庭便派人去长沙对质，将任弼时押回饮马塘看守所。与此同时，党中央多方设计在国民党的上层开展营救活动，甚至收买有关的官吏。

“与任弼时同时囚押在‘知’字号里的，除南陵被捕的同案犯外，还有在芜湖被捕的柳堤和戴映东。柳堤又名柳毅夫，是省临委的秘书，戴映东是芜湖市党的区委书记。任弼时在狱中言行谨慎，很少同政治犯交谈，有时通过帮助难友分析案情，从中给他们以启发。据柳堤回忆，任弼时帮他分析案情时告诫他说：年轻人有个缺点，就是急躁，总想马上冲出监狱。能冲出去自然好，但明明没有这样的条件，就要准备坐牢，利用坐牢时间学习。他不同意有些人由于受急躁情绪支配，在审讯时发脾气，骂国民党，这于事无补。‘你不承认是共产党，这一骂就变得承认是共产党了。要善于同敌人辩论，进行说理斗争，争取不判死刑，过好狱中生活’。戴映东回忆：在弼时同志的启发下，许多同志都能以正确态度对待狱中生活，狱中学习的空气浓厚起来。在柳堤等同志领导下，成立了两个学习组，一是工农分子学文化，一是有文化的同志学政治，使难友的情绪逐渐稳定下来。”（章学新主编：《任弼时传》，人民出版社、中央文献出版社1994年版，第144—145页）

当国民党安徽省法院派人到长沙调查胡少甫身份时，陈琮英早已做好准备，确认胡少甫是伟伦纸庄学徒，向法院出具保证。敌人无计可施，即将任弼时释放，任弼时于1928年底回到上海。1929年2月，关向应在中共中央政治局会议上报告说：为了营救任弼时，国际济难会拨给特费8000元。

任弼时第二次被捕

1929年11月17日，任弼时一早出去参加共青团江苏团省委扩大会议。外面下着大雨，他在离开家门的时候告诉爱人陈琮英说：12点回来吃中饭，下午还要到另一个地方开会。从中午起，陈琮英就开始等他，直到天黑他也没有回来。陈琮英非常焦急，又整整等了一个夜晚，仍不见人影，心想准是出事了。第二天清早，她就赶到江苏省委书记罗迈（李维汉）那里打听消息。

罗迈一见陈琮英，就向她证实：弼时昨天被捕了。同时安慰她说，党组织正在设法营救。

陈赓从中央特科得到这一消息后，就打发杨登瀛立即到英国巡捕房去探听有关情况。

原来，任弼时去开会的地点早被敌人发现。他去参加会议的地点在公共租界的华德路竞业里一幢石库门的二层楼房，这个机关已被敌人破坏，巡捕房在屋内埋伏了便衣侦探，我们的同志还没有来得及发出报警信号，任弼时已经在骤雨中疾步走上台阶叩门。门开了一半，他发觉不对头，因为屋内出现一些探头探脑的陌生人。他正想转身走开，便衣巡捕早已抓住他的两臂，想挣扎已经不可能了。敌人逼着一个住在这个机关的女同志说出他的名字。这女同志望了一眼，说："不认识。"敌人不相信，可也没办法。但在这个时候，她的小孩（才四岁）一见到任弼时就扑过去。敌人不由那女同志辩解，就给任弼时戴上镣铐，推上囚车。这时，他乘机把暗藏的秘密文件放到口里咽下去。这里本来住着母子两人，就是郭亮烈士的遗孀李灿英和他的4岁遗孤郭志成，李灿英对外的身份是帮人带孩子的保姆，这天早晨她们母子已经被捕。任弼时被押进英帝国主义的汇山路巡捕房拘留室。敌人从他身上只搜出一张电车月票，没有任何文字材料。他化名彭德生，身份是从江西来上海投亲谋职的失业青年，因为记错了门牌，被误捉进来的。敌人没有掌握其他任何凭据。所以将他当作共产党的嫌疑犯拘捕，以后将他转押到提篮桥监狱。

敌人对任弼时用严刑拷打，甚至施用电刑，但得不到任何口供。几个洋巡捕和警官就轮流用皮鞋踢，用皮鞭抽，妄图逼他开口。由于刑讯而发着高烧，他的身体极度虚弱，眼看就要昏倒。但他强打精神，鼓起勇气，在敌人用皮鞭抽打他的时候，用手去挡，鞭子一下打到那个“法官”头上。惹得那个家伙如同一头丧失人性的野兽咆哮起来，不仅更残暴地毒打他，而且使用了灭绝人性的电刑。那个长着黄头发的法官知道，这种酷刑能使受刑者处于半昏迷半麻木状态，身心受到极大损伤，神经系统陷于混乱，从而当受刑者受不了时，可能吐露真情。于是他在命令左右拉下电闸之前，极力逼问任弼时到底是干什么的。任弼时照旧只字不吐。当电闸一合，他只觉得心跳快得可怕，身如受到乱箭猛刺，脑壳发胀，眼珠外突，立刻仿佛大地失去了平衡，物体在旋转，房屋在倾斜……敌人连续使用这种酷刑，使他多次昏厥过去。然而，他以无比坚强的意志抵制了敌人的逼供。哪知敌人并不至此罢休，反而惨无人道地不断升高电压，直到两个电极在任弼时的背上烙出了两个拳头大的窟窿，发出了皮肉烧焦的腐臭（直到几个月后才长合）才收场。但是，不论敌人怎样拷打，任弼时始终保持了共产党员的高尚气节，没有讲出任何情况，没有一点口供。

当时在上海总工会任青工部长的周朴农（被捕后化名周阿康）和任弼时一起被捕，他原在共青团上海浦东区任区委书记时认识任弼时。这天他也来参加共青团江苏省委扩大会议，比任弼时先到这个开会的地方，敌人把他和李灿英母子一起押到英租界的汇山路巡捕房。他和任弼时都没有暴露身份，任弼时在狱中对他说：要注意隐蔽，我们之间要装着互不认识，敌人对我们虽有怀疑，但没有拿到真凭实据。当天晚上，敌人把他们押解到闵行路巡捕房。以后他曾著文回忆敌人施用的酷刑：

敌人不相信我们的口供，对我们两次用刑。特别是第二次，施用了惨无人道的电刑。弼时同志在第一次受刑回到拘留室时对我说：“朴农同志，我们共产党人是用特殊材料制成的，要经得住考验，随时准备用自己的生命去殉我们的事业。”弼时同志的谆谆教诲，给了我巨大的精神力量。（周朴农口述：《难忘的三十九天》，《浙江青年》1982年第12期）

任弼时一被捕，中共中央就令中央特科抓紧营救。营救任弼时的工作是周恩来亲自布置的，由中央特科一科具体负责。后来了解到：任弼时和周朴农被捕的原因，是敌人在搜查上海反帝大同盟党团书记、华侨青年张永和（化名张景云）时，从张的西服口袋里抄到一个竞业里的地址，就凭这个线索前去搜捕。因为敌人没有掌握其他的凭据，所以将任弼时当作共产党的嫌疑犯拘捕。据此，中央特科延请上海著名律师潘震亚在公审时出庭辩护。

周朴农在前引的文章中回忆道：

11月22日，上海公共租界会审公堂（北浙江路）开庭审判。我、弼时同志、张永和因同案同时受审。审判前，党派了潘震亚等两位律师为我们出庭辩护，并在候审室听取了弼时同志的口供。在法庭上，我们重复了在汇山巡捕房时编造的口供，随后，潘震亚律师出庭辩护，指出帝国主义分子在中国滥捕无辜中国公民，是侵犯我国主权的违法行为。法官被问得词穷理亏，宣布休庭。等第二次开庭时，法官借口“危害国家安全”，判处张永和刑期两月，我和弼时同志刑期各40天。

12月25日，当租界里洋人过“圣诞节”时，任弼时和周朴农同被“减刑释放”，他们一起离开了提篮桥监狱。

营救关向应

1931年4月，上海职工联合会的机关因被叛徒出卖被敌人破坏。刚到这里工作不久的中央政治局候补委员关向应被公共租界英国巡捕房逮捕，并被引渡给国民党政府，关押到国民党淞沪警备司令部看守所。关向应是在顾顺章护送张国焘离开上海后被捕的，他化名李世珍，始终没有暴露自己的真实身份。但怕万一被已叛变的顾顺章得知他在狱中，就有生命危险。同时，关向应被捕的时候，被敌人抄去了一大箱文件。因为这批文件非常重要，不单会使关向应的身份暴露，而且会泄露党的重要机密。周恩来闻知此事，十分着急，即令陈赓迅速了解有关情况，制订营救方案，尽快将关向应营救出来。

关向应，原名关致祥，化名李世珍、李士珍、小关、秦涛等。满族人，姓瓜尔佳氏。1902年出生于辽宁金县大关家屯一户农民家里。他因家境贫寒，上学较迟。但他学习刻苦，成绩很好。1920年4月，他考入大连伏见台公学堂商业科。在城市里目睹穷苦人民遭受民族和阶级压迫，他心中充满对他们的同

20世纪30年代初时的关向应（1902—1946）

情和对侵略者、压迫者的憎恨。他在学校参加了反对日本教员殴打学生的罢课斗争。1922年从这个学校毕业后，他到日华兴业株式会社做工，但因出于民族自尊心，只几个月就辞职不干了。随后他到大连《泰东日报》当工人。这家报纸虽然也是日商办的，但有许多书刊可以阅读，求知欲强烈的关向应较感兴趣。他对盛气凌人的日本人则保持着民族的尊严，曾经带领众人同侮辱中国工人的日本人斗争，迫使日本人赔礼道歉。他在这里通过阅读革命报刊《向导》《新青年》，思想上进步很快，主动参加革命活动。1924年春参加中国共产主义青年团，他是大连市的第一批共青团员。

1924年5月，关向应到上海大学学习。这年9月，他被党中央派往苏联，进莫斯科东方大学学习。1925年1月，他在莫斯科由陈乔年、余世颂介绍转为中国共产党党员。

1925年，五卅运动爆发。五卅运动兴起的爱国反帝风暴，发展为中国的大革命高潮。中共中央决定从留苏人员中抽回一批干部，关向应也奉命回国。到上海后，他被派到沪东区共青团部委工作。同年9月，他作为共青团特派员前往济南。自此时到1927年4月，他先后曾任共青团济南、青岛地方和山东省组织的主要负责人。四一二反革命政变前他被调往武汉做工运工作，5月中旬参加武汉中国共产主义青年团第四次全国代表大会，并当选为共青团中央委员，会后当选为团中央常委委员。同年夏天，他被派往中共河南省委工作。1927年底回到上海，任团中央组织部部长。

1928年7月，关向应作为中国共产主义青年团代表去莫斯科，参加中国共产党第六次全国代表大会，当选为中央委员，又在六届一中全会上当选为中

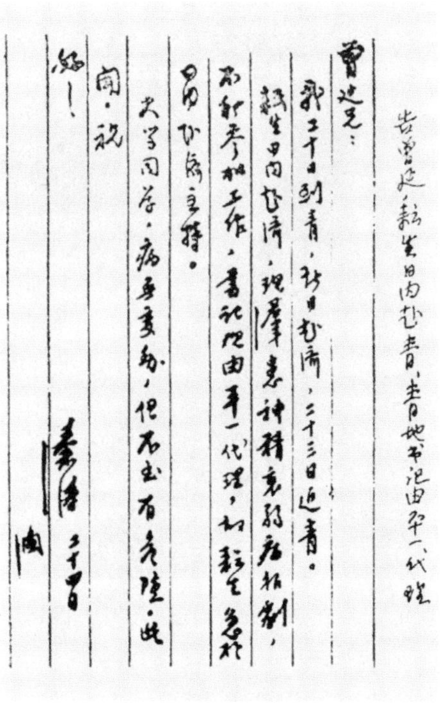

关向应手迹：在青岛工作时写的密信（“曾延”是共青团中央的化名。“秦涛”是青岛共青团地委的化名，即关向应的化名）

央政治局候补委员，并任中央军事委员会委员。7月，他还参加了在莫斯科举行的中国共产主义青年团第五次全国代表大会，继续当选为中央委员，会后任共青团中央执行局书记。7月17日至9月1日，共产国际第六次大会在莫斯科举行，7月28日关向应在会上发言报告中国共青团的工作。1929年初，关向应回到上海，主持共青团工作。

1930年2月，由向忠发、罗登贤、关向应、任弼时、周恩来重组组织局；军事部与军委会合一，归中央政治局领导，由周恩来、关向应、曾中生担任军委常委。3月3日，中央派周恩来去莫斯科向共产国际报告工作（8月中旬回国）。周恩来离开上海后，关向应任军委书记。9月，在六届三中全会上当选为中央政治局委员。这年冬天，任中共中央长江局书记。1931年1月，在六届四中全会后为中央政治局候补委员。

六届四中全会是根据共产国际指示在上海召开的。共产国际代表米夫出席了会议，并不断使用组织手段控制会议的进行。原来不是中央委员，缺乏实际斗争经验的26岁的王明，由于得到米夫的支持，不但被选为中央委员，而且成为中央政治局委员。王明等人实际上掌握了中共中央的领导权，从此以王明为代表的“左”倾教条主义在党中央领导机关内开始了长达4年的统治。在这次会议上，对已经改正错误或放弃错误路线的李立三、瞿秋白、李维汉、贺昌等进行了无情批判和组织处理，周恩来也在会上受到严厉指责。关向应不同意这样的做法，会下，他与贺昌、任弼时常到龚饮冰的家里，议论共产国际插手改组中共中央的不正常做法，尤其看不惯王明那种狐假虎威的作风。

王明等人不满意关向应的这些表现，会后他被降为中央政治局候补委员，被调往上海中央职工联合会去搞工人运动。

1931年春，关向应到一家作为党的秘密联络站的酱油店联系工作，被埋伏在那里的巡捕房密探当场逮捕，被关押在公共租界的英国巡捕房。敌人对他审讯时，关向应看到敌人还不了解他的真实身份，便化名李世珍，说他刚从外地来沪谋生，有亲友住在酱油店附近，此来是向他们打听亲友住处的。敌人没有问出什么名堂，暂时在巡捕房把他关起来。

关向应被捕以后，如何营救？陈赓遵照周恩来的指示，先叫杨登瀛去巡捕房打探情况。杨登瀛很快了解：经过初审，捕房并未弄清被捕者的身份；英国人对从关向应住处抄去的那一大箱文件很感兴趣。但是文件那么多，他们的华文水平又低，难以分辨哪些文件是重要的，天天围着这个箱子转，想不出个办法来。

陈赓将这些情况向周恩来汇报后，周恩来说，营救就先从这批文件入手。一方面，需要设法把其中的重要文件抢出来，才能避免泄露党的重要机密，使党少受损害；另一方面，只要能把其中的重要文件搞走，使敌人无法判断关向应的身份，就更容易把他营救出来。陈赓通过隐蔽在敌人内部的反间谍关系，知道英国巡捕房正在为如何才能迅速地处理这一批文件发愁，这就给党组织提供了实现抢救文件，进而营救关向应这个计划的有利条件。当时巡捕房的英国人看见那么多的文件和材料，自己挑不出来哪些是重要的，天天围着文件箱子转，深感难办。而在我们这一方面，这个时候也正为这批文件被抄去感到紧张。陈赓找到杨登瀛，要他到英国巡捕房去想办法。杨登瀛就到英国巡捕房去。他从那里回来说，关向应被捕后，国民党一直想把这一批文件弄走，英国巡捕房不同意，正在据理争辩。英国人说，这个案子本是租界破的，不愿意把文件交给国民党。陈赓要杨登瀛去找英国巡捕房政治部的西探长兰普逊（Lanpson），告诉他这一批文件很重要，同时表示愿意帮助巡捕房来鉴别这些文件，兰普逊正想从中挑出重要文件，据为己有，就对杨登瀛说，那就交给你来鉴别吧！杨登瀛推说自己事情忙，没有工夫，但又表示可以另想办法。陈赓根据周恩来的意见，派了中央特科情报科副科长刘鼎前去“鉴别”。周恩来交代说，要把所有手抄、复写的文件拿回来，其他的可以不管。陈赓还特别嘱咐刘鼎：不要将被捕者的真实姓名和身份告诉杨登瀛，怕他知道了胆怯，不好营救。于是，杨登瀛就把刘鼎作为他的“专家”介绍给兰普逊，并且把他带到巡捕房存放文件的房间，把门带上。刘鼎在这里仔细地检查了全部文件，把其中的复写文件抽出来藏在身上，临走的时候，手里拿了几张油印文件，对巡捕房的人说：“我带回去看看！”

后来，陈赓就叫杨登瀛告诉兰普逊：被捕者是一位学者，从他家里抄出来的这些文件，都是学术研究资料。结果，就把英国人敷衍过去。兰普逊见关向应既然不是重要“犯人”，就把他转交给龙华淞沪警备司令部关押。关向应被捕后始终没有暴露自己的身份，国民党又没有捞到这些文件，也以为关向应并非“要犯”，不予重视。随后，党就设法把他营救出来了。

当时有位共产党员张纪恩，在上海公共租界戈登路（今江宁路）1141号中共中央机关工作，曾于1931年6月23日被捕，旋经戈登路巡捕房引渡给上海西门白云观舱沪警备司令部侦缉队，于7月间又解送到龙华淞沪警备司令部看守所。张纪恩回忆关向应在狱中的情况说：当他被押解到龙华的时候，“在警备司令部看守所还有关向应、余昌生（1928年以向忠发秘书身份去苏联参加六大，1931年春又调任向的秘书）已先我关在那里，情况大致如下：关向应化名李世珍，余昌生化名李金弟，都于同年春被捕。在我从侦缉队解往龙华警备司令部看守所前，关向应、余昌生都早已关在看守所2弄，余昌生关在5号，关向应关在1号。我进看守所也关进5号，就同余昌生同号。在我被捕之前，向忠发、周恩来等曾在我们的机关商议营救关向应、余昌生的办法……关向应和余昌生都于1931年冬宣判无罪，交保释放。”（张纪恩：《周恩来同志在上海革命活动片断及其他》，上海《党史资料丛刊》1979年第1辑）

另一位在全国总工会（即赤色工会）机关工作，也在1931年春被捕的李沫英回忆说：“在龙华监狱里，我们也建立了党支部。男监的支部书记是谢宣渠，支委是陈为人和刘晓。我是女监的支部书记。我当时的一项艰巨任务是将被捕者的真实姓名、化名、口供、狱中表现等情况写在棉皮纸上，缝在棉衣里带出狱外，向组织上作汇报。当时关向应也在狱中，他是支部的重点保护对象。我们不布置他做任何工作，让他装得庸庸碌碌似的，避免暴露。”（李沫英：《1931年我在狱中知道的一些情况及其他》，上海《党史资料丛刊》

1981年第2辑）

英租界巡捕房将关向应作为普通“犯人”转押到龙华监狱后，国民党因未捞到从他住处抄走的那箱文件，也以为关向应确非“要犯”。加以狱中党支部对他竭力保护，关向应的真实身份一直未被敌人识破。

根据这些情况，周恩来就让陈赓继续抓紧营救，以免“夜长梦多”，发生危险。陈赓就将此事交给共产党领导的互济总会营救部部长黄定慧（黄慕兰）去办。

黄定慧经过孙晓村的介绍，找到党组织选定的进步律师陈志皋。她说有个姑表兄李世珍到上海来做小生意，无端被当作共产党关起来，请陈律师帮忙。陈志皋听过她的申诉，答应做关向应的辩护律师。陈的父亲陈其寿在法租界会审会堂当过18年刑庭庭长，是位比较开明的法官，在上海司法界很有势力。孙晓村又陪同她和陈志皋一起拜见陈其寿，取得他的同情。陈其寿找来龙华监狱审理关向应一案的法官赵韵逸，叫他放人。赵韵逸是陈其寿的晚辈，见面时唯唯诺诺，答应“尽量照办”，经过一些周折，陈其寿又给监狱的李书记官送了四两最好的“云土”（云南的鸦片烟土），拖到这年年底，关向应终得无罪获释。

关向应在1931年年底出狱后，即被中共中央作为中央代表派往湘鄂西苏区工作。

十四、开拓新局面（上）

纠正了单纯恐怖行动，引向政治斗争轨道

自从中央特科成立，顾顺章一直负责主持中央特科日常工作，并兼管上海与苏区的交通线。在他负责特科的一段时间，因他热衷于进行恐怖行动，无视隐蔽工作的政治方向，在行动中忘记党的政策，而把严肃的政治斗争变作单纯的恐怖行动，时常在工作上造成严重损害。特科成立初期，尽管白色恐怖十分严峻，但由于上海是座具有革命传统的城市，是全国工人阶级最集中、最强大的地方，大革命时代历次斗争风暴，还是给予帝国主义、封建军阀的反动势力极其沉重的打击。直到1929年，大革命的影响还在，工人和革命力量还很强大，反动势力不敢轻举妄动，党的隐蔽斗争发展比较顺利。那个时候，顾顺章可以临时调动许多枪支，机枪也可调来；可以公开找洋行去买枪，还可请洋行运枪械来；可从粮店运粮，车上放置机枪，能够随便开到一个地方开火。那一套恐怖行动，在特定条件下还可以取得胜利，因为敌人的确害怕，叛徒在上海待不住。

由于顾顺章原是青帮流氓出身，投机混进革命队伍，他的流氓本性逐渐暴露。在他带领红队初期，曾把从前青帮流氓组织中间的“小兄弟”也拉进“打狗队”组织中来，在一定程度上形成组织不纯、思想不纯，不利于斗争。顾顺章还利用“打狗队”去为他在青帮流氓组织中的哥们儿打黑仗。一次，青帮流氓头子顾竹轩（苏北人，青帮“通”字辈流氓，上海新天蟾舞台戏院的老板）和另一家戏院老板常春恒发生矛盾，顾顺章便带领红队队员帮助顾竹轩

打死了常春恒。这种做法完全违背党的原则和组织纪律，若不加以制止，就会给党的工作带来危害。另外，1928年3月，由于红队一些队员在上海鼎新旅馆打死了前来上海购买武器、搞地主武装的李仲丹出了乱子，参与其事的红队队员大部分被捕，有的叛变，有的病死，使红队的战斗力量受到严重削弱。因此，周恩来亲自动手整顿了三科和红队，把那些有流氓意识和不适合的人调离，补充了一些党性纯、作风正派的干部进来，使红队的面貌大为改观。

中央特科的权力很大，但周恩来自始至终都把中央特科置于中共中央的领导之下，他对工作和纪律的要求极其严格。曾有一段时间，某些党员经受不起白色恐怖的考验而自首叛变，党对危害大的个别叛徒采取了镇压手段，逐渐制止了这股歪风。但基层党组织的某些同志及特科的顾顺章，将镇压叛徒当儿戏，不管危害大小，不加区别地乱打，制造“红色恐怖”，脱离了群众，孤立了自己，造成很不好的政治影响。周恩来不止一次地批评顾顺章及基层组织，制止了乱打之风。

随着胜利形势的发展，顾顺章的错误思想日益严重地暴露出来。他被一时的胜利冲昏头脑，得意忘形，对于恐怖行动自我陶醉。他简直杀红了眼，被人看作“杀人魔王”。

这种做法，显然和党的长远利益格格不入，是和党的秘密工作的方针政策背道而驰的。任其发展下去，势必造成严重恶果，丧失社会人士的同情，党有陷于孤立的危险。而且自从处决叛徒白鑫以后，敌人增加了力量，改变了策略，客观形势的急骤变化，逼迫我们必须改弦更张。周恩来极力纠正顾顺章的恐怖行动，把党的隐蔽斗争扭转到政治斗争的轨道上来。有个时期，租界包打听的总机关，每周在“一品香”旅社集中二三十个包打听头目开会。顾顺章想用恐怖手段把这些家伙一起炸死，曾经准备了几大皮箱的炸药、定时炸弹。这些炸药，是他通过特情关系从日本兵营里搞到的。如照他的计划行事，这所饭店的大楼就会炸毁，“一品香”旅社就会变成废墟，周围居民也会遭到极大的损害。其时周恩来进行了干预，阻止了这些恐怖行动。

周恩来在领导中央特科工作中，始终贯彻建立特科的指导思想，牢固地把握着政治方向，避免特科走上单纯恐怖活动的歧路。他曾反复强调：不许乱打叛徒，危害大的才打；不准打公开的特务；不准搞绑票。其间他曾多次制止并严厉批评过顾顺章在主持中央特科具体工作中，背离党的长远利益和秘密工作原则，一味追求表面轰轰烈烈，热衷于单纯恐怖行动的偏向，使中央特科在隐蔽斗争中掌握明确的政治方向。他还亲自动手，做杨度等人的工作，做出榜样。

顾顺章个人品德方面的恶劣倾向，这时也迅速发展，日益暴露出他狂妄的个人野心。他在同党的关系上，骄傲蛮横，飞扬跋扈，已发展到不可容忍的程度。他腐化堕落，生活糜烂，还抽鸦片，甚至找“星相家”看相算命，吹嘘他有“福相”，将来会做皇帝。顾顺章在英租界威海路805号石库门设有“公馆”，家具陈设相当讲究。借口“工作需要”，他在生活上追求豪华。当时摩托车还不多见，他已拥有一辆摩托车代步。他的家里只有陈赓和李强能去。陈赓去过几次，回来对柯麟说过：“我们两人如果不死的话，准能见到顾顺章叛变！”周恩来曾经多次严厉批评过他。向他指出：私生活的腐化堕落完全违背共产主义道德的准则。因他阳奉阴违，屡教不改，1930年夏天，中央根据周恩来的提议，为防意外，采取断然措施，将顾顺章派往武汉工作，特科工作改由陈赓主持。陈赓坚决贯彻执行周恩来制定的方针政策，极力端正政治方向，摆脱恐怖行动，对社会各阶层进行调查研究，着力与政治人物建立关系，并在包打听、巡捕警察中发展关系，把党的秘密工作扭转到政治斗争的轨道上来，因而迅速、广泛地打开工作局面，接连取得许多胜利，上海党的机关因此能在极端险恶的白色恐怖下得到保护。

旷世奇才杨度

隐蔽斗争的重点转向政治领域后，陆续结识了许多具有代表性的政治人物，工作局面就进一步打开了。周恩来亲自团结旷世奇才杨度为党工作并且参加了中国共产党，就是一个成功的范例。

杨度又名杨皙子，是中国近代史上一位传奇人物。作为一位爱国知识分子，他在探索救国真理的过程中，走过一条异常曲折坎坷的道路。他曾于1920年去日本留学，受西方资产阶级革命学说以及留日学生革命思潮的影响，主张用革命手段推翻清朝统治，挽救国家危亡；后又受到康有为、梁启超等人君主立宪主张的影响，提倡过“君宪救国论”，反对孙中山领导的民主革命。他虽一向排满，但不相信中国能够实行共和，主张中国要有一个皇帝来统治。因此，辛亥革命推翻清朝皇帝后，他又曾是拥戴袁世凯称帝的主要人物。他在1915年组织筹安会，和孙毓筠、胡瑛、李燮和、刘师培、严复被称为“筹安会六君子”，为袁世凯称帝制造舆论，并且向袁“劝进”，一直是保袁世凯的。他在当时发表洋洋万言的《君宪救国论》，为洪宪帝制奔走呐喊，是一个著名的君主立宪派。1916年袁世凯死后，杨度被通缉。其后随着时势的发展，杨度渐受革命运动的影响，五四运动前后，他的思想有了很大的转变，遂向旧势力反戈一击，由反动转向革命，由著名的保皇党变成共产党的同情者。1926年冬天，他在一首七律诗中，抒发了自己的壮志豪情：

杨度（1874—1931）

茶铛药臼伴孤身，世变苍茫白发新；
市井有谁知国士，江湖容汝作诗人。
胸中兵甲连霄斗，眼底干戈接塞尘；
尚拟一麾筹运笔，书生襟抱本无垠。

由于杨度政治上的几度转变较陡，他的思想变化令人难以捉摸，成为一个谜一样的人物。近代史家谈到他的时候，大都说他傲慢自大，“知过不改”。特别是在袁世凯死后，他还曾向新闻界说过“宁受审判，不能认错”的话。但到后来，他在事实的教训面前终于认输，对于自己还是有过认真剖析的。1917年张勋短命复辟的丑剧，使他感到君宪救国的主张再也不能坚持下去了。这次复辟失败后，他在致张勋、康有为的通电中指出：“由共和改为君主，势本等于逆流。”而当孙中山改组国民党，与中国共产党合作的时候，他到上海去见孙中山，对自己以往拒与合作的事当面认错，承认自己过去“君宪救国”的主张不适合中国形势的要求，还表示加入改组后的国民党的心愿。他经孙中山的介绍，认识了也在这时来访的李大钊。在他转向革命的过程中，深受李大钊的影响。

1927年李大钊被奉系军阀张作霖逮捕的时候，杨度极力营救。杨度在李大钊等被捕前一日，偶然在一私人宴会上，从汪大燮口中得悉张作霖这个密捕计划，当即告知国民党北京特别市党部负责人之一胡鄂公，但李大钊已走避不及。李大钊等被捕后，杨度同胡鄂公等又多方设法营救，终无效，李大钊等20人，于4月28日判处绞刑。杨度毁家纾难，将北京的“悦庐”寓所变卖4500银元，全部款项充作营救李大钊的经费和周济遇难者的家属。这年秋天，蔡和森等来策动北方暴动，杨度也曾给以资助，平日积蓄耗费一空。1928年移居上海，以学佛和作画为掩护，继续为革命工作。他到上海后曾写了《论圣贤同志》一文，借用孔门师弟圣贤言志的大同思想，阐发共产主义理论。这时他对共产主义社会的理解虽然尚不深刻，但已表明他接受了共产主义世界观。他到上海后积极寻找党，曾经通过中央特科的关系进行试探。有关同志开始对于他的要求没有给予应有的重视，周恩来得知以后，亲自做杨度的工作。经过一段时间的考察，1929年由人介绍，经周恩来批准，杨度成为中国共产党的正式党员，与党组织指定的同志单线联系。

杨度到上海和中央特科取得联系以及参加中国共产党的情况，说法不一。有的书上记载：“杨度是怎样争取过来的呢？这是陈赓主持情报工作时的事。那时陈赓有一个同乡，又是他少年时代的朋友，外号叫‘王老九’。此人和杨度相熟。王老九有时从杨度那里听到一些消息，便向陈赓报告。逐渐地，杨度便成为一个情报来源。在剧烈的历史变革中，杨度从一个封建遗老和失意政客，逐步认识到中国共产党是当时中国社会中最有前途的新兴政治力量。他知道王老九和中共方面有联系，便打算通过王老九的联系接近中共。他向王表示，自己一生经历了封建主义、资本主义，眼见都失败了，看来只有中共的社会主义必将兴盛，能够改变中国的命运。他表示愿意为中共的革命事业尽一份力量。王老九将他的心意向党作了报告。党中央认为杨度能够看到世界革命潮流的趋势和中国革命发展的前景，这是难能可贵的。杨度现在是杜月笙的幕后人物（此说不符当时实情），对我们的情报工作很有帮助。中央要情报系统派人和他作一次长谈，并直接向他布置收集情报的任务。大约在1929年，经情报系统人员介绍，经周恩来亲自批准，杨度被吸收为中共秘密党员。”（尹骐：《潘汉年的情报生涯》，人民出版社1976年版，第63—64页）

杨度参加共产党后，离开家室，单身移居上海，严格遵守党的纪律，从不向他的亲属暴露自己的身份。他一心扑在党组织交付的工作上，不单提供了许多重要情报，同时帮助中央特科同各方面建立关系。杨度同政学系的那些政客比较熟悉，了解他们许多事情，提供给党组织许多政学系的内部情况。那时蒋介石把政学系的一些头面人物抓在手里，我们通过杨度能够知道许多政学系的政治活动、政学系和蒋介石的关系。中央特科通过杨度不单找到政学系（政学系是1916年由一部分进步党人和一部分国民党人所组成的极右翼的政治派系，在南北军阀中从事投机，以猎取职位。1926年至1927年北伐战争期间，政学系的一部分，如亲日派黄郛、张群、杨永泰之流，开始和蒋介石勾结，利用他们的反动政治经验，帮助蒋介石建立反革命的政权）的关系，通过他还同国民党改组派（1924年国民党改组后，右派以胡汉民为代表，反对孙中山的新政策。1925年8月右派刺杀廖仲恺后，胡汉民被迫出走，右派势力在广州受到打击。当时谢持、邹鲁、林森、居正、戴季陶、叶楚伧、石青阳、邵元冲、沈定一、张继、吴敬恒〈稚晖〉、覃振、傅汝霖、茅祖权等14人，在北京西山碧云寺孙中山灵前擅自举行第四次中央执行委员会全体会议〈国民党第一届中执委共24人，参加西山会议者共8人，其余2人为中督委、4人为候补抚监委〉，在上海另立中央，被称为“西山会议派”）取得联系，这样不但能够经常知道汪精卫、胡汉民的情况，而且经由这条新的渠道，能够随时了解整个南京统治集团的动向。上海滩的大流氓头子杜月笙，本是蒋介石的心腹爪牙，共产党的死对头，跟我们原来是无缘的。可是，杜月笙附庸风雅，一心想要攀结这位旷世奇才做朋友，并通过杜月笙当时的法律顾问章士钊向他致意。他这位老朋友受杜月笙的嘱托，来到白利南路兆丰别墅杨度的住所，向他说明杜月笙准备有所借重。这可给杨度出了一个难题。

杜月笙是什么人？杨度当然是知道的。他是上海滩上顶有名的大流氓头子，和黄金荣、张啸林是称霸上海滩的三个青帮大亨。杜月笙1888年生于上海浦东高桥镇。幼时父母双亡，寄居舅家，从小嗜酒，将父母遗产当卖净光。十几岁跑到上海跟些小流氓鬼混，专靠盗窃诈骗为生。他先拜了一个妓院老鸨做干娘，又拜在妓院结识的一个青帮流氓为老头子。此后即与一些青帮流氓在黄浦江轮船码头上干敲诈勒索和劫夺的勾当。1911年加入了专为毒贩提运黑货的“八股党”，还被法租界捕房的包探用作包打听伙计。当时，上海著名大流氓头目黄金荣任法捕房督察长，杜月笙极力向黄金荣献媚讨好获得信任。靠黄金荣的势力勾结烟土商，把持鸦片的提运，进而武装抢劫，成为黄浦江码头一霸。其后因与另一大流氓张啸林营救黄金荣出狱有功，三人结拜为把兄弟。1925年，三人在法国驻上海总领事策划下，伙同潮帮土商开设“三鑫公司”运销鸦片，使法租界当局获得巨大收益，杜月笙得到主子的奖赏，被任为法租界商会总联合会主席兼纳税华人会监察，实力大增。1927年4月，这三个大流氓头子接受蒋介石的密令，纠合上海青帮头子组织“中华共进会”，向蒋介石领取经费，将流氓党徒编成队伍，为发动反革命政变作准备。4月11日夜，杜月笙将上海市总工会委员长汪寿华骗出杀害，同时指使流氓党徒由租界冲出，进攻和残杀在北伐中立有极大功勋的上海工人纠察队，与蒋介石反动军队勾结收缴了工人纠察队的武器。杜月笙又率党徒随同杨虎到宁波“清党”，屠杀了大批共产党员和革命人民。四一二反革命政变后，杜月笙被蒋介石任命为海陆空军总司令部顾问、军事委员会少将参议，还兼任法租界公董局临时华董顾问。凭借权势，他镇压罢工，开设赌场，为蒋介石在上海包销劫获的鸦片，在宋美龄授意下伙同吴铁城等密设吗啡制造厂。他又利用手中大量游资、赃款，于1929年与人开设中汇银行，从事鸦片押款等各种肮脏业务。……顿时成为权倾一时，富甲天下，无恶不作的反动人物。

对于这样一个沾满革命者和人民鲜血的大流氓头子，富有正义感、爱国心的杨度自然是十分轻蔑，异常憎恶的。但从搜集情报的角度着眼，如能结交此人却也大有用处。经章士钊多次提起后，杨度跑来向党组织问怎么办，党鼓励他去接触杜月笙。于是，经过他的老朋友章士钊促进，杨度当了杜月笙的挂名“秘书”。杜月笙将其法租界薛华立路附近一座二层楼的小洋房给杨度住，每月还资助他500元。有人说，他是杜月笙的“门徒”，杨度却说：“我一没有递过帖子，二没有点过香烛，我称他杜先生，他叫我皙子兄。老实说，我不是青帮，而是清客。”实际上，作为一个革命者和这种人交往，他只是利用杜月笙做一面挡风墙罢了。

这样一来，从“无缘”变“有缘”，党又间接同杜月笙发生了关系，可以更多地了解上海流氓帮口的情况，也能得知一些有关国民党要人的情报。1930年，阎锡山、冯玉祥发动倒蒋战争期间，就是从杜月笙处知道的：冯玉祥曾派一支300多人的卫队，通过杜月笙的关系潜入租界，准备待战争打到上海的时候，由这批人做内应。还从杜月笙那里晓得，四大家族的宋子文，大量贩运鸦片烟土到上海，在吴淞口外船上制造毒品。1930年，他曾通过这些关系获知一个紧急情报，使党避免了一次大损失。杨度从敌人营垒里过来，他的大半生是在军阀、官僚和政客中度过的，因此非常熟悉旧社会官场内幕，知道许多北洋军阀、国民党内部的派系矛盾，他在晚年以自己的特殊经历，在白色恐怖笼罩下的中国，出入龙潭虎穴，把搜集到的敌情消息贡献给党，能起到别人无法代替的特殊作用。

杨度向中央特科提供的情报多而重要。有时他把搜集到的情报放在一盒雪茄烟里，有时放在一个火漆封印的大信封里，或用其他方式传给党的组织。他写得一笔好字，还在北京向齐白石学过画。中共中央出版的《红旗》报头，就出自杨度的手笔。杜月笙早就一心要弄杨度的墨迹挂在家里，以此遮掩他的庸俗丑陋。因为杨度住的这座洋房是杜月笙的，法租界的巡捕不敢到这种地方抓人。遇到紧急情况，他就把敌人追捕的同志留在这里“避难”。

当时杨度为了便于开展工作，参加党后又于1929年12月参加了中国互济会，还捐助了一笔经费。1930年2月，鲁迅、郁达夫等51人发起成立中国自由大同盟，他也签名参加。在此期间，他还曾以社会知名人士身份参加了宋庆龄、蔡元培、杨铨、鲁迅、邹韬奋等人领导的中国民权保障同盟以及社会科学家联盟的活动。

杨度入党虽然是秘密的，在革命阵营内还是逐渐为人所知。当时有人说他傲慢、投机，他说：“我是在白色恐怖最严重的时候入党的，说我投机，我投的是杀头灭族之机。”他在病重临终前数日，曾自撰挽联，以明心迹：“帝道真如，如今都成过去事；医民救国，继起自有后来人。”

杨度因操劳过度，不幸于1931年9月17日在上海寓所病逝。他在入党后对革命所作的重要贡献，周恩来一直念念不忘。由于杨度入党较迟而去世较早，又是单线联系的秘密党员，所以关于他入党的事，知道的人很少。直到1975年，周恩来逝世前几个月，才派秘书到国家文物局，告诉时任文物局长的王冶秋说：“当年袁世凯称帝时，‘筹安会六君子’的第一名杨度，最后参加了共产党，是周总理介绍并直接领导的。总理说：请你告诉上海的《辞海》编辑部，《辞海》上若有杨度辞目时，要把他最后加入共产党的事写上。”（王冶秋：《难忘的记忆》，《人民日报》1978年7月30日）

王冶秋在他写的《难忘的记忆》一文中说道，当时周恩来派秘书来告诉他的话：“我听了以后，一面告诉上海《辞海》编辑部，一面向许多人打听，大都觉得很奇怪，从来没听说过杨度加入共产党。但是大家也都一致认为总理重病在身，还记住向有关同志交代这件事，说明他关心同志，不忘为革命作过任何贡献的人，确实是胸襟磊落、处处体现党的政策的典范。”

两个国会议员：梅宝玑、胡鄂公

党和杨度这样的知名人士建立关系已经有过。早在武汉时期，就有一位北洋军阀时代的国会议员梅宝玑先生，向中央军委特务科提供情报。他是共产党员梅中林同志的父亲、梅龚彬同志的叔父。梅中林不幸在南京起义后不久，被国民党杀掉。梅宝玑的生活完全日本化，他的夫人是日本人，在武汉住在日本租界里，每天坐在“榻榻米”上抽大烟。他是我党建立情报工作中最早和我们合作的一位上层人士。因为他在旧社会做事的时间较久，认识的军阀和官僚政客较多，消息比较灵通，他所提供的情报很有价值。他住在日租界，又能经常向我们提供从日本人那里获得的情报，每隔一两天就有情报送来，这些情报基本是正确的。当时由驻武汉的中央军委特务科的特务股长李强亲自同梅宝玑联系，按月给他送去200元生活补助，还代他支付房租。

在上海，当中央特科把斗争重点转向政治领域以后，所联系的上层政界人物就日渐增多起来。另一位北洋时代的国会议员，又是杨度的知交胡鄂公，就是这样的一位。

胡鄂公（1884—1951），字新三，化名南湖，是湖北江陵人，他是同盟会会员，早年追随孙中山先生参加辛亥革命。武昌起义后，胡鄂公曾任鄂军水陆总指挥，统率武汉水陆师与清军激战。后奉派为鄂军政府全权代表，前赴京津一带，主持北方联络事宜。他到北京曾加入京津同盟会，任军事部部员，因愤于会长汪兆铭（精卫）垄断自专，乃以鄂军代表名义，联合熊得山、钱铁如等筹设北方革命军总指挥处于天津，胡鄂公兼领总指挥，向清军进攻，后以滦州起义失败而解散。他又联合北方各革命团体“同盟会”等于天津合组“北方革命协会”，自任会长，继续推进革命工作。1913年4月当选为第一届湖北籍国会议员。袁世凯称帝前后，曾参与反袁活动。1920—1921年之交，与熊得山等联络湖北青年组织“马克思主义研究会”，并发行《今日》杂志，由熊得山任主编。其后，其中成员大都被中国共产党北方支部吸收。

1922年8月，第一届国会复会，胡鄂公又回北京任国会议员，至1924年11月止。其间，他曾任教育部次长。1924年7月，他曾联合参、众两院议员150名同北京学生联合会等群众团体共同发起组成“反帝国主义大同盟”，发表宣言，要求各帝国主义列强应同苏联放弃帝俄侵略政策一样，废除鸦片战争以来强加在中国头上的一切不平等条约。这个“大同盟”还致书朝鲜、安南（今越南）人民，建议远东各弱小民族结成反帝统一战线，共同奋斗。此举深得孙中山的赞赏。当时正当国共合作时期，胡鄂公是国民党北京特别市党部负责人之一，同杨度个人交谊很深。这个时期国共两党在北方已建立了较好的合作关系，李大钊也是国民党北方组织主要负责人之一。杨度同他建立了亲密的友谊关系，并通过同他们的联系，参加了反帝大同盟的活动。其后，在李大钊被捕的前一天，杨度偶然在一私人宴会上得知张作霖的密捕计划，马上就告知胡鄂公，但李大钊已经走避不及。李大钊被捕后，胡鄂公、杨度和章士钊曾多方设法营救。

胡鄂公在旧官场做事较久，同很多上层人物都有来往。他对政学系、国民党改组派和北洋军阀各派头面人物及国民党内部派系争斗均较熟悉，凭借诸多社会关系，自从与党取得联系后，经常提供重要情报。1931年初，中央特科准备在北方开展政治情报工作。胡鄂公在北方的上层人物中有很多熟人，中央特科决定让胡鄂公赴北方，以他的社会身份和官场关系开展政治情报工作，胡鄂公要求派杨献珍做他的助手。

本来，杨献珍和胡鄂公并不认识。这年一月，杨献珍刚从开封回到上海。中共中央让他稍事休息，等待重新给他分配工作。杨献珍在上海化名杨仲仁，住在他的同学王开化的家中。王开化家的一位近邻吴南湖（当时胡鄂公的化名），是中央特科的情报人员。王开化家的后门正对着胡鄂公家前门，两家常有来往，杨献珍又常从王家后门出入，多次在门口遇见胡鄂公，两人由此相识，并且有过多次交谈。这次中央特科决定派胡鄂公前往天津开展政治情报工作时，胡鄂公要求在党内物色一个得力的助手，协助他去进行这一工作。胡鄂公自从认识杨献珍以来，虽然为时不长，经过和杨献珍的多次交谈，又通过王开化夫妇对杨献珍的了解，认为杨献珍不仅博学多识，有相当丰富的社会经验，而且为人正派，作风朴实，思想敏锐，吃苦耐劳，不怕困难，正是他所急需的理想助手。所以当中央特科把这次的任务告知胡鄂公以后，他便向中央特科推荐要杨献珍同行，并即得到中央的批准。

4月中旬，胡鄂公和杨献珍乘船从上海去天津。出发前，中央已获悉顺直省委在天津遭受严重破坏，安子文、周仲英和陈原道、刘亚雄等分别被捕。一大批负责干部被捕后关押在天津市公安局看守所里，法院刚刚受理案件，但还没来得及定案。这是一个机会，中央特科交付给胡鄂公和杨献珍的第一个任务，就是设法通过一切关系，尽一切可能营救天津被捕的同志出狱。到达天津后，杨献珍住日租界大同公寓，胡鄂公另住一处，是秘密的，只杨献珍一人知道他的住处，凡要见胡鄂公的，都要先到杨处，由杨接待，然后再由杨把胡鄂公接到大同公寓谈话。这时，新的顺直省委在北平成立。省委书记殷鉴得知他们到达天津，立即委派省“互济会”党团书记赖德赶来，协助他们进行营救工作。曾经当过河北建设厅秘书和四科科长、天津市商品检验局局长的刘少白先生，也从北平赶到天津，为营救女儿刘亚雄（省委秘书长）、女婿陈原道（省委临时委员会组织部长）等人到处奔走。他利用自己的社会关系，多方活动，终于使天津法院吐口：花四五千块大洋，就可以把陈原道这批人释放出来。刘少白、胡鄂公原来就是好朋友，刘少白便把营救的经过告诉了他。

胡鄂公听说营救有望，赶忙返回上海向中央特科报告。中央特科听了胡鄂公的汇报以后，决定仔细研究一下。正是在这期间，由于顾顺章在武汉被捕叛变，陈赓、王根英夫妇和陈养山迅速地离开上海而转移到天津来了。当时胡鄂公去上海还没有返回来，但是杨献珍住在大同公寓，是胡鄂公先已报告了中央特科的。所以陈赓一到天津就来大同公寓找杨献珍，当时即让同来天津后化名“老王”的陈养山留下来与杨献珍同住。

7月10日前后，杨献珍清早买来几份当天的报纸，突然从《大公报》上看到了一则令人吃惊的消息：昨晚在“汀州会馆”破获共产党机关……当时的国民党反动派只要破坏了共产党组织，第二天就登报以示“胜利”。杨献珍看到这则消息，心中不免一惊：顺直省委书记殷鉴派来的赖德，不就是福建人吗！他就住在“汀州会馆”，而且来过大同公寓，并在这里见过胡鄂公。莫非……杨献珍当即告诉“老王”。“老王”在中央特科工作多年，机警干练，他当机立断，决定马上搬家转移。他们搬入新居之后，杨献珍说要把新居地址告诉刘少白，以便他有事好来找。陈养山说不行，不能把新地址告诉任何人，要他前往国民饭店去找刘少白。

7月中旬一天，陈赓来到杨献珍的新居，约定第二天上午8时，请杨献珍带他到国民饭店去会见刘少白。第二天，杨在住处等候陈赓。不巧的是延误了约定的时间，当他们赶到国民饭店的时候，刘少白的房间已经上了锁。茶房说：“刘先生一早就退了房间，走了。”他们只好马上离开国民饭店。

1937年的杨献珍

原来，刘少白听到北平的风声，已经转移了。顺直省委的活动经费，一直是由上海党中央通过刘少白转给陈原道、刘亚雄的。顺直省委在天津遭受破坏后，迁至北平，经费依然由刘少白转交给新省委书记殷鉴同志。从刘少白家转经费是绝密消息，只有殷鉴和省委秘书郭亚先知道。这次顺直省委在北平遭受破坏，郭亚先被捕

20世纪30年代初时的刘少白在北京

叛变，马上把刘少白家是秘密联络站的事向敌人告密，敌人当即派宪兵去刘少白家抓人、抄家，抄走了上海党中央的汇款单1500余元以及刘少白家的1500块银洋。宪兵还在刘家坐地搜捕达三个月之久。刘少白不在北平，出事的当天夜里，刘少白的二女儿刘竞雄躲过宪兵的监视，写了一个“家中出事，千万勿回”的纸条，交家中伙夫转送到邻居王家，王家当即派人到天津通知了刘少白。刘少白得知信息，立即离开国民饭店，本想把此情况马上告诉杨献珍，却不晓得他的新居地址，只好不辞而去，只身远避大连。

胡鄂公这时从上海回到天津，找到杨献珍说，中央已经同意用钱赎买被捕的陈原道等同志，而且已经带来了钱，让他马上去找刘少白。陈赓闻讯，便通过杨献珍与胡鄂公约定在天津中原公司（今百货大楼）最高一层屋顶上会面。因为那里有露天舞场，还有电影、相声等游艺场，不会惹人注意。于是，他们两人接连谈了几次关于营救被捕同志的问题。当时刘少白还是没有消息，也不知道究竟发生了什么事情。因怕失掉营救被捕同志的时机，胡鄂公要杨献珍快点到北平走一趟，早点联系营救被敌人关在草岚子胡同监狱的这些负责同志的事。

7月22日，杨献珍便乘火车来到北平。接头地点按照惯例是刘少白公馆，即刘少白在北平的家，地址在北平和平门外虎坊桥60号（即现在晋阳饭店地址）。这个地方，清朝乾隆年间曾是纪晓岚的故居。其后几经易手，到20世纪20年代，刘少白做了收入丰厚的天津商品检验局副局长后，从当时来北平的晋南刘姓大财主（此人在京拥有27处宅院）手中租下，于1928年全家住进这里，即被称作“刘公馆”。其时刘少白在官场得意，这座公馆布置阔绰，出入显要，军警从来不敢怀疑这里有何异情。刘少白一贯同情中国共产党领导的革命运动，家中多人参加了革命工作，他也利用自己的社会地位，秘密为党工作（以后他参加了共产党）。30年代初，刘少白公馆就为党的秘密工作提供方便。党的顺直省委自天津迁到北平，这里更成了上海党中央与北方党的特殊联络点。由于前不久陈赓和杨献珍到国民饭店没有找到刘少白，并不晓得他在北平的这个住所已经出了事情。杨献珍到北平后，先在一家公寓里住下，第二天再去办事。

杨献珍离开天津以前，胡鄂公将五份早就写好的《开展北方政治情报工作大纲》的小纸条交给他，并随手开了北平的五个关系让他去接头，指示他给每个关系人留下一份“大纲”。这五人是张克侠、何基沣等。……胡鄂公又说，接上头后再去找刘少白，然后留在北平开展工作。当时北平形势险恶，白色恐怖严重，他们早有所闻。胡鄂公初回到天津时，杨献珍曾对他说过自己的想法：刘少白突如其来地离开国民饭店，必有原因。是不是他家里出了问题？胡鄂公听了，却不以为然地说：“不会，他家里会出什么事？你去找他好了。”

第二天，杨献珍带上五份秘密的“大纲”，按照早已开好的地址、关系、暗号，挨个儿去接头。中午时分，已经见到了第四个关系人，他家离虎坊桥很近，也认识刘少白。杨献珍向他打听刘少白家里情况，关系人说刘家没有发生什么事情，并说：“我认识他家，我带你去吧！”走到刘家附近，杨献珍让他回去，便朝刘少白家院子走去。

来到门前，杨献珍迈步走进了黑漆大门，看见门里影壁下有个老太太，便问：“刘少白先生家在这儿吗？”老太太毫无表情地回答：“刘家在后院。”许多年后，杨献珍回忆当时的情景说：“我进院子前已经打定主意，先看看群众的脸色表情来判断凶吉，因为我仍然怀疑刘少白突然离开国民饭店，必事出有因。但老太太木然的脸色，使我什么也看不出来，便一直朝后院走去。其实，就在两天以前刘锡五同志也是到刘少白家来，前院的一位好心妇女用眼色暗示‘刘家出事了，快跑……’刘锡五同志十分警觉，知道势头不好，转身就走。谁料到正巧被宪兵看见，追出去将刘锡五捉住。尽管刘锡五不承认邻居‘通风报信’，宪兵还是把那位妇女痛打一顿，并警告前院的居民，谁也不准再给‘来人’任何暗示，否则以‘通共产党’罪论处。我并不知道刘锡五同志被捕这段事儿，刚才影壁下那位老太太脸上又没有什么反应，我就径直走到后院，到了刘少白家推门而入，只见年幼的刘竞雄惊恐地扑到妈妈怀里。一个宪兵坐在屋里，一个宪兵站在屋门后，我被堵在屋里跑不出去了。但我马上想到，身上还有一份情报‘大纲’呢，如果敌人搜身就要坏事，必须设法消灭掉它。我一面随机应变地编着假口供，向敌人胡扯着，应付着……一面打量着两个宪兵。只见一个宪兵走出屋到前院去，大概是打电话报告去了；另一个宪兵背着身，正在找纸片写什么‘记录’之类，我就坐到椅子上，利用这个难得的好机会，悄悄地从口袋里掏出记录着‘大纲’的小纸条，放进嘴里，偷偷地嚼着，最后竟吞了下去。身上任何可疑的证据也没有了，我这才喘了一口气，犹如一块石头落了地。打电话的宪兵回来了，他们把我捆绑起来，带到大门口，雇了两辆人力车，一直拉到了宪兵司令部。在那里我第一次见到刘澜涛和孔祥祯同志，他们也被敌人逮捕，关在这里。”——从此杨献珍的战斗生涯进入了一个巨大的转折。直到1936年9月，才在中共中央北方局和中共中央营救下，从国民党“北平军人反省分院”（即草岚子监狱）里出来。

杨献珍被捕的信息传到天津，陈养山赶快搬家。陈养山在英租界找到一个地方，这里下面是杂货店，他住在杂货店的楼上。胡鄂公、陈赓跟刘少白联系不上，又失去了杨献珍，这样一来，营救工作就停顿下来了。

陈赓这次到天津来，深得胡鄂公的配合，取得重大收获。这段时间，天津中原公司大楼屋顶上的娱乐场所，成为陈赓和各方人士接头的主要地点。通过胡鄂公的关系，他在这里见过北洋军阀时代的众议院议长吴景濂、参议院议长陈伯廉等许多政治显要。陈赓也和一些共产党员在这地方见面。当时在顺直省委军事委员会工作的吴成芳，就曾多次在这里和陈赓接头。陈赓要他加强政治情报活动，开展统一战线工作，还要进行军事活动，注意打击叛徒、镇压特务，保卫党组织的安全。当时正是王明“左”倾机会主义统治全党的时期，陈赓遇事实事求是的作风，给吴成芳留下非常深刻的印象。许多年后，吴成芳提到陈赓的时候，还感到当年的交往记忆犹新。他说，以后的经历使我越来越明确地看清楚了，陈赓同志不是执行王明“左”倾机会主义那一套的，他具有实事求是的作风，一切从实际出发。这一点我很佩服。根据他同我所讲的这种精神办事，从1931年到全国解放，我所负责主持的地下组织，从来没有被敌人破获过。

胡鄂公从天津回到上海后，继续专做上层政治情报工作。他常接触一些上层人物，特别是同冯玉祥保持密切联系。当时冯玉祥住在山东泰山，很不得意，胡鄂公常去泰山看望。冯玉祥用米汤写的要求参加中国共产党的信，就是交给胡鄂公送到上海中共临时中央的，可见冯玉祥对他是很信任的。经他积极活动，得到了一些可靠的政治情报。

胡鄂公在情报工作中对党作出了一定贡献。1934年胡鄂公被捕，以后投靠了国民党的孔祥熙，于1951年冬因患心脏病在台湾去世。

十五、开拓新局面（中）

贡生——省议员——开明绅士刘少白

前文讲到曾和胡鄂公、杨献珍在天津接头，共同营救中共顺直省委被捕负责同志的刘少白，也是一位富有传奇色彩的人物。他原是清朝末年的贡生，民国初年山西省议员，晋西北的绅士，因他不断地追求进步，探索救国救民的道理，终于摆脱旧的传统影响，从对共产党的同情者成为中国共产党员。

刘少白的出身和早年的经历，杨献珍1987年为他撰写的碑文中说：

刘少白，名家庚，字少白。1883年6月出生于山西省兴县黑峪口村。6岁入私塾，聪颖好学，少年英发，父企望甚殷。少白遵严令赴西安应清室最后一次乡试，拔为贡生。1905年考入太原府中学堂。求学期间，始涉猎新学，思想发生急剧变化。其时列强环逼，清廷腐败，少白忧国忧民，立志救国。

1911年，武昌首义，正在山西大学肄业的少白辍学返里，率众响应。越年，当选为山西省临时省议员。1918年，山西大学毕业，获法学士学位。辛亥革命后，依然内战频仍，外患未除，少白大失所望。长夜漫漫，他继续上下求索。五四惊雷，震醒沉睡的神州大地，他在革命新潮冲击下，开始接触马列主义，领悟到中国只有以俄为师，才是唯一出路。

1927年，蒋介石发动“四一二”政变，大肆屠戮共产党人。少白的不少学生惨遭杀害，激起他极大义愤。他不顾个人安危，挺身而出，竭力掩护地下党员及革命志士。经他救助而脱险者，计有王瀛、朱志翰、贺毓秀、何述之、陈原道、赵世兰、李惠等多人。此间，他冒着危险毅然参加了党的外围组织互济会。

刘少白虽出身地主家庭，但在青年时代读过西方资产阶级思想家的著作，深恶封建礼教对人民的毒害，为人处世常有惊人之举。辛亥革命时他正在山西大学堂读书（他因25岁考入这个学校法律预科，在校一面读书，一面教书，1918年36岁时，才在山西大学法科政治系毕业，获法学士学位），1911年10月，武昌首义成功，举国振奋，纷起响应。刘少白在校中首先剪掉辫子，他大女儿则是兴县第一个不缠足的女孩子。不久，因清兵攻入娘子关，起义军被迫撤出太原。刘少白返回兴县，组织民团与县官斗争。他在家乡宣传辛亥革命，破除各种封建陋习。过春节时贴出自编的对联：“革命非必好乱，读书岂为做官。”清朝知县骂他煽动暴乱，竟然下令抓他，迫使他在除夕化装出逃，直到南北议和后才又回到兴县。父母去世以后，他打破千年陈规，不请阴阳先生、不披麻戴孝、不大操大办。他还借此机会，将家中所有契约都拿出来当众烧掉。他说：“过去祖宗有错，不该让别人写下这么多的文约。现在老人已经去世，就让这些东西跟着老人去吧。这是老人的财产，我们不肖子孙，无权继承这份产业。”有一年家乡遭受大旱，田里庄稼歉收，他教育家人不要强迫佃户交租，还拿家中存粮救济灾民。

他因积极参与辛亥革命，1912年3月当选为山西省临时议会议员。这年春天，他经胡鄂公介绍加入黎元洪创立的共和党。他很快就发现，“民国并不属于国民，共和党一点也不共和”。辛亥革命只是赶走了一个皇帝，全国人民仍在水深火热之中。1919年爆发的五四运动，使他在思想上受到很大影响。他在家乡宣传新思想，提倡新文化，兴办女学，推进教育事业。

刘少白早年进山西武备学堂上学时，曾和阎锡山是同级同学。阎锡山投机革命，玩弄权术，窃夺了山西军政大权，成了割据称霸的土皇帝。他为蒙蔽民众，1927年初打出“招贤纳士”的招牌，招考县长。刘少白曾经应试，他的才华出众，在社会上颇有威望，考取本不足虑。只因主考人最后提出一个问题：“你认为共产主义是好呢，还是坏？”刘少白答道：“共产主义不错。可惜在中国难以实行。”自然不合阎某口味，结果落选。

从他这时的答卷来看，刘少白对共产主义的认识显得还很肤浅。但是随着整个形势的发展，他的认识也不断深化。他的大女儿刘亚雄在北京女子师范大学读书，积极参加了中国共产党领导的驱逐反动校长杨荫榆的学潮（并于1926年“三一八”后参加中国共产党），刘少白从太原写信支持女儿的抗暴行动，在教育当局悍然下令解散女师大时，刘少白投书《京报》，予以揭露谴责。当年三一八惨案发生后，刘亚雄被北洋军阀教育部通令开除学籍。党组织决定派刘亚雄等4名在北京待不下去的女同学去莫斯科中山大学学习，刘少白立即从太原赶来北京，又从北京到了天津，为女儿送行。

大革命失败后，蒋介石大肆屠杀共产党人。面对一片白色恐怖，他尽其所能地支援革命。有一天，中共山西省委负责人王瀛躲避特务的追捕，闯进刘少白家。他不畏风险，将王瀛藏起。翌晨又亲自将王瀛送往北营火车站，使他安全脱险。就是在这一年，他参加了中共外围组织互济会，冒着生命危险，掩护过一批共产党人和革命青年。

1928年，刘少白的朋友、晋南反对阎锡山的山西省实力派人物温寿权，到北平出任河北省建设厅长。经温寿权举荐，刘少白当了建设厅的科长，又兼温寿权的秘书。这年9月，刘少白举家迁来北平，在城南虎坊桥60号租下原属清朝乾隆年间学者纪昀（晓岚）的故居为住宅（以后人们称作“刘公馆”）。第二年4月，又应傅作义的邀请，做了天津商品检验局长。他的社会地位高了，收入也很优渥，但是目睹官场的黑暗腐败，他的心情很坏。其间他在写给老友牛友兰的信中曾说：“我在这革命不彻底的机关里工作，心境之恶劣难以表述。”

1929年初，刘亚雄从苏联回到上海。她先在中共江苏省委宣传部工作，秋天调进中共中央组织部。1930年初，刘少白乘出差的机会到上海看望刘亚雄，住在东方饭店。当时上海国民党的特务横行，到处追捕共产党人。中共江苏省委负责人赵世炎因被叛徒出卖牺牲，她的姐姐赵世兰正遭敌人追捕。刘亚雄和赵世兰曾是同班同学，是亲密的战友，刘亚雄把父亲在东方饭店的住处告诉了赵世兰。有一天，赵世兰、李惠发现被敌人盯梢，情况危急，便跑到东方饭店找刘少白。他立即把她们隐藏起来，躲过了敌人的追捕。

1931年1月，刘亚雄调到在天津新成立的中共顺直省委（即河北省委）任秘书长，她的丈夫陈原道任省委组织部长。这时省委确定将联络点设在北平刘少白公馆。这个联络点的任务除了负责顺直省委和北平市地下党负责人接头外，还负责中转与发送上海中共中央给顺直省委的活动经费。同年4月，省委遭到破坏，省委负责人徐兰芝、陈原道和刘亚雄、蒲秋潮等人被捕。中共中央指示顺直省委迅速由天津转到北平，由殷鉴主持省委工作，刘少白公馆继续作为省委联络点。同时把刘亚雄等人被捕的消息通知了刘少白，希望他利用自己的上层关系设法营救。

刘少白得知这个消息，焦急万分。他马上回到北平筹集了2000元银洋赶回天津，在国民饭店包了房间，长住下来着手营救。利用上层社会关系，他先找了傅作义，又找天津市公安局长张学铭（张学良之弟）。如前文所述，这时胡鄂公、杨献珍和陈广、陈养山先后来到天津，刘少白继续利用自己的社会关系，配合他们营救被捕的同志。后经刘少白尽力奔走，营救工作逐渐有了头绪，张学铭答应只要交纳一笔巨款即可放人，胡鄂公已去上海向中央特科报告并且带回这笔款银。不料突生意外：迁到北平的新省委秘书长郭亚先于7月初被捕叛变，供出省委书记殷鉴等负责人使其被捕，也供出和刘少白的关系以及“刘公馆”是省委秘密联络点。“刘公馆”立即受到搜查并在家中布下特务“蹲坑”，捕捉前来的每一个人。刘少白在国民饭店得知这一消息，迅速离开国民饭店逃走，陈赓、杨献珍同他失掉联系，营救工作就此中断。

直到十多年后，当杨献珍与刘少白重逢于山西太原时，他才得知刘少白不辞而去的原因。刘少白还告诉杨献珍，那天他在国民饭店焦急地等候杨献珍和陈赓的到来。从清早一直等到10点多仍不见他们的影子，便以为他们也遇到了麻烦，再也不敢滞留在那里了。于是，他匆匆付过店钱，悄然离开国民饭店，逃到大连避难。

且说那天刘少白从国民饭店出来，立即登上轮船逃到大连。他在大连举目无亲，只好暂先匿寓在一家旅馆里。当时大连已被日本军队占领，日本兵在大街上横冲直闯，汉奸密探到处横行。他虽深居简出，还是引起了日本密探的注意，曾经假借查户口的名义对他严加盘问。刘少白感到大连不宜久待，遂又转往青岛。青岛也不安全，他在青岛街头忽然看到在大连跟踪过他的日本密探。刘少白只好又重返回大连，几经周折方才摆脱密探的监视。他又迅速离开大连，奔赴山西大同，到他同乡好友白云轩的家里隐藏起来。在北平刘公馆

“蹲坑”的特务，直到9月间才撤走。刘少白这才托人将家眷迁到大同。

刘少白一直牵挂着狱中受苦的革命青年，也对面临生死存亡关头的民族危难深感痛切，他曾多次上书张学良，劝他应以国家民族利益为重，支持人民的爱国救亡运动。他在大同住了三年，因无职业，家计困难。1934年傅作义当了绥远省政府主席，刘少白和傅有旧，遂于这年年底前往绥远，做了“绥远省乡村教育工作训练所”政治主任。

绥远乃是日本帝国主义觊觎已久的国防前线，傅作义与东北军的关系较为密切，当时成为中国共产党争取团结的重要方面。刘少白此刻已不单是深明大义的爱国志士，而是比较自觉地立于共产党的立场，愿为实现党的抗日救国主张尽力工作。1934—1936年间，中国共产党派来绥远工作的同志，大都同他有过密切接触，得到过他的帮助。他从傅作义那里得知蒋介石密令逮捕刘澜涛的信息，及时通知刘澜涛迅速逃走。以后他又积极帮助党组织营救关在归绥（现呼和浩特）“第一模范监狱”的王若飞。他曾多次与傅作义谈话，劝他释放王若飞。出于策略，他将王若飞出狱的事和自己侄子刘武雄出狱的问题一并提出，刘武雄是在1931年虎坊桥“刘公馆”一案中被敌误认为共产党员逮捕入狱的。傅作义表示：“刘武雄出狱一案可以办理，黄敬斋（即王若飞）的出狱事关重大，实难草率从命。”结果只将刘武雄从北平的狱中提解出来放了，但营救刘武雄并非刘少白的主要目的。因此他便动员社会舆论，在上层广泛游说，给傅作义施加压力以求王若飞早获释放。刘少白还写信告知远在河北定县的王若飞的舅父黄齐生。黄齐生接信后赶来绥远，刘少白又引领他见傅作义、替他转送信件。由于双方谈不拢，王若飞拒绝傅作义的无理要求，营救工作便拖延下来。

1936年夏天，王若飞被转押往太原陆军监狱。经党组织继续营救，王若飞于1937年4月出狱。王若飞出狱后，与夫人李培之、弟弟王景仁一起住在太原大北门东二道巷永定路二号。这里是中共中央北方局所在地，杨献珍、廖鲁言等也住在这里。这时刘少白已辞去绥远的工作回到太原，常去王若飞家里做客长谈。王若飞多次对家人说：“刘老伯的女儿刘亚雄，是我党较早的经得起考验的女党员之一，她本人亦为党做了不少工作，我是非常敬重她的。”七七事变后，刘少白郑重向党组织提出入党的要求。1937年8月初，由王若飞和安子文介绍，刘少白正式加入中国共产党。为了便于开展工作，刘少白作为秘密党员，不公开身份，与组织单线联系。其后回到家乡，他以开明绅士身份进行社会活动。

抗日战争爆发后，刘少白按照党的指示，回乡担任二战区战动总会兴县分会经济部长，参与创建晋西北抗日根据地的工作。他曾动员晋西北士绅积极参加抗战，创办兴县农民银行，建议政府种植棉花兴办纺织厂，对抗战多作贡献。1942年冬当选为晋西北临时参议会副议长。他曾三去延安，并组织士绅参观团在延安访问，受到毛泽东、朱德、周恩来等中央领导同志的接见。

解放战争初期，老解放区开始土地改革。1946年5月刘少白第三次赴延安时，毛泽东曾经向他说明土地改革的意义及党的政策。刘少白回到晋绥边区，遵照毛泽东的劝告，和他弟弟刘象坤将家中土地献出。中共中央晋绥分局机关报《晋绥日报》曾在1946年8月13日头版头条刊出消息：《刘副议长及其胞弟向农民献出土地房屋》，并说："经行署政务会议通过接收，决于表扬。"但在1947年康生到晋绥边区领导土改，推行极左政策，竟然诬陷刘氏兄弟是"假开明""收买群众"，并对他们进行批斗。毛泽东看到关于批斗刘少白的消息，即令中共中央晋绥分局予以纠正。1948年9月15日，刘少白写信给

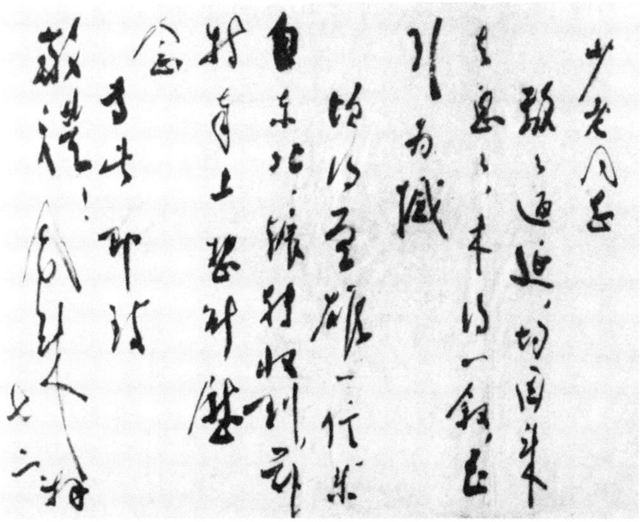

周恩来致刘少白信（1947年7月2日）

毛泽东，申诉他对晋绥边区土地改革中极左偏差的意见和关于他的党籍问题。10月30日毛泽东亲笔复信给刘少白：

少白同志：

九月十五大示读悉。我们的工作是有错误的。好在现已一般地纠正，并正在继续纠正中，正如你在五事中第二项所说那样。情形既已明白，则事情好办，你也就可以安心了。大函已转付彭同志，党籍一事，请与彭同志商酌。

敬颂大安！

毛泽东　十月三十日

1947年，刘亚雄在东北工作期间，从报上看到父亲被斗的消息后，给父亲写了一封开导思想的信，请示林枫可否发出，林枫便将信转交周恩来。后周恩来又托人交与刘少白，并附一短笺，以示慰问：

少老同志：

数数返延，均因来去匆匆，未得一叙，至引为憾。

顷得亚雄一信，来自东北，辗转收到。兹特奉上，想能慰念。

专此　即致

敬礼

周恩来　七、二拜

1948年3月1日，毛泽东在为中共中央起草的党内指示《关于民族资产阶级和开明绅士问题》中说："晋绥边区的刘少白、陕甘宁边区的李鼎铭等人，在抗日战争和抗日战争以后的困难时期内，曾经给我们以相当的帮助……"

毛泽东、周恩来的直率陈情、热诚关怀，使刘少白激动不已，衷心感谢。

牧师和律师

情报科还在牧师和律师界建立了各种关系，都对中央特科的工作起过良好的作用。在牧师中，情报科的主要关系有董健吾、浦化人。

美国著名记者埃德加•斯诺曾在《西行漫记》里，记述一个"为共产党奔走于各种文官武将之间"进行"游说"的牧师的故事。这位牧师，是他1936年6月在西安认识，并且帮助他突破国民党反共军队的封锁秘密进入陕北革命根据地的。斯诺写道：

到达西安以前，我从来没有见过一位红军。那位在北平用隐显墨水替我写介绍信给毛泽东的人，我知道他是一位红军指挥者，但我们素未谋面。这封介绍信是由第三者、我的一位老朋友交给我的；除了这封介绍信以外，我同西北方面联系的希望只有一个。别人通知我到达西安后，只消在一家旅馆里找到个房间住下来等候，就会有一个姓王的男子来找我，但是，对于这位姓王的，我是素昧平生。我别无所知——除了知道这位姓王的安排我坐张学良的私人飞机进入红区！这是别人跟我约定这样办的。

我在旅馆住了几天后，果然有一位穿着一袭灰色绸长衫的中国人走进我敞开的房间来，用漂亮的英语向我问好，他身躯高大，有点胖，但却健壮而仪表堂堂。他的样子像个所谋顺遂的富人，但他自称姓王，并说出了我那位北平朋友的名字来，于是我认定他不是别人，而正是我等着见的人。

在其后的一个星期里，我就发现，单单是会见这位姓王的人，我就算不枉西安之行了。我每天花上四五个小时时间，倾听他的奇谈和追忆，以及对政治形势更加严肃的阐释。他到这里来，是完全意想不到的。他以前在上海的一所教会学校里受过教育，在基督教徒中很突出，并且一度主持过一个教堂（我后来获悉），在共产党人中都叫他王牧师。像上海许多成功的基督教徒一样，他是青帮里的一分子，上自蒋介石（他也是青帮分子），下至青帮头子杜月笙，他没有一个不认识。他曾经是国民党的高官，但哪怕是现在，我还是不能透露他的真名实姓。（《西行漫记》，香港南粤出版社1977年版，第22—23页）

这位牧师真名董健吾，上海市青浦县人。少年时受家庭影响入基督教，1914年入上海圣约翰大学神学系读书，毕业后在上海爱文义路（现北京路）圣彼得教堂做牧师。1926年年底，他应浦化人的邀约，曾经辞掉圣约翰教堂的职务，前往“基督将军”冯玉祥部西北军中任随军牧师，在军队中进行传教活动，并在那里参加了中国共产党。

浦化人也是一位牧师，董健吾和他在圣约翰大学神学系读书时是同学。浦化人于1921年出任陕西督军冯玉祥的秘书兼任随军牧师。以后冯玉祥的职位屡经变动：陆军检阅使、西北边防督办、国民军联军总司令、国民革命军第二集团军总司令等，浦化人一直在冯玉祥军中工作，曾任冯在北京办的育德学校校长，还曾参加国民军联军政治部的工作，1926年在五原秘密地参加了中国共产党。冯玉祥在生前写的回忆录里，曾经记述了他对浦化人的印象：“有一位朋友浦化人牧师，是我为陕西督军时认识的，为人富于热情，坚毅果敢，同我共处甚久。在张家口办一学校，亦颇有成绩。五原誓师时，我派鹿钟麟到苏俄考察，他亦随鹿同去。他到莫斯科后，竟以一圣公会牧师而加入了共产党，成为一个忠实活动的共产党党员。可是我并不知道。”（冯玉祥：《我的生活》，黑龙江人民出版社1981年版，第564页）

董健吾于1926年年底抵达国民革命军第二集团军总司令部驻地西安后，化名董贤武，除任随军牧师，还参加政治部的工作。不久，浦化人被任命为这个集团军的政治部工人管理处处长，董健吾任政治部农民管理处处长。其时北伐战争正在顺利发展，迅速席卷长江流域各省。转过年来，伪装革命、投机革命的蒋介石逐渐露出他的反动面目，中国政局开始逆转。“四一二”“七一五”反革命政变接踵而来，蒋介石、汪精卫实行“清党反共”，大肆屠杀共产党人和革命群众。中国政局出现天翻地覆的变化，白色恐怖笼罩全国。这年夏天，冯玉祥和蒋介石“联合反共”，将军队中的共产党员和苏联顾问“礼送出境”。浦化人没有马上离开，继续在这里工作了一段时间，其后“不辞而别”，离开部队，事后写信给冯玉祥，表示反对他和蒋介石“联合反共”。冯玉祥的回忆录，对浦化人离开西北军的事也有记述：在他与蒋介石联合反共后，仍留浦化人和董健吾继续在身边工作。他说：“不久他（指浦化人）随鹿（钟麟从苏联）回国，鹿任河南代理主席，我即发给他3000元，派他和另一位名董贤武的朋友，负责办理铁路工人的福利事业。一天他忽留一字条给我，悄悄离开郑州，所领款项亦不报销。我不相信他会做携款潜逃的事，派人查问，才知道他把钱这个30那个40地散给了穷苦工人，他自己并未取用分文。他的出走，也是为分共的问题对我误会而然。民国十七年在南京的时候，他的老太太托人来见我，说愿变卖家中田产，以清偿此款。我说：‘那钱他都散给了劳苦的工人们，并无一文入了他的私囊。这还要卖田赔偿作什么？’民国二十年我到上海，曾与浦先生见面，那时他为商务印书馆编辑。二十五年我在南京，他由狱中写信给我，请我替他设法保释。我即拿着他的信去见蒋先生，把他的出身为人以及一切实在情形一一详告，蒋先生说查一查，没什么事即可释放。后来终由宪兵司令部审查数次，交请鹿瑞伯保释出狱。”（《我的生活》第564页。抗战爆发后，浦化人曾担任过八路军一二九师高级顾问，晋冀鲁豫最高法院院长，华北联大外语学院院长。新中国成立后，担任过北京外语学院院长，第四届全国政协委员，中国红十字会常务委员。1974年11月15日在北京病逝，终年87岁。）

浦化人走后，董健吾继续留在西北军任冯玉祥的秘书并兼家庭教师，给李德全和孩子教授英语。

1928年秋，南京国民党中央党部电告冯玉祥说，董贤武（董健吾）是共产党员，要求将他立即逮捕押送南京，这时冯玉祥便送他回上海。

董健吾回上海后，即与浦化人取得联系，经浦化人与党组织联系，安排他参加了互济会的工作，主要是营救被捕同志，替他们聘请律师，救济蒙难者家属。1929年下半年参加中央特科情报科的工作，由陈赓指派刘鼎和“老王”同他联系，当时他们称呼他“周二胖子”。他所主持的圣彼得教堂，成为中共中央一个秘密联络点，是陈赓在与敌人周旋时经常出没的地方，党组织和党所领导的一些左翼团体，也常利用这所教堂召开会议或进行其他活动。这位牧师还在特科帮助下，开设了一家“松柏古玩号”和一所“大同幼稚园”，中央特科利用这些地方掩护同志、传递信件和保存一部分党的文件。大同幼稚园收养共产党子女和烈士遗孤。他以牧师身份同国民党统治集团上层人物接近，经常通过宗教活动来往。当时他每礼拜都到宋子文的母亲那里，陪同她做祈祷，常能听到一些南京政府在金融上、政治上的情报。即便听不到什么消息，光是看到哪些人在宋子文的公馆里来往，就很有用处。

其时曾和董健吾有联系的情报科副科长刘鼎说：“我和董健吾牧师联系是陈赓交代的。当时有好几个牧师，有的陈赓自己联系，有的交给我联系，董同我联系那段时间，主要是搞点情报，让他以牧师面目，和宋子文的母亲接近，了解宋、蒋的情况。另外他承担了几个地方的通讯联系工作。还在他那里藏些文件。顾顺章叛变，钱壮飞、李克农撤回来后，我们想了解蒋介石进攻江西的计划，就让他去宋老太处探听点情况，他也打听到了一些国民党财政经济上有困难等情况。”

1931年顾顺章叛变投敌，陈赓离开上海前往鄂豫皖苏区以后，董健吾继续在中央特科工作。中央特科改组之后，接替陈赓继任情报科长的潘汉年曾说："特科有一工作关系叫董健吾，是牧师，在宗教界有地位，我要他拉拢帮会上层分子联系警探机关的上层人物，及时获知重要消息，相机进行营救活动。他争取到法租界帮会头子焦鼎恺，打开了对上海市警察局局长卢英行贿的门路，了解到向忠发被捕的一些情况，营救过一些被捕人员。西安事变后，王稼祥和贺诚经上海去苏联，但难以解决出国护照，董健吾通过警察局内部人员搞到了，王、贺两人顺利去苏。董还将毛泽东的两个孩子秘密寄养在家，后才送去苏联。但由于他利用教堂成立'自由大同盟'等'左'倾的事太多，牧师地位被开革，就难以起到应有的作用了。"

在律师中，中央特科主要的关系有潘震亚、费国禧、顾继荣、陈志皋。他们都是情报科的利用关系或者是党的同情者。有时我们的同志被捕，中央特科就请他们出庭辩护进行营救或者通通消息，同敌人展开合法斗争。潘震亚是法学教授兼办律师，十分同情革命，有事告诉他就会前来帮助，不附带任何条件。1929年11月17日，任弼时在上海被捕，11月22日英租界当局开庭审讯时，中央特科就延请潘震亚律师出庭辩护。任弼时被捕后化名彭德生，始终没有暴露真实身份，没有口供，敌人没有任何证据。虽然还以"危害国家安全"的莫须有罪名判决有期徒刑40天，但到12月25日圣诞节时，即将任弼时"减刑释放"。与律师界的关系，可以陈志皋为例，说明他们在辩护、营救被捕同志及在其他方面起的作用。

陈志皋，浙江海盐县人。他是复旦大学毕业的大学生，著名爱国大律师沈钧儒的弟子。虽在上海挂牌开业不久，但因他年轻精干，为人正直，已在律师界颇有名气。他曾为法电工会的工友义务出庭辩护打赢了官司，深受法电工会的工友们感谢和尊敬。陈志皋所以能在上海一举成名，也和他的家族背景大有关系。他的父亲陈其寿在法租界会审公堂当了18年刑庭庭长，与英、法驻上海领事馆关系颇深。他曾帮过大流氓黄金荣的忙，搭救过黄金荣的性命。他还得到上海滩的另一个大流氓杜月笙的好友姜尚的庇护。姜尚在法租界当局流氓圈内很有势力。再说，他的姨父、舅父也都是法官。他的家庭在上海司法界拥有很大势力。

因此，陈志皋虽是一般律师，但在上海的活动能量很大。无论是上层洋人，或是下层三教九流，他都玩得转。他平时爱读进步书刊，结交不少进步朋友，他的思想比较进步。他是中共领导下的外围组织《世界与中国》杂志社的成员。这个杂志的审稿人是孙晓村，陈志皋负责经济事务，杂志编辑部就设在陈志皋家的3楼书房里。这里收藏有不少进步书籍。他在租界捕房里收买了一些关系，曾经多次为被捕的我党同志出庭辩护，在营救工作中起过相当大的作用，对营救关向应提前出狱出了力。

1932年2月16日至21日间，国民党特务在上海几家大报上刊出伪造的《伍豪等脱离共产党》启事。国民党反动派妄图通过这则启事，达到诬蔑周恩来同志和瓦解中国共产党在国民党统治区的革命力量的目的。

当时周恩来早已离开上海到达中央苏区任中共苏区中央局书记，领导中央苏区中国工农红军反对国民党的武装斗争。上海中共临时中央动用党报党刊并散发传单辟谣，揭穿敌人的造谣诬蔑。但是党报党刊都不能公开发行，由于国民党政府压制，也无法在上海公开发行的报纸上辟谣。中央几经波折，才在《申报》发表一则简单的广告："伍豪先生鉴：承于本月18日送来的广告启事一则，因福昌床公司否认担保，手续不合，致未刊出。"虽然这则启事非常巧妙地起到了辟谣的作用：采用这种方式，间接说明伍豪有一个否认并揭穿国民党特务造谣的声明，但因"保人关系"未能刊出。但对一般党外读者来说，却未必真能如此理解这个广告的深刻含义。于是，当时中央特科情报科长潘汉年，与李一氓等中共上海文委的同志紧急磋商，以党内都知道的周恩来常用的化名周少山的名义，准备写一则《周少山紧要启事》在报纸上公开发表。

潘汉年知道，其时已调中央特科情报科工作、曾任党领导的特别营救部部长的黄定慧（黄慕兰），过去在营救被捕同志工作中认识陈志皋，就把刊登这则紧急启事的任务，交给黄定慧去办。

黄定慧正是办理此事的合适人选——黄定慧是湖南浏阳人，出身名门。她的父亲黄颖初是老同盟会会员，和谭嗣同、唐才常是旧民主主义时期著名的"浏阳三杰"。她于1926年春在武汉加入共青团，11月转为共产党员（也是国民党左派），曾任国民党汉口特别市党部妇女部部长。大革命时期，"黄慕兰”是武汉做妇女工作的有名人物。七一五反革命政变后转移到上海，曾在中央任内部交通、党领导的特别营救部部长，后调进中央特科第二科。此刻她正装扮成阔小姐，住在上海霞飞路的高等华人住宅区。她年轻美貌，热情活跃，陈志皋在营救工作中同她经过几次交往后，正在虔诚地追求着她。

黄定慧领命后，就去约会陈志皋律师。她以自己亲戚遭人诬陷为由，要求陈志皋帮忙为她的亲戚发表紧急启事，摆脱困境。陈志皋过去已多次为共产党工作，都很痛快地应允帮忙，这次却感到为难。他向黄定慧表示，这次事关重大，为国民党最高当局所关注，实非中国律师所能胜任。思索再三，他向黄定慧说，他和法租界著名法籍律师巴和私交较好，由巴和出面代表她的亲戚刊登这个紧急启事，比较稳妥。因为按照国际惯例，律师有权不向任何人透露当事人的姓名、住址。巴和律师是外国人，又居住在租界里面，国民党对他无可奈何。

黄定慧将此情况报经潘汉年同意，就和陈志皋一起拿着《紧急启事》稿去找巴和律师。巴和开始也有所顾虑，经陈志皋再三劝说，又许以重金酬谢，便应允了。1932年3月4日，便在上海《申报》显著位置发表了这篇《巴和律师代表周少山紧要启事》。

在此以后，潘汉年又要黄定慧利用和陈志皋律师的关系，设法在法租界捕房内建立内线关系。黄定慧找陈志皋谈了后，潘汉年又亲自与陈志皋谈了几次，鼓励他继续为我们党工作。其后黄定慧很快通过陈志皋结识了法捕房探长赵子柏，赵表示靠拢中共，主动向黄反映情况。这时全总有一会计卷款私逃。此人知道全总负责人和所属单位的详情，他如向敌人自首，破坏会是非常严重的。黄要赵帮忙找到此人。赵运用工作便利，会同英租界和华界侦察部门侦缉，终于在一妓院中找到线索，即以偷盗犯罪名将其拘留，避免了大的破坏。赵子柏把当时凡属法捕房所辖一切要破坏和捕押的情况告诉黄，并商量对已捕押人员的营救办法。向忠发被捕后，他把一切经过都告诉我们，并接受我们提出的意见，向法租界当局行贿，不让中国当局引渡。但由于南京政府全力以赴，法租界无法坚持，向忠发终于被引渡到淞沪警备司令部。

向新闻界发展

循着把党的隐蔽斗争从顾顺章所热衷的恐怖行动转到政治斗争方向上来的方针，中央特科的情报工作日益打开了宽阔的门路。情报科注意向新闻界发展，也取得了丰盈的成果。

中国共产党在领导人民进行革命斗争的过程中，历来重视舆论斗争的作用。抗日战争初期，周恩来同志谈到舆论斗争与革命战争的关系时曾经说过："笔战是枪战的前驱，也是枪战的后盾。"党在敌人统治地区开展隐蔽斗争，进行情报工作，也很注意与舆论斗争相结合：创办报纸，建立新闻通讯社，以新闻机构掩护情报机关，用公开合法形式开展情报工作。这不单是掩护隐蔽斗争的良好形式，也便于搜集各种社会情报，使得情报来源更为广泛。秘密情报和公开情报相辅相成，互相印证，更加准确地摸清敌对势力的动向。

20世纪30年代初期，国内竞办新闻通讯社的风气，正在新闻界兴盛起来。这时在中央特科主持情报工作的陈赓和情报科的一些同志，曾经考虑由特科创办通讯社，通过记者活动的方式，公开搜集敌人活动的情报，以便逐渐培养一批自己的记者，通过他们去团结、争取一批新闻界人物，成为党的耳目。

在情报科统一规划下，打进敌人心脏的李克农、钱壮飞和胡底为了将秘密情报和公开情报结合起来，在南京创办长江通讯社、民智通讯社以及在天津创办长城通讯社，在上海办"上海无线电管理局广播新闻"掩护情报工作的情况，前文已经作过详细记述。陈赓直接领导情报科几位同志，也在这方面作过尝试。尤其是毕生献身情报工作的陈养山，在从事情报活动中，常以新闻记者的身份进行活动。他很善于通过社会关系，与上海的一些新闻机构取得联系。他到情报科后就以《申报》记者为掩护进行活动，还曾多次组织新闻通讯社，利用公开合法形式开展情报工作，获得帝国主义和国民党的不少情报。

情报科成立初期，别名"大块头"的"刘大汉"（欧阳新）就常以新闻记者身份活动，取得不少有价值的情报。当时盘踞上海租界的英、日等帝国主义分子常想拉拢新闻记者给他们做宣传，"刘大汉"在大革命时期曾在武汉国民政府外交部长陈友仁处当翻译，又到苏联军事学校学过炮兵，外语很好，他就利用对方的这一企图，以新闻记者身份同他们打交道，从中获得了一些有关英、日政治动向和外商活动的情报。他还以记者名义接近国民党的军事机关及来往于上海、南京的军政官员，并同某些反动军官交上“朋友”，得到不少国民党的军事、政治情报。他在社会上活动能力较强，即使偶然不慎被捕，也有办法脱险。1930年春，杨登瀛发现有个红军的叛徒史书元，正利用“一品香”旅社作掩护，直接找国民党上海市党部联系，进行出卖革命的政治交易。此事经过陈赓报告中央特委后，周恩来当即命令中央特科二科、三科的同志全体出动，把“一品香”旅社团团包围。这家饭店的大门和四面近处几个街口，都被全副武装的“红队”封锁，所有警察也都被监视起来。陈赓亲临现场指挥；刘鼎作为杨登瀛的专家，陪他进入饭店参加宴会，借此侦察、监视史书元的行动；“大块头”则以新闻记者身份，进入饭店“采访”，准备把这个叛徒抓起来。结果敌人发觉情况有异，叛徒慌忙溜掉。这次行动受挫，“大块头”和饭店门口的几位同志被捕。“大块头”的个头高、块头大，英语说得流利，外貌又有点像白种人，在他的口袋里面，装有许多外国记者和外交官的名片，他还认识一些外国驻中国的大使、领事。他一被捕，不讲中国话，满口说英语，并且一直向巡捕抗议他们无故捕人，还讲他是记者，要同某大使、某领事打电话。敌人摸不清底细，看他“来头不小”，又没从他身上搜出任何可疑的证据，就把他放出来了。

这个时候，有个广东人办的南华通讯社，由于资金短缺，人手不够，除了设在广州的总社，只在南京有个分社（实际上，两处都是只有两三个人，一块招牌）。当时上海是全国政治、经济、文化中心，因为上海未设分社，广州、南京的业务也不容易开展。得知这个情况以后，陈养山就和上海《时事新报》记者王安之（又名王雄，原为共产党员，1931年叛变）去同这家通讯社的老板联系。了解到他资金少，野心大，就由特科资助，替他出人，挂招牌，很快办起“南华通讯社上海分社”，还帮助他在汉口设立分社。特科利用这个通讯社进行活动，得到了帝国主义和国民党不少很有价值的情报，也为特科同志的活动提供了不少方便条件，起了很好的掩护作用。可惜业务正在逐步发展的时候，突然发生顾顺章被捕叛变事件，白色恐怖笼罩上海，这项业务也就很快地偃旗息鼓了。

从1928年至1935年6月特科结束，陈养山一直都在特科做情报工作。1935年9月，陈养山（化名陈仲英）从上海被派往重庆，和先已在那里的陈昌一起开辟情报工作。他们研究，四川情报工作的基础很好，党同国民党、地方军阀各方面都有较好关系，可以派人进去，大有发展前途，只是人手太少，很难打开局面。陈养山为此又去上海，向留在那里的党的联络机关求援，于12月同陈克寒一道乘船回到重庆。

“三陈”正在考虑如何在四川打开局面，开展工作的时候，听说四川实力派人物刘航琛创办的“新四川通讯社”，因为无利可图，准备停办。他们抓紧时机，和刘航琛往返协商，最后以优先转发他们的新闻稿为条件，使他无偿地将通讯社交给“三陈”接办。他们又以提供一些情报为条件，同蒋介石的重庆行辕政训处挂钩，解决了经费问题。于是，这个通讯社以陈昌做社长，陈养山做总编辑，陈克寒做记者，便以新的面目开始活动。

陈养山原与上海一些新闻单位有联系，这时佯称“时申新闻社”记者来渝；陈克寒原是上海《大美晚报》记者。为了提高通讯社的地位，除了本身汇集的新闻，又将国民党中央通讯社的新闻加以改编，作为“本报专电”印发，还利用陈克寒在新闻界的关系，从上海寄来一些特约稿或“专电”，所发稿件受到许多报纸的欢迎。他们又主动与各报社、通讯社取得联系，争取团结当地报界一些进步人士。很快成为重庆新闻界引人注目的新秀。

当年参与其事的陈昌的妻子刘其珍说：“经过数月的努力，我们获得了大量秘密和公开、非法和合法的军事、政治、经济等方面的重要情报，以及各种社会情报。由于这些情报主要来自国民党军政首脑机关，所以既机密，又准确及时，工作很有成效。而这些成绩的取得，养山同志发挥了重要的作用，因为养山同志年龄很大，入党最早，经验也较丰富。当时，我们的活动经费很困难，组织要我们自己设法解决，养山同志便将自己所有值点钱的东西全都卖掉，用作通讯社的活动经费。结果他自己的基本生活都无法保障，有时一天就吃一个烧饼度日，非常艰苦。但他工作热情很高，他经常白天当总编，晚上当印刷工人，什么工作都带头干。”（《忆陈养山同志在重庆的战斗经历》，《纪念陈养山文集》，第49页）

“三陈”的精力没有白费，经过不很长的时间，他们就通过这个通讯社取得丰盈的成果。陈养山在以后写的《回忆“新四川通讯社”》一文中说：

经过数月的努力，我们获得了大量秘密和公开的、非法和合法的军事、政治、经济方面的重要情报，如国民党中央和地方军阀的党、政、军动向；军力配备及其互相斗争的情报；国民党军部和党部与地方各派系之间争权夺利的情报；重庆经济界与浙江资本家的矛盾；以及各种社会情报。这些情报主要来自国民党军政首脑机关，既机密、准确又及时，我们大都及时地向上海联络机关报告。有的由于条件限制寄不出去，甚为可惜。

此外，我们还利用敌人矛盾，使事态扩大，促使狗咬狗的斗争激化，如当时重庆市政府秘书黄应乾（国民党市党部委员，C.C.分子）为新任市长李鸿琨（刘湘派势力）修建公馆强占民房一事，是宪兵三团团长袁家佩侦悉，“新四川通讯社”发稿揭发，引起双方互斗。又如揭露复兴社与C.C.派为争夺国民党重庆市党部领导权，而引起双方在市党部打架的丑剧。另外我们还探知重庆行辕新闻检查所所长李介民（叛徒）用光灯窃获我方用化学通信的秘寄方法，及时向中央作了汇报，保护了地方党组织，避免了再遭破坏。

我们除通讯社的工作外，还秘密领导和参加当地的抗日救亡活动，如重庆声援成都人民反对日本设立领事的斗争；支援绥远人民的抗日斗争等等，“新四川通讯社”都是站在新闻界的前列。同时参与各种抗日救亡团体和大中学校抗日救亡宣传活动。其中有的宣言还是陈克寒草拟的。他还打入军统办的一家报馆当编辑。（《纪念陈养山文集》，第127—128页）

这次采用公开的通讯社形式掩护隐蔽斗争的行动是成功的。正像陈养山所说：“这个‘新四川通讯社，是由重庆行辕情报处出钱，广泛利用国民党中央党政军机关及地方军阀各派势力，用以联络各方社会人士，团结新闻界、文化界的进步人士，搜集大量情报和进行统一战线工作。这个极端复杂的政治背景和合法活动，谁能怀疑它是共产党的情报机关呢！”

1936年7月，陈养山和陈克寒从重庆去上海汇报工作，正逢中共中央派冯雪峰同志到上海来接关系。在上海住了一段时间，组织上决定将他们两人一起调回陕北。陈养山于10月间到达西安，党又决定将他留在那里，主要参与联络西北军的工作，他仍以记者身份作掩护，帮助吴奚如办《文化周报》。这是张学良出资创办，指导抗日救亡运动的刊物。不久发生了西安事变，在此期间，陈养山除了了解社会反应，还奉命负责筹办西安红中社。

周恩来于12月19日从西安打电报给毛泽东、博古："决定在西安设红中通讯社，请注意广播宣传，并将所有公开电报、信件及宣传品均用广播发出，布置发报散布（播）时有补（充）者亦编入。"

随后即在西安成立红中通讯社，由中共陕西省委宣传部长李一氓领导。调集的工作人员除陈养山外，还有陈克寒和布鲁（陈泊）。博古抵达西安后，曾到工作人员住地同大家谈话。西安红中通讯社，属于新华社前身红中社西安分社性质。它的任务是向西安各报社和社会团体印发西安红军办事处抄收的红中社新闻和我党发布的文告、宣言等。李一氓在回忆录里也曾说到有关情况："在西安搞省委宣传部工作，开始时比较简单。因为当时正在西安事变的发展过程中，政治形势变化很大，而党中央的态度有很大的社会影响。西安办事处每天把延安的电讯收下来，转交给我们，我们就把它编起来，油印成新华社通讯稿，向西安的党、政、军和新闻机构发送。干这个事情的有陈克寒和布鲁两个同志，天天如此。……后来西安事变一解决，省委搬出西安，油印新华社的通讯稿是不行了，所以陈克寒他们都到延安去了。……我们这个新闻稿的油印发行大概进行了5个月。"（《模糊的荧屏》，第245—246页）

陈养山在西安红中通讯社工作的时间不长，又被调往西安情报站，开展情报和统战工作，为反对内战、推动抗日救亡运动和促进统战工作的发展，进行了艰苦的工作，作出了显著的成绩。

十六、开拓新局面（下）

淞沪警备司令部

在上海，国民党反动派专事破坏中国共产党党组织、屠杀共产党人和进步人士的重要机关是淞沪警备司令部，它是中央特科需要认真对付的敌人。

当时国民党淞沪警备司令部位于龙华镇的古代建筑龙华寺以北。这地方最早是清朝同治四年（1865年）创设的龙华兵工厂，到了民国二年（1913年），袁世凯为镇压南方革命党人，特派其亲信为淞沪镇守使，派遣一个师的兵力驻于龙华兵工厂内。其后这里的驻军屡有变更，或称“防守司令部”，或称“戒严司令部”，都是反动派镇压人民的工具。1927年3月，周恩来领导上海工人第三次武装起义取得胜利后，北伐军东路军前敌总指挥白崇禧率部开进上海，在龙华兵工厂内设立国民党警备司令部，委任杨虎为司令（4月9日改称上海戒严司令）。白崇禧参与四一二反革命政变，支持蒋介石建立南京政权。同年9月，蒋介石令白崇禧在龙华改设淞沪卫戍司令部并自兼司令。1928年1月白崇禧率部离开上海，蒋介石又派国民党第十三军副军长兼第一师师长熊式辉代理淞沪卫戍司令。同年3月30日，又改称淞沪警备司令部，由第三十二军军长钱大钧兼任司令；9月，钱大钧调任江南“剿匪”司令，仍由熊式辉兼任司令。在此期间，中央特科主要的对手是钱大钧和熊式辉。

钱大钧，字慕尹，1893年生于江苏昆山。1916年入保定陆军军官士官学校学习炮兵。1924年在黄埔军校任教官和行政职务，并曾参加第一、第二次东征，1926年1月升任第一师师长，7月任广州警备司令等职。1927年配合蒋介石在上海发动的四一二反革命政变，与广东军阀合伙制造了广东地区的“四一五”政变，大肆残杀共产党员和革命人士。1927年8月，在南昌起义军南下途中，钱大钧曾率部队到瑞金、会昌地区拦截起义军“有功”，驻军广东梅县，10月升任第三十二军军长。1928年初率部北上，3月30日任淞沪警备司令，不久又任国民党上海特别市党部常务委员、江苏省政府委员；9月，所部整编为第三师，任第三师师长兼任江南“剿匪”司令；10月成为南京国民政府军事委员会委员。……最后获“陆军中将加上将衔”。

其间两度出任淞沪警备司令的熊式辉，字天翼，江西安义县人，亦出生于1893年。1915年，熊式辉由保定陆军军官士官学校毕业，1920年曾留学日本，进日本陆军大学。1926年北伐开始时任第一师党代表，后又相继担任第十四军党代表、独立第一师师长、第十三军副军长兼任第一师师长、第三十七师师长。1928年1月兼任淞沪警备司令至3月底，4月1日率部北上随蒋介石北伐，6月调任第五师师长，9月7日再任淞沪警备司令，后又兼任淞沪杭“剿匪”总指挥。1931年夏调任南昌行营参谋长。……最后获“陆军二级上将”。

国民党淞沪警备司令部罪行累累：“自1927年蒋介石在上海发动‘四一二’反革命政变后，先后设在龙华的国民党警备司令部、卫戍司令部、淞沪警备司令部，不知屠杀了多少共产党人和革命志士。据不完全统计，仅从1927年‘四一二’反革命政变起至1933年之间，被害者就达数千人之多。在该处被囚禁或牺牲的烈士，其中有许多是早期著名的共产党员。如孙炳文、罗亦农、彭湃、杨殷、颜昌颐、邢士贞、陈延年、陈乔年、郑复他、许白昊、宣中华、黄竞西等。他们均在狱中经受了种种毒刑，最后大部分都壮烈地在该处殉难，如宣中华烈士，竟在该处惨遭敌人腰斩而死。”（余卫平、陆米强：《龙华国民党淞沪警备司令部》，上海《党史资料丛刊》1983年第3辑）

“第四号政治密查员”

淞沪警备司令部是中国共产党的死敌，经常威胁党组织的安全。如何才能及时得到那里的情报，掌握它的动向，是中央特科经常考虑的问题。特科有名的传奇人物“老宋”（宋启荣，化名宋再生），是陈赓主持情报科工作以后，派进国民党淞沪警备司令部去的第一个重要情报员。跟着打进去的是他弟弟“小宋”（宋启华）。1929年，又有“老王”通过杨登瀛的关系打进淞沪警备司令部稽查处任稽查。他们向情报科提供了许多有价值的情报，干得最出色的是领到淞沪警备司令部“第四号政治密查员”证件的宋再生。

宋再生原名宋启荣，又号槐青，1897年生于浙江诸暨。1926年冬，在河南洛阳加入中国共产党。入党后参加中共洛阳地委军委工作，旋由武汉国民政府委任为国民革命军第五路司令。就任后潜赴豫西各地组织武装，于1927年5月率部攻入洛阳。因敌我力量悬殊，未能巩固，宋启柴被韩复榘逮捕，被判死刑。后由西北军政治部主任宣侠父（共产党员）星夜赶到巩县，商请方振武、孙良诚到洛阳向韩复榘缓颊，才改为无期徒刑。改判未久，韩复榘部移驻信阳。宋启荣因曾救过钮永建的胞弟钮荫谷，在报纸上看到钮永建出任江苏省政府主席，即经中共洛阳地委写信给钮荫谷设法营救。钮永建很快来电给西北军总司令冯玉祥请求开释，又经托请冯玉祥夫人李德全说情，宋启荣获释后即改名“再生”。不久因叛徒供出中共洛阳地委地址，致使两位负责人被捕。宋再生遂经开封转赴南京，找到党组织后在南京市委军委工作。1928年5月后他由党组织调到中央特科，即留在陈赓身边工作。

经过陈赓认真细致的安排，宋再生很快就同上海的有关方面拉上了关系。这年9月7日，蒋介石任命熊式辉为国民党淞沪警备司令，接着又令他兼任“淞沪杭剿匪总指挥”。一天，宋再生在马路上遇到同乡陈大同，那人一见面就乐乐呵呵地对他说：“老宋，你的时运来了！”

宋再生赔着笑，诧异地问：“什么事？”

“熊天翼（熊式辉的名字）当了警备司令，他是蒋方震老先生的学生，你赶快去拜蒋门为师吧！”陈大同对于自己的先知先觉十分得意，怂恿地说：“只要一拜师，他就会保举你。走这个门子，熊天翼总得给你一个像样的差事。有了警备司令部这么个硬后台，还愁不能升官发大财？”

“是啊，这倒是个肥缺，不过——”宋再生点了点头，若有所思地问道：“有什么条件没有呢？”

陈大同笑嘻嘻地说：“蒋老先生乐善好施，投门生帖倒不怎么难。主要是得备一份厚礼，请客还要花一笔钱。日后你真有了发财门路，也要让那班人得到好处才行。”

宋再生把手一摆，佯装犹豫，慢条斯理地说：“你先别忙，让我回头仔细想想再说，好吗？”

“行！”

陈大同有关蒋方震和熊式辉的师生关系所言不虚。蒋方震字百里，号澹宁，浙江海宁人。他曾任保定陆军军官士官学校校长、代理南京陆军大学校长，死后被国民政府追赠陆军上将。熊式辉是江西安义人，保定陆军军官士官学校第二期步兵科毕业。1913年熊式辉考入保定军校时，蒋方震正任该校校长。当时官场素重师生情谊，周恩来和陈赓对此自然是非常熟悉的。

宋再生和陈大同分手后，一直琢磨着这件事，认为这是一个好机会，回来就向陈赓汇报了。陈赓一听，喜形于色，就叫他利用这个办法试一试，争取打进淞沪警备司令部。于是，宋再生就去投了门生帖，拜在蒋方震门下。果然，蒋方震收了他的拜帖不久，就把他介绍到亚尔培路熊式辉的公馆里去了。熊式辉见宋再生是由蒋老先生推荐而来，便热情地给以款待。等宋再生从熊式辉那里转回来，刚一走进蒋方震的客厅，蒋方震就非常高兴地对他说：“天翼已经来了电话，委派你为淞沪警备司令部的政治密查员。”

宋再生很快领到警备司令部的第四号政治密查员证件。随后，他按照陈赓的指示，就用这个政治密查员的身份，去同英、法巡捕房和上海市公安局的督察处、侦缉处联系。他很快就结识了法捕房的探目范广珍，并且建立了情报交换关系。范广珍又名伯傅，浙江绍兴人，巡捕出身，先后在法租界政治处查缉股任职10年。查缉股又称查缉班，专门负责协助国民党政府在法租界搜捕共产党员、进步人士和国民党内的反蒋人物。班长是法国人马慕雅，范广珍是三个华籍探目中的一个。这时，范广珍向宋再生提供的情报，有来自叛徒的，有来自黄色工会的，也有来自捕房眼线的。宋再生拿回交给陈赓后，再把组织上编造的一些真真假假的情报交给范广珍。其后，宋再生又同英租界老闸捕房探长尤阿根拉上了关系，名气越来越大。宋再生的弟弟宋启华（“小宋”），也是一个有名的传奇人物，在这里充当“老宋”的帮手。

就在这年腊月底的一天，有个叫王铁铮的找到宋再生，给他介绍了一个姓黄的年轻人。这个姓黄的以浓重的湖南口音对宋再生说：“我可以帮助你们捕到共产党的重要人物罗迈！”

“罗迈？”宋再生心头一紧，不禁重复了一句。原来罗迈是李维汉的化名，当时他在上海任江苏省委书记，正是国民党反动派极力追捕的我党负责同志之一。敌人通缉李维汉的时候，曾为他的头颅悬赏5万元。

没等宋再生再开口，姓黄的点了点头，忙又追问：“你晓不晓得，捕罗赏格5万元有无回扣？”

宋再生眉毛一扬，淡淡一笑，说：“十足照付，不折不扣。不过事要实在、稳当。”

姓黄的那个家伙拍着胸脯，神气十足地说：“完全保证。”

“那好！”宋再生随即与那个姓黄的约定：农历正月初五在长乐茶社碰头。并应他的恳求，先付给他现钞30元，供他“过年急用”。

宋再生打发走那个姓黄的家伙之后，立即将此事报告陈赓。陈赓想了想说：“好吧！到时候你把姓黄的带到大东旅社去。我自有安排，至于你怎么配合，等一会儿再告诉你。”

转眼到了正月初五。这天上午，那个姓黄的果真来到长乐茶社，与他心目中的政治密查员——宋再生见面。

宋再生把这个姓黄的带到大东旅社的时候，陈赓身着黄呢军服，完全是一副国民党高级军官的派头，正在一间摆设豪华的房间里“恭候”。宋再生把这个财迷心窍的告密者引进屋里，伸着手，郑重地介绍说：“这位就是我们司令部王参谋长，你快跟随他去见司令！”

陈赓遂带此人坐上汽车，开到威海路805号一幢石库门房屋前。在这里等候他们的，是当时主持中央特科日常工作的顾顺章和另外3个红队队员。

顾顺章见陈赓领着这个个子不算太高的陌生人正要进门，就急忙走到门口笑脸相迎，高兴地说：“王参谋长好！这位莫非就是黄君吧！”

“不错！”陈赓点头回答说。

顾顺章请他两个进屋，边走边说：“来来来，我们先来商量一下，再去见司令官。”他即又吩咐左右摆出上好酒菜款待客人。

这时端上来的酒叫“千里香”。尽管陪客的人频频添杯，毫未见有醉意，独是这位贵客，一经沾唇，立刻酩酊如泥。从此，再没有看见这位姓黄的走出门去。原来是顾顺章这位“化广奇”魔术大师施了魔法，那把酒壶不是寻常之物，而是能够因人“分别对待”的魔术道具。（后来查明：这个姓黄的向宋再生告密的“罗迈”不是李维汉，而是一个同名的人。）

有一天，宋再生在南京路游逛，走到三友实业社门口，碰见法界探目范广珍，身后跟着一个年轻人。经过介绍，这年轻人姓顾，可是究竟是干什么的呢？宋再生并不清楚。然而当这个年轻人听说宋再生是个政治密查员后，如鱼得水，不肯离开，一直跟到浙江路迎春坊——宋再生的住处。这个年轻人一路上大献殷勤，进屋就问：“捕获李立三奖赏多少？”当他听说“赏格5万”，就求宋再生带他见熊式辉。第二天，这人到约定的地点会面，拿来一张李立三同志在外国拍的照片。宋再生遂将此事报告陈赓。陈赓迅速查明：原来这个姓顾的是铁路工会秘书，同李立三朝夕见面，关系匪浅！如今财迷心窍，干起伤天害理的事情来了。在这到处布满白色恐怖的上海，对于这样一个叛变革命的败类，是不能容忍的！陈赓便采取断然措施，为党和人民除掉了这一祸害。

宋再生于1930年8月因筹款失手被敌人逮捕。国民党软硬兼施，极力劝降，“老宋”不屈被判无期徒刑。后由中央特科聘请顾继荣律师辩护，经过合法营救，改判有期徒刑四年，1934年刑期届满获释。据宋再生向洪扬生说：他从狱中出来后，组织上决定派他前去苏区，他因家有老少五口，全无活计，曾向组织要求借款安置好了再走，未被批准，反以“不服从分配”为由而被开除出党。宋再生“心不甘服，无由申诉”。曾准备筹款去巢湖打游击，未能实现。后以经商方式，通过白区，经越南、云南赴重庆找党组织，没有找到，却被特务盯住。计无所出，只得再回上海。解放后曾任上海市公安局情报组第一组组长，1951年任上海南京路同羽春茶馆经理。李强在1980年10月曾说：上海刚解放的时候，“老宋”曾选两筐水蜜桃送给陈赓，陈赓分送一部分给他。李维汉1982年5月7日致李一氓信中说：“宋再生解放后在上海市公安局工作时，我因工作去上海，他知道了来见我，谈及此事（指当年黄某向宋再生告密‘罗迈’的地址索取赏钱，其后查明所告密的不是李维汉而是别人，‘所以没有要我迁居’）。以后他退休回宁波家住，同我有过几次书信来往。”

“小宋”即宋启华，在顾顺章叛变后曾在上海被捕，被判无期徒刑。1941

年争得减刑释放，隐居徐州。1949年徐州解放后，很想见当年在中央特科时的老领导人陈赓，又知道陈赓最重情谊，曾以宋启荣、宋启华名义在《徐州日报》上刊登《寻人启事》：内称："陈赓将军，三一年一别，顺章叛变，我等在押，家庭沦落，现在徐州谋生，急于见你一面。"1949年2月上旬，陈赓在部队驻地河南漯河看到这个启事，曾派人前去找宋启华来漯河他的司令部住了几天叙旧。其时部队正在整编，准备渡江，工作繁忙。陈赓同他长谈以后，就派人送他到中共中央中原局予以适当安排。

宋启荣在20世纪50年代初期审干运动中，曾被上海市公安局以"杨帆死党"为由逮捕，关押了19个月。经审查并无证据，陈赓到上海闻知此事曾加以干预，后被释放。

英、法租界巡捕房

中共中央的机关在上海驻在英、法租界，租界巡捕房始终严重威胁党组织的安全。因此，中央特科对于英、法租界巡捕房的情报工作也很重视。陈赓除了通过杨登瀛从英、法租界巡捕房探取情报，还用"打进去""拉出来"的手段，直接探取租界当局的情报。

宋再生打进淞沪警备司令部，站稳了脚跟后，特科给予他的主要任务是：同英、法巡捕房和上海市公安局督察处、侦缉处建立关系。如前文所述，他以淞沪警备司令部密查员身份，首先和法捕房的探目范广珍建立了关系，互相交换情报。范广珍提供的情报，有来自叛徒的，有来自黄色工会和眼线的。老宋交给对方的情报，则都是组织上拟好由陈赓同志交给他，然后经他交给范广珍的。老宋同英租界老闸捕房探长尤阿根也建立了关系，起了一定的作用。范广珍这个人虽同我们"交换情报"较久，但其本质则很反动。据1930年起在法租界巡捕与范广珍同事，后来升任政治处特级督察长的薛耕莘揭露："范广珍，又名范伯传，浙江绍兴人，巡捕出身，在查缉班任职10多年，每次参加拘捕和搜获的文件，他都制成副本，连同被捕人姓名、住址、照片、手印，编成档案，请政治处探目姚达仁手抄留存。1939年，他曾将这套副本卖给汪伪特工'76号'。此人在1933年，经国民党淞沪警备司令部侦缉队队长王兆槐介绍，每月接受军统津贴60元，1942年因身份暴露，离职去内地。抗日胜利后返回上海，任军统毛森系第二组组长，受朱岑楼领导，朱于1964年因有立功表现，由中央公安部宽大处理，判处无期徒刑。”（《我与旧上海法租界》，上海《文史资料选辑》1979年第6辑）

在英租界巡捕房，同捕房探目陆连奎也有过关系。陈赓派人在陆连奎那里当“徒弟”搞些情报。还通过陆连奎的关系，介绍一个党员王某在巡捕房当侦探，曾经做了不少工作。例如，一个叛徒供出我党的情况后，他就借着逼供，将这个叛徒打死。英租界工部局老闸捕房的探长周桂生也同中央特科有关系，常送情报来。全国解放后周因患病死在老家江苏盐城。

在法租界捕房，共产党员陈彭年利用捕房包探身份，为党做了很多事情。例如送情报，搞黑名单，利用工作关系放走我们的同志。当我们的机关被破坏的时候，他就在门口看门，有人来他就故意打招呼：“哎！你是不是共产党？不是，走开！”我们的同志就这样走掉了。陈彭年是留法华工，莫斯科东方大学学生（他后来参加红军，在长征中牺牲）。在法捕房还有两三个华工，曾在法国参加过第一次世界大战，得过奖章，回到上海后在法捕房做交通巡捕的领头，也常同我们通通消息，搞些掩护工作。

这个时期，中央特科继续在已夺取的阵地上扩大战果。经过一段时间的努力，中央特科的情报网有很大的发展，上海市公安局、国民党上海特别市党部、上海电报局和一些通讯社、医院里，以及南京的国民党市党部、公安局和南京卫戍司令部，镇江的江苏省政府、苏州县政府等处都建立了情报员。蔡麻子还到东北发展了“满洲情报网”。到了后来，租界的巡捕房和国民党的特务机关、警察局、警备司令部、宪兵队、国民党党部，以及社会上的帮会、地痞、流氓，租界里的包探、巡捕当中，到处都有我们的人和同情者或能利用的关系活动着，随时能在政治、军事、经济以及国际等各个方面，提供非常及时而有价值的情报。因为消息特别灵通，当时敌人如要破坏我们的机关，往往事先我们就已知道。有了这样多的关系，不但消息灵通，而且常能办些令人难以想象的事情。

对于当时所联系的人物，按照不同的对象，特科分别采取不同的态度。如果他们对党是同情的，就以党的面目进行联系；有的只是一般朋友关系来往，并不告诉自己的身份。因此，有些人虽然给党做了许多事情，本人并不知道内情。

这样，上海党的隐蔽工作，终于摆脱单纯的恐怖行动，转到政治斗争，接连取得许多胜利，上海党的机关得到周密保护。这是周恩来同志亲手制定的方针政策的成功，陈赓、李强、刘鼎和特科其他同志坚决贯彻执行周恩来的指示，对实现这一转变，起了极其重要的作用。

十七、电讯科长“曾培鸿”——李强

党的电讯事业创始人李强

中央特科第四科即无线电通讯科建立稍迟一些，它是适应革命形势发展的需要而设立的（先为交通科，成立后很快改称无线电通讯科）。

1928年，中国共产党第六次全国代表大会前后，党在白区的工作逐渐恢复，各地不断爆发武装起义，根据地和红军不断扩大，苏维埃政权相继建立。上海中共中央迫切需要冲破敌人的封锁阻挠，加强对各红色区域和各地党委的领导。以往党内联系全靠交通员跑，传递文件非常困难。秘密交通员在上海、江西间往返一次，需要两个多月的时间。不单是速度慢，而且不安全。如果交通员在途中遇到麻烦，还有泄密的危险。为了防止传递文件泄密，中央秘书处当时特地设立了专办药写文件的药水处。印发文件的办法，就是将中央文件用密写药水印在字画、手绢的后面或线装书书页的背面，收到后再用药水显影。这种落后的传递手段，显然已经不能适应新的斗争形势的需要。

因此，中共中央迫切需要建立无线电台与各地组织联系。到1928年党的六大召开的时候，就提出了建立无线电台的任务。这年秋天开始筹建电台工作。建台本来不是中央特科原定的职责范围，但是，当时中央有特殊任务在其他部门无力进行时，往往交给特科办理。所以特科承担了这项非常重要而又难度很大的任务，为此设立了负责筹建电台的第四科。

第四科科长李强（曾培鸿）是中国共产党无线电通讯事业的创始人，也是新中国广播事业的奠基人。鉴于李强在无线电电子学理论与实践上的成就，1955年被选为中国科学院技术科学部学部委员。同时，他还是革命战争人民兵工事业的主要领导人之一，外贸外经战线的卓越领导人。

李强（1905—1996），原名曾培洪，字幼范，化名曾培鸿、曾宗达。江苏常熟县人，生于书香门第。祖父是前清举人，父亲是秀才。他六岁就进私塾，后在家乡读完小学，1920年到杭州宗文中学就读。他刻苦攻读，成绩优异，是个品学兼优的好学生——用现代的话来说，就是一个“在德智体诸方面全面发展”的三好学生。只因他受五四运动兴起的新思潮影响，极力摆脱传统观念和封建礼教的束缚，读到二年级的时候，在一篇课堂作文中反对封建礼教的陈规陋俗，被教课的学究先生认作对旧礼教、孔圣人大不敬而遭到“开除”的厄运。

他在这时得到一位正在上海读书的小学同学周奎的鼓励和帮助，凭着自己在中学时数、理、化的优异成绩，成为上海南洋路矿学堂（其后改名东华大学）中学部三年级新生。这座学校当时是上海一所由中国人出资兴办的学校，这里有着不讲尊儒崇孔的现代气氛，比较注意发挥学生的个性和才能的教学方法，这一切都使李强感到欣慰。有不少教师是英、美留学生，用英语讲授数、理、化和世界历史、地理课程。加以英语教师牛惠珠教课生动活泼，使李强在这里打下了坚实的英文基础。他在中学毕业时获得中、英文两张毕业证书，成为这个学校大学部土木工程专业的学生。

大学时代，李强思想上有了飞跃的进步。李强说：“1925年‘五卅’运动爆发时，我是上海东华大学土木科的一名青年学生。那时，国家的危亡，民族的灾难，都像山一样压在我们心头，压得我们喘不过气来。而五四运动所点起的反帝、反封建斗争的烈火，仍在我们青年人的心头燃烧。尤其是1924年1月，孙中山在广州主持召开了国民党第一次全国代表大会，明确提出‘联俄、联共、扶助农工’的三大政策，国共两党实现了第一次合作，给人们带来了希望，不少青年因而加入了国民党。”（李强：《我的革命历程》，《中共党史资料》第49辑，1994年2月出版）

在1924年5月介绍李强加入国民党的是叶楚伧，他在中华大学担任中文教员，是国民党的中央委员、上海执行部负责人。李强很快发现叶楚伧是反动透顶的国民党右派人物，他坚定地站到左派一边。其时给过李强重大影响的，则是国民党上海执行部宣传部秘书恽代英和组织部秘书张灏两位共产党员。李强那时经常到上海大学听政治讲演会，一些共产党人的讲演使他深受鼓舞。李强在1925年6月加入中国共产主义青年团，7月在上海中共曹家渡支部转为共产党员。11月被任命为曹家渡共青团书记，12月又被增补为共青团上海地委候补委员。国共分裂后，右派叶楚伧竟登报声明把李强开除出国民党。这是李强经受的第二次“开除”，两次“开除”都成为李强思想飞跃的标志。正是在五卅运动的高潮中，李强开始走上革命的道路，逐步成为一个职业革命家。

1926年初，李强任上海浦东共青团书记。他在这里把工人组织起来，还为他们办起了贫民医院和贫民学校。一面帮助工人解决困难，一面补习文化，提高文化素质与政治觉悟。他的工作受到共青团中央书记兼组织部长任弼时的表扬，这年6月，李强任吴淞区共青团书记。7月，中共上海区委书记罗亦农将他调回。这时北伐军已进入江西，中共上海区委正在准备武装起义，要李强研制炸药和手榴弹，以应急需。李强从来没有制造过武器，但他利用学过的化学知识，从理化工公司买回苯酚、硝酸等原料，按比例进行配制，制成了黄色炸药。因为条件不具备，手榴弹没有做出来。他们通过别的方法，还是弄到了不少手榴弹。

1926年10月到1927年2月，上海工人两次武装起义都因准备不足，敌我力量悬殊宣告失败。但1927年3月21日由周恩来等领导举行的第三次工人武装起义终于获得成功。李强在起义前所试制的炸药、起爆药以及购置的手榴弹，全都用上了。

武装起义前夕，罗亦农派李强回常熟发展党的组织。他在那里发展了一批共产党员，成立了中共常熟特别支部。1927年2月，李强做了特别支部书记。3月，国民革命军第二十一师六十三团（团长是陈诚）进驻常熟，消灭了正在溃灭的军阀孙传芳部。李强发展的共产党员邹逸中，担任国民党常熟县党部的主任委员，党的工作大都通过他出面去做。又成立了常熟县临时行政委员会，由当地开明士绅镇南山任主席，李强为行政委员。常熟国民党县党部发动群众，逮捕处置了三个罪大恶极的劣绅地痞，组织群众成立了行业工会和总工会，还成立了工人纠察队、农民协会、妇女协会等。

四一二反革命政变后，中共常熟特别支部转入地下，并决定李强立即撤离常熟。4月14日，李强潜回上海。李强在血雨腥风中找到中共中央机关。中央正在迁往武汉。李强根据罗亦农的指示，处理完中央机关的善后工作转移到了武汉。

前文已述，李强在武汉参加了周恩来领导的中央军委所属特务科的工作，担任特务股长。八七会议后，中共中央又从武汉迁回上海。李强这时也回到上海，参加了周恩来建议成立并亲自领导的中央特科工作，是特科的活跃人物。

为党造出第一部收发报机

1928年6月至7月，在莫斯科召开的中国共产党第六次全国代表大会上，决定在上海着手建立无线电通讯设施，以便加强中共中央对各地党委的领导和联系。这年10月，中央特科的无线电通讯科承担了这项任务。当时无线电在我国还是新的东西，又因国民党政府的控制与禁阻，须得自己动手制造发报机，还得自己训练报务人员，无论从技术干部或物质条件来说，都是困难重重的。10月周恩来开完“六大”回到上海不久，就决定让李强研制无线电收发报机，派张沈川学习无线电收发报技术。周恩来为此亲自同他们两位谈了话。

当周恩来提出要李强进行无线电收发报机的研制时，他感到有些为难。在大学里，李强是学土木工程的，学的是“修铁路、建桥梁”，从来没有和电讯打过交道，连收发报机都没有看见过。当时反动派对无线电设备控制非常严格，书店里也找不到有关的中文书籍。周恩来说：没有中文的书，可以看英文的，你的英文基础不错，完全可以自学。周恩来知道，为了准备上海工人武装起义需要的武器，李强曾经苦心钻研制造过黄色炸药和手榴弹，进一步鼓励说：炸药、手榴弹也不是你的专业，你不也造出来了吗？国民党对无线电器材，特别是收发报机控制得很严，市面上没有成品出售，这才逼着我们自己造。干革命总是从无到有，遇事边学边干，摸索着前进。你尽管放手去做，有什么困难，组织会尽力帮你解决！

听了周恩来的话，李强当即表示：既然中央已经决定搞无线电，又把任务交给了我，那我就边学边干，全力以赴。

领受了研制无线电收发报机的任务后，李强先以业余无线电爱好者的身份，同各无线电行业交朋友，和他们一起研究；并同苏氏兄弟开办的“亚美无线电公司”以及“大华无线电公司”等商店来往，以便从那里购置无线电器材、工具以及制造收发报机的线路图样。在从书店买回不少美国出版的英文无线电专业书籍进行学习后，开始试装收发报机。当时大华公司专门生产大型收发报机，李强通过关系设法把产品弄出来，一面解剖，一面研究，逐渐摸到了门道。接着就是制作，市面上只能买到一般零件，重要部件得到外国人办的洋行里去订货，但像紫铜管绕的线圈，洋行里也买不到，就得自己来做。在购买零件的过程中，李强认识了大华公司的职员郑国年。此人原是南京号邮轮上的报务员，比较懂行，给过李强不少帮助，供给他不少所需要的零件。还有一位业余无线电爱好者，教会了李强如何绕线圈。

给李强帮助最大的，是曾留学日本专攻电机专业，在上海创办绍敦电机公司的共产党员蔡叔厚。李强回忆说：“开始试装收发报机。当时，我需要购买和制作一些无线电零件，得有一个内行的人帮助。党中央就把蔡叔厚调到中央特科来，协助我工作。这时绍敦电机公司已搬到福煦路403号（现延安中路3号），他在二楼腾出了一间过街楼，供我当地下工厂。我在里面安置了车、钻、铣、刨4台机床，和几个同志一起搞机械加工，制作零件。我们购置的无线电器材、技术资料等都存放在绍敦电机公司里，整整有两大箱子……”李强又说：“蔡叔厚掩护我们的工作看起来简单，实际上是很危险的。万一敌人查出我们在那里私造电台，蔡叔厚全家都有生命危险。但是他却丝毫没把这些放在心上，全力协助我们工作。”（李强：《忆蔡叔厚同志》，《人民日报》1984年2月11日）

为了保护他们住处的安全，陈赓曾到这里来察看过。李强和其他战友在这里，呕心沥血，多方琢磨，经过日日夜夜的苦干，经历无数次失败和试验，奋战一年，终于在1929年造出自己设计、制造装成的第一部收发两用的无线电台。这部电台的功率只有50瓦，灵敏度不很高，效果究竟怎样，李强心里没底。正好那时张沈川在国民党的国民革命军总司令部第六军用电台学习无线电收发报技术已经结业，李强就请他来操作、检验这部刚诞生的收发报机。张沈川用这部电台，先从抄收国民党电台的国际新闻与气象预报开始，然后再与世界各国的业余无线电台联系通报，结果证明这部自制的无线电台完全合格，可以使用。其后不久，这部电台便开始了收发电报的艰苦工作。

从此，李强就和张沈川一起建立起我党第一座地下无线电台。“1929年冬，在英租界大西路福康里9号租了一幢石库门三层楼房，作为建立秘密电台的台址。经过短时间的安装和设置，第一个电台就在这里诞生。当时在这个台上负责报务工作的是张沈川，蒲秋潮、黄尚英等先后在台上实习。电台的天线架设在三楼晒台上和屋脊上，利用各种伪装加以掩护。为了练习通报，有时夜晚以业余台的名义，和上海其他业余台联系几分钟，通报完毕就把天线撤掉。这个台的建立，主要目的还是试验装置和练习通报。1930年三四月间，中央和我党南方局建立的电台通报后，为了保障安全，又把电台转移到静安寺路赫德路福德坊32号一幢两层楼房内。同年9月，报务员由伍云甫同志接替；不久，电台又转移到慕尔鸣路，由曾三同志任报务员。这年10月，毛齐华同志从苏联回到上海，曾经住在慕尔鸣路电台，着手筹建国际电台的工作。”（张沈川：《难忘的回忆》，《难忘的战斗岁月》，人民邮电出版社1982年版，第21页）

这台收发报机，由于报务员的通讯技术还不熟练，自制的机器效率又不很高，发射天线装置受到环境的限制，操作起来往往事倍功半，本来在正常情况下一小时可以完成的事，却要两小时才能做完。但是，总算结束了党内上下左右的联系单靠机要交通传递的时代。所以，李强还是把它当作“一次划时代的通信革命”的标志，非常高兴地高声欢呼：“无线电通信技术的应用，使我们党内军内的联系大大加强了。正如毛泽东同志指出的：‘由于无线电的存在，纵使我们在农村环境中，但我们在政治上却不是孤立的，我们和全国全世界的关系是很密切的。同时，纵使革命在各个农村是被分割的，而经过无线电，也就能形成集中的指导了。’（《关于十年内战》）可以毫不夸张地说：无线电通信工作的建立，在我党通信史上，是一次具有划时代意义的革命。”（《一次划时代的通信革命》，《红军的耳目与神经》，中共党史出版社1991年版，第1页）

到香港建立电台

1929年9月底，中共中央派李强前往香港建立电台。为了完成这一任务，他先后去了两次。

第一次是李强一个人去的，目的是找地方、选房子，尽量选择一个既适于隐蔽，又利于工作的地方。结果选定距离海边不远的九龙弥敦道第二条横马路的一所房子，这是一座老式的4层楼。房子很窄小，样式也古怪，仅前后两间有窗户，中间的两间没有窗户。李强选中了第4层，把共有4个房间的整个第4层都租下来。因为要在这里建立秘密电台，从工作安全着想，不租一层是不行的。找到房子后，党组织又在当地找到了一位朝鲜同志当报务员。李强租好了房子，又从广东派来了会说当地话的卢彪夫妇住下作掩护，便回到上海。

这年年底，李强第二次去香港。这次一起去的有报务员黄尚英。李强说："我们是携带着电台和密码坐船从上海到香港去的。上船之前，我买了两只大铁皮箱子（TRUNK）。这种箱子在当时是很时髦的，不过从外面看很笨重，里面能装很多东西，立起来放，像大衣柜，打开以后，一边挂衣服，一边放其他东西。当时，我把收发报机放在铁皮箱里，运上船，为了掩护身份，也是工作需要，我穿得很阔气，坐在头等舱，像个很有地位的人物。到香港后，我们从船上刚下来，英国警察（是华人）就要来检查，其实他们也不是要认真检查，我早已知道窍门。他们走过来了，就给他们4块钱，每只箱子两块。他们拿到钱，看都不看就用粉笔在箱子上画了一个记号，点点头就走开了。

"我们到香港后，把密码交给了王梦兰，是王梦兰自己译报，还是由她再交给别人译，我们就不大清楚了。我们把电台安装好以后，按照预先约好的波长、呼号和时间，先收听上海党中央的声音。双方都听到对方的声音以后，就开始通报了。正式通报的时间，大约是1930年1月，香港台是黄尚英，上海台是张沈川。

"上海党中央与香港南方局之间的无线电通信，开创了我党通信工作的新局面。经过长期的艰苦努力，冲破了重重困难险阻，在我们党内首先成功地实现了无线电通信，这确实是一件了不起的事情，所以我说这是我党通信

史上的一次划时代的革命。”（《一次划时代的通信革命》，《红军的耳目与神经》，第3页）

我党第一部电台的报务员张沈川，曾经谈到上海与香港正式通报成功时的喜悦和收发报机操作上的艰辛和风险：“1929年12月，李强和黄尚英到香港，由南方局广东省委领导，在九龙尖沙咀弥敦道建立‘地下’电台，黄任报务员，和一高丽籍同志（原在日本空军任报务员）一道工作。1930年1月初，沪、港两台首次通报时，蒲秋潮和我欢喜得跳了起来，黄和我也在电键上相互祝贺通报成功。通报的第一张报底，我留着作纪念。同年底我被捕后，遗失了。当时虽能通报了，可是由于通信技术不很熟练，自造的收发报机的准确性和灵敏度不很高，发射天线的装置受到环境的限制等原因，本来在通常情况下一小时能够做完的事，却要两小时才能完成。好在当时往来的电报不多，每天的任务都完成了。”（《“地下”无线电波》，《红军的耳目与神经》，第12页）他还说道：“那时电台的设备不完善，房屋隔音的条件很差。发射天线不能按规格架空，只能装倒L式，仅高于屋瓦一尺，深夜工作时拉上，工作完了放下，红瓦和天线（紫铜线）的颜色差不多，远处不易辨认。功率50瓦，和九龙通报，声音很细。试用100瓦的发报机，变压设备摆在二楼后屋，我在前屋操作，电键一按，全弄各家电灯闪跳。听到邻居叫喊：‘今晚电灯为什么这样闪动？’我立即停止工作。我一个人不能前后屋同时兼顾，结果，变压设备上的两个大灯泡烧坏了，接受教训，作了检讨。一天深夜，小偷到二楼窗前偷我的衣服时，我未睡熟，听到急促的呼吸声，望见帐外一个高大汉子，抱着衣服走出房门，上三楼晒台——我们竖立天线杆的地方，走了。我没有声张，怕惊动左右邻居，到我房内观看现场。第二天上午，邻居来劝我报案追赃。我说：‘追不回来，不要报案。’这样，免得暴露电台。”（《难忘的回忆》，《难忘的战斗岁月》，第23页）

当时张沈川一直带这部电台住在沪西极斯非尔路福康里9号一栋三层楼的石库门房子里。由于电台在这里时间长了，为了安全起见，1930年5月迁移到静安寺路福德坊L弄32号（墙外即万国公墓），继续与香港通报。

李强第二次到香港，除完成了香港与上海正式通报，还办了另外两件事。

一件事是从香港带两部电台回上海。这两部电台是广西军阀俞作柏在香港买的，交给他弟弟俞作豫保管，俞作豫不敢用，就交给李强带回上海。这个俞作豫，是俞作柏的同胞兄弟、李明瑞的表弟，曾在广州护法军燕塘讲武堂就读，大革命时期参加北伐战争，任李明瑞旅所属第三团团长，是一员勇猛战将，在汀泗桥、贺胜桥和江西德安诸战役中都有战功。大革命失败后，俞作豫于1927年10月在香港参加了中国共产党，同年12月参加广州起义，后回广西从事革命活动，领导农民运动，组织自卫队。1929年奉命到桂军俞作柏、李明瑞部进行秘密工作。当俞、李表示愿与中国共产党共商议事时，他便与党取得联系。当年年底邓小平领导百色起义和龙州起义时，1930年2月1日中国工农红军第八军在龙州成立，俞作豫任军长（政治委员是邓斌即邓小平。1929年12月11日在百色起义成立的红七军军长为张云逸，政委邓斌。根据中共中央和中央军委的任命，李明瑞任红七军、红八军总指挥，邓斌任红七军、红八军总政委兼任前敌委员会书记）。当时俞作豫手上的两部电台，是英国马可尼公司制造的。这种电台，手摇发电，功率10瓦，在当时是很先进的。俞作柏买好后存放在一家英国洋行里，李强去取这两部电台，是要担不小风险的。因为这是军用电台，禁止转卖。李强有一位在德国西门子洋行当职员的朋友，他就利用这家德国洋行的名义到那家英国洋行把电台取来，不入账也不入库，直接交给李强运回上海。

第二件事是1929年年底，邓小平从上海到广西领导百色起义路过香港。其时广西要与在上海的中共中央通报，须经香港电台转报。邓小平找到李强，约好电台联络的呼号、波长和联络时间后，经海防前去广西。当时香港有个《小日报》，是党秘密接头的地方。叶季壮住在这个报馆，对外名义是经理，负责对外联络。具体做联络工作的是个小胡子，叫周天洛，浙江人，名义是这个报纸的总编辑。李强就是在这个地方同邓小平见面的。邓小平离开不久，百色起义取得成功，消息很快经香港电台转报上海党中央。李强离开香港以后，听说那个接头处遭到破坏，叶季壮到了广西红七军，"小胡子"被捕后叛变，在胡宗南那里做事，全国解放后在上海被自己的同伙暗杀了。

在香港电台工作的黄尚英由于工作辛苦，生活条件比较差，后来得了肺病，经常吐血。当时肺病是不治之病，还没有可治愈的特效药，他不得不返回上海医治，继去杭州疗养，8月不幸逝世，去世时年仅20岁。对于他的病逝，大家都很哀痛惋惜。许多年后，李强还在回忆录里写道：“对于这位兢兢业业、埋头苦干，在我党无线电事业中第一位以身殉职的同志，我一直深深怀念着他。”

1930年12月17日，香港的电台遭到破坏。当时曾三是中央电台的报务员。香港电台被当局破坏后，电台及联络办法被他们全部掌握。第一天英国人还同我中央台通了报，第二天他们又发来一份报，是用英文发来的。内容是“你们的朋友情况很好，现在在监狱里。”英文“监狱”（Jail）这个词，曾三不认识，就拿来问李强。李强一看大吃一惊，说：“不好了，他们在监狱里了！”在黄尚英回沪后前去接替他的邱德，因香港有人被捕招了供，邱德和驻守电台的罗某均被捕。李强马上将此情况报告给中共中央，就暂时停止了联络。香港的电台虽然只工作了不到一年，但它做了不少工作。半年以后，因为他们没有抓到什么把柄，香港被捕的报务员就被放出来了。

培训党的第一代报务员

党的电讯事业要发展，就需要先培训大批掌握无线电通讯技术的人才。1930年3月，中央特科举办了第一期无线电训练班，周恩来指示由李强负责。

第一期无线电训练班采取分散居住，单线联系，登门教学的秘密方式进行，以防敌人的破坏。这期的学员来自苏区，也有从外地调来的同志。比如原在天津《庸报》任译电员的王子纲，1929年下半年，顾顺章在天津了解他能熟记汉字明电码三四千个，译一般电文无须查电码本，就将他也调到上海来学习机务和报务。训练班的教员由李强和张沈川担任。由于学习的经历不同，文化程度不一，他们采取因材施教，从实际出发的办法来教。学员学习都很刻苦，两三个月就培训出第一批无线电通讯技术人员。当时参加学习的有黄尚英、王子纲、伍云甫、曾三、曹华伦、王有才、刘光慧（女）、赵荫祥（女）、蒲秋潮（女）等。

参加第一批学习的伍云甫事后回忆当时学习报务的情形说：“训练班其实只有几个学员，分散地住在几家亭子间内。教员只有张沈川同志一人。老张是1928年被党指派在国民党办的‘上海无线电学校’学会报务的，现在负责训练自己的同志。他每天上午和下午到我的亭子间来一次，教我发报和收报。那时教学设备只有一只电键、一只蜂音器、两支铅笔和几本拍纸簿。有时由我敲打电键，他在旁边纠正姿势；有时他发报，我听着蜂音器发出的嘀嘀嗒嗒的声音抄报。一身公务员打扮的老张，经常出入我的亭子间，房东倒也不至于怀疑我们的真实身份。”

但到后来，种种迹象显示，房东还是有点怀疑。张沈川又要曾三和他一起学习，伍云甫便和曾三搬进远离该处的较大的亭子间去住。

“这次搬家以后，学习环境比较安定一些。我比曾三同志早学一些，所以教员叫我辅导他；我也正好需要在他发报的时候练习抄报。因此，彼此的技术都提高得很快。我们弄来了个简单的振荡器，必须戴上耳机才能听到发报的声音。这样，房门一关就不必再担心外面会听到我们室内的动静。

“该是在收发报机器上进行练习的时候了。但哪有条件这样做呢？即使能给我们一套机器，放在亭子间也和我们的身份不相称。我们只好装一部矿石收音机，抄收船舶和海岸电台的新闻电报作为收报实习。上海的夏天相当炎热，亭子间被太阳一晒，更热得像蒸笼似的，打着赤膊练习，浑身也都是湿淋淋的。曾三同志本来比我更怕热，可是一戴上耳机就好像什么都忘了，汗水常常把拍纸簿都浸湿了，他仍然聚精会神地抄收耳机中出现的每一个电码。

“生活上的困难并不比学习条件上的困难轻些。由于党的经费拮据，我们的生活费用不能经常得到保证，往往吃了上顿便没有下顿。典衣买米，那是常有的事。对于共产党人来说，这本来算不了什么，可是生活在纸醉金迷的上海，我们却不得不打肿了脸充胖子，因为生活得太蹩脚是会引起别人的怀疑的。记得是过一个什么节日，吃午饭的时间快到了，却还没米下锅。房东太太不知是出于无意，还是有意嘲弄，对我们说：‘两位先生！今天过节，弄什么好菜吃呀！’我们回答说：‘今天不做饭啦，有个朋友请我们参加宴会呢！’我们出去转了一圈又一圈，来消磨这个难熬的‘赴宴’时间。直到下午张沈川同志送了点钱来，我们才拿出几个铜元，到露天饭摊上每人吃了碗阳春面。”（伍云甫：《地下电波》，《难忘的战斗岁月》，人民邮电出版社1982年版，第28、31页）

第一期培训通讯技术人员取得了一些经验。党中央要求再为各省及根据地培训一批无线电工作人员，拟定名额为20名，实际到了16名。第二期的培训任务交由顾顺章与李强负责，李强与张沈川具体组织实施。

根据第一期的经验，李强与张沈川建议仍采取分散教学，或开设两个电器商店作掩护的办法办理。张沈川曾经提出具体意见："英租界是商业区，来往人多，情况复杂，较易隐蔽，可开设两个电料行，向主管部门登记，领取营业执照，老板、店员、学徒都以合法身份，经销电灯泡等电器用品，代装代修电灯、自来水管和收音机等。学员分住两店，白天照常营业，深夜学习无线电通信技术。如一店遭到敌人破坏，还有一店。"可是，顾顺章却不考虑他的意见，一再强调法租界巡捕房内有一个可靠的内线，如党在法租界设立的机关发生问题，他定会事先知道，可以采取措施来应付。于是，由顾顺章决定在法租界巨籁达路（现巨鹿路）四成里12号租赁一幢石库门三层楼房屋，开办无线电集训班。对外装作私营企业，门口挂着"上海福利电器公司工厂"的招牌。

第二期无线电训练班的负责人为顾顺章，实际负责人是李强，他兼管机务，涂作潮、宋濂协助；张沈川管报务，伍云甫、曾华伦协助；吴克坚管组织和经费。从苏联学习无线电回国的涂作潮、方仲如等六人都参加了集训班的教学和领导工作。方仲如教电学，兼管学员的政治学习和组织生活等。沈侃夫教机务。当时方仲如住在训练班内，负责党的工作和教学工作。为了防止敌人破坏，根据地下工作的要求，他和战友一起精心地制定了六项措施：一、训练班公开以上海福利电器公司零件制造厂的名义出现，大家都以学徒相称；二、每人填写一份假履历表，交方仲如保管，各人都有化名和简历（方仲如本人化名李惠亭）；三、训练班内不存放任何党内秘密文件和进步书报及刊物；四、学员与外界人员不经组织批准不得发生任何联系；五、训练班采购东西、做饭、打扫卫生等都由学员自己干；六、如果被捕都按假履历表交代。

尽管制定了这些规定防范敌人的破坏，但这一期训练班开办不久，就出了问题。张沈川说："训练班的学员中不少是大学生，虽然发了工人服，打扮成工人，但有的同志外出，或上街买粮、买菜时，头发梳得油光光的，皮鞋擦得亮亮的，穿着红的或绿的毛线衣，既不像工人，又不像学生。场内全是一批青壮年，对外没有业务联系，和社会上又没有往来，这种情况很容易引起敌人的怀疑。1930年11月间，一个穿着旧蓝布工人服、自称是自来水公司工人的人闯进工厂内，说是来检修自来水管的，3层楼都看了一遍。根据住在上海租界内的生活经验，住户的自来水管坏了，再三请公司派人修理都不理睬，竟有主动来检修水管的，值得怀疑。1930年12月初旬一天上午，下着毛毛雨，4个穿着雨衣的人闯进场内，送一张观音菩萨像，说他们是马路上的白相人。他们一进门就东张西望，并说：‘你们在这里新开了工厂特来贺喜，请给酒钱。’他们满口帮话。李强同志与他们接谈。他们产生了错觉，说：‘啊！咱们还是自家人咧！那么，你们在这里开工厂；给老头子打过招呼没有？’最后，李强同志给了他们4块现洋，他们才走。这是又一可疑的迹象。对这些可疑的情况，当时我们向领导人顾顺章作了汇报，但没有采取应变措施，以致造成严重后果。

“1930年12月17日下午，天冷，刮着风，下着细雨。李强、吴克坚、涂作潮、宋濂、毛齐华、伍云甫等同志没到厂内来。只有曾华伦、我和18个学员在厂内，在二楼前屋学习收发报。二楼前屋靠墙边有个讲台，墙上有块黑板。前一天，方仲如同志教电学时，在黑板上画的线路图样尚未拭掉。我坐在讲台上，按电键发报，面前摆着为了教课临时随意编造的两张电码。房中摆着桌椅，桌上有电池和蜂鸣器，学员各戴一个耳机，练习收报。我们正在学习时，房门忽然推开，闯进6个特务，其中有一个外国人，走在前面。两个特务到我面前，隔着讲台各掏出一支手枪，对准我的胸前，大声叫嚷：‘不许动！你叫什么名字，什么地方人？自己写在纸上。’我写着：‘沈哲生，湖南石门。’他拿去，放进衣袋。学员都穿着蓝布工人服。我住在厂外，为了应付环境，穿着西装、呢大衣，戴礼帽，又正在教课，特务们便把我当作‘主犯’，以后多次审讯，都从我开始。3个特务把我们禁闭在二楼前屋，其他特务在一楼、三楼翻箱倒柜，详细搜查，所有棉被都被拆开看过。原来我们准备了一个假口供：工厂是民办的，老板叫王福成，我在厂内是学电气学手艺的。还约定了一个暗号：到工厂来，走进弄堂口时，要先看清楚二楼前屋玻璃窗右角上方的窗帘布是否拉开，如已拉开，就是发生了问题，赶快回头走。二楼前屋窗下架着两个床铺。我们被禁闭后，学员谢小康横躺在床上，两手抱着头，靠着窗帘下角，

他假装翻身，把窗帘右角拉开了。”（张沈川：《难忘的回忆》，《难忘的战斗岁月》，第24—26页）

出事这天，李强和毛齐华、吴克坚等一些人幸好不在现场，没有被捕。许多年后，1981年10月，李强在一次会议上说：“那次被捕共有20个人，是1930年12月17日被捕的。我在毛齐华家里吃饭，睡在他家，故而没有被捕。还有一个人（为宋濂），见训练班房上的暗号变了，就跑回来告诉我。（毛齐华回忆此事时说：“这天李强照常和曾三、宋濂到我家吃午饭。饭后，我和李强、曾三闲聊。宋濂要给香港写信，因为手头没有信纸，要到四成里去取。不久，宋濂慌慌张张地回来说：‘出事了！我们训练班后门警号变了。’这时，那个管弄堂的人在外面等着，见我们的人就说：‘不要进去了，刚才你们工厂的20个人全部被巡捕抓去了。’”）（毛齐华：《我党早期的“地下”电台》，《红军的耳目与神经》，第18—19页）我赶快到四马路振华旅馆找吴克坚，他在那里等经费（作生活费），那时生活费仅12元钱，吃用均在内。当时幸亏钱迟到了，否则也会被捕。”

这次涂作潮也差一点被捕，靠着他的沉着和勇敢，机智地躲开这一劫。他在事后说：“出事的当天，正好宋濂去‘公司’有事，还没有进弄堂，管弄堂的一位老工人便向他摆手，表示‘出事了，不要进来’。宋濂弄清情况后，只通知了李强，便跑到他岳父家中躲起来，却不来通知我。中午饭后，我手提一桶油漆，头戴童子帽，身穿一件很脏的棉袍，按照李强的吩咐，到‘公司’去油漆矽钢片。一敲工厂的后门，屋子里半天没有回音，顿时有一种不妙的感觉在我的脑海中闪现，但又不敢跑，更不能露出半点惊慌神色，如果被埋伏在四周的暗探发现，那就糟糕了。我只好硬着头皮继续敲门，半天出来了一个外国巡捕，他先对我叽里呱啦的说了一通外国话，我听不懂，也不敢走；这个外国人又拿出一张工作证样的东西给我看，意思是这里已不是原来的‘工厂’了。但是我仍装着要进去，并且口里说着半通不通的英语‘打拉士’，表示是来要账的。这个外国人看我老是在这里纠缠，便狠命地踢了我一脚，把我推出门外，气冲冲地关上了门，进去了。这时我立即乘机离开这里，先是慢慢地走出了弄堂，还装着若无其事的样子在弄堂外面的一个空场上，看了一会儿卖膏药的耍把戏，确信后面没有盯梢的，便接连换乘了两次电车，来到了西摩路'国际电台'。在这里，我见李强正躺在床上发愁。我把'公司'被破坏的消息告诉了他，他说知道了。"（涂作潮：《"木匠"的回忆》，《红军的耳目与神经》，第35页）

这天下午，伍云甫不知道训练班出了事，因为急需一件器材，必须到工厂去取。他刚走到弄堂门口，弄堂的看门老人就向他暗暗做了个手势。他觉得不妙，但又不能往回走，因为暗探们正在周围监视着出入弄堂的人。他便泰然自若地走进弄堂，远远地看到工厂靠路边二楼右角上方窗户上的白布帘已拉起了半边，这完全证实是出事了。他拐了几个弯子，穿出了弄堂的后门。还是被守候在该处的特务看见了，怀疑他，还盯了他的梢。伍云甫机敏地跳上电车，"尾巴"才被甩掉。

他们被捕后的第二天，12月18日，上海《申报》发表了这个"案件"的消息：

巨籁达路　破获反动机关

抄出无线电机　获男女二十余人

昨午十二时许，市公安局局长袁良，忽据密报，谓现有大批反动分子，匿迹法租界巨籁达路四成里十号屋内，私设无线电机，图谋不轨，请速饬员往捕等情。袁局长据报，立即饬干探多人，持文至法捕房特别机关，请求协拿。捕头复派中西包探偕同前往，果在屋内三层楼搜获无线电听筒及电线多种，当场获得男女二十余人，一并带入捕房，经捕头略诘一过，即交来探带去归案迅办。

事先张沈川看到训练班隐蔽不周密，敌探先后两次进厂侦察，但顾顺章思想麻痹，不作任何防范，感到担心。他便将党内的秘密书刊和党的六届三中全会文件21份，事先主动转移到他的住处。在出事当天夜里，张沈川从牢里设法带信出来告知此事。第二天，李强和顾顺章骑摩托车前去张沈川的住处，把文件全部取回。他们前去张沈川家的时候，走到十字路口，遇到红灯，闯了过去，违反了交通规则，巡捕在后面大声喊叫："你们违章，我把你们车号码记下来了。"他们取回了文件，回来路过这个岗哨时，因为怀里有文件，怕他找麻烦、出问题，顾顺章主动向巡捕讲："刚才没有看清，不是故意！"一面暗中在手里拿两块现洋，拉着巡捕的手塞给他（李强说，必须给现洋，因为钞票不容易知道数目）。那巡捕收了现洋，拿出登记簿子，高兴地说：“好吧，我把记录涂掉！”他们便安然过去，回到机关。他们前去张沈川家的时候，唯恐他的住处已被敌人监视，李强和顾顺章不敢贸然进去。李强说：“我与顾顺章跑到张沈川家里将文件取出，是用小偷进去拿出来的。”

同时，还由毛齐华到方延桢、李元杰的住处，将他们家中的东西全部搬出，并且设法把四成里训练班的重要设备运出。毛齐华说：“行动前，特科派人去侦察，发现守候在那里的巡捕已撤走，门上贴了封条。又过了几天，就组织了一些人，租了一辆汽车开到弄堂口，进去把封条揭下，把里面的电器设备、小型发电机和其他物资装上车运走，然后再把封条照原样贴好，并给了看弄堂的那位老人五块银元，以感谢他的帮助。”

出事后，过了几天，中央特科在福建路一家旅馆租了一套房间开会，总结这次事件的经验教训。在当时环境下，把那么多人长时间地集中起来办训练班，原是秘密工作原则所不允许的。而顾顺章不考虑李强与张沈川分散办班的建议，在工厂被敌探光顾两次后，有人继续同顾顺章谈过可能会遭敌人破坏的危险，但他总说：我在法租界里有情报工作，巡捕房里都有眼线，发现问题很快就知道。如果被敌人发现的话，我马上通知你们转移。结果招致这场灾祸。在这次总结会上，大家指出领导上有轻敌思想，过高估计自己，总以为情报万能。在敌人统治下集中这么多人搞训练，是违背党的秘密工作原则的。

经过这次沉痛教训，大家提高了警惕。为了缩小目标，防遭敌人暗算，李强很少到电台来，不久中央调派原在中央特科第二科工作的陈寿昌来领导四科。陈寿昌根据中央指示，1931年1月，继续开办无线电训练班，训练报务员和维修收发报的技工。恢复第一期采取的分散居住、家庭补习方式教学。如由毛齐华负责训练5名报务员和机务员，分住虹口、同孚路两个地方进行教学。事实再次证明，用这种方法培训比较安全、有效。

1931年6月，又派这年3月刚从苏联回国的徐以新、乐少华主办了一期机要干部训练班。这次由柯庆施领导，徐以新、乐少华管事务，吴永康管经费，王子纲管教务。这期学员共20余人，多数是上海各大学的党员学生，仍然分散住在几处教学，除学习中央有关文件和时事政治以外，主要学习无线电通讯技术。学员有宋侃夫、王逸群、朱邦寅、杨南石、蔡威等，结业后多被分配到鄂豫皖苏区工作。

在四成里被捕的那些同志，在狱中表现得非常坚强。虽被严刑拷问，但没有一个人暴露身份。直到1937年8月，经周恩来多方营救，他们中的16人才获释出狱。另有麦建平、陈宝礼、张庆福和谢小东4同志因遭敌人百般折磨，不幸在狱中牺牲。16位同志出狱后，立即重新投入了革命斗争。

“划时代的通信革命”

中央特科第一部电台的建立，正是中国共产党的革命工作从无到有、从产生到发展的一个典范。这个时期，李强为首的第一代党的无线电工作者，披荆斩棘，备历艰辛，终于冲破重重困难，依靠自己研究、自行制造，建立起第一部红色电台。这是党在白区最早创建的无线电工作，“是一次具有划时代意义的通信革命”。

党在苏区无线电工作的创建，也是从零开始，从无到有，经过艰苦卓绝的斗争逐渐发展起来的。初期红军没有电台，通讯联络全靠步兵或骑兵传递。部队不能利用电台指挥作战，更无法利用电台与中共中央联系。1930年8月，红一方面军打长沙的路上，消灭了驻文家市的国民党戴斗垣旅后，该部无线电台的充电机还在工作。只因红军战士缺乏这方面的知识，缴获时把它砸碎了。1930年底至1931年初第一次反“围剿”作战中，在龙岩歼灭敌人一个师，活捉了国民党前敌总指挥张辉瓒，缴获了一部电台。但发报机被砸坏了，只留下一个收报机，红军最早拥有的就只有这半部无线电台。

1931年3月，为了沟通上海和江西中央苏区的联络，中共中央派曾三、伍云甫、涂作潮3人从上海去中央苏区。他们用脑子记熟双方联络的办法，是取道香港去苏区的。他们从上海乘法国邮船到香港后，又坐火轮到达广东的汕头，再经福建的三河坝、永汀，最后抵达江西兴国的坳上，被分配到红军总司令部工作。他们到中央苏区以后，一直与上海中共中央联系不上，主要原因是电台功率太小。后来，在第二次反“围剿”作战中，红军缴获了国民党军队第二十八师公秉藩部一部100瓦电台。有了这部电台，1931年中秋节，王诤和曾三在机上与上海党中央联系上了。从此，中央苏区与中共中央联系沟通了，大大密切了上海中共中央与红军总司令部、苏区中央局的联系。过去两个多月才能互通一次信件，现在十几分钟、一两个小时就通达了。中共中央从上海派到鄂豫皖苏区的同志，利用1931年12月间红四方面军缴获国民党梁冠英第六十九师的电台，很快也同中共中央和江西中央红军、湘鄂西红二军团通报。与此同时，1931年派往湘鄂西红二军团的报务员，也同上海中共中央以及红一方面军、红四方面军沟通了电讯联系。当时中央特科能够准确地掌握敌人的军事情报，及时发往各个苏区，对于各苏区红军作战起了重大作用。红军有了无线电台，就能迅速获得敌情，比单靠侦察员去侦察情况更全面、迅速、准确；同时，通过电台指挥能够更加迅速及时。自从有了电台，真像毛泽东所说的，有了“科学的千里眼顺风耳”，红军如同猛虎添翼，战斗力更强了，发展也更迅速。

就在红一方面军只有“半部电台”时，也在对敌作战中发挥了很大作用。随同缴获张辉瓒第十八师那半部电台过来参加红军的王诤说，红军“在打谭道源部队时又缴到了敌旅部的一套完整的电台和电池，电台的式样是灯泡从上面插上的。有了这一部半电台后，还不能通报，主要就干两件事：抄收新闻和对敌侦察。当时国民党部队的译电机关和指挥官都不懂无线电保密的重要性。他们每到一地，电台开始联络时，都要先打个‘WRC？’问对方在何处，以便确定谁在主要方向，与谁先通报。而对方回答地点时则又用明语，因为他们部队很杂，统一的密语行不通。这样一来，就等于不断地向我们报告部队的行动和部署。我们电台从开始成立起到第二次反‘围剿’之前，主要工作就在这方面。敌人的泄密，从反面提醒了我们，使我们认识到电台保密的重要性。因此，我军无线电通信工作从开始时起，就注意到了无线电保密在对敌斗争中的重要性，并在以后长期工作中养成了十分注意无线电保密的习惯。”（王诤：《从半部电台开始》，《红军的耳目与神经》，第52页）

当时担任红一方面军新成立的无线电政委冯文彬说：“那个时候，王诤起了不少作用。他向我提出来，他知道敌人电台的呼号，由此可知敌军各部的驻地。后来，他征得我的同意，把敌人的电报抄下来。这在第二次反‘围剿’中发挥了很大作用。当时，我们把敌人‘围剿’部队与南昌行营的往来电报收下来了。那时，何应钦是总指挥，他发给前方几个师的电报我们都可以收到。由于王诤了解周围敌军电台的呼号，对公秉藩、郝梦龄等那些部队的电台都很熟悉，因此，我们利用电台，掌握了敌军到达的时间、地点、番号、分布与行动意图等。当消灭敌人后，我们又缴获了敌密码本，便可破译密码电报，这就知道了蒋介石和南昌行营的电令和前线敌军的来往电报内容。当时毛主席、朱总司令非常高兴，并给以奖励。在第二次反'围剿'中，我们所以能打得那么好，是同收译敌人的电报有关的。如二次反'围剿'中的头一仗，我们就是从敌人电报中获得公秉藩部的行动计划的，结果把公秉藩部消灭了，并缴获了一台大的电台，是100瓦的。后来把它送到后方，曾三、刘寅就是用这部电台开始与上海党中央联系的。就这样，我们一直打到建宁、黎川、泰宁，横扫800里，几乎每一仗敌人的命令我们都很清楚。我们根据敌人的电报打仗，很主动。电台发挥了非常重要的作用。"（《我军创建无线电通讯的经过及其作用》，《红军的耳目与神经》，第58页）

中央苏区第三次反"围剿"作战中，又缴获了3部电台，红一方面军这时已有六部电台。1931年12月14日，蒋介石强令进攻中央苏区的原西北军旧部第二十六路军在江西宁都暴动加入红军，带来电台8部、40多名无线电技术人员和不少通信器材。这样，红一方面军的电台一下增至14部，红军的无线电台有了一个飞跃发展。

随着电台的发展，红军无线电技术人员也在迅速壮大。红军的无线电人员开始是从三方面来的：一是从上海中共中央派来的，除第一批曾三等3人，第三次反"围剿"后，又派来朱邦英、周德元、徐萍、罗贵昆、王逸群等。二是从国民党部队里过来的。三是从部队挑选年轻的党团员开办训练班自己训练的。1931年2月办的第一期无线电训练班12人，接着办的第二期20多人，1931年底开始的第三期改称中央军委无线电学校。苏区的训练班很快发展成几个，后来又发展成为一个通讯学校。1933年，在瑞金红军通讯学校的学员已扩展到1000多人，分设无线电通讯、电话通讯、旗语通讯和司号等专业，还办了一个机务人员训练班。

1931年11月，在江西瑞金成立了以毛泽东为主席的中华苏维埃共和国临时政府。接着又成立了以朱德为主席的中央革命军事委员会，统一领导全国红军。同时成立了红色中华通讯社，配置一部电台发送新闻。这时与红四方面军、红二军团也沟通了联络。

无线电台在红军长征中，也对作战发挥了重大作用："长征途中，无线电通信联络一直是比较好的，我记得最好的是过金沙江。三局命令传达得好，二局情报掌握得好，我们才有可能顺利地甩掉敌人渡过金沙江。当我们离金沙江边还有3天行程时，敌人在我们的后面只有一天的路程。敌人前面是十三师，师长万耀煌怕死要保存实力，蒋介石问他前面有没有共军，他谎报情况说前面没有共军，就在原地等了一天，又向回走了一天，再返回来又要3天，这样就和我们的距离差了6天，所以我们才有时间把一军团从龙街渡、三军团从洪门渡都调到皎平渡顺利渡江。当时对部队的调动、指挥全靠无线电，通信非常畅通。我们部队是在5月8日全部渡过金沙江，敌人5月9日赶到江边，我们早已走得很远了。"（吕黎平：《长征路上》，《红军的耳目与神经》，第146页）

在长征中做电台侦听工作的钟夫翔说："搞侦听的有好几个台，每台都抓住敌人一两个军，什么时候都听着它。那时敌人通报用密码，通话用明码，有时加点英文。他们在通话中什么都谈，部队行动到什么地方，都互相告诉。这样，我们起码可以知道敌人的动向和驻地。另外，当时敌人使用的密码也比较简单，很容易破译。我们到了云南后，一个参谋被敌俘去，他带有一些被我们破译出来的敌军电报底。1935年5月2日，龙云发急电向蒋介石报告此事，电称：'顷在草街拿获共匪参谋陈仲山一名……于其身上搜出情报一束，系我军各方往来密电，皆翻译成文。无怪其视我军行动甚为明了，知所趋避。'蒋介石接电后，于5月3日、4日，连电龙云：'我军电文被匪窃译，实属严重问题'，'危险堪虞，耻莫甚焉'，规定'须综印多备密码，每日调换使用。凡每一密码在一星期中，至多只用一次，换日换用……'从此，敌人就一天换一个密码，甚至一报一密，但也都被我们猜出来了。"（《破译密电震敌酋》，《红军的耳目与神经》，第119—120页）

自从1929年中央特科在上海创建第一部电台后，无论是白区白色恐怖统治的严酷摧残，或是红军跋山涉水艰苦卓绝的二万五千里长征的磨难，都不能阻挡党所领导的无线电通信事业的发展。1936年夏天，美国著名记者、中国人民的朋友埃德加·斯诺访问陕北苏区的时候，周恩来曾在保安和他长谈。斯诺惊异地发现：“共产党同中国的所有重要城市，包括上海、汉口、南京、天津等处，都有无线电的交通。他们在白区城市内的无线电台虽然经常被破获，国民党要想长期切断他们与红区的通讯联系，却从来没有成功过。据周恩来告诉我，自从红军用从白军那里缴获的设备成立了无线电通讯部门之后，他们的密码从来没有给国民党破译过。周恩来的无线电台设在离开他的司令部不远处。他靠了这个电台和苏区里所有各个重要地方、各个战线都保持联系。他甚至和总司令朱德直接通讯，那时朱德的部队驻扎在西南数百英里外的川藏边境。在西北的苏区临时首都保安有一个无线电学校，大约有90个学生正在那里受无线电工程的训练。他们每天收听南京、上海和东京的广播，把新闻供给苏区的报纸。”（《西行漫记》，生活·读书·新知三联书店1979年版，第42页）

到了20世纪80年代，李强回顾我党无线电通讯事业，经过广大无线电工作者奋不顾身、勇往直前的斗争取得的巨大成就，感慨万端。他在题作《一次划时代的通信革命》的文章中，豪情满怀地写道：

我党无线电通信工作诞生以来已经半个多世纪了。在这个无形的战线上，出现了许多富有传奇色彩的英雄人物，他们对党忠诚，机智勇敢，勤勤恳恳，埋头苦干，为党的事业作出了很大的贡献，有的牺牲了自己的宝贵生命。我们今天回顾创业的艰难，就是要学习他们的革命精神，把我们的通信工作再提高一步。同时不断运用新的科技成果，加快通信工作现代化建设，以适应新的历史时期对通信工作的要求。（《红军的耳目与神经》，第5页）

十八、永不消逝的红色电波

无线电通讯科虽然建立较迟，但在周恩来亲自策划领导下，经过两年的努力，克服重重困难，建立起了一个人才济济，具有巨大威力的战斗实体。在科长李强周围，团结了一大批党的第一代无线电工作者。其中有在周恩来直接领导下在上海培训出来的张沈川、黄尚英、王子纲、伍云甫、曾三、曾华伦、陈寿昌、王有才等和刘光慧、赵荫祥、蒲秋潮三位女战士；还有从莫斯科留学归来的毛齐华、涂作潮、沈侃夫（陈宝礼）、程祖怡、方廷桢（方仲如）、李元杰、宋濂等（这个名单是不完全的）。这些同志是周恩来在莫斯科参加党的六大回国前安排他们学习的，他还亲自找毛齐华谈过话，对他说："你们要加紧学习，国内急需无线电通讯。"此外，还有留学日本学习电机专业的蔡叔厚。他们坚守无线电事业岗位，创造了许多令人敬佩的英雄业绩。经过他们，又带出了遍布全国的成千上万的无线电工作者，建立起新中国规模宏伟的电讯事业。限于篇幅，这里只能选记几位杰出人物的事迹。

留日电机专家蔡叔厚

蔡叔厚（1898—1971），原名蔡肃侯，又名蔡绍敦。祖籍浙江诸暨县，出生于天津市。1916年从浙江甲种工业学校毕业时，家境贫困，无力升学，先后曾在孝丰造纸厂及上海日商办的内外棉纱厂做工。在上海工人响应五四爱国运动的大罢工中，他愤然退出了内外棉纱厂。罢工结束后，他先后在宝成纱厂、湖南纱厂申新二厂当过电机工程师。1921年秋考取了留日官费生，他去日本专

蔡叔厚（1898—1971）

门学习电机专业，继又考取东京工业大学研究生，研究压电器的设计与制造，1924年毕业回国。

从日本回到上海后，蔡叔厚谢绝浙江省建设厅的聘请，决定自食其力，靠自己学得的技术，在上海有恒路一号创办了“绍敦电机公司”，想靠振兴工业使祖国富强。严酷的现实粉碎了他的工业救国幻想。蔡在寻找救国道路时，接触了各种新思潮。

大革命失败后，他的中学同学沈端先（夏衍）从日本回到上海，住在他的家里。当时中共浙江省委的负责人杨贤江夫妇和共产党人张秋人、陈德辉等也先后住到绍敦电机公司，躲避敌人的追捕。党内一些同志常在那里开会，有的还要留宿在那里。受到革命者的影响和帮助，蔡叔厚开始认识到只有社会主义才能使祖国富强。1927年冬，在白色恐怖极为严重的时候，他满怀对国民党反动派叛变革命的仇恨，毅然提出要求加入中国共产党。不久他就光荣地加入了党。1929年李强研制无线电收发报机时，蔡叔厚被调到中央特科，协助李强工作。他们和张沈川、涂作潮一起，造成了第一部收发报机，成为党的第一部秘密电台。

蔡叔厚利用绍敦电机公司老板的身份，建立了一些社会关系，在上海的社交场合颇有名气。他在入党不久后，电机公司就成为党的交通联络机关，人来人往，很快引起了警备司令部和外国巡捕房的注意。“有一次党内接到情报，知道敌人要去绍敦电机公司搜查。党组织通知他暂时避开，但是他考虑的是如果他避开，反而可能使敌人乘机埋藏在公司里，诱捕外地来上海找党的同志。他向组织上建议自己留下来，准备应付敌人。敌人半夜里到公司大肆搜查，毫无收获。蔡叔厚在敌人临走时，还要他们写了个字据，证明在他的公司里查无结果。以后敌人还搜查过几次，都被蔡叔厚机警地应付过去了。还有一次，我们的一个同志不幸被捕，关押在巡捕房里。蔡叔厚得知这个消息后，就和另一个同志商量出一个营救办法。蔡叔厚的日语讲得很流利，他就冒充日本人，到巡捕房去要人。他对巡捕讲，那个人是他手下的，请他们交给他去处理。巡捕房的人看看他那样子，信以为真，就把那位同志交给他带走了。”（李强：《忆蔡叔厚同志》，《人民日报》1984年2月11日）

顾顺章被捕叛变后，蔡叔厚曾暂时搬出了公司，在马路对面租了间房子住下。后见没有什么可疑情况，又搬了回去。1932年，蔡叔厚经中共中央和中央特科批准，调出中央特科，到共产国际中国组工作，按照规定中断了同中国党及其下属机关的一切联系。在此期间，他利用自己的社会关系，收集国民党的军事情报，屡建奇功，多次受到领导上的表扬。

他虽然当“老板”，却从不看重金钱。他收入不多，长年过着俭朴生活。但当组织和同志们在经济上遇到困难时，他总是全力相助。早在1927年年底，他就在公司里接待安置了广州起义失败和浙江清党后回到上海来的叶剑英、曾宪植、邢西萍（徐冰）、廖承志、冯雪峰、李求实、张吉卜、匡亚明等几十个人。以后，找到他这里避难的同志还有很多，他都热情接待，不但尽量安置好大家的食宿，走时还尽可能给他们带上些路费。因此，同志们曾打趣地把他的公司称作“救难会”。

“蔡叔厚调到中央特科后，将绍敦电机公司搬到福煦路403号（现延安中路369号）。根据新的工作性质要求，他中断了同党内一般同志的来往。有时为了掩护身份，他还要装出一副消极颓唐的样子。他装得很成功，以致有的同志向党组织报告了蔡叔厚的‘消极落伍’。蔡叔厚深知，上海的社会环境极其复杂，要想搞好特科的工作，首先要在上海站稳脚跟。为此，他利用自己绍敦电机公司老板的公开身份，经常出入上流社会的社交场所。针对反动官吏爱钱贪吃的特点，蔡叔厚经常请他们吃饭，有时还为他们提供一些经济上的好处。这样，他慢慢地结交了一些官吏名流。他本人在上海的社交场合有了名气，党内的同志也亲切地称他为‘蔡老板’。通过这些，他成功地隐蔽了自己的真实身份，为开展中央特科的工作创造了有利条件……

“蔡叔厚调到共产国际中国组后，领导上给他布置的任务是：一、尽量争取公开的生活方式，安排好社会地位，做好身份掩护；二、尽量展开社会上的接触面，争取接触反动政权里的机要人物；三、了解有关国民党进攻红军、反对苏联的阴谋，以及国民党勾结德、意、日法西斯及其他帝国主义的活动资料。蔡叔厚在工作中，机智勇敢，多次深入国民党政府内部，发展工作人员，探取秘密情报，屡建奇功。例如，当时国民党军事总顾问赛克特（德国人）为国民党制订的对军队进行全面改革的计划、对红军发动第五次‘围剿’的梅花桩碉堡战术的计划等，蔡叔厚都根据组织上的布置，多方设法，通过在敌人内部工作的同志，及时把情报搞到手，交给了组织。尤其是有一次，在国民党政府兵工署工作的楼震旦发现了国民党军政部编纂的送呈蒋介石的关于军队编制情况的绝密文件《兵工月报》。当楼震旦把这一情况用兵工署的长途电话告诉在上海的蔡叔厚后，蔡叔厚当机立断，立即带上自己的莱卡牌照相机，乘坐当天的夜班火车赶到南京。他不顾危险与楼震旦一起连夜将这份文件拍摄下来，第二天又赶回上海，冲出胶卷，交给组织。此后，他又通过楼震旦，秘密发展了兵工署秘书杨余庆，把每个月的《兵工月报》都取出来，秘密拍摄，送交组织，从1932年到1935年，从未间断，也没出过任何差错。中国组的领导钦佩地赞扬说：‘这样辉煌的成就应该颁发列宁勋章。’”（刘渝：《蔡叔厚》，《中共党史人物传》第二十七卷，陕西人民出版社1986年版，第226、227、228页）

1933年，中国组的工作重点因日本加紧侵占中国而开始转向日本，原来领导中国组的苏共党员里哈尔德·左尔格（德籍，原为德共党员）奉命派到日本工作，由罗伦斯（立陶宛人，老布尔塞维克，红军上校）接替了他在中国组的领导工作。在罗伦斯领导下，蔡叔厚在获取日、蒋关系的情报方面也作出了很大贡献。1934年4月，罗伦斯由于叛徒出卖被捕，成为上海轰动一时的“神秘西人案”。蔡叔厚本人也遭敌人通缉，他将有关同志作了妥善安排之后才考虑自己的转移问题。为避敌人搜查，他把公司迁移到福熙路417号（现延安中路379号），并改名为中国电工企业公司。他早年在日本留学时同国民党高级将领汤恩伯相识，归国后一直同他私交很好。这时他到南京找汤恩伯求助，汤恩伯当即找负责此案的军统特务王新衡谈话，迫使王新衡撤销了对蔡叔厚的追捕。

此后，尽管处境危险，蔡厚仍然坚持为党工作，曾帮一些同志接转了同党组织的关系。1935年秋，刘鼎从九江敌人俘虏营逃到上海，就是通过蔡叔厚辗转同党组织接上关系的。但在1936年初，共产国际负责与他联系的同志突然因故离沪回苏联。这一意外事件，使蔡叔厚同上级组织的联系中断，工作也暂时停止了。

蔡叔厚这位在工作中一向以革命事业为重，从不计较个人得失，对党忠心耿耿的革命战士，后来却受到不公正的待遇。李强在《忆蔡叔厚同志》一文中，详细记述了他这段不幸遭遇：1936年初这次意外，使他同党的联系中断后，他到处设法寻找党的组织，同时继续积极为党工作。1938年他在一次小型集会上见到上海党组织的负责人刘少文，就向他说明自己的情况。以后他还找到潘汉年，也没能帮他联系上，未能实现恢复与原来组织关系的心愿。

“蔡叔厚在刘少文、沙文汉的领导下，一直工作到全国解放，主要是参加左翼文化运动。上海沦陷后，于伶同志在上海办剧艺社，演出爱国话剧，进行抗日宣传。剧社公开活动必须要得到有一定社会地位的人帮助和掩护。蔡叔厚应邀担任了一名理事，帮助剧社做了很多工作：介绍戏院、谈判演出合同、垫付演出费用、为剧社担保，等等。有时巡捕房来找麻烦，他就代剧社出面应付。抗战胜利后，阳翰笙等同志遵照周恩来同志指示开办了昆仑影片公司，蔡叔厚根据党的指示，以股东身份参加了公司。他在资本家股东之间进行活动，做了许多有益的工作。于伶后来称赞说：‘我们大批电影工作者之所以能够参加在内，使昆仑影片公司能够拍出一大批至今仍为观众所喜爱的优秀影片，蔡叔厚是作出了很大贡献的。’

“蔡叔厚一直认为，同刘少文谈过自己的情况并为党继续做了一些工作，就是接上了组织关系，直到1943年他在重庆和一个同志谈起很久没有看到党内文件的事，才知道自己竟被当作‘党外人士’了。他马上找到有关同志提出恢复党的关系，但因当时的情况所限没能解决。尽管如此，蔡叔厚仍把自己看成一个共产党员，努力完成党交给的每一项任务。在重庆时，他安排并掩护了党设立在他的企业的办公大楼顶上的秘密电台。1946年，刘少文因躲避逮捕受伤，蔡叔厚把他接到家里治病养伤。解放前夕，他根据党的指示，利用自己的社会关系，活动于国民党的一些高级将领之间，进行工作。

“全国解放后，蔡叔厚又多次向党提出恢复党籍，由于历史原因，都没有得到解决。他暂以民主人士的身份工作。先后担任上海市电影管理处处长，市公用局、规建局、机械局、机电一局的副局长等职务。1954年，由于受所谓‘潘杨特务反革命集团案’的株连，恢复党籍的问题被长期搁置起来。‘文化大革命’一开始，他就被诬陷为‘特嫌’，抄家审讯、拘留关押，1971年5月6日含冤死在北京的一所监狱里。一个忠心耿耿为党工作多年的老同志，就这样离开了我们。

“党的十一届三中全会以后，上海市有关部门对蔡叔厚的历史作了全面调查，以他的功绩推翻了‘四人帮’强加给他的诬蔑之词。1980年9月，中共上海市委给蔡叔厚平反昭雪；1983年3月19日，中共中央组织部批准恢复蔡叔厚的党籍。”最后，李强深情地说：“蔡叔厚同志虽然离开我们了，但他那种对党的事业忠心耿耿，不畏艰难，不怕危险的牺牲精神；对同志热情相助，战友遇难，全力救援的高尚品德，是永存的。”（《人民日报》1984年2月11日）

党的第一个报务员张沈川

党的第一个无线电报务员张沈川，原是青岛大学的学生，担任过青岛学生联合会主席，还参与领导过罢工斗争。他于1926年11月加入中国共产党。1928年10月，周恩来开完“六大”从莫斯科回到上海不久，就找张沈川谈话动员他学习无线电通讯技术。

其时张沈川正任上海法租界中共地方党支部书记，周恩来是中共中央组织部部长。周恩来约他到三马路惠中旅馆见面。周恩来见到张沈川后，很详细地询问了他的情况：过去在什么地方念书，参加过哪些政治活动，什么时候入党，由谁介绍，等等。听他一一回答完了后，周恩来说：组织上决定派你学习无线电通信技术。同时向他指着坐在旁边的顾顺章说：从明天起，你就归他领导。第二天，顾顺章即叫李强找到了他，商谈了学习无线电通讯技术问题。

这时，上海报纸上登载了“上海无线电学校”招生广告，地址在上海老西门蓬莱路。张沈川跑到那里一看，只见“上海无线电学校”的牌子和“国民革命军总司令部第六军用电台”的牌子挂在一起。张沈川化名张燕铭，走进去报了名，考进了这所学校。原来，这所学校是第六军用电台台长和几个报务员设立的，目的是捞点外快。第一期招生50名，学生一律走读，学习时间多在夜晚。学习时间半年：1928年1月开学，1929年5月结业。

张沈川入学后，发现电台台长兼学校校长是原先青岛测候所的报务员刘鹤年，1925年张沈川和他在青岛曾经一起参加过支持日商纱厂罢工工人的"青沪惨案后援会"，互相认识。张沈川向他说，因为家中生活困难，无法再上大学，跑到上海来学习无线电技术，以便养家糊口。

这个学校请了交通大学两名教授讲理论课，由电台的报务员教授收发报技术。张沈川住在离学校不远的法租界菜市路培美里培德小学二楼亭子间。为了搞好同这个小学的关系，他在白天给小学校的学生义务教一小时课。上海无线电学校开学时，组织上给他买了电键、蜂鸣器、干电池等自学的应用工具，又用12块银洋买了一个矿石收音机和耳机，李强帮助他在住处装了天线、地线，当时只能收抄徐家汇天文台长波发射的法文气象预报。

张沈川在1929年5月结业后，征得第六军用电台台长刘鹤年同意，住进电台实习。刘鹤年见他做事认真，能够完成收发报业务，便经常要他值夜班，好让他们一伙儿在外面鬼混。开头，电台上那个姓李的报务主任还帮助练习收报，要张沈川收报，他在一旁边看边听；张沈川发报，他收抄。几次测验，没有发生差错，才放心地让张沈川代班。张沈川在"实习"当中，逐渐摸清了他们的活动规律，深夜独自值班的时候，偷偷地抄录了两本军用电台的密电码，交给了党组织。他还向同住的一个技工学会了装、换发射天线，冲水电池，装了一个真空管的无线电收音机。

在这个电台实习期间，张沈川在一天夜晚代班时，收到广西柳州国民革命军总司令部第四军用电台发给他的明码电报，说广西省政府负责人之一的李明瑞师长，已电国民政府财政部长拨交3000元给张沈川作代购书款（李明瑞以后参加邓小平领导的百色起义，他的师政治部主任姜丕承和张沈川认识，因此托他代购）。张沈川到上海中央银行找宋子文批示，宋子文详细问明他与李明瑞的关系后才予批准。张沈川取得现款交给中共中央宣传部，即为他们买了大批进步的社会科学书籍送往广西，为1929年冬天李明瑞部队参加百色起义做了舆论准备。

这事也惹来了麻烦。早于张沈川在这个学校毕业前，1929年春天在学校举行的晚会上，就曾有人发言，要大家注意共产党在校内的活动。张沈川没有发现校内有党的活动，从此提高了警惕。在为广西代买书籍后不久，这年7月，有国民党黄埔军校电讯班毕业的张健等三个人分配到第六军用电台来实习。这些人是受过特务训练的，打着蒋介石的牌子，东张西望，盛气凌人，弄得电台人心不安。有个报务员对张沈川说：他们3个来了，我们会被撵走。他们对张沈川这个“实习生”也很注意，三个特务中一个姓吴的，有一天忽然来找张沈川“谈家常”，摸他的“底”。第二天，张沈川到收发报室取东西，忽然看到收发报机上贴着一张纸条：“谁昨天值夜班，收报有错误。”昨天夜里正是张沈川代班，值班簿是写得很清楚的。这分明是要找张沈川的麻烦，他便当机立断，马上找刘鹤年说：电台实习生多了，实习机会少，我决定另找工作，取得刘鹤年同意后他立即离开了电台。不久，张沈川听说张健在检查过去收发报的底稿中，查出那一份李明瑞电宋子文拨款交张沈川买书的报底，便向总司令部密告刘鹤年利用军用电台“私通商报”，刘被撤职。

张沈川离开第六军用电台，在英租界赫德路（现常德路）租了一间二楼前楼，组织上派曾去法国勤工俭学的贺果也和他同住同学习。这时买了不少无线电器材，李强绘制收发报机路线图样，带着他们制作收发报机，深夜收抄旧金山、伯力等地外文政治经济新闻，供给领导参考。

1929年8月24日，发生了由于叛徒白鑫出卖，彭湃等5人在上海被捕事件。这次被捕的颜昌颐就住在张沈川所住前楼的亭子间里。第二天早上，他从板壁缝中看到4个侦探从窗户爬进颜昌颐住的亭子间里搜查。接着，李强前来就此事报警，他们随后就搬了家。张沈川这时继续参与李强研制收发报机的工作，同时开始培训无线电技术人员。

1929年冬，李强领导研制的收发报机成功，他和张沈川开始建立起党的第一座秘密无线电台。张沈川说：“1929年秋，组织上在沪西极斯非尔路（现延安西路）福康里9号租赁一幢石库门三层楼房，作秘密电台的台址。一天，周恩来约我谈话，介绍蒲秋潮（女，四川人，刚从苏联学习回国）‘住机关’，做掩护工作，也学习收发报。为了应付环境，房子布置得像富裕之家，我们的衣着都比较讲究。机关安排就绪后，顾顺章还去察看过。收发报机是按李强绘制的线路图样，陆续买来零件，制成后，夜间用业余无线电台的呼号呼叫，其他业余电台回答，试验几晚，能够通报。就这样，党的第一座地下无线电台建立起来了。”（此处及本节他处所引张沈川的话，均见《难忘的记忆》，《难忘的战斗岁月》）

当时上海的白色恐怖严重，一座秘密电台要能长期隐蔽而不被破坏，很不容易。国民党政府同英租界工部局勾结起来，常把定向电台装在汽车上，每晚在马路上巡回侦察秘密电台的方位。1930年阎锡山、冯玉祥反对蒋介石的中原大战展开的时候，冯、阎设在上海的秘密电台，很快被蒋介石的定向电台先后侦破。第四科这部电台所以能够保存下来，主要归功于党的保密教育和极严格的组织纪律。所有报务员都深居简出，基本上断绝了社会关系，一两年才写一次家信。工作时间都在深夜一两点钟。他们生活异常艰苦。张沈川说：“两年来，我经常深夜工作，睡眠不足，身体逐渐衰弱，严重贫血。1930年8月间，电报往返多。天气很热，每日深夜工作后，没热水洗澡，用自来水冲凉，不久，患了伤寒病。组织上请名医周君常来诊治，每次付医药、汽车费现洋7元5角。医生确定我患伤寒病，发高烧时必须静卧休养。我因深夜要通报，不能休息。病较重了，于昆夫妇还扶着我工作。这样，发烧时间延长，病情日益严重。医生几次说：‘别人和你同样的病，服药一周，都退烧渐愈，对你怎么不见效呢？’我的工作情况不能告诉他。后来，李强同志告诉我，当我病情严重，讲胡话，不省人事时，聂荣臻同志和陈赓同志去看了以后，还为我准备了后事。我卧床40多天，背脊一节一节的皮都磨破了，骨瘦如柴，常咳嗽，组织上派吴克坚同志照顾我，在极斯非尔路租了一间房子，离开电台，一个人住在那里。电台工作由伍云甫同志还是曾华伦同志接替，记不清了。我在法租界当支部书记时，生活费一月2元或3元，有时还没有，主要靠自己想办法生活。在电台工作，每月生活费6元。病中休养，每月生活费21元。克坚同志告诉我，我们中央委员每月生活费也只有这样多。我深受感动，只有努力工作，报答党对我的爱护和关怀。”

1930年12月17日，第四科设在上海法租界巨籁达路四成里12号的第2期无线电训练班被破坏。张沈川和其他在场的师生共20人一起被捕，关押在监狱里六年，直到1937年8月，才经周恩来营救保释出来。张沈川说：“我们这一批同志被捕后，被关押在国民党的监狱里。尽管敌人一次次地审讯，施用了各种酷刑以及各种软化手段，但始终不能动摇我们的斗争意志。大家忠于党，忠于革命，对我党的机密一直守口如瓶，用事先编好的口供欺骗敌人。同时，敌人也没有抓到我们什么真凭实据，最后，有的同志在狱中被折磨牺牲，有的同志被长期关押。后来，才由党营救或自己设法斗争出狱。不管敌人盯梢破坏也好，逮捕关押也好，都是无济于事的。党的红色通信战士，具有一不怕苦、二不怕死的革命精神，掌握了与敌人斗争的艺术，党的地下通信始终没有被破坏，红色电波始终没有被扑灭。”

留苏专家毛齐华

党在早期的秘密电台工作者毛齐华是留苏归来的专家。1928年夏天他在莫斯科中国共产主义大学学习的时候，有一天这个学校的秘书长阿勃拉莫夫交给毛齐华一份名单，要他通知这些人去见他。名单上共有六个人：方廷桢（方仲如）、陈昌浩、沈侃夫（陈宝礼）、李元杰、程祖怡和毛齐华。阿勃拉莫夫在办公室里告诉他们说：根据中国革命的需要，第三国际的支持，决定派你们去学习无线电通信技术。这是绝对保密的事，跟任何人都不能讲。你们白天在校上课，晚上去学习。于是，他们六个人就去“国际无线电训练班”学习无线电通信技术。每星期到那里去学习两次，“都是在晚上，每次两小时左右。在‘中大’的学习和工作一如往常”。

在莫斯科的中国留学生中培训无线电通信技术人员，是周恩来提出的，他对这事一直很关心。有一天，毛齐华和另一位同学由苏联军事教官带领去东方大学野营参观学习，正巧碰上周恩来到“东大”来传达“六大”精神。毛齐华在国内曾和周恩来见过面，周恩来传达完后与同学们一起到食堂用餐。他看到毛齐华的时候，就对他说：“你们要抓紧学习，国内急需要无线电通信。”当时旁边同学很多，周恩来只对他讲了这两句话。毛齐华说：“但这两句话，给我留下了深刻的印象。”

1929年年底，毛齐华等5人搬到“国际无线电训练班”去住（陈昌浩已于1928年年底调走做共青团工作），“中大”有重大报告时仍回校去听。1930年秋末，他们在国际无线电训练班毕业。毛齐华和方廷桢、沈侃夫、李元杰四人奉命归国。他们秘密地从莫斯科到了海参崴，经过东北回到上海。

他们到上海后，住进组织上指定的三马路一家旅馆，首先见到的是顾顺章。毛齐华认识李强，问顾顺章：“你可知道有个叫曾培鸿的？1927年曾在武汉搞过情报工作，现在在哪里？”顾顺章说：“他就是你们的领导、工程师，明天来同你们见面。”第二天，李强来看他们，要他们先安排好住处。毛齐华说：“我按照要求租了个小亭子间，并把我妻子潘林珍从乡下接出来，在上海安了家。过了两个星期左右，李强叫我把家搬进慕尔鸣路兴庆里17号（今茂名北路111弄17号）。这里是新建的党的地下电台所在地。房子的二房东是吴克坚，住在楼下，我们称他‘账房先生’。曾三（老康同志）是报务员，住在小亭子间。我家是三房客，住在楼上。收、发报机放在我的衣橱里，每夜在我的房间里工作。吴克坚去苏联后，我家从楼上搬下来顶替吴当二房东。”（毛齐华：《我党早期的“地下”电台》，《红军的耳目与神经》第17页。本节其他未注明出处的引文均引自此文）

毛齐华安顿好了住处，就照李强的通知到中央特科在巨籁达路四成里办的第2期无线电训练班去接头。12月7日，训练班被破坏，毛齐华和李强当时没在现场，幸免于难。经过这次事件，李强暂时隐蔽起来，改由陈寿昌领导第四科的工作。在顾顺章叛变后，电台改由中共中央书记处直接领导，与中央特科分离。无线电训练班还要继续办，但是接受第二期被破坏的教训，必须更加遵守秘密工作的原则，恢复先前张沈川采取的分散居住、单线施教的方式进行。毛齐华说：“从慕尔鸣路迁出后，陈寿昌根据中央指示，交给我的任务是培训技术力量（训练报务员和维修发电机的技工），由我负责训练五名报务员，分作两批，同时在两个地方进行教学。一批是两个人，在虹口；另一批是三个人（其中两人是夫妻），在同孚路附近。我们采取家庭补习方式教学。我买了一些零件，用三极管装了1只振荡器，每人1副耳机，使同居一屋的人听不到嗡嗡声。开始我每天去，过了一段时间，两天去一次，主要是督促他们自己练习。培训维修发电机技工比较麻烦，要有地方，有机器设备，还要有个名义作掩护。当时根据地迫切需要这方面的人才。于是，我们在虹口找了一家修理发电机的小工厂，厂子虽小，只有一间店面房子，可是破旧的小发电机有10多个。这家老板看来也是工人出身，自己参加劳动，雇用1个工人和1个学徒。我们和老板商量，就说是小城镇需要会装修发电机的人，希望老板帮助我们培训一点拆装和简单维修发电机的技术力量，培训费用照给。经老板同意，我们先后在那里办了两期，两个月一期，每期两三人。这些受过训练的人，都由组织上派往苏区去了。事实证明，用这种方法培训，比较安全、有效。”

随着各苏区蓬勃发展，急需无线电通信设备。毛齐华又接到组织上交付的装置机器的任务。这时他就搬进一幢比较合适的房子，组织上特地又调一位四川女同志何成英来，住在亭子间做三房客。

上海的环境日益险恶，斗争更加艰难。敌人经常开出黑篷汽车，装着定向仪器，巡回探测我党电台的方位。毛齐华说：“处在‘地下’环境，安全问题一点疏忽不得。大连湾路乾信坊只一条直通弄堂，这个地方还是比较安全的。我们家的楼下是客堂，和邻居的陈设相仿，一张长台、条几、香案、烛器，中间方桌，两边放着椅子。那一带人家的大门是经常敞开着的，我们的大门也不关闭，一切事都在楼上做。老潘和阿姨两个女的住在楼下，掩护得还可以。仅我一人，买了张工作台和各种工具、五金零件、电表器材，就在楼上办起工厂来。这年夏天，气温特别高，但有这样安全的环境，又根据革命形势发展和组织上的要求，我夜以继日地工作，有计划地做一套、改进一套，真是越干越有劲儿。制造新机器，要考虑到秘密环境这个现实。要求精小轻便，以便携带和缩短操作时间，而音量又需要小而清晰，既利于接收又免得被敌人察觉。每制成一架，都要经过反复检验，符合标准后才放心送走。这年夏天我一连装配了五六套收发报机，是生产最多的一年。机器做好以后，有的是单线领导人取去的，有的是约好时间、地点、接头暗号，由我直接送去的。1932年，我曾先后把两套机器送到麦特赫斯脱路交通站，负责人是陈刚……”

尽管环境险恶，物质条件困难，但是他们装制出来的收发报机，质量是很好的。由于叛徒告密，有的电台也曾失守。敌人拿到这些电台设备时，曾经非常惊奇地说：“想不到‘共匪’没有工厂设备，凭手工能制造出这样小巧玲珑、高效率的收发报机！”

毛齐华除了制造收发报机，还得在电台上工作，为了避免电台暴露，他们使用了室内天线，随用随挂，用完卸下。但是在发报时，电键一按，隔壁居民家的电灯泡，不论白天和深夜都会闪闪发红光，若被邻居发现，必将引起麻烦。因而每设一台，必须先一边按电键调整波长，一边设法去偷看邻居家的电灯泡是否闪红光，调整到不发红光为止。所以，选择安置电台的房子，在当时是一件极大的难事。这样他们就得经常搬家。比如，1933年春节前夕，他们花了500多块银洋在大沽路437弄20号租了一所房子，地点适中，质量也好。毛齐华一家住在底层，当二房东，又叫程祖怡一家三口来当三房客，住在楼上发报，电报密码由当时中共中央上海局书记李竹声的妻子沈谷兰联系接送。他们在这里安稳地过了春节。但只住了一个月，沈谷兰突然跑来通知毛齐华："这座房子打保单的地方出了问题，为了安全起见，应当立即搬家。"毛齐华先到老闸桥堍找到一间破房当三房客，为能迅速通报，他就冒雨四处奔走，才在高朗桥广场找到了一排新房子，程祖怡一家马上带着电台到这里开始工作。

在险象环生的严峻处境中，随时都有险情。就像毛齐华说的："在工作中，遇到危险是常有的事。有一次我抱着一架发报机，坐在人力车上，路过北京路快到泥城桥附近，突然遇到几个武装巡捕和便衣，在路上对行人逐个检查。这时，我想要人力车转弯绕过这些'抄靶子'，但马上转念一想，这样反而会被他们怀疑，还是继续前进。那几个'抄靶子'注视着我，看我穿长袍，手里抱着一包印有'中国百货公司'商标的牛皮纸大包，面不变色地来到他们跟前，显得很有派头，他们也摸不清底细，不敢放肆，便把手一挥，意思是放行。一场风险过去了，可我却出了一身大汗。有一次，沈谷兰到电台来，在路上也经常遇到'抄靶子'。她手里提着一筐鸡蛋，将电报密码放在鸡蛋底层，装成走客送礼的样子。行至华德路，忽然碰到几个有男有女的'抄靶子'，路过的行人个个被搜，沈谷兰也不例外。危险的是，那巡捕要检查沈的鸡蛋筐子，她慢慢地把鸡蛋一个个从筐里往地上放，蛋在地上滚着。这时，沈急中生智，既镇静又火气很大地说：'这是我送人的礼品，如果打破了你要赔偿！'这样一说，搜查者便把鸡蛋放回筐内，放行了。"

面对如此严峻局面，毛齐华和战友们一直坚持在上海工作。1935年9月，组织上决定他们撤退。当时中央红军经过长征正在驰往陕北。他们从上海撤走的路线有两条：去苏联，或去陕北。他们先到天津，又经种种磨难，辗转经由西安进入陕北时，中共中央已在瓦窑堡安家。毛齐华说："当我顺利到达瓦窑堡党中央时，第一位接见我的是周副主席，我向他作了详细的汇报。也见到了中央其他负责同志和曾在上海一起搞电台的战友曾三同志，他还在搞本行工作……不久，刘长胜回国了，他带来了共产国际的电讯密码，因此，于1936年春又和共产国际恢复了电台通报。"

另据毛齐华回忆：1936年春，在瓦窑堡召开的中央会议后的第二天，毛泽东同志在住所同他进行了一次谈话，内容是关于党的白区工作。毛泽东同志在听取了白区工作情况的详细汇报后说：在城市，敌人占绝对优势的情况下，轻举妄动是不行的呀！他又用商量的口气问毛齐华，从整个城市来说，敌占优势；但在一个工厂或一个车间，经过细致的群众工作后，能否建立我们隐蔽的力量优势呢？毛齐华同志回答说：根据过去上海工厂里工作的经验，只要发展四五个得力的党员，完全可以做到使全厂工人在我党领导和影响之下。毛泽东同志接着说："要隐蔽精干，积蓄力量，不能轻举妄动，要作长期埋伏，等待时机呀！工人的斗争是客观存在的，重要的是我们如何去组织、领导他们进行斗争。斗争要讲究策略，要'有理、有利、有节'，要注意积蓄力量，斗争要适可而止。"毛齐华同志在回忆中说："后来，我们一直用这个思想指导和教育敌占区和蒋管区的地下工作者，使党的地下组织不断发展和壮大，从胜利走向胜利。"（《毛泽东同志关于白区工作的一次谈话》，《上海工运史资料》1981年第5期）

"木匠"涂作潮

涂作潮（1903—1984），湖南长沙人。自幼家境贫寒，快满14岁时到二姐家跟随姐夫学做木匠活。只因干活不得要领，竟被姐夫打了一顿，他便愤然回家。大约过了一年，又跟大哥在长沙学木工活。1920年他在长沙参加了"湖南劳工会"，曾进建筑工人夜校读书，还参加了中国共产党领导的长沙泥木工人总罢工。因有这样一段经历，以后便得了一个大家熟知的"木匠"绰号。1928年六七月，党的六大在莫斯科开会期间，涂作潮正在东方大学学习，曾经列席大会。周恩来和他谈话时得知他的身世后，亲切地拍着他的肩膀叫他

“木匠”。此后，“木匠”便成了涂作潮投身党的隐蔽战线工作的代号，也成了他终身的绰号。

以后由于“长期失业，生活无着，到处流浪”。涂作潮在1924年到达上海谋生，进入中国工人运动的中心。开始他在恒丰纱厂打零工，还报名到工人夜校读书。他在夜校认识了蔡和森的继兄蔡林蒸，经常交谈，他的思想逐渐有了变化，萌发了参加中国共产党的愿望。这年春天，李立三得知他有入党要求，曾经找他谈话，向他讲解了共产党的性质等党的基本知识，审查了他的历史和家庭状况。以后，由蔡林蒸、林仲丹（林育英）介绍涂作潮加入了中国共产党。

五卅运动开头，他听到日本人杀害了上海日商内外棉株式会社纱厂工人共产党员顾正红，异常愤慨，自动扯了两尺白布，写上“声援‘顾正红事件’讲演”，用竹竿挑起来到龙江路一片空地上，向数百名下班工人演说，控诉日本人的暴行。结果被英国巡捕抓进监牢，遭受严酷的刑罚。党组织大力营救，加以五卅运动的威力使帝国主义者畏惧，他在一个月后获得自由。

五卅运动后期，1925年10月，涂作潮和一批已经暴露的同志被党组织派往苏联学习。涂作潮抵达莫斯科后即到东方大学报到，在最初编进的班级里，除了政治课程，还学习了射击、爆破、密写技术，等等。1927年下半年，改入国际班学习，到1928年5月毕业。在东方大学未毕业前，涂作潮曾要求继续留在莫斯科学习爆破技术。党的六大开会期间，张国焘代表组织找涂作潮谈话，对他说：现在国内红军急需的是无线电通信技术人才。战斗中，一个团的单位，由于通信联络不上，常常不能很好地完成任务，甚至遭到不应有的损失。组织上不同意你学习爆破技术，你改学无线电通信吧！涂作潮同意了组织的决定。周恩来也找涂作潮说：去学通信，用心点，部队等着用人，我们没有人，没有掌握技术，部队联络困难。

1929年1月，涂作潮进入列宁格勒伏龙芝通信联络学校学习。他在这里学习了放狗、放鸽、有线通信、无线通信、绘制军用地图、修理汽车、木工和锻工技术等。在学习无线电通信时，因他过去曾患过脑膜炎，脑子不大好使，收发报有困难。他接受了教员的劝告，决定主攻机务，学习电台修理。1929年10月，他和宋濂被调到刘伯承在伯力组织的“共产国际远东支队”华工游击队当报务员。此后，他又曾在海参崴“契卡”电台学习一段不很长的时间，就奉命秘密回国。

1930年3月，涂作潮和宋濂回到上海，住在四马路新鹿鸣旅馆。第二天下午，李强来到旅馆，把他们带到大世界附近九星大戏院西面一家裁缝店的3楼，这里是第四科领导的无线电修理所。李强知道了他在苏联的学习情况后，便让他留在这里住下。

那时中央特科的电台是输出功率为100瓦的，工作的时候感应电流常把邻居家的电灯都点亮了，十分不隐蔽。涂作潮用他在苏联学的技术建议用增加收报机灵敏度的方法减少发射功率，起到了很好的效果，表现出他高超的机务技术。

1930年秋，涂作潮参加了第四科在上海巨籁达路办的无线电训练班的教学工作。12月训练班被破坏，涂作潮因不知情闯了进去，险些出事，靠着他的机智沉着得以脱险（前文已经讲过）。

1930年12月底，中央苏区取得了第一次反“围剿”战争胜利，活捉了国民党第十八师中将师长、前敌总指挥张辉瓒。国民党上下震惊，张的妻子朱性芳闻讯急到南昌，恳请国民党江西省主席鲁涤平“想办法”，又电程潜、唐生智等人求助。张辉瓒是蒋介石的爱将，一直顽固反共，1929年曾任南昌卫戍司令，屠杀共产党员1000多人，被人称为“张屠夫”。不久，蒋介石授予他中将军衔，任“江西全省围剿总指挥”。这时蒋介石在这些国民党将领恳求下，同意用枪弹、巨款赎回张某。鲁涤平等人反复计议，确定了赎救条件：第十八师未上战场的第五十四旅，共4000余人及全部枪械弹药，归降红军；由上海三家银行担保，向红军捐送20万元现洋、20担西药，再加上可以武装两个团的枪弹；释放南昌下沙窝监狱关押的100多名共产党“政治犯”。颇为丰厚的赎救条件拟订后，又报请南京军政部同意。随后派省政府秘书长王信乘坐一架水上飞机赶到上海，请求中共中央派人去南昌谈判放张事宜。其时张的妻子先已来到上海，通过龚饮冰同志已与中共中央取得联系。周恩来等对王信带来的“赎张”条件仔细研究以后，认为这些条件若能实现，对中央苏区红军很有利。中央决定派中央军委副秘书长李翔梧为中国工农红军代表，涂作潮为中共中央代表前去南昌与鲁涤平谈判。周恩来并通过地下交通线致信毛泽东、朱德，通知他们做好放张的准备。2月4日，经龚饮冰安排，双方在上海进行了交谈并报中共中央批准后，涂作潮和李翔梧换上王信提供的军服，即同王信于2月6日从上海乘坐水上飞机到达九江，准备次晨乘火车去南昌。

不料，此刻事情发生剧变：当时中共中央和中央苏区电讯联系尚未沟通，地下交通信息传递缓慢，中共中央在上海所作的放张决定尚未传到苏区，张辉瓒已被处决：1931年1月28日，中央苏区吉安县东固区为红军反“围剿”胜利召开了有两万多人参加的祝捷大会，有人提出公审张辉瓒。而敌第十八师这次烧杀抢掠，民愤极大。

张辉瓒曾在其誓师大会上说：“吾党与共匪势不两立，此番不踏平赤区，剿灭赤匪，誓不生还！愿吾汝辈共同勉之。”他还煽动士兵：“朱毛主力猬集于东固，那儿有赤匪的银行，弟兄们打进东固，金子银洋任你担，打到东固去，发财归自己！”张师进入苏区后，烧杀抢掠，无恶不作。这时一看见张辉瓒，东固的群众把对国民党军队的仇恨，就都集中到张辉瓒身上。许多农民情绪激昂地跳到主席台上，动手揪打张辉瓒。负责保护张的红军有一个排，根本无法控制局势。尤其是会议主持者顺应群众意愿，在没有得到红军总部批准的情况下，宣布将张辉瓒处决。张被处决后，他的头颅被砍下，和上石灰装进一只竹笼，固定在一块大木板上，投进赣江。木板漂到吉安城被敌人捞出，并在2月7日南昌《江西民国日报》上发表消息。这些情况，涂作潮、李翔梧和王信都不知道。

2月7日上午一到南昌，王信带他俩住进一家旅馆后说先回家一趟。王信走后，涂作潮和李翔梧两人上街看看，走出不远买到一份《江西民国日报》，上面刊有张辉瓒已死并且成立了“张公治丧事宜事务所”的消息。他们一见大惊，忙回旅馆，随即逃离南昌市区。所幸他们身着国民党军服，未遇阻拦。他们过赣江后，急行40多里，到城岗魏村在一个商人魏朝鹏家里藏匿起来。这人常在外面混事，很讲义气，以为他们是开小差的国民党军官，尽力相助，还和他俩结拜为异姓兄弟。当他们离开时，魏某又让他俩扮成生意伙伴，一路送到上海。涂作潮和李翔梧即将这次经历作了汇报，他们的机智勇敢受到中央同志的表扬。中央特科还派人扮作涂作潮的朋友宴请魏朝鹏，并赠送皮袍、丝绸等物给他，表示感谢。（参考晓农、冯都：《赎救张辉瓒——一次流

产的国共谈判》，《纵横》2001年第9期）

1931年3月，中央决定涂作潮和曾三、伍云甫到中央苏区的红军无线电大队去加强工作。他们即随香港交通站派来的交通员乘法国邮船到了香港，再经汕头、福建的三河坝绕进中央苏区。到达红军总司令部后，涂作潮准确无误地将从上海带来的密码“豪密”从白衬衣上“洗”了出来。

以后涂作潮又于1935年4月回到上海，后经蔡叔厚介绍前去西安，和刘鼎接头后一直留在西安工作。1936年“双十二事变”后，涂作潮在张学良的司令部里，同周恩来有一次难忘的会见。涂作潮在半个世纪以后回忆起来还记忆犹新：

有一件事情我要永远记在心里。“双十二事变”后的第四天，我在张学良公馆里见到了周恩来，他身穿一套干净整洁的黑色中山装，一见着我，瘦削的面孔就露了惊讶的神色，并热情地紧紧拉住了我的双手，浓眉之下，一双炯炯有神的眼睛，注视着我的面庞，好像要从中寻找出什么似的，嘴里不停地而又亲切地叫着我的外号：“木匠啊！木匠！我们又见面了。这些年你吃苦了。”周恩来的话像股暖流，霎时间贯穿了我的全身，使我感觉到党的无限温暖和关怀。当时我激动得不知说什么才好，只是两眼饱含着幸福的泪花，呆呆地站在一旁。当然我也清楚，当时周恩来正受党的委托，为处理“双十二事变”这样关系全民族存亡的大事而奔忙，我不能占有他过多的宝贵时间，所以只简单地但却又是深情地不断地说着：“你好！你也辛苦了！……你也辛苦了！”过了一会儿，周恩来同志突然摸着自己的胡子，语气非常欢快地对我说：“喂！木匠，你看我的胡子这样长了，你有刮脸刀吗？”我说：“有。只是不太快了。”他说：“不要紧。”周恩来同志刮完脸后，容光焕发，精神抖擞地立刻同刘鼎走了。

不久，刘鼎回来了，要我收拾好东西，说是要搬家。过了一会儿，刘鼎派人用卡车把我送到集贤庄红军驻西安办事处，在这里，我见到了李克农、曾三、伍云甫以及邓中夏的爱人。（涂作潮：《“木匠”的回忆》，《红军的耳目与神经》，第42页）

十九、扑灭一场特大灾祸
——顾顺章叛变前后

顾顺章护送张国焘去鄂豫皖苏区

1931年1月7日，根据共产国际的指示，中国共产党六届四中全会在上海召开。来到中国的共产国际代表米夫出席会议，并不断使用组织手段控制会议。在米夫的直接干预下，原来连中央委员都不是的王明（陈绍禹）被补选为中央委员，会后不久又补选为政治局常务委员。这样，王明等人实际上掌握了中共中央的领导权。从此，以王明为代表的“左”倾冒险主义统治全党达4年之久。（中共中央党史研究室：《中共党史大事年表》，人民出版社1987年版，第80页）

“这次四中全会后，国民党统治区内党的工作出现了一片混乱。”（中共中央党史研究室：《中国共产党的七十年》，中共党史出版社1991年版，第125页）党组织在许多地方遭到严重破坏，中央特科的工作也受到严重影响，造成重大损害。

“六届四中全会后，王明的‘左’倾冒险主义开始在各地贯彻。中共中央派遣许多中央代表或‘新的领导干部’到全国各地去，对革命根据地和白区地方党组织进行所谓‘改造’。”（中共中央党史研究室：《中国共产党历史》上册，人民出版社1991年版，第299页）这年3月，就向各地派出一批“钦差大臣”：派夏曦到洪湖；派曾洪易到赣东北；派张国焘、沈泽民、陈昌浩到鄂豫皖……

其时张国焘刚从苏联回国不久（在苏联参加中共驻共产国际代表团工作），是六届四中全会新当选的中央政治局常务委员，沈泽民是这次全会新补选的中央委员，任中央宣传部部长。陈昌浩原在莫斯科中山大学学习，1930年11月回国后，由中国共产主义青年团员转入中国共产党（1926年加入共青团）。（陈昌浩在1931年4月到鄂豫皖后任中共鄂豫皖中央分局委员兼共青团鄂豫皖中央分局书记。同年9月任中国工农红军第四军政治委员，11月任第四方面军政治委员）当时决定张国焘、陈昌浩由顾顺章护送走水路，经武汉前往黄安县；沈泽民和他的妻子张琴秋走陆路，由安徽六安一带潜入金家寨。

有的"著作家"昧于史实，对以王明为代表的"左"倾冒险主义统治的中共中央派出中央代表到革命根据地进行所谓"改造"的事，竟说成是去"加强"苏区；无视张国焘到鄂豫皖苏区的作为和顾顺章当时的状况，又说因为张国焘是"中央政治局常委""且肩负着发展长江以北地区的重任"，"因而必须派一名有经验又熟悉通过长江进入鄂豫皖根据地地下交通线的负责同志"护送他。尤有甚者，甚至还说"本来这样的事是用不着顾顺章亲自出马的……周恩来派自己的得力助手顾顺章护送张国焘等去武汉，一方面是为了保卫张国焘一行的绝对安全；另一方面也是要顾顺章顺便将武汉的地下党组织重新建立起来"。实际上，张国焘这个"钦差大臣"当了中共鄂豫皖中央分局书记兼军事委员会主席后，即推行"左"倾冒险主义，由于他的战略指导错误和独断专行，第二年10月红军主力就被迫离开鄂豫皖苏区，把好端端的一块红色根据地毁掉了。至于顾顺章，当时正在中央特区工作的陈养山说："顾顺章早就生活腐化，周恩来同志多次批评过他，派他送张国焘去鄂豫皖苏区，实际上是把顾调离特科。"（陈养山：《关于中央特科》，上海《党史资料丛刊》1981年第2辑）

张国焘去武汉，当时顾顺章安排：4月1日张国焘、陈昌浩由红队派人陪同在上海登船西行，顾顺章则先一天由上海坐火车到南京，再乘船到武汉，这样可以早到武汉预作安排。有些作者在张国焘一行的具体情节上胡编乱造，绘声绘色地渲染他们乘坐什么客轮，扮作富商大贾，如何阔绰，等等，也是不符合事实的虚构。

其实，这次张国焘、陈昌浩乘坐的是中央特科控制的一只不起眼的运木船。这条船是在上海英租界工部局由英国商人注册的洋泰木行运输木材的货轮，挂英国旗，专门从上海运木材去武汉，不卖票、不搭客。船上有个姓陈的船工，浙江宁波人，是共产党员。我们党的许多负责同志常以他的朋友的名义，乘坐这条船来往。当时曾多次乘坐过这条船的李强说："我们的同志，坐轮船行吗？坐客轮人家要认出你的啊，逃也逃不了。所以作为他的朋友，坐他的船。他这条装木材的船，又不要买票。在上海装上一船锯好的木条，装运到武汉，然后再回去装。所以没有什么人来过问的，在他的船上，我们有很多重要的人物、重要的东西搬到了上海，甚至连痰盂（这不是笑话，是事实）都搬到了上海。这条船的舵工，这位同志是宁波人，姓陈，名字我不知道，当时是不准问的。他做了很多的工作，汉口买不到米，他买米来，过了芜湖，买了不少螃蟹。1927年我经常用它，到1931年还经常用它。后来顾顺章送张国焘到鄂豫皖苏区，坐的也是这条船。"（李强1981年10月的一次谈话记录）

4月4日，张国焘一行到达武汉。以后张国焘在他的回忆录（《我的回忆》第三卷）中，曾经记述了这次行程：

1931年3月中旬，我和沈泽民、陈昌浩准备进入鄂豫皖苏区。我和陈昌浩拟经汉口前往黄安，沈泽民和他的太太张琴秋则拟经安徽合肥去六安。当时，我们对于鄂豫皖苏区的情况，知道很少，我们只知道那里有两个小苏区，一个以黄安县北部的七里坪为中心，包括黄安、麻城、光山、罗山四个鄂豫交界县份的一些乡区，另一块则以金家寨为中心，包括六安、霍山、商城三个豫皖边县份的一些乡区。这些苏区与中共中央之间建立了交通网，但彼此间互相联络的情况，却只有周恩来才清楚，周恩来因此委托顾顺章为我们安排这次秘密旅行的各种事项……

顾顺章为我服务，十分卖力，他决定亲自护送我到汉口，沈泽民的行程则由他的助手料理。他告诉我，有一艘来往沪汉之间的野鸡船，与他有密切关系，这艘船将于三月底开赴汉口，他要我坐那艘船，他自己则先赶到汉口物色人员护送我去黄安，他并详细向我说明每一细节所应采取的步骤，我决定照他的计划实行……

晨光普照的时间，船开出了吴淞口。这是一只货船，十几位客人都是水手们私带的“黄鱼”，我们这两条“黄鱼”，虽同是商人打扮，但又有点不像……四日下午，我们的船快要到汉口了。顾顺章嘱咐船主要在下午六时后靠码头，因为顾顺章认为六点多钟是暗探们用膳的时间，那时登岸，危险性可能少些。果然，这艘船马上减低了速度，直到六时过后才停泊好。我和陈昌浩各提着简单的行李，走出码头的时候，天已近黄昏，码头外的要道上，有一个年轻人手里拿着一张当天的报纸，向我们投射了一个暗号，这就是顾顺章派来接我们的。那青年人旋即坐上一辆人力车，我们也跟着坐上人力车，直向离码头不远的日租界驶去。

在日租界一条较僻静的街道上，我们走进一所房子的二楼，顾顺章已在那里等候我们，他知道我们一路上没发生过什么困难之后，便和我们研究下一步的步骤。他告诉我们，从这里到鄂豫皖区，不能由汉口交通站的人护送，须由鄂豫皖派出来的交通迎接进去，现在已确知那个可靠的交通，至少还要三天才能赶到，因此，我们至少要在汉口停留三天。

接着他又告诉我们，这个交通据点，住着一对可靠的夫妇，一向是很稳妥的，但据最近的消息，这里已引起日租界暗探的怀疑，因此，他对我们是否可以住在这里，颇表踌躇。他还告诉一件我向来不知道的事，他说他是有名的“化广奇”大魔术师，曾在汉口表演多次，轰动一时，汉口有些大商人和富人曾拜他做老师，其中有几个和他来往亲密，完全不知道他就是顾顺章。他建议如果这里不好住，可以搬到他的一个学魔术的学生家里，那是一位大商人的家庭，不会引起人们怀疑的。我不同意顾顺章这个建议，我对他说：如果我住在大商人家里，不能躲藏着不见客，汉口认识我的人很多，商人中也有不少人认识我，万一遇着了，反为不妥。这里虽已为日租界暗探所怀疑，但不见得在这几天内就会出事。我们就藏在这里，绝不露面，也许要妥当些。我们研讨的结果，一致认为还是一动不如一静。

在这个仅有两间卧房的二楼上，主人夫妇住在后房，我们则住在前房。我们不敢凭窗外望，以免为人所发现，只有在房里阅读书籍报纸。当日一份中文报纸上，译载一篇外人所作“剿匪”的文章，其内容大致是赞扬蒋介石将军剿灭共匪的努力，并说到中国历史上曾屡次采用封锁政策剿匪，获得成功，现在蒋氏也注意封锁，沿着匪区，筑碉堡，坚壁清野，使匪不能向外发展，以图逐渐缩小包围，这是一个稳健而有效的办法。我读了这篇东西，便开始考虑对策。

七日傍晚，顾顺章领着刚由鄂豫皖区来的交通到我们的寓所。这位来迎接我们的青年人，身材矮小，沉默寡言，倒像一位经过磨炼的商店伙计。我们商定翌晨启程，乘公共汽车向目的地进发，顾顺章因不便在汽车站露面，决定派他的助手到站照料。

八日上午八时，我和陈昌浩跟着那位交通，离开日租界，穿过中国地界的小街小巷到汽车站。我们各自提着包袱雨伞之类，前前后后各自行进，似乎并不相识，在车站分别买票，我们很顺利地搭上了经黄陂到麻城李家集的公共汽车。车开行到郊外时，曾停车经过两次检查，我们没有遇着困难就通过了……

鄂豫皖苏区派来的交通员于4月8日将张国焘、陈昌浩接走后，顾顺章护送任务已经完成，原应返回上海“交差”。但他借口搞交通线，滞留在汉口，住在汉口离大智门车站不远的法租界的德明饭店，进行个人活动。他擅自用“魔术家化广奇”的艺名，在新市场游艺场公开表演魔术。并在街头大贴广告，以广招徕。这样一个不寻常的人物在汉口出现，立刻引起了国民党特务的注意。这时武汉有个被捕后叛变的王竹樵（关于告密顾顺章的叛徒是王竹樵，还是尤崇新，说法不一。1979年五六月间原在中央特科工作的李强、刘鼎、陈养山、柯麟座谈中央特科情况时，认为是王竹樵。1981年10月李强在一次会上说：“当时我们在上海知道顾顺章被王竹樵发现了，这是在上海我们被通知的。有人写的是叛徒尤崇新，其他的情况相同。顾顺章的小舅子张长根也写了材料，他的根据是顾顺章被捕以后他也到了南京，他写的也是王竹樵，同我一样。至于说世界饭店啰，什么登台啰，完全一样。我说可能是一个人，因为他改了名字，顾顺章就不知道他。可能两个人都有，可能王竹樵也在，尤崇新也有。因为顾顺章只认识王竹樵不认识别人，所以他同他〈指张长根〉讲了。”笔者沿用过去有关著作中的记述，在本书中写告密者是王竹樵），国民党特务机关限他必须在一星期内找出共产党，否则就要枪毙。可是当地党组织得知他叛变以后，和他接触过的共产党员迅速地作了转移。这个叛徒天天在武汉街上东窜西逛，急得像一条疯狗似的伸着鼻子到处搜寻。此人原是武汉纱厂工人，曾经参加过工人武装纠察队，还进中央军委特务科工作过，和当时在特务科负责的顾顺章相识。4月24日这天，王竹樵眼看特务给他的限期就要到了，正愁着无法交账，来到江岸徘徊，不料中午时分，在江汉关门口撞见了顾顺章。他就暗中跟踪盯梢，一直盯到顾顺章的住处，随即报告了徐恩曾在汉口新建的特务机关——武汉行营侦缉处。敌人一听，立即行动，马上逮捕了顾顺章。

国民党武汉行营侦缉处长杨庆山（洪门头子），副处长蔡孟坚，亲自审讯顾顺章。主要审讯顾顺章的蔡孟坚是徐恩曾任用的武汉特派员。他们为了软化诱叛，特地对他"敬酒敬茶"。开始，顾一言不发。后来蔡对顾说："我们虽未见过面，但是我知道你，你也一定知道我，一切用不着多说。先生，便说你所知道的一切；否则，只有死。"最后蔡对顾说："我决定送你去南京，你自己好好地考虑考虑，选择自己的前途。"（《中统头子徐恩曾》，中国文史出版社1989年版，第9页）顾顺章立即叛变，还无耻地对特务说："我去年就在找机会，愿意转变。"原来顾顺章早就包藏祸心，写好了一封给蒋介石的自首书，藏在家里备用，他曾嘱咐其妻张杏华说："我如被捕不能回来，可将此信交给蒋介石。"以后党组织在他家里搜出了这封信。信中极力恭维蒋介石，表示早想叛党投敌的心迹。说他对共产党不满，早有"反正来归之心"。如果蒋介石相信他，他可以把共产党、第三党和国民党取消派等等的各种组织关系——自中央到支部，一概交给蒋介石。足见他的叛变动机不在被捕之后，而是在被捕之前就有的。

在武汉亲自逮捕、审讯顾顺章的国民党武汉行营侦缉处副处长蔡孟坚，事后这样描述顾顺章被捕叛变的情况：

当顾顺章要被押送到军法处审讯时，他大声叫："要见蔡孟坚。"我虽内心惊奇，但即刻嘱行动人员押来见我，他竟以客人自居，向我说："我（顾）不是一个普通共产党，是共产党中央常委，与周恩来平起平坐；共产党党务，我掌管大部分，任何秘密机关，由我全部安排；我受过苏联'格别乌'训练，还是上海共产党中央红色保卫局长。说特务，我是特务的总管，这次来汉口，是利用我变魔术，以'化广奇'魔术团的名义为掩饰，主要任务：（1）护送张国焘去豫鄂皖边区任主席，张昨已由我派人掩护到达；（2）筹备布置共产党主席经粤汉路转株、萍去井冈山，转移主席驻处。你今日找到我，可能对国共两党都有好处，我不能再多谈，留下重要问题，请你安排我与蒋委员长商谈。”我说：“你见见此间行营主任何成浚将军谈谈也好。”他说：“见他也不过以上这些话。”我又问他：“你为何知道我蔡孟坚名字？”他说：“国民党任何地区，主持反共的人名都知道，不必多问。”并未涉及我中央内有潜伏大间谍钱壮飞之事。我看情形只好大方些，让他回旅馆，派人监视，把他送到南京中央处理，随后报告何主任……（蔡孟坚：《两个可能改写中国近代历史的故事》，台北《传记文学》第37卷第5期，1980年11月出版）

第二天——4月25日清晨，国民党武汉行营主任何成浚提审顾顺章。他供出了我党驻武汉交通机关、鄂西联县苏维埃政府及红军二方面军驻武汉办事处。因此，这些机关均遭破坏，十余人被捕。顾顺章认为，他是中共中央政治局候补委员，又担任过特科具体工作的负责人，不仅知道党的许多重要机密，而且知道党中央机关和许多中央领导同志的住址，还知道蒋介石的身边有钱壮飞……以此作为资本，可以向蒋介石邀功请赏。因此，他向何成浚提出三点要求：一、将他立即解往南京，说有特别紧急的机密情报当面向蒋介石报告；二、要求保密，在他到南京前，不要就他被捕的事向南京发电报，以免走漏消息；三、保障他的安全。

何成浚和在汉口的国民党特务黄凯、蔡孟坚等，捕到顾顺章当成至宝，邀功心切，根本不买叛徒的账，没有理睬他的要求，立即给徐恩曾、陈立夫打了电报。当他得知何成浚和特务机关已经给陈立夫、徐恩曾打了电报的时候，急得顿足哀叹：“这就糟了，抓不住周恩来了！”特务问：为什么？他回答说：共产党有人在蒋介石那里当机要秘书。

在汉口被捕叛变

再说顾顺章，4月24日在武汉被捕当天即行叛变，就像竹筒倒豆子般出卖了我党中央的许多最高机密。但也还“留一手”，表示有些事情他要直接向蒋介石说，要求蔡孟坚“安排我与蒋委员长商谈”，坚不吐口，还说他早想寻机“转变”，以表叛变投敌的决心。蔡孟坚结束了对顾顺章的审讯，决定马上就去南京，“把他送到南京中央处理”。当天夜里，他就将审讯顾顺章的情况和他的打算向何成濬报告。蔡孟坚说：“何成濬表示：‘无意见，照你的意思送往南京中央处理，你可包一艘招商局小轮，派一班宪兵押送，你最好乘飞机先到南京，把此案报告委员长与立夫先生，听指示处理。’因此当晚我派员包下招商局某轮驶沪的上层大餐间，派手下行动人员，并商由宪兵团派一班宪兵，将顾顺章押赴南京。我本人次晨乘汉口飞南京的水上飞机到南京，即赴中央党部见陈立夫秘书长，徐恩曾也在座，陈立夫即直接打电话向蒋介石报告实情，并说明顾顺章要求晋谒蒋介石，蒋介石当即谕示：‘可让蔡孟坚偕顾随时来见。’”

4月27日（星期一）顾顺章才被敌人用轮船押解到南京。蔡孟坚到下关接他下船。按照陈立夫的“指示”，先押送到原来钱壮飞办公所在的徐恩曾设在中山东路的秘密办事处。蔡孟坚说：“直到这时，顾顺章下车一看门牌号码，才说‘这是我们驻京办事处，进门就说：徐的机要秘书钱壮飞就是中共打入国民党的核心间谍，还介绍李克农继任他在上海无线电管理局秘书，安排为共产党另一据点，你们中央一切对付共产党的重要资料每日由钱派人送上海租界，由我或周恩来核阅。我在汉口即知你是武汉负责人，就是钱某派其女婿刘藉千（杞夫）做交通员逐日自南京、上海，送交国民党中央一切重要情报，连历次中央军围剿计划加上各地反共负责人名单，所以我查出你的名字。如果钱已逃上海，报告周恩来，则我的计划全部完了！’我当时告徐，同时电话报告陈立夫，其时查询钱某不知去向……我其时判断，钱译电发现顾被捕自首，即已逃沪告密。但我仍假意安慰顾，即钱已搭车逃沪，已通知沪宁路沿途缉捕，顾大为叹气。”

稍事休息，蔡孟坚就带顾顺章到蒋介石的官邸。蔡孟坚说：“我与顾一同进入蒋的会客厅，发现彼时在中央陈立夫手下任秘书的张道藩坐在距离不远一座位上，他向我打招呼，不必介绍顾相识，我则将顾供出徐恩曾的机要秘书是共产党中央最高间谍，查已在逃种种告之。道藩当嘱：‘此事绝对不可报告蒋介石，你年轻（23岁）要增加经验，不要使立公增加大麻烦。’旋见蒋介石穿着长衫走进客厅始终站着，竟先和我握手，称我努力，甚好甚好。我立即向蒋介石介绍，这位就是向我方归顺的顾顺章，顾自以为已是‘座上客’，竟伸手向着蒋介石，蒋介石未予握手，仅说：‘你归顺中央，甚好甚好，以后一切听蔡同志安排，为国效力。’蒋介石仅站着说了这句话，即说‘再见’。顾原自信必成‘座上客’，不料已做‘阶下囚’！蒋介石忽然复出至内室门口，嘱我送回顾后，我个人即回官邸再晋见一次。我即时乘车送顾回到徐恩曾的中山东路办事处……我就原车再去蒋介石官邸，蒋介石即入客厅接见。询及顾曾说过的具体意见，我就说了顾在车中所谈，他要求我‘中央承认共产党为公开政党，促使共产党自动放弃武力……’蒋介石当笑着说：‘顾已成为反共自首叛徒，还有什么影响力量，你仍利用顾相机指导运用，随时向我报告。’我再将顾所告恽代英之被捕情况向蒋介石报告（闻蒋旋即下令找到恽代英予以处决），但对于徐恩曾手下唯一机要秘书钱壮飞系中共间谍一事，不是完全听张道藩的阻吓未向蒋介石实报，完全凭个人对陈立夫先生平常的慈祥风范，更以他与蒋介石的关系，可能他本人不慎也有责任，故其时亦未敢向蒋介石透露。临别，蒋介石嘱我对顾好好运用。待我返抵留置顾的处所，不见顾影，这是徐恩曾在个人恐慌中自惭形秽，不顾情理，将顾与我永远隔离。彼时我判断徐怕顾在我掌握下必能利用顾立大功，能受到蒋介石嘉励。”

蔡孟坚的文章，记述了叛徒顾顺章一副卑躬屈膝、厚颜无耻的嘴脸，也泄露出敌人内部尔虞我诈、钩心斗角的丑态。

徐恩曾把顾顺章抢先转移秘密关押，当天就和调查科总干事张冲、党派组组长顾建中对顾顺章突击审讯。顾顺章就把知道的党的机密全部招供：供出了中共中央负责人周恩来、瞿秋白、李维汉、秦邦宪、陈绍禹和向忠发的住址和中央秘书处、中央特科机关的住处。……他们立即制订了一个将中共中央机关和主要领导人“一网打尽”的行动计划。徐恩曾亲自带领张冲、顾建中和大批军警特务，连夜赶到上海，会同英、法租界捕房执行这个罪恶计划，于28日早上开始了大搜捕行动。事后敌人曾吹嘘说：顾顺章到达南京后，中统即派人去上海抓周恩来，7小时后到达上海。当即分兵两路：一路去接顾顺章的家属；一路去搜查共产党中央、江苏省委和共产国际驻沪代表处。敌人的行动虽然很快，但我们党的机关已安全转移，中央领导同志都已无影无踪，敌人的可耻阴谋破产了。当时看到：已经搬了家但留下人在附近看着的电台被敌人抄走了；接着周恩来原来的住处也被搜查。事实证明钱壮飞、李克农提供的情报完全正确，党中央的对策是英明的。

据当时在徐恩曾手下当差的调查科助理干事张文（又名张国栋）记述："上海当时是共产党中央的所在地，单位很多，在顾顺章供出他们的具体地址后，徐恩曾亲自率领调查科总干事张冲、干事顾建中等立即赶到上海。据顾建中事后对我说，当时徐一连3天3夜不眠不休，徐的母亲、第一个老婆和女儿当时都住上海，徐几次从南京到上海，都不曾回家一次……由于共产党中央得知顾顺章被捕叛变后，对各方面作了紧急处理，迁移了各个地下秘密机关，只有少数一时迁移不及的机关，如赤旗报社、保卫组办公处、北四川路接头处等，遭到了中统特务的破坏。周恩来原来常到的办公处所，也遭到破坏……"（《中统头子徐恩曾》，第12页）曾在"中统"特务机关担任过专门反对中国共产党的第四科科长孟真对此深感懊丧地说："顾顺章在汉口被捕，事极秘密。然而在上海的中共中央，竟比在南京的中统先得到消息。原因是中统负责人徐恩曾的身边，隐伏着中共地下党钱壮飞。"（孟真：《"特务大师"顾顺章》，《中统特工秘录》，江苏文史资料编辑部1991年版，第48页）亲手逮捕顾顺章的蔡孟坚更为恼火，他在半个世纪以后写的《两个可能改写中国近代历史的故事》中，大骂顾顺章在被捕后，还要"打埋伏"，不肯立即说出有关钱壮飞的情况，致使"天机"泄露，功亏一篑，害得国民党的特务头子们空欢喜一场；并以蔑视的口吻说："潜伏我中央钱匪逃沪，使顾可能发生的作用与成就已算全部消失。"同时认为当年围绕顾顺章叛变后的这场斗争，是关乎中国革命前途的大事。他说："顾案关系中共命运甚大，设非共谍钱壮飞截留电报，则周恩来及潜伏上海之共党分子必一网成擒，而予中共以致命之打击。"其意是说，如果钱壮飞没有首先看到他们从武汉给徐恩曾发去的密电，他们的阴谋若能得逞，中国近代历史就会"改写"。

"邪不压正"，是社会发展的规律。历史总是由人民来写，而不会让逆历史而动的反动派"改写"的。但是从中可以看到，当时的险情确实是千钧一发、极端严峻的。

一网打尽“中共中央”阴谋彻底破产

这个时候，共产党员钱壮飞确实是中统特务头子徐恩曾的机要秘书。何成浚和武汉特务机关报告顾顺章被捕的电报到达南京的时刻，已是4月25日——星期六的晚上，徐恩曾早已跳舞、玩女人去了。

这天夜里，钱壮飞一直坐在南京中山东路5号，徐恩曾的特务机关“大本营”里，接连收到了从武汉来的六封特急绝密电报，电报上都写着“徐恩曾亲译”的字样。钱壮飞想：是什么事情这样急呢？这时候，他手里已经有了徐恩曾和国民党高级官员通报用的密码本的副本，他就迅速地把电报译出来。这才知道是顾顺章被捕叛变，要和敌人勾结起来破坏我们上海整个党中央机关。情况万分紧急，钱壮飞的心情也很紧张。但他非常沉着，仔细地看了电报的内容，考虑如何应付这个千钧一发的危局。

何成浚的电报，发给国民党中央党部徐恩曾转秘书长陈立夫（当时陈任国民党常务委员会秘书长），电报的主要内容是：

第一封电报，说黎明（顾顺章的化名）被捕，并已自首，如能迅速解至南京，3天之内可以将中共中央机关全部肃清；

第二封电报，说将用兵舰将黎明解送南京；

第三封电报，说改用飞机解送南京，因为据黎明供，用兵舰太慢了。这个电报还讲，无论如何，这个消息不可让徐恩曾左右的人知道。如让他们知道了，那么把上海中共中央机关一网打尽的计划就完全落空了。……

钱壮飞看完这些密电，大吃一惊。但他非常沉着，记下电文又把电报封好。他经过周密思考，翻出“京沪路行车时刻表”一看，决定先派他的女婿刘杞夫连夜坐特快车到上海，把这个情报送交李克农转报中央。他把刘杞夫打发走了以后，先将银钱账目清理好，放在钱柜子里；还到“民智通讯社”通知他安置在那里的一位同志，但没见到人。他就拿起桌子上一张地图，用刀子在地图中间画了一道缝，发出了今后要“切断”联络的暗号。这天夜里，他虽然想到了自己要不要离开南京的问题，但是由于当时秘密工作条件的限制，他对顾顺章这个人的整个情况并不了解；要他把自己与战友们在南京、上海含辛茹苦，历尽艰险所创造的这个局面，顷刻间让敌人全部毁掉，的确是很难下决心的。可是经过冷静的思考，全面的分析，最后还是下决心迅速离开。第二天（4月26日）清晨，他把电报放在徐恩曾的办公桌上，并且留下一封信，信中警告对方，如果徐恩曾胆敢陷害他的子女，他就要把徐恩曾的所有秘密全部公布于世。接着，他赶乘火车回上海。为了防止出事，他到真如就下了火车，尔后进入市区。

刘杞夫于26日凌晨到达上海。那时李克农住在先施公司后边的凤凰旅馆，刘杞夫是担任京沪间交通工作的，他找到李克农后，就把顾顺章在武汉被捕叛变的情况向他报告。李克农见他神色有点紧张，极力使他冷静下来，劝慰他说："你为什么沉不住气，这么不沉着！"李克农也确实感到问题严重。他虽然为钱壮飞的安全担心，但他坚信钱壮飞能够作出正确的判断采取果断的措施。可是要不要让刘杞夫仍旧回南京呢？他十分犹豫，流露出"难下决心"的神色。他本来想要刘杞夫索性别再回去，刘杞夫自己提出要马上回南京去接他的妻子钱椒椒，李克农只好应允。临走时，李克农给他钱作路费，又给他两个金戒指，紧紧地握住刘杞夫的手，非常关切地说道："此行可能凶多吉少，遇事要勇敢沉着！"

这天是星期天，不是李克农和陈赓预定碰头的日子，找不到担任交通的欧阳大汉。李克农怀揣着这个十万火急、关乎全党存亡的重要情报，心急如焚。他以高度负责的精神，不顾个人安危，千方百计地找到中共江苏省委，通过江苏省委在中央刚建立起来的一个紧急备用的联络站找到陈赓、黄慕兰，还有江苏省委的贺昌。李克农对陈赓说，这事很紧急，要赶快报告中央。陈赓马上就报告给周恩来。

这时胡底还在天津。当天晚上，李克农用暗语给胡底发了一个电报："胡底，克潮病笃。"这是他们预先约定的暗号："克"是说李克农，"潮"指钱壮飞的别名钱潮，"病笃"意即事情严重。胡底接电报后，立即弄了一笔路费坐外国船离开天津。当他到达上海时已经找不到李克农了，但找到了中共闸北支部的杨�武人（此人于1932年叛变革命）、侯如史二人，他和李克农都曾编在这个支部。他们把胡底送到一个白俄家里，说他是一位"作家"，不要让别人打扰他，这样躲藏了一阵。

面对这种险恶的形势，周恩来在陈云等同志协助下，当机立断，马上召集陈赓、李强等有关人员举行紧急会议，采取了一系列措施：第一，销毁大量机密文件，对党的主要负责人加强了保卫并立即转移，把顾顺章所能侦察到或熟识的负责同志的秘书迅速调用新手；第二，对一切可以成为顾顺章侦察目标的干部，尽快地有计划地转移到安全地带或调离上海；第三，审慎而果断地处理了顾顺章在上海所能利用的重要关系；第四，废止顾顺章所知道的一切秘密工作方法，由各部门负责实现紧急改变。当天夜里，中共中央和江苏省委以及共产国际远东局的机关全部都搬了家；同时命令陈赓带领情报科全体同志从各方面进行调查，以便及时采取措施，准备反击。为了彻底粉碎敌人的阴谋，抢在敌人行动之前，一天之内完成了领导机关的大转移，保卫了党中央和江苏省委机关的安全。

周恩来做事一贯精密细致，关注每一个同志的安全。在处理这一紧急事变的过程中，他不仅担当了指挥全局的责任，还不顾个人安危，亲自去通知一些同志转移。不单使中央负责同志全都迅速脱离险境，还帮助其他工作人员免遭敌人暗算。据当时中央军委工作人员朱月倩回忆，那天晚上，她听见敲门声，开门一看，原来是周恩来。周恩来告诉她，顾顺章叛变，要她立即转移，并和她商量如何保障霍步青（中央军委工作人员，朱月倩爱人）的安全。原来霍步青此时已从上海出发坐船去武汉了，而武汉的联络机关已遭敌人破坏，必须设法把这个消息通知他。人在旅途，如何通知呢？黄玠然曾回忆，为了赶上轮船，他们派交通坐飞机前往九江，当轮船停靠九江码头时，乘客下船游览，交通便去寻找，终于接上了头，霍步青中途下船，免入敌手。

在关系着我党命运的这个千钧一发的紧要关头，周恩来领导同志们粉碎了顾顺章及其主子蒋介石的阴谋诡计，人们怀着无限崇敬的心情赞颂他的不朽功勋：“一生机智一身胆，周公谈笑破敌谋。”钱壮飞、李克农、胡底同志对保卫党中央作出的这一卓越贡献，得到了中央的嘉奖。30多年以后，1968年5月8日，周恩来还在中央一次会议上说：“在1931年，顾顺章叛变，幸而有钱壮飞同志在中统徐恩曾处得讯最快，所以中央机关才得免遭破坏。钱壮飞、李克农、胡底他们是在一起的，因此才派往中央苏区。后来，钱壮飞在长征中躲飞机时死去，胡底在与张国焘会合时被杀了，因为张国焘在四方面军讲演，胡底在台下说张像法西斯蒂，被张国焘的卫士报告张，后来就给杀了。……”周恩来的回忆和表彰，表现了对他们的无限深情。

二十、倾箱倒箧的出卖

顾顺章出卖了在南京狱中的恽代英

1931年4月27日，顾顺章刚被敌人从武汉押解到南京，就出卖了被囚禁在南京中央军人监狱里的恽代英。当天，在汉口亲自捕捉顾顺章的国民党特务蔡孟坚带他前去蒋介石官邸的路上，他对蔡孟坚说："共产党制度，高级中委每年须参加基层活动，恽代英是共产党高干，他在参加浦东基层组织，化名王作林，化装工人发传单，为警察捕获，供称为不识字赤色群众，故发交你们的苏州反省院感化。我花了几千元运动费，已获准这几日内移送南京总部军法处宣判释放，你可查明已否开释，恽是共产党重要人才。"

恽代英（1895—1931）是我国早期的马克思主义者之一，也是中国青年热爱的领袖和尊敬的导师。周恩来曾经说过："他的无产阶级意识，工作热情，坚强意志，朴素作风，牺牲精神，群众化的品质，感人的说服力，应永远成为中国青年的楷模。"1944年，周恩来在延安得知邹韬奋病逝的时候说："我国有两个青年领袖，一个是恽代英，他早已经去世了；另一个就是邹韬奋，他现在也去世了，这是我们最大的损失。"

恽代英又名莲轩，字子毅，别名坦一、天逸、雅宜、FM等。祖籍江苏常州，1895年出生于武昌一个书香门第。他读小学时，就因思想敏锐，见解新颖，文笔犀利，被教师和同学誉为"奇男子"。恽代英生性聪慧，少年时博览群书，具有强烈的政治敏感。第一次世界大战爆发后两个月，1914年10月1日，年方19岁的恽代英便在上海商务印书馆出版的大型杂志《东方杂志》第11卷第4

恽代英（1895—1931）

期上，发表了他的第一篇政治论文《义务论》。论文赞颂以献身服务、利他为核心的东方道德（义务论），抨击海禁初开时来自欧美的以攫取、利己、侵略为核心的西方文明（权利论），尖锐地指出，世界大战的爆发正是权利论恶性膨胀的结果。其后，他曾积极参加反对袁世凯的斗争，参加蓬勃发展的新文化运动，并和陈独秀取得联系，在他主编的《新青年》上发表拥护唯物论、反对唯心论的哲学著作。1917年，恽代英和挚友黄负生等成立了一个以“群策群力，自助助人”为宗旨的学习修养团体互助社。这是当时还受封建思想统治的中国大地上最早成立的提倡批评与自我批评的青年团体。这个富有生命力的社团，深受有志青年的欢迎，在武昌城里像滚雪球那样不断发展。在恽代英的帮助下，一批跨校青年社团遍及大专院校及武昌全城，为这个地区迎接五四运动的来临，作了充分的思想准备和组织准备。

在五四运动爆发时，恽代英作为武汉地区学生运动的主要领导者，带领互助社等青年团体和学生，以实际行动声援北京学生的反帝爱国斗争，创办《学生》周刊，组织示威游行，参与当时兴起的各种革命斗争。

五四运动后，马克思列宁主义在中国得到进一步的传播。恽代英在武昌创办了一所新型书店利群书社，这是一个以传播新文化、新思想为宗旨的书社，同时又是锻炼青年进行意志修养的革命团体。书店销售马列主义经典著作和革命刊物，社员们利用这个阵地试验一种共同学习、共同劳动、共同进步的集体生活。毛泽东带领青年反军阀北上途经武汉时拜访了利群书社，由此开始了恽代英和毛泽东日后的交往。1919年秋，恽代英参加了少年中国学会。第二年前往北京，结识了李大钊、邓中夏。1921年7月由他倡议在南京召开的少年中国学会年会上，马克思主义派和国家主义派展开了激烈斗争。这次会议给恽代英很大启发和教育，使他坚决抛弃了改良主义、空想社会主义的思想残余，开始成为自觉的马克思主义者。中国共产党在上海成立不久，他就参加了共产党。

1922年春，恽代英在四川泸州川南师范学校任教务主任和校长，建立中国社会主义青年团组织，进行教育改革，开展革命活动，因而曾被当地封建势力伙同军阀扣留，经过成都高师校长吴玉章及川南师范师生的努力方得获释。1923年后，他曾当选中国社会主义青年团第二、三届中央委员，担任团中央宣传部长，主编团中央机关刊物《中国青年》。这个刊物培养和影响了整整一代青年，他也成为中国青年运动的一位杰出领袖。1925年参与领导五卅反帝爱国运动。1926年1月出席国民党第二次全国代表大会，为大会中共党团干事之一，被选为国民党第二届中央执行委员。后任黄埔军校主任政治教官兼中共党团干事，并在广州农民运动讲习所任教。他在黄埔军校支持青年军人联合会，同蒋介石扶植的孙文主义学会作斗争，使蒋介石对他又恨又怕，背后骂他和邓演达、高语罕、张治中是“黄埔四凶”。1927年他在武汉中央军事政治学校任政治总教官。

1927年前后，在中国历史转变关头，恽代英一方面针对陈独秀的右倾机会主义错误，在党内加强对武装斗争重要性的教育；另一方面又同蒋介石进行针锋相对的斗争。四一二反革命政变后，他带领的军校师生和革命群众30万人，在武昌阅马场举行了声势浩大的讨伐蒋介石大会。在中国共产党第五次全国代表大会上，恽代英和瞿秋白、蔡和森、毛泽东等站在一起批判陈独秀的右倾错误，他被选为中央委员。汪精卫叛变后，恽代英有步骤地部署了中央军校革命力量的隐蔽、撤退、转移工作；接着又奉中共临时中央之命，星夜赶到九江、南昌，参加周恩来组织、领导的八一起义。起义军失败后他从甲子港乘船前去香港。两个月后，又和张太雷等参与领导了广州起义，担任广州苏维埃政府秘书长，负责出版了党报《红旗日报》。广州起义失败后他再次撤往香港，担任中共广东省委委员，转入地下斗争。

1928年党的第六次全国代表大会后，恽代英被调回上海，历任中共中央组织部秘书长、中央宣传部秘书长。在党的六届二中全会上，他被补选为中央委员。1930年2月，他以中央代表身份出席福建省第二次党代会。经过调查研究，他在党报《红旗》上发表了两篇文章，支持毛泽东以农村包围城市最后夺取城市的战略思想，实际上批判了李立三的以城市暴动夺取政权的错误主张。这使李立三大为不满。4月初回到上海后，恽代英又在党的会议上批评了李立三的错误。李立三不仅没有接受他的正确意见，反而给他扣上“调和主义”“右倾机会主义”的帽子，将他从福建调回上海，赶出党中央，“发配”到沪东区担任行动委员会书记。

恽代英本是蒋介石恨之入骨、极力缉捕的知名人物，在第一线活动有极大风险。他服从组织决定，摘掉深度近视眼镜，化装成工人，到杨树浦一带工区活动。1930年5月6日下午，他在杨树浦老怡和纱厂门前等候人来联系工作，突然遇上敌人“抄靶子”（国民党反动统治时代，巡捕、警察等在街上拦住行人进行抄身叫“抄靶子”）。他虽装扮成工人模样，化名为“王作林”。但敌人搜出他身上带有眼镜、水笔、手表及40元钱，又在他的附近搜到传单一包，便将他押送到巡捕房，其后以共党嫌疑被引渡到国民党上海市公安局，又转到龙华国民党龙华淞沪警备司令部。1931年2月，被押往南京江东门外的中央军人监狱。他在被捕时机智地抓毁自己的面容，又装作工人改了姓名。他在狱中沉着应付，不理发，不刮胡子，使自己完全改变了形象，坚持了将近一年而未被敌人识破。敌人虽然没有认出他是恽代英，仍然以“工人擅自开会也有罪”的“莫须有”罪名，判处他5年有期徒刑。

“恽代英隐姓埋名，自毁面容，巧妙伪装，以及狱中生活的折磨，甚至连熟悉他的学生黄静汶都难以认出他来。然而，时间一长，与他同狱的几位黄埔军校的学生从他的举止、言谈、声音，还是认出了他们的老师。但是这几位学生为恽代英的精神、人格所深深感动。尽管出卖恽代英能换取自己立功受奖，早日出狱，他们却没有一个愿意出卖他，都决意保密，不让恽代英被捕的事有丝毫泄露。恽代英提前出狱的希望越来越大。”（张羽、铁凤：《恽代英传》，中国青年出版社1995年版，第536页）

1931年春节后，恽代英从狱中支部得到消息，林育南、李求实、何孟雄和左联作家胡也频、柔石等24名著名共产党人，2月7日在上海龙华监狱被敌人集体残杀。恽代英悲愤异常，心情激动，为纪念死去的战友，表达自己在狱中坚贞不屈、视死如归的坚定信念，写下不朽的诗篇：

浪迹江湖忆旧游，故人生死各千秋。
已拼忧患寻常事，留得豪情作楚囚。

恽代英在1930年被捕不久，瞿秋白、周恩来于8月间从苏联回来，主持中央工作，召开党的六届三中全会纠正了李立三的“左”倾错误，并对由于工作安排不当造成恽代英被捕以及被捕后李立三的营救不力，也进行了批评。周恩来说，恽代英同志是我党一位有很高威信的同志，对党的事业作出了重大贡献。在黄埔军校任政治总教官时，蒋介石既想笼络他又很害怕他，骂他是“黄埔四凶”之一。他参加了南昌起义、广州起义，始终站在斗争的最前端，成了蒋介石重金悬赏缉捕的重要人物，怎么能把他放在一个容易暴露身份又毫无安全保障的岗位上呢？

周恩来指示，必须使用一切手段，不惜任何代价，打通敌人的各种关节，把恽代英营救出来。中央决定，由周恩来主持营救工作，并责成主持中央特科日常工作的顾顺章具体执行。经过中央特科奔走，1931年春，已由陈赓通过党同国民党高等法院法官的地下关系，讲定提前释放，党组织也已通知恽代英准备提前出狱：

4月间，狱中党支部高瞻远瞩，谢云巢通知恽代英作好出狱准备，必要时由狱中的一个职员叶耀明亲自带恽代英出去。在伪高等法院工作的一位地下党员告诉当时负责我党特科工作的陈赓：高等法院已准备释放“王作林”。因此周恩来立即安排了到监狱去接应恽代英的同志，并叮嘱他要带足路费，不要坐火车、轮船，以防被侦探认出，宁可步行或搭民船回来。（《恽代英传》，第536—537页）

正当党组织紧张地为恽代英做出狱前的准备工作时，却发生了顾顺章叛变告密的事。顾顺章不仅向敌人供出恽代英在狱中用的化名，还供出恽代英在南京中央军人监狱被关押的监号——“星”字监房。蒋介石得知，大吃一惊，4月28日急令其军法总司司长王震南当天前往监狱查对。王震南拿着恽代英在黄埔军校的照片来到狱中，并且在查实后向他劝降。恽代英凛然回答敌人：“我就是恽代英！”当场严词驳斥王震南劝降的鬼话：“我是共产党员，必须革国民党反动派的命，这也就是我现在的庄严任务。”王震南气急败坏，立即下令给恽代英加上重镣，从原来的“星”字牢房转移到“智”字监单人牢房。蒋介石当即下令：立即就地枪决。

第二天，1931年4月29日，敌人就将恽代英在监狱操场上杀害。临刑时恽代英拒不下跪，挺着胸膛，屹立在刑场上高唱《国际歌》，并且大声宣传党的主张，痛斥国民党反动派的罪恶。王震南大恐，高喊“开枪！”刽子手哆嗦着手，拉不开枪栓。行刑队长又命令另一个刽子手开枪。恽代英临危不惧，身中数枪犹在高呼：“打倒蒋介石！”“中国共产党万岁！”

罪恶的枪声响起，正开午饭的难友放下碗筷，号啕痛哭。他们大骂出卖恽代英的顾顺章。有人骂道：“你可看见过最坏的、比蛆虫还卑鄙的人吗？这个人会吃掉他妈妈的心肝，会吃掉他儿女的脑浆，是不能叫作‘人’，可是他竟然披着人皮。他的名字叫作顾顺章！”那几位早就认出恽代英而一直在保护他的黄埔学生更加愤慨，他们怒骂叛徒顾顺章：“无心肝的死流氓！无人味的癞皮狗！”

其时那个正在徐恩曾手下任职的张国栋以后说：“恽代英烈士是在1930年5月6日在上海被捕的，因为恽代英英勇机智，应付从容，其真实身份并未为反动派识破，只是以共产党嫌疑犯被关在南京监狱。恽代英在狱中继续进行革命活动，并通过为‘犯人’打饭洗衣的杂役妇人，传递消息，与中共中央保持联系。所以顾顺章对恽代英烈士所用的化名、番号以及关押的监号等，知之甚详。在顾顺章说出恽代英的真相后，徐恩曾派顾建中、李熙元和王思诚3人，携带一本上面刊有恽代英相片的黄埔4期同学录（恽是黄埔4期政治教官）到狱中对证。在查对证实那个共产党嫌疑犯确实是恽代英以后，徐恩曾极为高兴，当即面报陈果夫、陈立夫，并转报蒋介石。同时，徐又让顾建中、李熙元、王思诚对恽进行了一系列的威胁利诱，企图迫其叛变革命，获得有关中共的各种情况。但是恽代英烈士始终忠贞不渝，虽经残酷刑具百般拷讯，除承认自己是一个中国共产党党员外，无任何供词。反动派无奈，由蒋介石下令杀害了他。一次徐恩曾与我闲谈中，提到恽代英烈士就义前毫无惧容，大义凛然，高呼口号‘共产党万岁！’并引吭高歌《国际歌》，充分表现了共产党员的崇高品质时，徐恩曾说：‘共产党的可怕就在于此。’”（张国栋：《中统从顾

案血腥发家》，《中统特工秘录》，第56页）

顾顺章赴香港捕杀蔡和森

1931年6月，顾顺章又带着国民党特务到香港，抓捕中国共产党早期卓越领导人、杰出的马克思主义理论家蔡和森。

蔡和森，双姓蔡林，学名和森。原名蔡和（龢）仙，字润寰，号泽膺。1895年出生于湖南湘乡县一个破落的小官吏家庭。1913年考入长沙省立第一师范学习，他通过阅读传播马克思主义学说的《新青年》杂志等革命书报，树立了革命志向。他在这个学校结识同学毛泽东，二人志趣相近，志同道合，结为挚友。校中的伦理学教师杨昌济很欣赏这两个学生，常对人说："毛泽东、蔡和森是天下奇才，将来必是国家的栋梁。"1918年蔡和森与毛泽东一起建立新民学会并创办《湘江评论》。"远在'五四'运动以前，在湖南一般先进青年中就盛称毛蔡之名，而奉之为表率。"（李立三：《纪念蔡和森同志》，《回忆蔡和森》，人民出版社1980年版，第8页）这年6月，蔡和森受新民学会委托，从长沙到北京联系湖南青年赴法勤工俭学运动发起人蔡元培。8月，又和来京的毛泽东、罗学瓒一起会见了李大钊。1919年初，他们送走第一批赴法勤工俭学的新民学会会员；10月25日，蔡和森也去法国勤工俭学。

蔡和森（1895—1931）

蔡和森是和母亲、妹妹一起到法国去的。他的母亲葛健豪出身名门，仰慕女革命家秋瑾。为了让蔡和森到长沙读书，她卖掉了珍藏的陪嫁首饰。蔡和森到长沙上学后，又鼓励年近半百的母亲去省城报考女子教员养成所。葛健豪高兴地带着女儿、外孙女也到了长沙。学校老师见她带着孙辈前来，不肯让她报名。葛健豪便告到县衙。县官批了“奇志可嘉”，让她进了教员养成所，儿女则进学校，外孙女进幼稚园。三代人同时进省城求学，成了人们传诵的新鲜事儿。全家五口人居住在省城，生活来源主要靠妹妹蔡畅在周南女校任教每月的八元工资，有时大姐蔡庆熙也接济一些。生活虽然艰苦，但并未影响蔡和森对知识的追求。他刻苦自学，博览群书，孜孜不倦地寻求救国救民之道。

不久国内学界兴起赴法勤工俭学运动。蔡和森积极组织新民学会会员参与其事，经他动员，他的女友向警予、妹妹蔡畅和母亲决定一同前去。他的母亲通过姻亲关系，向曾国藩的女婿家借到600块银元，全家于1919年10月一同前往法国。蔡和森、向警予和蔡畅到法国半工半读，母亲做刺绣并从头学习法文，最后也能阅读法文报纸。1921年回国后，全家都参加了革命工作。

蔡和森到法国后，接受了科学共产主义。1920年7月6日至10日，他在蒙达尼公学召集的旅法新民学会的会议上提出要在中国建立共产党的主张，并于8月13日为此写了一封长信给毛泽东。他在信中说，党、工团、合作社、苏维埃是无产阶级革命运动之四种利器。“我以为先要组织党——共产党。因为他是革命运动的发动者、宣传者、先锋队、作战部。以中国现在的情形看来，须先组织他，然后工团、合作社，才能发生有力的组织。有革命运动、劳动运动，才有神经中枢。但是宜急宜缓呢？我以为现在就要准备。”“我愿你准备做俄国的十月革命。”他在信末提出：“我意中国两年内须成立一主义明确、方法得当、和俄一致的党，这事关系不小，望你注意。”（《蔡林彬给毛泽东》，《蔡和森文集》，人民出版社1980年版，第49—54页）同年9月16日，蔡和森又给毛泽东长信，具体说明他对中国共产党的意见，明确提出了要“明目张胆正式成立一个中国共产党。”（《蔡和森文集》，第71页）毛泽东在1921年1月21日复信蔡和森说：“你这一封信见地极当，我没有一个字不赞成。”信中告诉他说：“党一层，陈仲甫（按：‘仲甫’是陈独秀的字）先生等已在进行组织。”毛泽东强调建党必须以马克思主义作为理论指导：“唯物史观是吾党哲学的根据。”（《毛泽东书信选集》，人民出版社1983年版，第15页）

1921年，蔡和森在法国组织中国社会主义青年团。他在巴黎参加了两次拒款示威和争取到里昂大学学习的斗争，10月被法国当局驱逐出境。蔡和森归国后，年底在上海加入中国共产党。

中国共产党第二次至第六次全国代表大会上，蔡和森均当选为中央委员。1922年9月13日，《向导》周刊在上海创刊，蔡和森担任主编。《向导》是中国共产党的第一个政治机关报，也是我们党的历史上创办的最著名、最有影响的报刊之一。蔡和森还参加过《先驱》《布尔塞维克》等报刊的编辑工作。他所发表的大量政论文章，在思想舆论界产生了深远的影响。1925年，他作为中共驻共产国际代表团团长赴莫斯科。1927年回国任中央宣传部长，在中共第五次全国代表大会后被选为中央政治局委员、政治局常委，并代理中共中央秘书长。

1927年，在大革命失败的紧要关头，蔡和森支持毛泽东的意见，主张独立展开武装斗争。

1928年初，蔡和森的夫人向警予在武汉被捕。5月1日，向警予壮烈牺牲。这个事件给蔡和森带来了极大悲痛，也促使他在以后的艰难岁月里，把革命的重担更好地担当起来。

以后，蔡和森长期在上海和莫斯科两地工作，因反对过"左"的政策，于1928年被撤销政治局委员和中央宣传部长职务，又一次去苏联。在以后党内复杂的斗争中，他保持了清醒的头脑，对个人所受到的错误打击不作任何申诉。他批评过瞿秋白的"左"倾盲动错误，也批评过李立三的"左"倾冒险错误，但他抵制了对瞿秋白的残酷斗争和无情打击。当共产国际在莫斯科召集会议讨论李立三的错误时，蔡和森在会上不但满腔热情地批评了李立三的严重错误，而且作了自我批评，因而使李立三深受感动，沉痛地检讨了以前自己"不正确地开除和森同志的政治局委员"的错误。他对王明"左"倾错误路线在党内的统治抱有极大的警惕。

1931年初，蔡和森从苏联回国，提出要去中央苏区工作。但他刚到上海，又遭到王明为首的新的"左"倾错误的排斥和打击。他们既没恢复他的中央政治局委员的职务，又不让他去中央苏区，却派他去恢复刚被敌人破坏的广东省委并在那里主持工作。当时广东省的组织遭受破坏极其严重，省委书记邓发被捕，广东笼罩着白色恐怖，广州已难立足，省委暂时设在香港。蔡和森以党的利益为重，从不计较个人得失。3月，他即服从组织决定，离开上海前往香港。到香港后，他同再婚夫人李一纯住在一家洋酒罐头公司的楼上，对外的公开身份是这家公司的职员。为了替党节省开支，他没有在附近另租房子办公，而是每天跑一段很远的路到秘书那里去听取汇报，批阅文件，各种活动十分繁忙。

蔡和森到香港不久，就得知顾顺章被捕叛变的消息。由于顾顺章叛变出卖，使得各地党组织相继遭受破坏，恽代英被敌人杀害。周恩来为了尽量减少损失，曾指示白区各地方党组织的负责人要设法隐藏或者转移，躲开顾顺章的视线和追捕。周恩来特别担心在香港的蔡和森，强调他须迅速离开香港。但他早将生死置之度外，不愿为了个人的安全影响广东省的党的工作。他在来香港前，听人谈到这里情况险恶，劝他暂时别来的时候，就曾说过："干革命，哪里需要就去哪里，不能只考虑个人的安危。"他当然知道，自己曾经长期在中共中央机关工作，顾顺章对他非常熟悉，也了解他来香港的情况。但他每天继续留在香港领导广东党的工作，仍然照常离开住处外出活动。

这年6月10日，香港海员举行一次重要会议。中共广东省委考虑这种群众性集会，可能混进坏人，本未安排他去参加。但他认为会议重要，"我不去不放心"。他决定稍迟一点赴会，近午时分临走时，他对夫人说："下午1点前我一定回来，如果没有回来，那就是被捕了。"不幸，"他一进会场，早在那里蹲着的叛徒顾顺章，带着4个便衣特务将他逮捕了。同时被捕的还有施混等4人。

"蔡和森被捕后，党组织立即采取了营救措施。党员李少石，通过一个社会团体与香港英国当局联系，答应付给一笔巨款，将蔡和森保释。但是，当李少石筹足这笔款时，蔡和森已在两小时前被引渡给广东军阀陈济棠了。在广州监狱中，他受到国民党反动派的种种酷刑。蔡和森横眉冷对，没有暴露党内的任何情况。他被打得血肉模糊，拖回监狱，躺在地上动弹不得。难友们见了都伤心地哭泣。他却鼓励大家坚持斗争，并说最后胜利一定是属于我们的。

"敌人的残酷折磨丝毫无损于蔡和森的坚强意志。他们终于使出了灭绝人性的一手，将蔡和森拉到监狱的墙边，把几颗长铁钉摆在他面前，进行最后一次威胁、恐吓。蔡和森无私无畏，宁死不屈。敌人野蛮地用铁钉把他的四肢钉在壁上，然后用刺刀将他的胸脯戳得稀烂。为了党的事业，蔡和森就这样壮烈牺牲了，时年36岁。”（罗绍达等著：《蔡和森》，《中共党史人物传》第六卷，陕西人民出版社1982年版，第45—46页）

蔡和森牺牲后，党和人民始终深切地怀念着他。毛泽东曾在一次谈话中说：“一个共产党员应该做的和森同志都做到了。”周恩来也说过：“和森同志是永远值得我们怀念的。”

出卖、抓捕向忠发

顾顺章还向敌人供出了当时中国共产党总书记向忠发的地址和右食指断缺半截的特征，使他在法租界被捕。

1880年出生、工人出身的向忠发，是共产国际在中国共产党第六次全国代表大会上指定的中共中央政治局主席、党的总书记。他原来是武汉市的码头工人，因为积极参加党领导的工人罢工斗争，表现积极，于1922年参加中国共产党，并于1926年被选为湖北总工会委员长；1927年6月参加第四次全国劳动大会，当选为中华全国总工会执行委员；8月，在中共中央召开的八七会议上，当选为临时中央政治局委员，10月赴苏联任中共驻共产国际代表。1928年在共产国际执行委员会第九次扩大会议上当选为共产国际执行委员会委员和主席团委员。同年6月，向忠发出席了在莫斯科召开的中共六大。会议期间，共产国际片面强调领导机关人员成分的工人化。共产国际书记布哈林在会上作报告的时候，指责瞿秋白等是大知识分子，要让工人干部来代替他们。出席指导会议的共产国际东方部米夫，因向忠发在中山大学反对“江浙同乡会”问题上支持过米夫和王明，因此也对向忠发极力吹捧。在会上选出的37名中央委员和候补委员，有21人是工人成分。向忠发7月10日当选为中央委员，7月19日又被选为中央政治局委员、常委，7月20日，在中央政治局第一次会议上，又被选为中共中央总书记。向忠发这样就继陈独秀、瞿秋白之后成为第三位中共中央总书记。他虽身居高位，但因限于政治、文化等的综合水平和领导能力低，自己并无多少主见，担任总书记三年，并无多少独立的建树，实际上未起到党的主要领导人的作用。当李立三的“左”倾机会主义形成时，他是“听从”；比李立三更严重的王明“左”倾机会主义者上台，他也“紧跟”。但他却利用职权追求物质享受、搞特殊化，道德败坏。他已年过半百，家有妻儿，却又和妓女杨秀贞姘居，造成极其恶劣的影响。就像熟悉他的陈琮英、黄玠然等同志说的：“‘六大’因搞唯成分论，推他当了党的总书记，实际上他是挂名的，他大字不识几个，连文件也看不了，主要是李立三同志管事。向忠发入党后，一帆风顺，步步高升，但思想没有很好改造，反而越来越糟。他从苏联回国后，不是首先考虑党的工作，而是利用职权大搞特殊化，追求个人的物质享受。他贪污了党的很多活动经费，吃喝嫖赌什么都干，甚至还包了一个妓女叫杨秀贞的整天在他的住处鬼混。”（高军整理：《关于向忠发被捕叛变问题》，《党史研究》1980年第4期）这个姘头是顾顺章“拉皮条”促成的。在这一点上，他们两个人堪称难兄难弟，都是早就染上了浓厚的流氓习气。

这次闻知顾顺章叛变，周恩来紧急布置中央机关和领导人转移时，首先想到的就是向忠发，通知他马上搬到一栋楼房里。向忠发借口“工作需要”，又把姘头杨秀贞带来同住楼下。周恩来为防出事，特地让任弼时的夫人陈琮英带着刚出生几个月的女儿搬来住在楼上。当中央政治局决定向忠发立即转移到中央苏区后，周恩来又要向忠发一个人搬到小沙渡路（现西康路）和他同住，并且叮嘱他不要随便外出。杨秀贞则由陈琮英母女陪同，到一个小旅馆里去住，并在搬家前将原来顾顺章介绍来的娘姨解雇。国民党特务根据顾顺章提供的住址，没有抓到向忠发。后来又照顾顺章的口供，找到那个娘姨，指使她跟踪盯梢向忠发。她了解到杨秀贞在一家裁缝店做的衣服尚未取走，每天就到那里守候。一天杨秀贞去取衣服，被她暗中盯上，一直跟到她的新居。幸好这次跟踪已被党组织发觉，才未出事。为了甩掉这个女佣的跟踪，组织上又将杨秀贞搬到静安寺路一个新建的大旅馆里。向忠发这时仍隐蔽在周恩来寓所，中央已决定向忠发立即转移到中央苏区。向忠发向周恩来提出要去和杨秀贞见面，周恩来严厉阻止，劝他为党的利益着想，遵守党的纪律，叮嘱他不要随便外出。6月21日晚上，周恩来与邓颖超有事需要外出，再三叮嘱他绝对不要出去。但等周、邓一走，他就迫不及待地擅自溜走，偷偷跑到旅馆里去与杨秀贞会面，在那里住了一夜。静安寺路有家英商“探勒”汽车洋行，过去是党组织经常利用的关系。向忠发也常去叫车，汽车行里的人都认识他。车行有个叫叶荣生的会计，曾参加共青团，也认识向忠发。这是一个见利忘义的无耻之徒，自从顾顺章叛变以后，他见报纸上经常刊登有检举共产党“立功”受奖的消息，便和国民党淞沪警备司令部的特务勾结，充当他们的眼线，准备出卖共产党人发财。21日夜，叶荣生得知向忠发的行踪，即向淞沪警备司令部的特务告密。第二天一早，向忠发离开旅馆去叫汽车，就被预伏的特务围住。他们根据顾顺章的口供，验明他的右手食指确实断缺半截，就将他抓走。

向忠发被捕的消息，最早是中央特科情报科的黄慕兰偶然听到的。6月22日她在巴黎电影院旁边的东华咖啡馆和律师陈志皋会面时，碰见正在法租界巡捕房政治部担任翻译的曹炳生进来。此人同陈律师熟识，他讲嵩山路捕房捕到了一个共产党的大头目，被押到卢家湾来了。他不知道被捕者的姓名，只说“这个人50多岁，湖北人，一双手9个指头，金牙齿，‘卖相’倒蛮好，但一点没有骨气，还没有坐电椅子就统统招供了……”还说：“南京方面马上就要派人过来，准备将他引渡过去……”黄慕兰听了大吃一惊，急忙设法找潘汉年报告此事。潘汉年听见她说“50多岁，湖北人，9个指头，金牙齿”，判断可能是向忠发被捕了，立即通过时任中央组织部长的赵容（康生）向周恩来报告。

周恩来正为向忠发一夜未归、不知去向着急，听到他被捕的消息后，立即销毁了存放在家里的一些机密文件，然后就和邓颖超搬进四马路（今福州路，江西路口）外国人开的都城饭店。一同搬来同住的还有李富春和蔡畅。

向忠发被捕后，首先供出的是陈琮英。他告诉敌人，“要注意那个矮个的（指陈琮英），那个高个的（指杨秀贞）什么也不知道。”于是，敌人立即乘车到旅馆去逮捕陈琮英和杨秀贞。据陈琮英讲，这时，她们正在等着组织接她们转移住处（因为这旅馆是临时暂住的），但来者是3个穿长褂的人，一见到她们就说：“向忠发要我们接你们到他那里去住，马上就走吧。”这样，陈琮英和杨秀贞也被捕了。她们先被带到上海法租界的巡捕房，一到那里就看见了向忠发。向忠发在敌人面前是毕恭毕敬，他一见陈琮英被带来，就指着陈琮英，用他的湖北话告诉敌人说：“她就是任弼时的老婆。”看来敌人是没有听明白他讲的话，并没有在意。他为了向敌人献殷勤，就转过来对陈琮英说：“人家都知道了，你就都讲了吧。”敌人也来威胁陈琮英。陈琮英抱着孩子装出很委屈的样子说：“我是刚从乡下来的，什么也不知道，要我讲什么。”陈琮英因为参加过两次营救任弼时同志的工作，对付敌人已有了些经验。她一被捕就准备好了口供，并下定决心绝不改口。所以，她很沉着地对付了敌人。这时她见向忠发还在胡说八道，唯恐敌人继续纠缠，就偷偷地用手指在小女儿身上猛掐一下，孩子立即大声哭叫起来，惹得敌人心烦。因为敌人正急于逮捕我们党的中央领导同志和破坏中央机关，对于陈琮英同志这个真像乡下来的妇女，不那么重视，问了几句也没有什么结果，对她的“审讯”就匆匆结束了。向忠发还向敌人供出戈登路恒吉里114号中央机关，使那里的工作人员被捕；他还供出周恩来在小沙渡路的住处，当天深夜带引特务搜查周恩来和瞿秋白的寓所，幸好他们早已撤离，敌人一无所获。对方还不死心，派人在周恩来家里等候。

6月23日《申报》在《本埠新闻》栏里刊载了一则由远东社发出的消息：

向忠发为共党首领，于昨日（22日）上午九点三刻在善钟路被捕，当送嵩山路巡捕房。旋解卢家湾捕房政治部。闻警备司令部以该犯为共党首领，刻已派员引提。

向忠发这天被引渡到国民党淞沪警备司令部，周恩来和有关同志一时无从知道他已叛变投敌。鉴于向忠发当时在党内所任职务，中央估计会将他押解南京审理，要中央特科设法打听押解起程时间、路线，以便设法派红队劫囚车营救。这时，潘汉年和特科其他人员，都按中央指示一心想营救他，极力设法探查押解去南京的详情。

再说淞沪警备司令熊式辉一抓到向忠发，就打电报给正在庐山的蒋介石。蒋介石一接到电报，立即电令熊式辉：就地秘密枪决。及至收到熊式辉在审判后关于向忠发已经叛变的电报，蒋介石马上改变主意，又下令“暂缓处决”。可是熊式辉收到蒋介石的第一个电报，已于24日凌晨将向忠发枪决。行刑时，向忠发曾下跪求饶，也未得到敌人的宽恕。

6月25日，《申报》又在《本埠新闻》栏里刊登了一则短讯，说“共党首领向忠发已于昨日（24日）处决”。

中央得知向忠发已在龙华淞沪警备司令部内被秘密处决，又从内线情报传出向忠发投敌叛变的信息。但是，既然已经叛变，为何又被处决？

周恩来办事一向精密细致，对于有关同志政治生命的大事，一定要取得确凿的证据，才能作出判断。他便要求潘汉年设法抄录向忠发在受敌人审判时的口供。

中央特科通过打进淞沪警备司令部做法文翻译的鲍文蔚和情报科欧阳新所联系的关系，原已收买了警备司令部军法处的录事提供被捕人员的口供记录。可是这次审讯向忠发，那个录事没有参加。我方通过有关系的警备司令部的徐某、上海社会局长吴醒亚手下的吴汉祺去找那个录事，许以重金，要他设法抄录向忠发的口供。那个录事为得到一笔数目可观的重酬，终于沟通了保管向忠发口供的另一个书记，将向忠发的全部口供偷录出来。

周恩来看过这份口供，开始曾经怀疑这些口供是不是敌人伪造的（敌人经常采取这种手段，以混淆真相）。向忠发在法租界被捕后，曾被敌人武装押送他去过几个秘密机关搜查，因早已闻警搬走，未受损失。当时以为向忠发知道这些机关已经迁移，为了应付敌人才去的，不一定是他有意向敌人提供机密。但经周恩来仔细研究了这份口供，许多机密只有中央少数人知道，却都一一在口供中暴露了，这就肯定了向忠发确实已经叛变。

敌人处决了向忠发，却没有将他叛变的口供公布。这反映了敌人内部的矛盾。淞沪警备司令熊式辉和调查科长徐恩曾，在政治上都是坚决反共的。但他反对C.C.特务包办一切，独揽大权。这次向忠发被引渡后，熊式辉要军法处立即审讯，并急电蒋介石邀功，问蒋如何处置，却未提向忠发叛变后的口供内容。得到蒋介石“就地秘密枪决”的复电，熊式辉没等徐恩曾及叛徒顾顺章过问，就把向忠发一杀了事。这次捕获向忠发，本是徐恩曾的中统特务和顾顺章干的。但三次审讯向忠发，熊式辉却不让他们参加。向忠发的自首口供，熊式辉也秘而不宣，以免徐恩曾在蒋介石面前挑起事端。因此将向忠发枪毙后，徐恩曾的特务也未能利用这份供词作反共宣传。向忠发被杀后徐恩曾们还不相信是真的，特要顾顺章到上海发掘尸体验证，顾顺章发现死者有一手指少一节，是向忠发的特征，就不再怀疑。

敌人对向忠发一案本来抱的希望很大，以为可以利用他的叛变狠狠破坏共产党的地下力量，没料到党中央已采取措施，使得他们到处扑空，不能达到预期目的，因此，对向忠发这个叛徒也就不那么感兴趣了。而向忠发也和顾顺章被捕叛党时的心态一样，满以为向敌人自首出卖党出卖同志可以换得苟且偷生，但是敌人还是迅速把他处死了。他是6月22日被捕叛变的，24日被枪杀，前后不到3天。这是一切无耻叛徒难免的下场。

1966年6月，毛泽东在杭州接见外宾时说："向忠发被捕后，给敌人带路抓人，敌人把人抓完后，把他也杀了。"

1972年6月，周恩来在一次讲话中说："向忠发这个总书记，在上海搞了一处好房子，弄了一个妓女（指杨秀贞），吃喝玩乐。敌人发现后抓到妓女，她还不承认向忠发是党员，可是向忠发被抓到，立即承认自己是党员，叛变了，他的节操还不如一个妓女。"

出卖鲍君甫（杨登瀛）

顾顺章也供出了中央特科在上海最重要的情报关系鲍君甫（杨登瀛）。鲍君甫是从国民党特务组织中最早"拉出来"，同中央特科建立的第一个反间谍关系。叛变前一直主持中央特科日常工作的顾顺章，对他的情况非常清楚。他在出卖恽代英、蔡和森以及向忠发的同时，把鲍君甫也出卖了。

当顾顺章叛变的消息刚刚传到上海的时候，陈赓根据周恩来的指示，就派陈养山去看鲍君甫，让他对此有所准备，同时给以他所需要的帮助。陈养山说："顾顺章叛变后，让我对鲍君甫及其家属作了安置。我已不能去鲍君甫家，只能用电话取得联系，把人约出来谈话，几次都是与鲍的妻子见面。我除了给以安慰，还给了她一笔钱，问她有什么要求和困难。同时告诉她，让鲍不要跑，即使被抓起来，也不要怕。并帮她分析，这样做是最好的办法，不会出什么大事，张道藩等会帮忙的。并转告鲍，鲍家的事我们共产党是要管到底的。以后，鲍君甫被捕了，我又同鲍的妻子见了几面，让她把租的大房子退掉，她搬到了她的母亲家住，我还去看了一次。1931年4月底，鲍君甫被国民党逮捕，但他什么也没有讲，1932年'一•二八'以后，国民党把他放了出来。1934年以后，他当了南京国民党政府反省院副院长，以后又去汪精卫伪政府任职。我们解放南京时，他在街头摆小摊，生活很困难。1951年镇反时，他被抓起来了，周恩来、陈赓同志知道后把他放了出去，因他生活无着，我们每月给他一些补助。”

1950年10月，全国展开镇压反革命运动后，南京市公安局开始进行反动党团、特务人员的登记工作，第一天就有1500多人进行登记，到第5天已超过4000人。但有少数反动党团分子犹豫观望，曾担任过国民政府的感化院和反省院院长的鲍君甫就是其中之一。由于鲍君甫有较高的伪职身份，又不主动进行登记坦白，因此被南京市公安局逮捕，后移送至南京市人民法院审理。法院认为他任过国民党反省院副院长和汪精卫伪政府感化院院长，准备科以重刑。鲍君甫却反复大声呼喊：“大革命时期，我为共产党作过不少贡献！”还说他救过陈赓，请求陈赓出庭作证。南京市人民法院为此写信给陈赓，要求他证实鲍君甫所说是否属实。

陈赓1950年率领部队解放云南后，被任命为云南省人民政府主席，这时已率部抗美援朝，任中国人民志愿军副司令员。信是寄往云南的，其后辗转送到朝鲜。陈赓见信后，曾于1951年11月24日函复南京市人民法院：“10月29日（51）刑字5237号公函接悉：关于鲍君甫（又名杨登瀛）之供词是否属实一事，据我所知，鲍确系1927年起即与我党发生关系，1931年以前在工作上曾和我联系，在此期间对党贡献颇大。我被捕时曾在南京宪兵司令部与他同狱，此时他表现上还好，以后任伪中央感化院院长，据说，表现不好，其他详情不知……仍以注意，管制为好，特此函复。”

鲍君甫在1928—1931年间，对中央特科有过重要贡献，本书前文已有详细记述。1931年4月25日顾顺章被捕叛变后，也出卖了鲍君甫使他被捕。鲍君甫被抓起来以后，确实对他与中央特科的事什么也没有讲。陈赓1933年被顾顺章派特务在上海追捕后，曾和他同时在南京宪兵司令部同狱。鲍君甫1937年获释后，曾担任过国民党的反省院的股长、副院长，曾为某些叛徒办过自首书。1938—1945年，他在南京当了高级汉奸，当上了敌伪南京感化院院长，尚未发现对共产党进行过较为明显的直接的破坏活动。日本投降后，他被国民党以汉奸治罪判刑8年。南京解放前出狱。

南京市人民法院在审理鲍君甫的过程中，认为他虽在国民党、敌伪政府任过较高的反动官职，尚无重大罪恶。就其一生经历全面评估，还是功大于过。1952年1月25日经南京市人民法院判处他管制一年，当场释放（1953年被撤销管制）。

鲍君甫获释后，因无经济来源，家计困难。1952年11月，陈赓和陈养山得知此情，曾由当时任司法部副部长的陈养山写信给南京市公安局，建议南京市酌量给鲍君甫以照顾，当时未能落实。1955年又经陈赓提议并征得李克农、罗瑞卿的同意，每月由南京市公安局发给鲍君甫生活费100元。1956年，南京市公安局又给鲍君甫增加生活费50元。这年3月，经总参谋部办公厅的同意，由南京军区派人送鲍君甫到北京参观游览了三个星期。在京期间，陈赓、陈养山以及当年在中央特科工作过的李克农、安娥等都和他见面，还在经济上给以照顾。其后陈赓、陈养山路过南京时都去看过他。

“文化大革命”期间，鲍君甫不免受到群众冲击。后因查证材料，曾被关押在南京和上海监狱。1968年11月押来北京，周恩来要李强、陈养山配合专案组，经常同他谈话。不料1969年12月19日因患心肌梗死而突然病逝。

李强在1981年有一次谈到鲍君甫的时候说：“鲍君甫原来与陈养山关系很好，陈与他单线联系，什么事情都给我们干。此人是‘四朝元老’。国民党时代，是上海杨剑虹下面的第一把手，专门搞特务行当的。顾顺章叛变后他被捕。后来，他跑到日本人那里去了，他到周佛海那里当了感化院的院长了。又是周佛海的，又是日本人的，又是国民党的，还替我们做事，所以称为‘四朝元老’。日本投降后，国民党说他当过汉奸，不要他了。没有办法，他在马路上摆一个摊头。陈赓同志知道后，叫每月给他150元。‘文化大革命’又把他关起来，可搞得厉害啦。总理知道了，将他弄到北京，交给我和陈养山同志，每星期和他谈两次话。1969年底因患心肌梗死，死在秦城监狱的外面（那里有几间房子可住，行动比较自由）。他在南京的家属子女，政府也给予了照顾。”

二十一、穷凶极恶的捕杀（上）

派特务追捕陈赓

顾顺章叛变投敌后，死心塌地地向主子效劳，被国民党特务机关任命为中统行动队队长，他卖力地为国民党做破坏共产党的工作，穷凶极恶地捕杀共产党人和进步人士。他纠集一些叛徒、自首分子组成一个新的行动队，对他们进行训练，专门破坏我党地下组织。当时在中共中央机关工作、任中央妇女工作委员会委员的杨之华（化名杜宁）著文说：顾顺章指挥国民党特务“利用一切被捕叛党分子，满布街头，尤其在重要交通的十字路上、电车站上，甚至小菜场上，见重要的即下手，见不重要的即盯梢。1933年中央军委的破坏，陈赓同志的被捕，即因叛徒们在小菜场见了陈赓之妻盯梢的结果。而陈赓之妻的被捕即在于顾知道陈赓之妻的娘家的关系，她到她的娘家去即被捕。”（杜宁：《叛徒顾顺章叛变的经过和经验》，《党的文献》1991年第3期）

陈赓是1933年3月24日被顾顺章派特务抓捕的。其后顾顺章还到囚禁陈赓的监牢里劝降，派他手下的特务到法庭上指证。在此前后被捕的，还有罗登贤、廖承志和谭国辅等。据徐恩曾当时派给顾顺章的保镖林金生回忆：顾顺章叛变投敌后在南京城南双塘巷开办了中统第一期“特工人员训练班”，受训的只有4个黄埔军校毕业生。结业后被派往上海的史济美（化名吕克勤、马绍武）任上海行动区长，“大肆破坏共产党的地下组织，诱捕、绑架共产党人和进步人士，等等，最著名的有1933年3月间陈赓、廖承志、罗登贤、余文化等人的被捕，当时曾轰动全国。文化界丁玲、潘梓年等人的被捕也都在这一段时期内。1933年下半年，史济美即遭到中共地下组织的镇压。同年副区长陈蔚如（叛徒）也险遭厄运，此事在叛徒中震动很大。在中统特务疯狂破坏中共在上海的地下组织过程中，顾顺章经常亲往上海策划、指挥”。讲到陈赓被捕一事时，林金生又说：“专门为顾顺章干行动工作的打手主要有他自己从中共特科带过来的叛徒童国忠、蔡飞（绰号老白脸）、陈连生（绰号小白脸，化名张阿林、张文农，是顾顺章的徒弟）等人。这些人都是顾顺章的亲信，是些杀人不眨眼的魔鬼，心狠手辣的亡命之徒。1933年3月，陈赓大将的被捕，就是经陈连生盯梢后遭捕的。陈连生在中共特科时就认识陈赓，有一次在马路上发现陈赓后，一直跟他进了电影院。陈连生原打算在电影散场后到适当的地方进行秘密绑架的，结果被陈赓发现，没等电影散场，就立即从电影院出来快步疾走，想甩掉叛徒。但陈连生紧紧盯住不放，最后两人在马路上扭打起来。陈连生无奈，只好拿出警笛吹起来，招来四周巡捕，当场把陈赓捕入英租界老闸巡捕房，后经交涉，才引渡给国民党上海公安局。陈赓被捕后，顾顺章曾几次和他谈话。我每次都跟着去，记得当时的陈赓身着西装，高高的个子，光头。”（《顾顺章被杀真相》，《中统特工秘录》，江苏文史资料编辑部1991年版，第64—65页）

前文已述：陈赓在顾顺章叛变后，曾被中央特科派往天津工作。1931年9月，他被中共中央派往中国工农红军第四方面军工作。他在这年10月初来到鄂豫皖苏区，曾经先后担任红十三师三十八团团长、红十二师师长、红四方面军参谋长的职务。在鄂豫皖苏区第三、四次反“围剿”中，陈赓率领所部英勇战斗，取得多次重大胜利。1932年9月5日，在新集西北的胡山寨战斗中，他的右腿膝盖处负重伤。他不愿意离开火线，继续坐在担架上指挥部队作战。

这年10月12日，红四方面军主力离开鄂豫皖根据地，越过平汉铁路西进。他的伤势日益加重，组织上决定让他前往上海医治。

10月末尾，部队走到河南南阳、新野之间，陈赓化装成商人模样，右腿一拐一拐地离开部队。他在途中历尽艰险，于11月初到达上海，当天就找到了党组织。这时党中央已经搬进中央红色区域，上海党的领导机关是上海中央局。他向中央局汇报了鄂豫皖苏区的情况，就进爱多亚路（今延安路、成都路口）牛惠霖骨科医院医治腿伤。陈赓1927年冬季曾在这个医院住过，同牛惠霖大夫和他的弟弟牛惠生都很熟识。牛惠霖非常热情地接待他，挑选了一间最好的病房把他安置下来。经过牛惠霖大夫的精心治疗，他腿上的伤很快就治好了。

他从医院出来后，和从鄂豫皖苏区来的邵达夫住在一起，因为他们曾经一起在上海做秘密工作，认识的人都比较多。当时正是白色恐怖异常严重的时候，陈赓是一个坐不住的人，喜欢到处走动，党组织怕出事，就给他们找了个地方隐藏起来。

1933年3月，党中央决定派陈赓去江西中央苏区工作。在要离开的前一天，3月24日，他到贵州路“北京大戏院”（以后改名“丽都大戏院”）去看钱壮飞女儿黎莉莉主演的一部影片，不巧正跟一个名叫“阿连”（绰号“小白脸”）的叛徒坐在一起。后来陈赓知道，他在上海的住处已经被敌人盯梢几个月，所以这次同叛徒在电影院的邂逅，未必真是“巧遇”。这个叛徒本名叫陈连生，这时化名“张阿林”，原是上海先施公司学徒，后在武汉我军委特务科工作，转到上海又在我党中央特科工作。他就是那时认识陈赓的，后来他随顾顺章叛变。这个叛徒看到陈赓的时候，装作未叛变的样子，拉扯着跟他谈话。陈赓立即从电影院出来，叛徒跟在他的背后，紧紧缠住不放。他便快步疾走，想把叛徒甩开。但是腿伤刚愈跑不快，终被叛徒拖住，两个人就在马路上厮打起来。他伸出手，狠狠一拳把叛徒打倒。叛徒躺在地下吹哨子，周围的巡捕闻声而来，围住陈赓，当场把他逮捕了。

陈赓被捕以后，即被送到老闸巡捕房。他到这里不久，廖承志、罗登贤也被关进这里来了。他们是3月28日被捕的。

和陈赓同一天在上海被捕的，一位自称陈赓妹妹陈藻英的女同志（又称“陈秀英”或“陈淑贞”），也被送到这个巡捕房来。据这年3月31日上海《申报》报道，中国民权保障同盟在当时专为此案发表的宣言中，简单地记述了他们被捕的经过：“3月28日，罗登贤、余文化、廖承志3人，由间谍之报告被捕。依报章所载，其罪名为加入共产党及工会运动，罗、余二人于寓所逮捕；而廖则于数小时后，竟因偶尔投访，同遭拘禁。3月24日，又有陈赓（当时报纸误为‘陈广’）因密探之报告被捕，同时有陈女士（据称系陈赓之妹）于陈被捕之后偶往陈屋，亦被扣留。陈赓之罪名为‘江西共产军第十四军军长’。惟据消息，陈之被捕，皆无丝毫证据。陈赓寓所及以前曾寓之5处，均经搜查，未得任何证据。”

当时化名陈赓妹妹陈藻英的这个女共产党员，真实姓名是谭国辅。她也是湖南湘乡人，陈赓的小同乡。她的祖父是有名的近代民主革命家谭人凤（1860—1920），老同盟会员。曾经参与镇南关起义、云南河口起义和黄花岗之役。后与宋教仁等联络长江流域各省革命力量，准备起义，并与黄兴保持联系。辛亥革命时一度担任武昌军事指挥工作。“二次革命”时回湖南策动讨伐袁世凯，失败后流亡日本。1916年回国，寄居上海。谭国辅原是长沙女子师范学校学生，很早参加革命，她的家中很有钱，也很有名气。她家在长沙的住房非常阔绰，她所居住的楼上，曾是掩护党组织秘密活动的场所。以后来到上海，在中央机关工作。她同陈赓非常熟悉，被捕后化名陈藻英，说是陈赓的妹妹。据她告诉陈赓，陈赓这次在上海的住处，早就被巡捕房的特务盯梢了，不料他却在外出看电影的时候被捕。事后分析，敌人早就知道他的住处而没有及早逮捕他，目的是想用这地方“钓鱼”，妄图进而破坏党的机关。

由于1928年至1931年陈赓在中央特科工作的时候，经常跟租界巡捕房和国民党的一些特务、包探打交道。这时敌人把他扭到巡捕房，那些巡捕一见，大惊失色，他们惶惑地说：“怎么？你是陈赓！你不是王先生吗？”公共租界工部局的英国特务头子、巡捕房政治部的西探长兰普逊也很震惊。老闸巡捕房有个同情革命的探长，原同中央特科有关系，以前也曾经和陈赓见过面。这时一看是他，就悄悄地问清被捕的情况，马上把陈赓被捕的信息告诉了党组织。

陈赓在巡捕房的西牢（英国人叫“挞犯间”）里面，开始接连遭到敌人残酷的鞭打，随之敌人施用灭绝人性的电刑，逼他供出共产党人的名单和党的机密。陈赓就收买了几个看守去给他弄些香烟，在受刑的时候，他把香烟嚼碎吞吃，大概多少可以起点麻醉作用吧。敌人不论怎样严刑拷打，都不能够从他口中挤出什么东西。后来，敌人声称：如果还是没有口供，就要再用电刑逼讯。恰好中国民权保障同盟的负责人宋庆龄先生和该同盟的执行委员兼总干事杨铨先生，带领许多新闻记者前来探视陈赓和罗登贤、廖承志等同志，敌人才被迫停止施行这种灭绝人性的酷刑。

敌人看到硬的酷刑不能压服陈赓，就又换了另外一副面孔，改用软的欺骗手段来对付他。陈赓始终坚贞不屈，在他觉察敌人改变手法的时候，乘着敌人对他管押放松的时机，常向同牢房的难友和看守进行宣传，讲述革命道理和红军英勇战斗的故事。陈赓善于辞令，他的故事常使听者动容，感叹不已；甚至连兰普逊这样的英国老牌特务也听得津津有味，对他表示“友好”起来。尽管敌人改变了态度，妄想用“胡萝卜”代替“大棒”来软化他，从他那里还是捞不到任何口供。陈赓始终保持了崇高的革命气节，没有泄露党的秘密。他在监狱里面，继续宣传革命主张，组织难友反抗虐待，不断地鼓舞、教育在狱中的同志进行斗争。

1933年3月31日，上海第二特区法院举行一次“审判”，和他同一个下午先后被审讯的，还有罗登贤、廖承志等四人。当日出庭作证的有叛徒王云程等。

在国民党炮制的这场“审判”丑剧开幕的时候，宋庆龄、蔡元培曾邀请上海著名律师吴凯声博士等到庭，负责办理此案被告的辩护事宜。当时请来为陈赓辩护的是屠坤范、倪刚两位律师。在上海出版的《中国论坛》，曾派记者记述法庭里的情景：

“法庭中挤满了工人，警察守卫四周；高大的英国人站在一旁，用他那蓝色的、蔑视的眼，看着这些中国人头；中国粗汉穿着S·M·D·的制服，其余官员们在帽子上都有国民党青天白日的徽章。两个法警站在门口，阻止外面通道里数十（名）往里涌进来的工人。

“在木凳上，脏的工作服中的瘦的身体都瞪起了愤恨的憎恶的眼，有几个老的黄色的脸该在30岁以上了吧。在高坛上，5位肥胖的法官穿着黑色的袍子。在他们后面站着两个高大的英国包探，证人台旁也有一个漂亮的英国人伏着。”

这次首先审问的是罗登贤、廖承志和余文化。法庭不顾三个被告和辩护律师义正词严的驳斥与抗议，只凭奸细的空口白话，而“没有任何文件或物证来证实这奸细的话。工部局律师静静地坐着不开口。法官们站起来，走进去了。5分钟再出来，便宣布把‘罪人’交给（国民党上海市）公安局代表。这代表更像抓攫赃物似的把他们带进一辆汽车，开走了。”

接着审理的，就是陈赓“兄妹”一案：

“等了一下，陈赓及陈藻英案开庭的时候，法官、党部代表、捕房律师又各坐原位，谁也不响。陈赓说他从东三省回来不久，正在找职业。于是另一个有名的告密专家，名叫张阿林（此人就是这次抓捕陈赓的特务“阿连”即“小白脸”的另一化名），被传到证人台前，他说他认识陈赓并且于1926年曾与陈赓共事。毫无书面证据，就由这奸细指认了陈赓为江西红军的军长。

“辩护律师指出陈藻英与陈赓毫无有关系的证据，而陈赓本人亦没有丝毫证据，法官、党部代表及捕房律师死死地静听着。又一休息，又一宣告，公安局又载牺牲者而去。”（《上海公理的例子》，原载《中国论坛》第二卷第4期，1933年4月13日）

在这次“审判”当中，帝国主义分子与蒋介石卖国政府互相勾结，判决由上海公共租界工部局巡捕房将陈赓他们五人引渡给南京政府。在这场“审判”丑剧演出的第二天，宋庆龄先生怀着满腔的愤怒，无情地揭露蒋介石一伙勾结他们的外国主子所犯下的无耻罪行：“3月31日上海第二特区法院‘审判’了5个犯人，并判决由上海工部局巡捕房把他们引渡给中国行政当局。这个事件正是中国政府与帝国主义分子狼狈为奸，压迫中国人民的反帝抗日战士的鲜明例证。

“这些爱国罪犯的被捕事件，只是蒋介石政府所奉行的政策的另一个例证而已，这种政策已使今日中国濒于全部分裂，沦为帝国主义属国的境地。国家的情势是如此的危急，我感觉到我有责任再一次号召中国广大人民起来斗争。”

宋庆龄尖锐地指出：这次“审判”，“赤裸裸地显示出中国和外国的当局事先就已安排好了，只是为了用审判的形式欺骗群众，才把被捕者带出来受审；而被告方面即使提出证据和理由，引证法律条文，也绝不能改变法庭的决定。其实，关于被捕者的判决，早已在这审判丑剧前预先确定，这是十分明白的。当审问时，并没有对他们起诉。法官只是容忍着律师们的辩护，而工部局的律师却静悄悄地坐在他的位子上一语不发。被告们完全驳斥了巡捕房眼线的诬告。而法庭上的国民党代表却全副武装，宣布他也代表公安局，并且据说在开庭之前他还对人说：‘全部事情已经安排好了。’当这幕丑恶的滑稽剧告终时，法官为了做做样子，离开法庭数分钟，然后回来诵读了引渡命令。”

在敌人的“会审公堂”上，陈赓和罗登贤、廖承志等同志大闹公堂，完全蔑视敌人的法庭威严，向全副武装的敌人进行挑战。他们引吭高唱《国际歌》，并且慷慨陈词，为伟大的中国共产党跟自己所从事的光荣事业辩护，痛骂国民党反动派丧权辱国的种种卖国罪行。面对敌人野蛮的恫吓和残忍的酷刑，陈赓和大家一起表现了大无畏的革命英雄气概。他们把敌人的法庭当作讲坛来宣传革命的道理。他们“理直气壮的论点和英勇不屈的态度，充分表现了他们是中国的反帝战士。他们全都是中国人民应该为之骄傲的典型”。

“审判”结束，陈赓他们就被“引渡”给上海市公安局，从帝国主义的西牢转入国民党反动派的魔掌。当陈赓他们被敌人押上卡车的时候，他们一路上高呼革命口号。陈赓从公共租界转到“华界”后，被关在警厅路公安总局拘留所。敌人怕陈赓逃跑，在监狱里曾经把他铐在一个铁柱子上。

顾顺章派出特务将陈赓抓捕后，这个无耻的叛徒还多次跑到监狱里“劝降”，每次都受到陈赓的痛斥。美国著名记者埃德加•斯诺记述说：

几天以后，使陈赓入狱的顾顺章来了，试图说服他脱离共产党，加入国民党。顾顺章说，革命已经失败；共产主义原则在中国行不通；许多共产党人已得到委员长的宽大。顾顺章说：“蒋先生已经拍发了许多关于你的电报，要求给你特殊待遇。”陈赓斥责顾顺章是个叛徒，并说绝不做他那样的人。顾顺章后来给他送来一些水果和礼物，但陈赓对此不屑一顾。（斯诺：《红色中国杂记》，群众出版社1983年版，第109页）

第二天——4月1日，陈赓就被押解到南京去，因为他是一个有名的善于逃走的人，在从上海动身的时候，敌人拿来一条铁索链子，把他同谭国辅锁在一起，送上一辆有铁格子窗的囚车，一路上看守森严。火车离开上海站以前，他们两人同声唱起《国际歌》，沿途到各车站，直到南京都是这样。他们悲壮的歌声，穿过火车的板壁，越过铁格子窗眼，给周围的旅客以莫大的鼓舞，引起押解他们的特务、狱卒一阵惊慌。列车到南京，国民党宪兵司令谷正伦故意拿着一封蒋介石的电报，亲自到火车站来“接”陈赓。这封专门为了给陈赓看而发来的“电报”上写着：由于陈赓在广东和北伐期间的历史，要尽量给他“舒适”和“鼓励”，以便使他“悔过”并且加入国民党。电报说，如果陈赓愿意“起誓归顺”国民党，将给以他高级的军职和美好的“前程”。陈赓被押进南京瞻园路宪兵司令部的时候，谷正伦真的“优待”他住最好的房间。自然，这一切都是枉费心机。谷正伦这个杀人不眨眼的魔鬼，虽然献了不少殷勤，却始终没有能够从陈赓嘴里听到半句好听的话。谷正伦随即露出狰狞的本相，将他押进宪兵司令部看守所的牢房里囚禁起来。

陈赓刚被关进看守所的牢房，敌人又来严刑“审讯”，逼他承认过去的“错误”，并且详细供出共产党在国民党内部和他们军队中进行革命活动的情况。主审人就是叛徒顾顺章。他一再无耻地“劝降”，继续散播那一套“共产主义不可能在中国实现”的反革命谬论；而且还把几个叛徒的口供拿给陈赓看。陈赓把这些东西全部扔在地上，痛骂顾顺章是无耻的叛徒，叫他滚蛋，使他陷于狼狈不堪的境地。但顾顺章还不死心，以后仍旧连续不断地派人来“劝”，都被陈赓骂跑了。在这以后，陈赓被拉进一所小洋房去，敌人派来两个特务，劝他说，你是爱国分子，走错了路。陈赓蔑视这些丑类，根本拒绝和他们谈话。这时遇到了一个我们的人，那人悄悄地告诉陈赓：“邓文仪（蒋介石的侍从秘书）要找你，他们将要把你押到南昌去，你要有所准备。”

这个时候，敌人又耍了一个新的花招，派了几个陈赓在黄埔军校的“同班同学”和他的“学生”来看望他。这批卑鄙下流的俗物，故意穿着镶金边的将军制服和闪亮的皮靴，显示他们的高级军衔。他们告诉陈赓：蒋介石“舍不得”杀害黄埔军官；又说蒋介石会欢迎他“回心转意”。还提出了一个愚蠢的问题，问他还能否忍受红军的艰苦生活？陈赓极度蔑视这些双手沾满人民鲜血的新贵，怀着无比的憎恨，用最尖刻辛辣的语言，历述国民党反动派的祸国罪行，讲述工农红军如何不费吹灰之力，把国民党军队打得落花流水，最近他自己如何带领部队捉住了第六十九师师长赵冠英，以及鄂豫皖红军活捉第三十四师师长岳维峻、痛歼蒋军嫡系汤恩伯第二师的情形。在大义凛然的陈赓面前，这班家伙自惭形秽。他们被陈赓骂得理屈词穷，被气火了，悻悻地说：“你还敢在这里进行宣传？”陈赓带着轻蔑的冷笑，很幽默地说道：“问题是你们提出来的，我只不过是真实地回答这些问题而已。”这伙法西斯死党垂头丧气，悄悄地一个个溜了出去。

4月4日，陈赓和另外几个被囚的人，分别被送进比较好一点的单间牢房，还给他们发了新的囚衣。开始陈赓不明白这是为什么，第二天宋庆龄、杨铨等中国民权保障同盟的人和外国朋友来看望他们，他才恍然大悟，晓得为什么突然来了这些“优待”，对国民党反动派的欺骗手段非常愤慨。

原来中国民权保障同盟一直在积极营救陈赓他们，在他们被押解南京的第二天——4月2日，该会的全国执行委员会及上海分会就在上海亚尔培路331号召开联席会议，当场组织营救政治犯委员会，并且推派宋庆龄、杨铨、沈钧儒、伊罗生4人为代表，到南京继续设法营救陈赓他们。当日宋庆龄、蔡元培联名打电报给南京国民党政府行政院院长汪精卫、司法部部长罗文干，要求释放陈赓和罗登贤等人。4月5日，宋庆龄等到达南京。为了陈赓的案子宋庆龄曾经找到蒋介石说：“陈赓是黄埔军校的学生，东江之役一直跟着你打仗，你打了败仗还是陈赓救了你一命，不然你也活不到今天。现在你要杀他，简直是忘恩负义。你天天说的礼义廉耻哪里去了？”蒋介石被她骂得俯首无言，虽然不敢杀害陈赓，却不愿意放他出来。到南京后，宋庆龄还找到汪精卫、罗文干，当面又向他们要求即刻释放陈赓等人，并且书面提出四项要求：（一）立即释放一切政治犯；（二）废止滥刑；（三）给以政治犯阅报读书之自由，禁用镣铐及改良狱中待遇；（四）严惩狱吏敲剥犯人及受贿行为。

4月5日晚上，宋庆龄等就到监狱中探望陈赓等人。随同中国民权保障同盟代表团前来的《中国论坛》杂志记者，曾经记下他们在这座白色恐怖笼罩的监狱探望时的情景：

“每一个院子的入口，几十名卫兵，枪上闪着刺刀，两面排着。每一扇门后的屏上都漆有国民党的青天白日。到处有戴党徽的便服人员。整洁的军官穿着笔挺的制服，背着发亮的黄皮带。到处有枪、刺刀和盒子炮——国民党统治的符号。从侧室墙上向司令官办公室下视着的，是孙中山的像。

“代表团由5名军官和一队武装士兵领着穿过了不少横闩的门，走了漫长的迷宫似的曲折甬道。路旁有些门是当代表们走近时急忙地关上的。有时可以窥见里面有人在走。到了一间封闭着的牢房，两尺宽、40尺长的甬道两旁各有7间监房，甬道中是被两盏电灯照明着的。

“坚实的木门关闭着每间监房，每扇门上有7寸见方的小口子，并没有锁。从中望进去，最初只见些灰和黑色的影子，模糊的姿态。渐渐习惯了那光线——那黑暗——之后，我们看出一个方洞，5尺宽、7尺长或许是8尺高的样子，没有窗户，只是铁格子的天花板，从廊下射进一些光来。那铁制的床柜靠着一面墙，占了牢中80%的地盘。在其余的空隙中，两个人刚刚够转身或站着。屋角有个没盖的马桶。潮湿的空气是臭的。

“年轻人都把脸凑到那门上的小方洞上来。有几位是这样年轻而细小，他们可以把头伸出洞来对我们看。而那洞，周围便像断头台上的刀或像枷似的戴在他们的头颈上。

“武装的守卫挤满了甬道。长官们在每一个同囚犯谈话的代表旁监视着。你看这还可能去问囚犯们有没有私刑吗？我们可以出去的，心里难受着，回到那新鲜的夜的空气中。但是这些年轻人得留在此，同这些长官和守卫。他们都摇着头，或是喃喃地说：‘不！’陈赓是独自在一间牢房里，脸上长了一层胡子。守卫的脸从我们的肩上探视着。……他那黑眼从孔中闪着光出来。”（《在白色恐怖的卫城中》，《中国论坛》第二卷第4期，1933年4月13日）

陈赓从不放过每一个可以揭露敌人、打击敌人的机会，他在这个时候，对宋庆龄等讲到监狱里的残暴黑暗，讲到他亲身受到的非刑拷打和恶劣待遇，并且当场揭露：为了这次会见，他们才受到了这点特殊待遇。在这次探望中，宋庆龄巧妙地为党组织秘密转交了一张纸条给陈赓。

在陈赓牢房隔壁关着陈藻英即谭国辅，也向宋庆龄等揭露了英巡捕房和国民党特务的残酷暴行：

“他们开了邻监的门，那女孩子陈藻英走到门口来欢迎他们。她不过十几岁，五尺多高。颊上该闪耀的颜色已经被剥夺。剪了的短发没有梳。

“‘他们在上海打了我，’她说，‘英捕房打我，而在公安局又打了我。我们（被）送去的时候，关在一间小房里，人挤得我动都不能动。太挤了，放我们宽松些！我一嚷，他们就抓我出去用竹鞭抽我。可是我不怕！’她交叉着她的胳膊，抱得紧紧地向我看着，‘我不怕’！她重复了一遍！”（《在白色恐怖的卫城中》，《中国论坛》第二卷第4期，1933年4月13日）

因为陈赓等人当场揭露，《中国论坛》记者得以了解真实情况，并且在报道中指出“他们刚来的时候，并不在这儿。他们七八人一屋地挤在小而潮湿的洞里，只是上一天他们才被搬到这里来”。陈赓的无情揭露，使得监狱当局当场出丑，非常难堪，看守大怒，但又无可奈何。等到来访的人一离开，敌人立刻把他送进一间又脏又暗的牢房，屋里发散着一股阴森发霉的臭味，进屋只觉一片漆黑，什么都看不见。开灯以后，只见地上一堆人骨，墙上挂着刀、枪。国民党特务用枪指着他的鼻子，一再重复地说："招供！招供！"

同陈赓一起从上海押解到南京的，除谭国辅外，还有罗登贤、余文化。此时关押在南京宪兵司令部看守所女牢中的女政治犯，还有钱瑛、夏之栩、何宝珍、熊天荆、黄励等，几乎都是陈赓所熟悉的。夏之栩是在这年3月份，在陈赓被捕稍晚几天被捕的。根据监狱规定，女号子在放风时相互间可以谈话，男号子则不准。陈赓却不管三七二十一，每次放风时都在院子里大声嚷叫，故意说些话给同志们听。

陈赓在狱中终始坚贞不屈，敌人拿他没有办法。他对敌人的爪牙，非常硬气。每次当他想要出来活动活动的时候，不管是不是到了放风时间，他就大声地喊叫狱卒："我要出来散步，赶快开门！"陈赓是一个出了名的难惹的人，狱卒不敢违抗，就得赶快给他开门。当他每次出来走动的时候，总要设法看看难友们，鼓舞大家的斗志。

陈赓一方面鼓励难友们坚持斗争；一方面对看守人员做工作，教育他们，争取他们帮助我们。宪兵司令部看守所内，有一名22岁的青年看守班长张良诚。原来他是一个孤儿，为生活所迫，在国民党机关当勤务兵，后来到了看守所。张良诚有爱国心和同情革命者的思想，陈赓和夏之栩等找机会接近他、教育他，使他思想逐渐进步。张良诚秘密地为政治犯传递消息、纸条，并把某些人的叛变行为告诉他们。当时女牢房政治犯黄海明带着才生下来4个月的女孩，张良诚查监的时候，常抱着孩子到各号子里去查看。政治犯们就利用搂抱孩子的机会，往孩子的衣服里放字条、传消息。以后陈赓从这里离开的时候，曾托张良诚给黄励送一个条子和5元钱。不料被叛徒告密，张良诚因此被捕。南京宪兵司令谷正伦听到有关此事的报告，十分震惊，就把张良诚枪杀了。当时和张良诚一起有个文书小金，20来岁，也是一个思想纯正的青年，在这里看到许多共产党员的英雄事迹，经过陈赓等人的争取、教育，配合张良诚在暗中也给政治犯做了许多好事。当夏之栩被判刑，从宪兵司令部看守所转到南京老虎桥"江苏第一模范监狱"以后，他还化名夏之栩的弟弟"夏草"

前去探望她，流着眼泪把张良诚就义时的英勇壮烈情况告诉夏之栩。小金后来也被敌人逮捕，当夏之栩等再转到南京晓庄“反省院”时，小金也被送进反省院来。直到1937年周恩来到南京来谈判要求国民党释放政治犯的时候，才同其他政治犯一起获释，并且到延安进入抗大学习。

陈赓的事情当时在狱中几乎无人不知，他自己也认为是再无生机的了。由于宋庆龄先生和中国民权保障同盟继续营救，接连几次跑到南京看他，使国民党政府对他未敢骤然加害——陈赓等人被租界当局引渡给南京政府以后，宋庆龄对他们立即伸出声援的手，并告诉全国人民：“昨天被捕和引渡给国民党的5个人，正如所有与他们遭受同样命运的同志们一样，不是罪犯，而是中国人民最高尚的代表人物。因此，我号召全中国人民起来要求释放他们，要求不使他们遭受酷刑与死亡。如果我们容许这些革命战士们被逮捕、被监禁，甚至被害，那就是容许了可恶的反动势力摧残中国民族生命的根苗，释放他们，释放几千个与他们一样的人，就是释放中国民族革命精神的不可征服的力量。没有这个力量，中国就不能像一个国家和一个民族一样地生存下去。”（本节所引宋庆龄的话，均见《告中国人民——大家一致起来保护被捕的革命者》。该文见《宋庆龄选集》，人民出版社1966年版。）

这个时候，国民党对中央苏区的第四次“围剿”还在进行，蒋介石正在南昌指挥这次“围剿”。蒋介石决心亲自诱逼陈赓自首，并且妄想通过他来“影响”在红军中的黄埔生，遂命令南京用轮船押解他经九江转往南昌。

蒋介石所以这样做，除掉他一贯的阴险奸诈以外，还由于为了掩人耳目，笼络人心。他晓得，凡是1925年在广东参加过第二次东征讨伐军阀陈炯明的人几乎都知道，陈赓救过他的命，而对于那次救命之恩，他的报答是把陈赓弄得家破人亡：父亲陈绍纯接连两次以“教子不严”“赤匪家属”的罪名被捕入狱；他的五弟也受牵连被捕。伴随着残酷的政治迫害，家产被官府讹诈一空，在经济上已陷于破产的绝境，连仅存的几间破屋和几亩田地也都典卖净尽了。全家走投无路，只得迁进家乡附近山顶上的宝华庵去安身。……如今，他又假惺惺地装出一副“报恩”面孔，来亲手折磨陈赓了。

敌人从南京押解陈赓往南昌去的时候，一路上，不论是在轮船里、旅馆中，陈赓都大声宣传共产党和红军爱国救人民的革命主张，围着听讲的群众异常感动。敌人害怕陈赓那慷慨激昂的讲演，以后把他关在船舱里面不让出来。船到九江以后，敌人把他押上南浔铁路的专车（在车上有专程来接他的蒋介石亲信吴忠信等）。

到南昌后，敌人让他住在南昌市中心洗马池的江西大旅社（这里正是当年南昌起义总指挥部所在地），这家旅社全都被蒋介石的特务霸占着。住了两天后，蒋介石派邓文仪带了很多作为见面“礼物”的东西，到旅馆来同陈赓谈话。

邓文仪是湖南醴陵人，黄埔第一期毕业生。他在黄埔军校做学员时就是一个右派人物，毕业后“作为国民党中央委员会特选的学生去俄国中山大学学习”。在他回国后写的回忆录（《游踪万里》）中，曾把自己说成是“第一个受俄国教育又转而反对苏俄的人”。他从莫斯科回来仍到黄埔军校工作，1927年“四一二”后，在国民党反共高潮中，曾是黄埔军校“清党检举审查委员会”的头头。后任蒋介石侍从秘书多年，深得蒋介石的信任。1932年，蒋介石以黄埔军校毕业生为核心，仿效德国希特勒“国社党”的法西斯独裁统治，在南京成立了“中华复兴社”（简称“复兴社”，又称“蓝衣社”）时，邓文仪是这个特务组织的中央干事会干事，并且担任过中央干事会书记。当陈赓被押解到南昌的时候，他正“荣任”蒋介石侍从秘书兼南昌行营调查科长。陈赓和他既是“同乡”，又曾“同窗”，深知邓文仪的反动经历，晓得他是蒋介石的忠实爪牙，是两手沾满共产党员鲜血的刽子手，无论是广州大革命的怒潮，还是莫斯科的革命洪流，都没有能冲刷掉邓文仪身上的奴颜媚骨，也不能够丝毫动摇他的反动立场。陈赓打心眼里对这个人憎恶、鄙视，邓文仪却喋喋不休地进行劝降。

邓文仪重复了顾顺章所说过的连篇鬼话，说什么“中国革命失败了，中国需要团结和强有力的领导，民主在中国是不实际的”；大肆吹嘘蒋介石的“德政”，说“先生”（指蒋介石）在着手改革，某某高级将领因为嫖妓受了处分，某某高级官员因为腐化而被枪毙，已经建成许多新的公路，有些铁路正在修建，等等。陈赓回答说，蒋介石修建公路、铁路，并不是为了便利人民，而是为了打共产党。邓文仪极力辩解说，蒋介石的确是抗日的，“准备在1936年对日作战”。邓文仪还为蒋介石的军事实力吹嘘：“北洋军阀仅用保定军校的3000

名毕业生，就统治中国30多年；黄埔军校1万多名毕业生，一定能够统治中国80年。蒋先生的愿望就是要把所有黄埔军官争取回来……”陈赓义正词严地驳斥了邓文仪的无耻谰言，责问国民党政府当局为什么积极反共，打内战，镇压人民，而对日本帝国主义侵略东北、进攻上海，采取不抵抗政策，邓文仪支支吾吾，无法自圆其说，最后只好狡辩：“不抗日是养精蓄锐”，并把对日投降妥协诡辩为“列宁也订过布列斯特和约”。强词夺理，完全暴露了蒋介石卖国求荣，独夫民贼的真面目。

邓文仪的“谈话”持续了两天，毫无结果。这天临走的时候，邓文仪又劝陈赓再好好想一想，并且告诉陈赓，蒋介石第二天要见他。到了第二天早晨，邓文仪又来劝陈赓自首。他还带来一份蒋介石签发的命令副本，内容是送给一个叛徒家属一笔巨款。那个叛徒是黄埔军校毕业的学生，以前是共产党员，背叛革命，投靠国民党以后，在第四次“围剿”中央苏区时被红军击毙。邓文仪此举可谓用心良苦，陈赓却表示了极度的厌恶和轻蔑。邓文仪又拿出一张事先写好的“悔过书”，对陈赓说，只要他在上面签个名字就行，也可以不公开。还说，这样你陈赓就能在国军中得到任何一个你想要的师的指挥权：“你要指挥哪一个师就可以指挥哪一个师。要不，你也可以当眼下‘围剿’鄂豫皖的国军的参谋长”——邓文仪说，就是去做第三军军长王均的参谋长，这个军长正带领着十几个师“围剿”红四方面军。对这一切威胁、利诱，陈赓都予以严词拒绝，痛加驳斥。

当天下午，陈赓被押去见蒋介石。蒋介石那时正住在南昌百花洲科学仪器馆——他指挥国民党军队“围剿”中央红区的“行营”。陈赓是以“胡子”著称的，在监牢里关了这么久，满脸的胡子长得很长，衣服也已破烂不堪。蒋介石虽然素知陈赓的坚贞、倔强，却佯装作态，打发邓文仪拿来绸子衬衣、哔叽长衫，还有礼帽、鞋子，要陈赓刮胡子、洗澡、换衣服。邓文仪说：“你去见先生，穿这样的衣服多没礼貌！”陈赓当即驳斥说：“你们把我关起来，整成这个样子，这是讲的什么礼貌？”弄得邓文仪哑口无言。不论邓文仪怎样“劝说”，陈赓全都不予理会。

陈赓被带进一间宽敞的客厅，里里外外布满卫兵。他在那里坐下不久，就听到楼梯上响起叽叽嘎嘎的皮鞋声音。蒋介石为了保持他的“尊严”，故意在楼梯上用他那一口浙江话大声喊叫："陈赓哪里？陈赓哪里？"意思是表示他来了，好让陈赓恭迎他。陈赓一听到声音，伸手拿起一张报纸，对蒋介石睬都不睬。

蒋介石从楼梯上走下来，自觉无趣，却仍然故作姿态，带着"猫哭老鼠"的神气说：

"你是陈赓，你是陈赓，你是校长的好学生仔，虽然在政治上犯了错误，我可以原谅你。"

陈赓放下手里拿的报纸，把脸转到另一个方向，冷冷地回答说："我根本不需要你原谅。"

蒋介石尴尬地搭讪着，又向陈赓问好，问陈赓到过哪里，是否喜欢此地，是怎么来到这里的。

陈赓回答说，他是被蒋介石逮捕送到这里来的。

蒋介石狡诈地说，怎么能这样说呢，大家都是黄埔的老同志了。黄埔人都应当团结救国。黄埔的校长绝不杀黄埔人的。

看见陈赓不理他，蒋介石就又搭讪着说，他知道陈赓刚从鄂豫皖来，问他在那儿的情形怎样。

陈赓冷漠地说："马马虎虎。"

蒋介石在屋里走来走去，好久才又说出一句话来："你不要那样想不开，只要你过这边来，愿意带兵，可以随意挑选任何一个师。"

陈赓冷笑着说："不做你们的官，共产党员是不会像你们的，不会像你们榨取人民的血汗，来供自己享受，更不会去给帝国主义当走狗。今天我落在你们手里，要打就打，要杀就杀，对我不要有任何幻想！"

蒋介石继续装模作样地说道："现在国家弄得这样糟，剿匪当中死亡30多万，中国不能这样牺牲……"

陈赓说："国家弄得这样糟，都应当由你自己来负责。是你背叛革命，发动了反革命内战，我们共产党人根本不负这个责任。"

他的声音高昂，声色俱厉，满院的卫兵都能听到这些话，使这个独夫民贼大失面子。蒋介石气得脸色铁青，结结巴巴地说："你这个态度，这个态度？你应该悔过，你应该悔过！……"

陈赓坐在沙发上纹丝不动，他的严正态度使蒋介石十分难堪，几至无法下台。陈赓准备着随时被赶出去。沉默好久，正巧于学忠来了，蒋介石才找个台阶下，忙对邓文仪说："你好好劝劝他，这个不行，这个不行。"

陈赓站起来，表现出一副凛然不可侵犯的英雄气概，斩钉截铁地说："我绝不会出卖我们的党！"

蒋介石临走的时候说："以后邓文仪代表我同你谈。"

邓文仪把陈赓带回旅馆，问他打算怎么办。

陈赓没有回答。

邓文仪说："如果放了你，请你回到红军告诉黄埔学生：只要他们回头，校长是不会杀他们的，这样好吗？"

陈赓坚定地摇头答道，他绝不背叛共产党，绝不背弃马克思主义，绝不参加国民党！

这样，敌人便又把陈赓押回南京，关进一间窄小的牢房里，又受了一个月的折磨，敌人继续逼迫他自首、"悔过"……

陈赓被捕后，党组织一直千方百计地营救他，宋庆龄也继续营救。不久，陈赓被转移到另一幢房子里，这时，虽然有四五个卫兵看管他，但是允许他到街上活动，开始有了某种限度的"自由"。他见这里的情况比以前宽松，便考虑同党组织取得联系，设法从这里逃走，直到这时候，他才剃掉了满脸的络腮胡子，衣服也换得干干净净。有个诨名叫作"广东麻子"的共产党员，有一天突然在陈赓的房间里出现。陈赓原来在上海的时候就认得他。"广东麻子"按照党的指示，极力帮助陈赓逃走。当天夜里，有两个同志就协助他逃出了这所房子。——不幸，"广东麻子"于1936年被蒋介石杀害了。这位同志的牺牲，引起陈赓无限哀痛。20年后，当他兼任中国人民解放军军事工程学院院长期间，和一位老教授谈完这段经历的时候，曾非常沉痛地说："我的生命是用同志的生命换来的！"

1933年5月末尾，陈赓逃出南京到上海找到党，很快又被派往江西中央苏区工作。

魔手伸进王根英的娘家

陈赓的夫人王根英，是于1933年12月间被叛徒顾顺章手下的特务在她父母家里抓走的。

前文已述，1931年9月，王根英带着小知非随陈赓从天津回到上海。10月，陈赓奉命前往鄂豫皖革命根据地工作，王根英带着儿子留在上海坚持斗争。当时，日本帝国主义悍然举兵，侵占东北三省。中国共产党号召群众武装起来，抵抗日本帝国主义，全国抗日救亡运动日益高涨。党派帅孟奇在上海筹备成立工人反帝大同盟。她在沪东区找到了王根英，向她传达了党中央团结各阶层人士实行抗日救亡的主张，并指定她负责沪东区反帝大同盟分部的工作。从此，王根英投入紧张的工作，组织群众，宣传抗日，日夜不停地奔忙着。

1932年1月28日，日军又举兵进攻上海，十九路军奋起抗击。上海党组织紧急行动起来，全力动员上海军民抗战。王根英组织了沪东工人救护队，直接开赴前线，在炮火中抢救运送伤员。她和同志们夜以继日地奔波，废寝忘食地工作。每天晚上，她都赶到沪西去向帅孟奇汇报工作。

淞沪抗战结束后，王根英仍回工厂做工，她先后在香烟厂、套鞋厂做工，开展群众工作。这时，全国总工会成立了女工部，王根英被任命为女工部部长，刚从苏联回国的夏之栩在女工部任秘书。王根英带着孩子和夏之栩同住在英租界里的一个亭子间里，她顾不得照料独生子，整天跑工厂，领导和组织工人开展罢工斗争。这年秋天，王根英又和夏之栩到全国总工会办的训练班工作，培训工会干部。王根英对党忠诚，为人忠厚，待人热情，生活俭朴，给大家留下了深刻的印象。其间王根英生了一场重病，大病初愈，组织上又派她到另一个训练班工作。这年10月，陈赓在鄂豫皖苏区作战中右腿负重伤，离开部队到上海来医治腿伤。王根英和陈赓又相逢了。1933年3月下旬，陈赓伤愈，组织上已决定王根英随陈赓一起去中央苏区工作。不料，3月24日，陈赓突被叛徒顾顺章派出的特务逮捕。王根英被迫转移到乡下隐蔽。实际上，她和父母的家里，一直处在顾顺章所派特务的监视下。

1933年六七月间，王根英从乡下回到上海市区通北路的家里。12月间，在家里被捕。直接出卖她的叛徒是张小妹及其丈夫陈月先。张小妹也是恒丰纱厂女工，曾是这个厂的中共党支部干事。她的丈夫陈月先先叛变，叫她随时侦察王根英的行踪。这会儿见王根英回来，就给顾顺章手下的特务报信。她向特务告密的第二天，王根英和家人在家里正准备吃早饭，一个穿长袍的瘦长个子特务来了，在外面还有好几个狗腿子把守。特务气势汹汹地叫王根英跟他“走一趟”。特务态度蛮横，王根英的弟弟和家里的人都很气愤，想把特务打死。但她考虑到不能连累弟妹，示意他们不要莽撞。结果，王根英被特务带走了。后经多番打听，知道她被关在提篮桥监牢里，但不让家属探望。

王根英在上海经过会审公堂判处有期徒刑8年，后引渡给上海市公安局，马上又被押解南京宪兵司令部转送到老虎桥“江苏第一模范监狱”。这时早于1932年在上海被捕的帅孟奇和1933年3月在上海被捕的夏之栩等人，已于1933年7月从宪兵司令部看守所转到这个监狱里来了。在这个监狱的女牢房里，关押的女政治犯有二十几人，除一两个党的外围组织的革命群众或家属外，都是共产党员。当时3号牢房里住的是被判无期徒刑的帅孟奇、夏之栩和被判有期徒刑10年的耿建华、15年的何宝珍等，隔壁2号牢房里是钱瑛、纪钧、萧敏等人。王根英被押解到这里，和熊天荆等一起关在8号牢房里。在2号和3号之间的墙壁上有一个小洞，安一盏小电灯，通过小洞可以传话。3号的几个人，有事就和钱瑛商议。这样就以这两个号子为中心，自然形成了以钱瑛、帅孟奇和夏之栩为中心的领导核心，而在其他号子里，每处也至少有一个骨干（王根英就是其中一个），有事就分头通过骨干征求大家的意见，最后由3号的同志和钱瑛一起研究以后，再把决定传给大家。狱中的几次绝食斗争，就是这样发动起来的。

当时，泛太平洋产业同盟上海办事处秘书、共产国际驻中国的工作人员、波兰人牛兰、范绿意丝夫妇，被国民党逮捕送来模范监狱。他俩多次向国民党当局提出抗议，社会人士不断声援，要求释放他们，国际舆论也大力声援，但国民党仍不理睬，牛兰夫妇在狱中宣布绝食。牢房里的骨干得知此事，经过酝酿，一致同意以绝食的行动支援他们。她们向监狱当局提出的要求是：一、改善伙食，每周吃一次肉；二、允许亲友向监狱内送书，送食品；三、牛兰夫妇无罪释放。接着就进行绝食。开始狱方不加理睬，还把几个判无期徒刑的拉出去打了一顿，然后由典狱长钮传琦对其余的人进行挑拨，阴谋分化。但是大家团结得很好，没有一个动摇的。坚持到第7天，监狱当局慌了，被迫答应了大家提出的条件。这次斗争取得了胜利，先期开始绝食已经奄奄一息的牛兰夫妇由狱方送进医院治疗，治愈后即行释放。此后不久，又取得了第二次绝食斗争的胜利。女监里的普通犯人深受感动，对政治犯的坚强意志非常佩服，有些看守也对她们表示同情，私下里延长晚饭后洗碗的时间，方便了她们利用这段时间交谈、来往。

王根英在狱中积极参加绝食斗争，表现得坚决、勇敢，在自己的号子里起了带头作用。她自己绝食，还向普通犯人宣传绝食的原因，取得多数人的同情。在日常生活中，她也主动帮助难友，和同志们相处很好。

共产党员总是把监狱视为一种学校，利用坐牢的时间学习政治和文化。模范监狱女监的政治犯也是这样。王根英非常用功，学得不错（都是利用倒便桶和饭前饭后以及放风的时间学的）。她在狱中还学会了刺绣、挑花这门手艺。

1936年秋天，国民党当局把模范监狱的女政治犯调出，转移到南京晓庄的“首都反省院”。刚到“反省院”的时候，本来是两人住一间房，因为有个叛徒告密，说女犯人进行政治活动，结果改成“单人牢房”，每人住一间，单独关起来不许和旁的犯人接触：平时上课、吃饭、洗脸，也都是一个班集体活动，随时有人监视，不准互相谈话……

王根英被敌人关押期间，面对着敌人的酷刑和牢狱生活的折磨，始终表现出一个共产党员的英雄本色，对党忠心耿耿，坚贞不屈，和难友们一起进行了英勇的斗争。

王根英前后被关押了三年多，直到抗日战争爆发以后还未获释。

1937年8月，中共中央代表周恩来同朱德、叶剑英到南京参加了蒋介石召开的国防会议。周恩来和朱德会见留苏回国学生时，有个王根英在怡和纱厂的小姐妹说，王根英还被关在晓庄“首都反省院”里。周恩来当即说，不要紧，我会把她接出来。

自从西安事变和平解决以后，国内的政治形势发生了急剧的变化，王根英所在“反省院”的情况也已有了很大改变，国民党再也封锁不住外面的消息了。而在抗日战争爆发后，这里的看守人员对政治犯的管理也有些松动，周恩来要来探视她们，王根英等人也都事先听到信息。只是消息来得太突然，她们乍一听到，“不敢相信自己的耳朵”。

8月19日上午，周恩来和叶剑英等来到晓庄“反省院”。看过全部政治犯名单，他点着王根英和夏之栩、张琴秋的名字（其他同志，在被捕后改了姓名），对这个“反省院”的院长说：“今天我们要见见她们。”院长满口答应，马上派人把她们叫来。

王根英等乍一见到周恩来和叶剑英，都被这意外的会见惊呆了。一阵沉默过后，还是叶剑英先开口说：“怎么，不认识我们了？”她们这才如梦初醒，非常高兴地迎上去，把关在这里的其他同志的真实姓名，一一告诉了周恩来和叶剑英。

周恩来跟她们略事寒暄，向她们亲切问好后，转向站在一边的院长说：今天先把她们带走。对方立即表示同意，但是，站在一旁的特务插嘴说：张琴秋是俘虏，若要出去，须得经过顾祝同的命令。这时，夏之栩建议：熊天荆有病，可以让她顶替张琴秋先出去。院长点头同意。特务却又提出：她要走，还得有保人。周恩来幽默地对院长说：那么我和叶剑英将军担保，可以吗？院长连忙说：行！行！周先生要保还能不行！

于是，马上填了保单。周恩来又提出要和大家见面，院长立即叫关在这里的政治犯都到礼堂集合，周恩来向大家作了形势报告，讲明国共两党经过谈判，已经停止内战，再度合作，一道抗日；还说中国工农红军将改编为国民革命军第八路军，等等。他还告诉大家：不久，你们即可奔赴抗日前线。

周恩来回到住处就派车来把王根英等三人接到南京傅厚岗一号——八路军驻南京办事处。这时红军正在陕西三原地区改编为国民革命军第八路军，陈赓任第一二九师三八六旅旅长，行将率领部队开往抗日战争前线。所以，王根英出狱不久，周恩来就带她到了西安。8月26日，王根英经由西安来到了八路军总政治部。陈赓接完总政治部打来的电话，马上就到三原县云阳镇，和在敌人狱中饱受折磨的王根英团聚。这一对饱经沧桑的夫妻，久别重逢，格外高兴。8月28日，王根英跟随陈赓一起来到红军第三十一军军部。她在这里住到部队整编完毕，陈赓就任八路军第一二九师第三八六旅旅长。9月15日，王根英离开三八六旅，回到云阳。第二天，她于陈赓率部出师抗日的同时，离开了总政治部，前去向往已久的革命圣地，中共中央所在地延安。

王根英到延安后，稍事休息即进陕甘宁边区党校学习。第二年学习结业的时候，她要求到抗日前线去打日本。1938年秋，党组织调她到晋冀鲁豫边区第一二九师工作。王根英离开延安来到太行山根据地，被分配到师供给部主办的财经干部学校任政治指导员。在战争环境中，这所财经干部学校没有固定校址，经常随部队行动。学校有一女生队和一男生队，学员边行军边上课，生活十分艰苦。王根英与学员生活在一起，工作深入细致，她对学员热情关切，待人诚恳，得到部队领导和大家的赞扬。当时在这个学校学习的一位女学员，在王根英牺牲40多年以后回忆说："1938年10月到1939年2月，我与王根英同志在一起。我是一二九师供给部财经干部学校的学生，王根英是我们的指导员。她穿军装，与我们生活在一起。她对同志特别诚恳，生活非常艰苦，晚上找我们谈心，了解同志们的思想和帮助解决同志们的困难。那时我刚入党，王根英就给我讲怎样做一个共产党员，还讲真三民主义与假三民主义的区别。先让我看书，然后让我讲感想。我们都很尊敬王根英指导员。在财经干校，我们女生是一个班，还有男生班，王根英是全校的指导员。她与我们一样，在老乡家吃饭，一点都没特殊的。一次，她收到一包战利品，说是她爱人送给她作纪念的。当时，我们不知道她爱人是谁。学校是行军式的（按：指没有固定校址，经常随部队行动），边行军边上课。组织上给王根英一匹马，她经常不骑，把马让给病号、掉队的同志驮背包。日军分进合击，我们坚壁清野。有时，我们一天就得走一百几十里路。"（见杨力1980年8月的一次谈话记录）

1938年12月，一二九师刘伯承师长、邓小平政委率第三八六旅主力，越过平汉线，开进冀南地区。财经干部学校也随队东进。1939年1月，战争日益激烈，日军抽调3万多兵力，分11路对冀南进行大规模"扫荡"。我军主力会同地方武装，立即展开反"扫荡"斗争，沉重地打击了敌人狂妄的气焰。3月，冀南反"扫荡"斗争已近尾声，财经干部学校决定跟随主力部队越平汉线西进，转往太行山区。一天，学校在南宫附近，突与日军遭遇，一部分学

王根英在抗日前线

员被敌人冲散了，王根英不顾个人安危，负责收容伤病员，并把他们带到了一二九师供给部。

3月8日，王根英随师供给部驻在南宫县东南的前后王家。这时，敌军突然袭击，师供给部被敌包围。在这危急关头，王根英把分配给她骑用的马，牵到卫生队让伤员骑，招呼他们先走，自己却徒步随警卫部队一起突围。王根英冲到村外，喘了口气，伸手一摸，发现装有文件和公款的挎包没有带出来。她急切地说："不好，还有一笔公款没有带出来！"便毅然独身向村中奔去，大家想拦都没有拦得住她。王根英在驻地将挎包取出，不幸出村时，与敌军遭遇。当同志们组织了队伍，前来接应她时，发现王根英同志已倒在敌人刺刀下，壮烈地牺牲了。

这时，陈赓正率领第三八六旅越平汉线西进，当天得悉这个不幸的消息，十分悲痛。他在3月8日的日记里只写了一句话："三八，是我不可忘记的一天，也是我最惨痛的一天。"

党组织和同志们对王根英烈士的牺牲无不表示极大的哀痛，对于她长期在白区出生入死和敌人所作的艰苦卓绝的斗争，特别是她全力协助陈赓在中央特科斗争中作出的贡献表示崇高的敬意。1946年1月，党组织找到王根英流落上海受尽磨难的遗孤知非，将他辗转送到晋冀鲁豫解放区。陈赓同他见面时向他讲的第一句话就是："党的七大悼念革命先烈的时候挂了你妈妈的相片！"

二十二、穷凶极恶的捕杀（下）

秘密绑架丁玲

1933年5月14日，在上海担任中国左翼作家联盟中国共产党党团书记、主编《北斗》杂志的女作家丁玲，在她居于昆山花园路七号五楼第二号的家中，被国民党中统特务秘密绑架。同时被绑架的还有前去看望她的哲学家潘梓年（潘梓年〈1893—1972〉，江苏宜兴人。1923年在北京大学哲学系毕业后到保定中学任教。1927年加入中国共产党，任中共宜兴县委宣传委员。同年9月后，在上海北新书局主编《北新》《洪荒》等进步刊物。30年代初历任中国左翼社会科学家联盟负责人，中国左翼文化总同盟书记，中共江苏省委机关报《真话报》总编辑。1933年5月14日，他到昆山花园路7号丁玲家中联系工作时，与丁玲一起被叛徒顾顺章手下的特务秘密绑架，1937年6月出狱。抗战爆发后，在武汉、重庆筹办中共机关报刊《新华日报》和《群众周刊》，任《新华日报》社长，撰写了大量政论、时评。1947年2月《新华日报》被追停刊，率领报社人员撤回延安。此后，历任中共中央城市工作部研究室主任、中原省人民政府教育部长、中原大学校长、中南区行政委员会教育部长。1955年任中国科学院哲学社会科学部副主任兼哲学研究所所长，主编《哲学研究》杂志。“文化大革命”中受到迫害，被捕入狱，在狱中去世。一生著译甚丰。主要著作有《文学概论》《逻辑与逻辑学》《辩证法是哲学的核心》等。报刊文字收入《潘梓年文集》等）。当他们被绑架上汽车的时候，来访丁玲的作家应修人（应修人〈1900—1933〉，原名应麟德，字修士，笔名丁一、丁休人，浙江慈溪人。小学毕业后到上海钱庄做职员。五四运动时受革命新思潮的影响，发起组织“救国十人团”，发动捐款支援学生运动。1920年在中国棉业银行任职，次年5月创办“上海通信图书馆”，负责编辑出版《上海通讯图书馆月报》，向青年介绍进步书刊。他于五四时期开始新诗创作。1922年同潘漠华、冯雪峰、汪静之合出诗集《湖畔》，次年与人合出诗《春的歌集》，内容多为表现对封建礼教的反抗，主编《支那二月》。1925年入团，任团支部书记，不久即转为中国共产党党员。1926年底，党派他到广州黄埔军校工作。1927年广州反革命政变，他被转移到武汉国民政府劳工部工作。武汉“七一五”反革命政变后，被派到苏联中山大学学习。1930年8月回国，在党中央军委、组织部工作。1932年调任中共江苏省委秘书宣传部长。应修人还是个有名的作家，1930年参加中国左翼作家联盟，曾担任《前哨》的出版发行工作，写过不少革命诗文。1933年，上海英美烟厂工人举行罢工，为声援罢工斗争，应修人亲笔写了“援助英美烟厂罢工工友”的传单稿。5月14日，他带着密写的工作日程小条子和亲笔写的传单稿，到昆山路昆山花园7号丁玲家中联系工作时，正当叛徒顾顺章手下的特务秘密绑架丁玲、潘梓年后，仍留特务埋伏其中，他在同敌人搏斗中坠楼牺牲）和另外一位同志，与来绑架的特务在丁玲屋里发生了一次手搏的恶斗。结果应修人在同特务搏斗中坠楼牺牲，另一位同志侥幸地逃脱了，向组织报告了丁玲、潘梓年被捕的信息。

这次卑鄙的绑架，是顾顺章指挥他在“特工人员训练班”的得意门生吕克勤（真名史济美，另一化名马绍武）带人干的。——一个月后，6月15日晚，这个吕克勤被中央特科“打狗队”老邝（即“大广东”邝惠安）带领两个队员，在浙江路小花园总弄打死。16日上海《大美晚报》报道，国民党上海市公安局长文鸿恩说：“吕（克勤）之得任公安局特务组督导员，乃系中央当局（指南京国民党中央党部）所委派。”该报又说：“中央方面据报后，以此案情节重大，即于昨晚派民训会顾顺章来沪调查一切，顾君业于今晨抵沪，曾于上午9时许往谒公安局长文鸿恩，旋复往谒吴（开先）市长。”6月19日天津《大公报》消息也说：“马（绍武）充任上海公安局督察处特务组督导员，系中央当局委派。”

丁玲是在公共租界里被国民党特务绑架的。特务先用汽车押送到黄浦江边十六铺南头一个小旅馆里关了一夜，第二天早晨就把她押上火车解送南京，“送到一个完全中国旧式的比较高级的旅馆”，“第二天又换到另一个旅馆”。其后又被转移到一个中统特务住宅内继续囚禁起来。

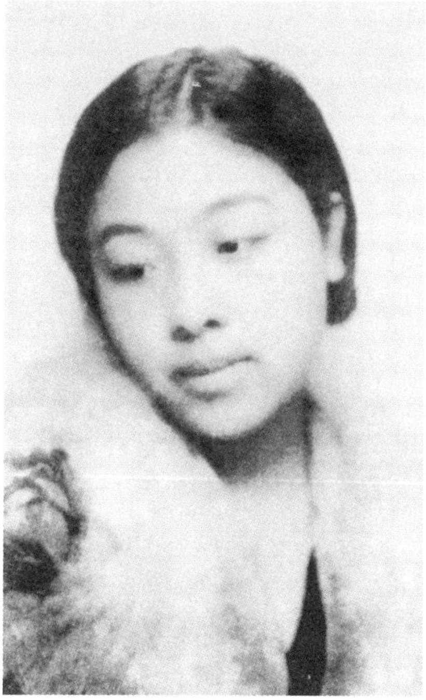
20世纪30年代初的丁玲

当时丁玲已是知名的左翼作家。新华社介绍她早期的生平时候说：“丁玲同志原名蒋冰之，1904年10月12日生于湖南省临澧县。在具有民主主义思想的母亲熏陶下，很早便萌生了强烈的反封建意识，她在桃源、长沙等地中学读书时，接受了五四运动的影响。1922年，到上海入陈独秀、李达创办的平民女校；1923年，进我党创办的上海大学中文系学习。1927年底开始发表小说，《莎菲女士的日记》等作品大胆揭露旧中国黑暗现实，表现五四运动后觉醒的知识青年的痛苦与追求，引起了强烈的社会反响。在革命文学运动中，丁玲是鲁迅旗帜下的一位具有重大影响的左翼作家。1930年5月，她参加了中国左翼作家联盟。1931年初，她的伴侣和战友、著名左翼作家、共产党员胡也频被国民党反动派杀害，在严酷的白色恐怖面前，她勇敢出任‘左联’机关刊物《北斗》的主编；1932年3月，加入中国共产党。同年下半年，担任‘左联’党团书记。她广泛团结知名作家，培养青年作者，为反击国民党文化‘围剿’、发展革命文艺做了大量工作。这时期她创作的《韦护》《水》《母亲》等作品，显示了左翼革命文学的创作实绩，得到鲁迅、瞿秋白、茅盾等的肯定。”（新华社：《丁玲同志生平》，《人民日报》1986年3月16日）

丁玲和潘梓年被绑架的消息传出，立即引起社会各界人士特别是文艺界的关注、救援和对国民党反动政府的抗议、声讨，也引起国际舆论的关注。国内外著名人士宋庆龄、蔡元培、鲁迅、杨杏佛、柳亚子及巴比塞、瓦扬•古久里、罗曼•罗兰等曾发起抗议和营救活动。中国左翼作家联盟首先发表《为丁潘被捕、反对国民党白色恐怖宣言》，继有文化界丁潘营救会发表《为营救丁潘宣言》，文化界邹韬奋、叶圣陶、郁达夫等38人联名发出给国民党政府行政院长汪精卫和司法部长罗文干的电报表示强烈抗议，要求迅速释放丁玲和潘梓年。中国民权保障同盟更是不遗余力地为营救丁潘奔走呼号，它的美籍会员艾格尼丝•史沫特莱、哈罗德•伊沙克也积极参与营救活动。

这时，中国民权保障同盟总干事杨铨（杏佛）虽然受到多次威胁，但他不屈不惧，毅然坚持了对共产党员丁玲、潘梓年的营救活动。上海市公安局矢口否认捕人，但是，杨杏佛这时已掌握了重要的证据。他一方面据理谴责公安局，到租界工部局进行交涉；一方面给国民党政府打电报，强烈要求释放“在著作界素负声望”的丁玲和潘梓年。不幸，在丁、潘被绑架后的一个月零四天，杨铨竟遭国民党特务残暴地暗杀。

对于丁玲和潘梓年被绑架的事，国民党上海公安局做贼心虚，一直矢口否认，讳莫如深，各报消息互相矛盾，社会上流传各种谣诼。还有人造谣说丁玲已遭杀害，而且越传越玄。如同一家杂志所刊文章说的：当时“许多人，说她已经不在人间。丁玲之死，在某一个时期，仿佛成了社会公认的事实，也成为大众最关心的一个事件。”（少青：《最近的丁玲女士》，《中国社会》第三卷第1期，1936年）

鲁迅一向高度评价丁玲的坚定立场和写作才华。他在1933年5月22日接受朝鲜记者申彦俊采访时，记者问：“在中国现代文坛上，您认为谁是无产阶级代表作家？”鲁迅答道：“丁玲女士才是唯一的无产阶级作家。”（李政文：《鲁迅约见朝鲜友人的一封信》，《新文学史料》1983年第3期）因此，对于国民党特务绑架丁玲的罪行，鲁迅异常愤慨。鲁迅是不轻信谣言的，但他知道，蒋介石一伙法西斯匪徒心狠手辣，人莫予毒，是什么伤天害理的勾当都会干得出来的。他在一封信中曾说：“丁事的抗议，是不中用的，当局哪里会分心于抗议。现在她的生死还不详。其实，在上海，失踪的人是常有的，只因为无名，所以无人提起。杨杏佛也是热心救丁的人之一，但竟遭了暗杀……”（1933年6月26日，致王志之）又在另一封信中写道：“至于丁玲，毫无消息，据我看来，是已经被害的了，而有些刊物还造许多关于她的谣言，真是畜生之

不如也。”（1933年8月1日，致科学新闻社）

6月28日，鲁迅怀着对蒋介石王朝的强烈仇恨和对丁玲的深情怀念，写了《悼丁君》诗：

如磐夜气压重楼，剪柳春风导九秋。
瑶瑟凝尘清怨绝，可怜无女耀高丘。

9月21日，鲁迅把这首诗寄给曹聚仁，在信中说：“旧诗一首，不知可登《涛声》否？（诗即《悼丁君》，载同年9月30日《涛声》二卷38期）”（1933年9月21日，致曹聚仁）

丁玲被押解到南京后，第二天转移到户部街新都大旅社里囚禁。在这个旅馆里，被捕后叛变了的原中共江苏省委宣传部长汪盛荻曾连续来向丁玲劝降，都被她骂出去了。以后张冲又来劝降，也被她顶走了。其后，又将她转押到一个中统特务居住的民宅里住下来。中统特务头子、国民党中央党部调查科长徐恩曾又多次来劝降。徐恩曾、张道藩以及叛徒顾顺章等，先后曾对她威胁、利诱、欺骗，企图利用她的名望为其做事，但她坚决拒绝给敌人做事、写文章和抛头露面。

徐恩曾在6月底第一次来的时候，看守只对丁玲说：“徐科长来看你来了。”徐科长是何许人，她并不晓得。只见他扮作“笑面虎”，故意装蒜，当面撒谎说：“我们把你弄到南京来，实在是一个‘误会’。”本来他是因为丁玲是共产党员才叫顾顺章把她秘密绑架到这里来的。丁玲被押解到南京后，徐恩曾派到新都大旅社第一个劝降的叛徒汪盛荻就对丁玲说：“你是一个共产党员，是赖不掉的！”此刻，这个“笑面虎”却故意对丁玲说：“你又不是共产党员！”其后徐恩曾绕着弯说了一大篇，才绕到劝降的正题上。丁玲说：“他接着说：‘你又不知道别的党员的住处，也不会帮助我们抓人，你对我们毫无用处。你也明白，我们并不是特别去抓你的，我们只是想去破坏共产党的机关，偶然碰着你的。只是，既然来了，却很难放。我们不怕有人说我们野蛮、残暴、绑票，等等，什么蔡元培、宋庆龄，什么民权保障同盟，什么作家们，我们也都不在乎。我们只怕引起外国人的抗议。我们是在租界上抓你的。你住的地方是租界，这事已经引起租界捕房的抗议，说我们侵犯了他们的治外法权。我们不愿引起更多的麻烦，只得咬定不承认。现在的事态就是这样。’他一口气说了这样多，停住了，眼睛看着我，在观察我。我懂得了，这是比过去来过的所有人都要厉害得多的一个人，可能是我一生中还从未遇到过的对手，是一只‘笑面虎’，是真正的敌人。我只死死地想着：既然我什么都不在乎，死都不怕，‘笑面虎’又能怎样呢？‘笑面虎’又微微带笑地说：‘不放你是怕记者问你，你是怎么来南京的，那就让外国人抓到把柄了。假如你答应不见记者，到另外一个地方去，躲开他们，自由自在地生活，就方便多了。’停了停，又说：‘彭学沛可以资助你出洋，他愿意送你6万元钱，供你出国……’他又停顿下来，看着我。我不会为之所动，我清楚地答复他：‘我不能拿彭学沛的钱，我们并非朋友，我们没有丝毫关系。你说什么出国，这是我从来也没有想到的，现在我也不愿出国。这就不必再谈了。’”（《魍魉世界》，《丁玲文集》第八卷，湖南文艺出版社1991年版，第36—37页）

其后徐恩曾又来劝降多次，国民党中央党部宣传部长张道藩也来劝降三次，三次都碰了钉子。前两次来都建议丁玲写剧本，她都拒绝了；以后又说他自己已把剧本写好了，请丁玲“看看”“提提意见”“或者就请我（丁玲）动笔替他修改一下”。丁玲说：“自己不懂戏，也无意于此。他才索然无趣地走了。”他们一再死皮赖脸地跑来劝说，无非是想要她自首叛党，妄图利用她的名声为其做事。徐恩曾以后在自己的回忆录里说：“她有出色的写作天才，我很希望她今后成为本党的有力文化工作者。”这种一厢情愿的幻想最后终于破灭。

徐恩曾和张道藩等人劝降全部无效，两个月后顾顺章又出现在囚禁丁玲的房间。他本来是秘密绑架丁玲、潘梓年的罪魁祸首，却来扮演猫哭老鼠的丑态，竟扯谎说“我的处境同你们也有相似之处”——没有自由。丁玲一眼看破他的奸计，深刻地描画了这个叛徒阴险、无耻、伪善的嘴脸。丁玲记述说，1933年秋天她患病“躲在帐子里睡了一个星期”以后：

到了九月上旬。记不清是哪一天，大约就在我起床不久的时候，看守忽然拿进几样礼物，什么水果点心之类的，说：“这是后边王先生送给你们的。等一会儿他要来看你们。”王先生？记得刚来这里时就曾有一位王先生要见我，后来却又不提了。那时我也没在意，以为反正是随便编的一句鬼话，管他什么王先生、张先生！现在，果然有一位王先生。他先送了礼物，然后再来看我，这位王先生到底是何许人呢？他要来干什么呢？

一会儿，看守领进来一个人。这人五短身材、身板结实、动作伶俐，两个圆圆眼睛，很有点神采。他没有架子，非常随便，好像常来常往的熟人那样说道："许久以来都想来看看你们，直到今天才有空。啊！真住了不短时间了。我想你们一定觉得太闷。"他看见我不知如何回话的样子，便自我介绍道："我现在的处境同你差不多，表面上我能去街上走走，实际也是不自由的。今天我来看你，别无他意，只是想来为你们解解闷，你放心好了。"这王先生是一个什么人物呢？他来这里正在扮演一个什么样的角色？这是我在廿多年生活中从未遇到过的人物，我警惕地望着他。他看见我不说话，便也未多说，随便地告辞走了，他令人感到以后他还会再来的。这王先生到底是什么人呢？

后来还是看守告诉我们，我怎能不为之大吃一惊呢？原来他就是顾顺章，一个颇有点名气的共产党的大叛徒、国民党的大特务！关于他的事，我过去听到过一些，新闻纸上也为他大吹过，他是一个复杂的人，不是我这么单纯的人所能理解的人。但我心里清清楚楚，他是一个大坏蛋，而且自然也明白了，这群看守、这群杀人不眨眼的刽子手都是他的党羽、部下，他现在的出现显示了国民党对我决不会善罢甘休。

顾顺章果然接着又来了，他对我的冷淡，好像毫无感觉似的，好像他只是来这里找一个老朋友聊天，讲他过去开古玩店做生意的事，讲他带魔术团四处跑码头表演的事。开古玩店的确是一个比较容易隐蔽的行业，谁会料到那些来买卖字画陶罐的人竟是共产党员呢？玩魔术也是一样。玩魔术、变戏法在旧社会，一般都认为是走江湖混饭吃的，哪里会联想到革命和共产党呢？顾顺章又来过，每次来都摆出同我们是老邻居，像串门的样子，在我面前玩魔术，拿几个乒乓球玩，一个变两个、变三个、变四个、变五个……又拿几块红绿绸子，红变绿、绿变红、有变无、无变有。也玩香烟，点燃的香烟可以吞下去，也可以再吐出来。他常来，不管你理不理他，不管你的态度多么冷淡，他好像不懂这些，不在乎这些；来了就讲一点社会新闻，他对社会人情讲得头头是道。他讲生意，讲买卖，显得精明；他玩魔术，手法干净。他也讲他的历史，掩饰自己，说他并没有出卖共产党。说党对他发生了一场无可挽回的误会。他装出一种不怨天、不尤人的样子。他还讲他的将来，说将来要退出政治舞台，到农村去，兴办农场、讲求实业，可以由小到大。我只暗示他，我是不相信他的。我看得出来，他也在观察我。有一天，他在外边厅里催眠一个看守，我不懂催眠术，但那个看守的确被催眠过去了，他完全依从他，听他的命令，做他平日所不能做的，一个普通人所不能做的事。随后这个看守有整整三天疲倦得不能动弹，一点也不知道他被催眠过去后所讲过的话和所做过的事。这种情景是令人心惊的。但我对顾顺章说："你不能把我催眠过去。因为我不相信你。我对你的一套方法，你所施展的那些能耐，我压根不听！"他只得说："如果你是这样，我是没有办法的。催眠一个人首先得他相信我，听我的。"我过去听说过，有的时候，国民党特务抓去我们的同志，除一般刑具外，也用电刑，有时还使用催眠术来取得口供。但我自忖，我虽然冒着危险为党工作，可并不知道党内什么重要的机密。万一经不起催眠术，我失去知觉，不能自制，顶多说自己是一个共产党员，是"左联"的党团书记。这些，国民党不是早就知道，而且还有意开脱过我说"你又不是共产党员嘛"。我说是，不过是一死；我说不是，也仍是一死。因此我泰然处之。过了几天，顾顺章来闲聊时说："国民党杀你，没有好处，不合算。现在外国人为了你在同国民党打官司。国民党也不敢放你，怕新闻记者找你，你本身就是一个证据，你是在租界上被他们抓来的。实际他们在租界上也不只抓过你一个人，抓的人多着呢。外国人认为侵犯了他们的治外法权，早有意见。而你的事被闹出去了，外国也知道了，外国一些作家名人打电报来反对国民党抓你，要释放你。你有名气，事情闹出去了，外国人脸上也不好看，所以要和国民党算账，他们有一阵子价钱要讲咧……"

我不必追问，这些话我已经听到过了。自然，他说的"国民党杀我是不合算的"这句话还是打动了我，国民党抓我、杀我、关我，都得不到他们希望得到的东西，我想是的。但是，难道国民党只杀于他合算的人吗？胡也频有什么必要杀的？"左联"五烈士有什么必要杀的？蒋介石早就说过："宁可错杀一千，不能放走一个。"反正落在人家手里，是不会有安全感的。顾顺章说这些话的时候，不是同我谈判，也不是征求我的意见，只像不经意的闲谈，淡淡地提了一下，便又放过去了。

过了几天，顾顺章又提到这一点，还加了几句：“老关在这里是毫无办法的。我的处境同你们也有相似之处。我想，只要有一丝自由，我就能活动，就能远走高飞，我为什么要困在这里？”他好像真在说他自己。

我心里明白，像他这样的叛徒、特务，在国民党那里，的确是永远得不到自由的。他说想办农场，等等，无非是骗人或者只是骗骗自己的鬼话。但是，我同他完全不同。我是可以无愧地回到党里去的。只要我有一点自由，我真的就可以远走高飞。如果我长期被密封在这不生不死、不明不白的匪窝里，的确是毫无希望的。我琢磨着如何才能改变一下关禁我的形式。我要求把我关进正式监狱，我以为去坐牢我就可以争取公开，可以和狱内的同志们和外面的党取得联系。但他们置若罔闻，毫不理睬。看来这一条是无法办到的了。那么，我可不可以设法使他们对我有一个比较放松一点的监禁？只要争取到一丝缝隙，能从这缝隙里透过一缕新鲜空气，一线明媚的阳光，只要有一点点，就可能生出一点胚芽。发了霉的生物都能长芽，那么我能不能找到机会让我的生命生发出一点点幼芽呢？一切都需要有胚芽，有了芽就能生长，有了芽才能有希望成长。我现在被关在密封的罐子里，没有一丝空气，也就没有一点生机。于是我整天琢磨，我幻想我母亲到了上海，我幻想“他们”在同国民党打官司，而且一定在公开抗议，如为被捕被禁的牛兰夫妇，为廖承志、罗登贤等同志那样的呼吁援救呢。他们会不会为我请一名律师，争取我保释放呢？这些事过去在别的同志身上都曾有过的。我有时很兴奋，但有时又很颓唐。我明白这都是幻想，因为我不是关在监狱。国民党一直不敢公开承认逮捕了我，他们怕引起纠纷，怕得罪外国人，他们会死不认账；那么他们不会放我，也不会把我转送监狱。难道我就真的只能枉死在这间阴冷的厅子里吗？我辗转思索，这时脖子上的两条紫痕虽然已经平复，可是我心中的伤痕，每天都要烙得我心疼。（丁玲：《魍魉世界》，《丁玲文集》第八卷，第48—53页）

从1933年5月到1936年9月，丁玲一直被囚禁在南京。不论是“笑面虎”徐恩曾或是大叛徒顾顺章的威胁和利诱，都被她顶回去，她一心一意要寻找党，时时刻刻都想逃出南京的魔窟。她已知道党中央经过长征到达陕北，遥远的陕北成了她日夜向往的圣地。她的心愿终于经过中国人民的朋友、中国民权保障同盟会员、美国进步作家艾格尼丝·史沫特莱传达给党组织。“1936

年4月鲁迅告诉冯雪峰，听史沫特莱说，丁玲曾想找党的关系。史沫特莱也向冯雪峰说了。9月冯雪峰通过张天翼，与丁玲取得联系，在冯的安排下，她由南京逃到上海，然后派人送她到西安，转赴陕北。”（中共中央组织部《关于为丁玲同志恢复名誉的通知》，1984年7月14日）丁玲于11月间如愿以偿地到达陕北保安，回归党的怀抱的时候，中共中央宣传部在一座大窑洞里开会欢迎她，中央领导同志毛泽东、张闻天、周恩来等都出席了会议。丁玲后来回忆说：“这是我有生以来，也是一生中最幸福、最光荣的时刻吧。”这是党给以丁玲的特殊荣誉，也表现了党对丁玲的重视和信任。会后，毛泽东问她打算做什么，丁玲回答说：我要当红军。丁玲在保安只住了12天，就以红军战士的身份，跟着政治部主任杨尚昆到了前方。丁玲随着部队日夜行军，到庆阳后便跟随红一方面军一军团行动。在庆阳，丁玲收到了毛泽东用电报发来赠她的词《临江仙·给丁玲同志》（1937年初丁玲回延安时，毛泽东又亲笔录写了全文送给她）：

壁上红旗飘落照，西风漫卷孤城。保安人物一时新。洞中开宴会，招待出牢人。纤笔一枝谁与似？三千毛瑟精兵。阵图开向陇山东。昨日文小姐，今日武将军。

遗憾的是，其后发生了严重的波折，使丁玲长期受到不公正的待遇。“文化大革命”中更横遭诬陷迫害，并被关押五年之久。最后经过党组织的调查，终于澄清了问题，予以彻底平反。中共中央组织部认为：“丁玲同志在被捕期间，敌人曾对她进行威胁、利诱、欺骗，企图利用她的名望为其做事，但她拒绝给敌人做事、写文章和抛头露面，没有做危害党组织和同志安全的事，而且后来辗转京沪，想方设法终于找到党组织，并在组织的帮助下逃离南京，到达陕北。”因此，中共中央组织部特于1984年7月14日通知全党：

丁玲同志是我党的一位老同志，在半个多世纪以来的革命斗争中和文艺工作中，做了许多有益的工作，创作了许多优秀的文艺作品，在国内外有重大影响，对党对人民是有贡献的。1957年以后，她在二十多年的长时间里，虽身处逆境，但一直表现好。1979年恢复工作以后，她拥护党的十一届三中全会制定的路线、方针、政策，不顾年高体弱，仍积极写作，维护毛泽东文艺思想，教育青年作家，几次出国活动，都有良好影响。事实说明，丁玲同志是一个对党对革命忠实的共产党员。现决定为丁玲同志彻底恢复名誉；因丁玲同志被错定、错划而受株连的亲友和同志亦应一律纠正，推倒一切不实之词，消除影响。

参与暗杀杨杏佛

1933年6月18日，国民党中央研究院总干事，中国民权保障同盟执行委员兼总干事杨铨，在上海法租界亚尔培路331号中央研究院出品国际交换处门前被杀一案，顾顺章也参与了。

杨铨，字杏佛，又名宏甫，1893年出生于江西省玉山县。他是中国国民党左派，一贯支持中国共产党的亲密朋友。他在早年考进上海中国公学，当时那里是革命党人的活动场所。他参加了同盟会，并去武昌亲历了辛亥武昌起义。孙中山在南京成立临时总统府后，曾任总统府秘书处收发组长。后经孙中山批准由稽勋局派往美国留学，曾就读于康奈尔大学和哈佛大学。回国后曾任南京高等师范学校（后改称东南大学）工科主任教授。1924年国共两党合作，他在东南大学与恽代英等许多共产党员交往。这时孙中山已在广州成立革命政府，杨铨前去当孙中山的秘书，1924年11月孙中山为召开国民会议到北京，杨铨随行。孙中山逝世后，他任孙中山先生奠事筹备处总干事。1925年5月5日，中共上海党组织决定在上海大学召开马克思诞辰107周年纪念会，他和共产党员恽代英、任弼时一道参加了大会。杨铨在会上作报告，介绍马克思主义阶级斗争学说。五卅惨案发生后，6月10日他在上海创办《民族日报》，逐日撰写社论，抨击英帝国主义的罪行并揭露一些军阀政客和社会名流的媚外投降行为。因此为帝国

鲁迅（右）和杨铨（中）1933年在上海合影

主义和反动军阀所嫉恨，只出版了16天，即被勒令停刊。1925年10月，他又与共产党员恽代英、侯绍英发起组织中国济难会。蒋介石发动四一二反革命政变后，中国济难会转入地下，继续坚持工作。直到30年代，杨铨一直与之保持关系，利用各种途径营救和接济被捕的共产党员和进步青年。1926年，他任国民党上海市党部宣传部部长。广东国民革命军出师北伐，杨铨在上海主持策应北伐军的工作，设立秘密电台逐日将军事情报电告北伐军前方指挥部。后被军阀孙传芳部侦悉，勾结法租界的捕房将杨铨逮捕，并拟引渡华界处决。后经宋庆龄委托律师向法捕房疏通，获准释放。杨铨立即租用法国驻军电台，继续通报。1927年3月，中国共产党领导上海工人举行第三次武装起义时，杨铨对共产党的武装起义计划深表赞同，并努力沟通国共两党的意见，帮助上海工人武装起义的进行。武装起义胜利后，选举产生了上海市临时政府，杨铨被选为常务委员兼土地局局长。“四一二”蒋介石血洗上海，这个新生的革命政权被扼杀。他对国民党右派的罪行深表不满，此后继续与中共党组织所派的余泽鸿联系。

1927年10月，蔡元培任大学院院长，杨铨应邀任大学院教育行政处主任，后改任该院副院长。1928年6月，中央研究院在上海成立时，杨铨应院长蔡元培聘请任总干事。杨铨具有西方民主意识和现代科学知识，又有很强的工作能力，成为蔡元培创建中央研究院最得力的助手。同时，杨铨与蔡元培、宋庆龄、何香凝等支持各方反蒋活动。1931年7月，他根据赴江西考察所闻，撰写《中国共产党现状》，由上海《字林西报》发表，客观介绍中国共产党及红军的情况，引起蒋介石的嫉恨。九一八事变后，他在许多场合提出停止内战，坚决抗日的主张。

1932年12月，宋庆龄、蔡元培、鲁迅与杨铨等人在上海组织中国民权同盟（简称“同盟”），成立7人组成的临时中央执行委员会，宋庆龄任主席，蔡元培任副主席，杨铨任总干事。这是为反对蒋介石的法西斯统治，争取人民民主自由权利而建立的一个政治团体。它在发表的宣言中说：“本同盟之目的，（一）为国内政治犯之释放与非法的拘禁、酷刑及杀戮之废除而奋斗。本同盟愿首先致力于大多数无名与不为社会注意之狱囚；（二）予国内政治犯以法律及其他之援助，并调查监狱状况，刊布关于国内压迫民权之事实，以唤起社会之公意；（三）协助为结社集会自由、言论、集会和结社自由的斗争。”

这个“同盟”一成立，宋庆龄就向新闻界揭露国民党特务反共反人民的罪行，“无数同胞被非法逮捕与监禁”“中世纪的残余——秘密军事法庭的存在”。她说：“本同盟首先关切的是援助那些拥塞在监狱中的大量无名无告的政治犯。”“同盟”要为政治犯们组织法律的保障，要尽可能给他们法律上的援助，使他们的案件能够提出来公审。我们必须要求立即废除用任何方式限制公民权利的一切法律和条例，像《危害民国紧急治罪法》之类。另一项工作是必须摧毁审问政治犯的秘密法庭，在那种地方不仅是最起码的公道，而且连人的基本权利也一齐遭到玩弄与蹂躏。更必须与外国帝国主义者在租界施行的秘密拷打和秘密“罗织成罪”的办法作斗争……

早在“同盟”成立之前，杨铨和宋庆龄、蔡元培等就曾营救泛太平洋产业同盟上海办事处秘书、共产国际驻中国的工作人员牛兰夫妇。同盟成立后更为保障人民的民主自由权利、营救政治犯、反对国民党的非法拘禁和杀戮，进行大量的工作。1932年12月，北平的进步教授许德珩、侯外庐、马哲民及其他爱国师生20多人被捕，宋庆龄、蔡元培闻讯即打电报给蒋介石提出抗议，要求立即释放。后在舆论压力和宋庆龄等人的营救下，终于相继获释。1933年4月，恐怖气氛更趋严重，宋、蔡、杨仍与沈钧儒、吴凯声律师等到南京探望被关押的政治犯陈赓、罗登贤等人，并约见国民党行政院长汪精卫，除要求释放一切政治犯、废止《危害民国紧急治罪法》等特别法外，还提出立即停止内战和国共合作一致抗日的建议。宋庆龄等人还营救过1932年被捕的陈独秀，1933年被捕的丁玲、潘梓年。正如邓小平在宋庆龄追悼大会上致悼词中所说：“30年代，她在上海从事革命活动，和伟大的共产主义者鲁迅建立了深厚的革命友谊，并和鲁迅、蔡元培、杨杏佛等组织‘中国民权保障同盟’，同国民党反动派进行针锋相对的斗争，保护和营救了大批中国共产党党员和反蒋爱国民主人士，为革命事业作出了独特的重大贡献。”

作为这个同盟发起人和执行委员的鲁迅，也积极参与同盟的活动。宋庆龄曾著文谈到有关情况说：“鲁迅和杨杏佛曾于1911年同在南京临时政府担任职务，但直到1927年同时加入中国济难会以后，两人才有机会相识。1932年夏杨任中央研究院秘书时，请鲁迅先生加入中国民权保障同盟，当年秋季鲁迅、蔡元培和我都被选为该同盟执行委员。当时白色恐怖很厉害。鲁迅住在上海虹口区，处境困难，因为那里有很多国民党反动派的特务和警察监视他。中国民权保障同盟每次开会时，鲁迅和蔡元培二位都按时到会。鲁迅、蔡元培和我们一起热烈讨论如何反对白色恐怖，以及如何营救被关押的政治犯和被捕的革命学生们，并为他们提供法律的辩护及其他援助。”（宋庆龄：《追忆鲁迅先生》，《鲁迅回忆集》第一集，上海人民出版社1978年版，第1页）

中国民权保障同盟营救政治犯的活动原已使蒋介石十分恼火，1933年3月，在中国共产党推动下，宋庆龄、杨铨等人和上海文化界部分爱国进步人士联合工人团体，又组织起来一个范围更加广泛、目的更为明确的革命团体国民御侮自救会，“同盟”上海分会以团体委员资格参加了自救会。3月8日，杨铨代表同盟在这个自救会的成立大会上发表演说指出：国民御侮自救会的目标是团结民众一致御侮自救，争取中国独立统一及领土完整，加强对抗日作战之义军的援助。此后不久，上海租界当局就搜查了自救会总部，并逮捕该会在浦东的讲演员。事后，杨铨即发表谈话，揭露租界当局与中国反动势力沆瀣一气，镇压人民抗日爱国运动的罪行。还说“自救会的中心任务是购买枪支武装民众。这当然触痛了蒋介石的敏感神经，为他绝对不容，于是一面搜捕取缔；一面决定斩草除根”（杨小佛：《杨杏佛事略》，《人物》1982年第1期）。

1933年3月，蒋介石亲自下令杀害杨铨。这项罪恶行动先曾交付徐恩曾中统特务办理，徐恩曾交给当了行动队长的叛徒顾顺章执行。据说中统为此先后派了二十来个特务到上海。当时刚从顾顺章为中统办的特务训练班第2期结业的特务林成荫，曾被顾顺章指派跟随叛徒蔡飞（绰号“老白脸”）一起去上海参与此事。林成荫在新中国成立以后曾这样说：“1933年3月初的一天，顾顺章突然把我叫去，对我说：‘你还年轻，虽然受训了3个月，但还没有实践经验，所以这次派你跟蔡飞去上海，完成暗杀杨杏佛的任务，一切听从蔡飞指挥。完不成任务，就不要回来见我。’突然听到顾顺章叫我去杀人，真把我吓呆了，不敢拒绝，更不敢反抗，只有恐惧占据了我整个灵魂，我默然地走出顾顺章的房间，那一整天弄得我茶饭不思，夜不能寐。第二天只得硬着头皮跟蔡飞去上海。至于杨杏佛何许人，我一无所知，后来才知道他是‘中国民权保障同盟’执行委员兼总干事……蔡飞是上海人，又一直跟顾顺章在上海干特工工作，所以上海对他来说是非常熟悉的。我们下了火车后，蔡飞把我安顿在法租界霞飞路（即现在的金陵东路）霞飞坊74号一间楼下客堂间，然后就走了。我开始整日待在屋里，很少外出。蔡飞则整天在外活动，很少到这里来宿……”他们在上海折腾了一阵子，暗杀杨铨的事没有办成，来上海的中统特务全都回到南京。“这样中统谋刺杨杏佛的事就此作罢。不过杨杏佛最终还是被军统杀害了。”（林成荫：《中统走卒》，《中统特工秘录》，第70—71页）另有顾顺章的保镖林金生也曾讲到顾顺章插手此案：“暗杀中国民权保障同盟总干事杨杏佛，中统早有预谋。顾顺章曾授命蔡飞带特务去执行。他们在上海亚尔培路杨的住宅附近找了一间房子，天天窥视杨的动静，待机下手，但始终未成，结果杨杏佛遭到戴笠派去的特务的杀害。”（《顾顺章被杀真相》，《中统特工秘录》，第65页）其时丁玲被顾顺章秘密绑架押解到南京，一个看守她的中统小特务曾偷偷拿出一张杨杏佛的照片给她看，“说国民党要杀他。他们调查科派了20个人去上海，他也去了，但没有成功。全都叫了回来，每人扣发一个月的饷。现在是复兴社（按即军统）的人又去了。”（丁玲：《魍魉世界》，《丁玲文集》第八卷，第27页）

其时担任军统特务上海特科法租界情报组长、参与暗杀杨铨一案的沈醉（化名陈沦）说：“戴笠奉命杀杨是在1933年四五月间……负责执行暗杀的是华东区行动组组长赵理君，化名赵立俊、陶士能，四川人，黄埔军校5期毕业，在上海负责军统行动工作多年，抗战期间曾任军统局局本部行动处行动科科长。赵本人住在法租界霞飞路中段巷内德丰俄国大菜馆楼上。行动组副组长王克全及几个行动员则住在法租界迈尔西爱路一幢三层楼房内，组部也设在那里。参加这次行动的凶手6人，事前都举行了宣誓，要做到‘不成功即成仁’，如不幸被捕，应即自杀，而不能泄露出去，否则将遭到严厉制裁。”沈醉又说：“特务们先侦察了杨的每日行动，了解到杨本人即住在中央研究院楼上；杨嗜好骑马，在大西路养了两匹骏马，每天早上有空便去到大西路、中山路一带 骑马驰骋一两小时。特务们认为在这个时候对杨进行狙击机会最多也最有把握。正进行准备时，蒋介石却不同意在这个地区动手，因为把杨暗杀在租界以外的地区，既达不到威吓宋（指宋庆龄）的目的，又增加反动政府本身的麻烦，怕引起各方面指责非破案不可，便坚持一定要在法租界宋的寓所附近执行，这样既可显示特务力量又可以不负责任破案。戴笠只好改变计划，决定在中央研究院附近进行布置，准备趁杨外出散步或去宋寓所途中执行。”1933年6月18日早上8点15分，杨铨在中央研究院门前被杀身死。沈醉说：“这是戴笠所领导的特务在上海租界内所干出的第一次血腥罪行，多年以后，一直为军统特务们所最爱津津乐道的‘杰出之作’。”（沈醉：《杨杏佛、史量才被暗杀的经过》，《文史资料选辑》第37辑，中华书局1963年9月版）

这桩暗杀案震动全国，上海舆论一片哗然。第二天，各报都在显著位置刊登有关消息。《申报》作了长篇报道，记述特务行凶的情景说：杨铨于昨晨8时15分率其长子杨小佛乘车出游。“父子二人登车，甫坐定，车夫祥度踏动马达启行。车头甫出中央研究院大门，马路旁突有短衣暴汉4名冲出，各出盒子炮，围集车身两旁射击，弹如雨下。车夫祥度胸部首中两枪，而其身体殊强健，虽负伤，立即开车门飞奔出外，另跃上其他汽车载赴海格路红十字会医院求治。在此危急之一刹那，杨氏爱子情切，全身俯伏小佛身上，以资庇护。是时两暴徒分在汽车左右，继续向杨射击，3枪均中要害，倒于车厢，旋即殒命。小佛因杨之庇护，仅右腿中一弹，受轻伤，亦幸运矣。凶手见目的已达，遂四散逸去。”其时“枪声砰砰，附近邻居，咸闻警出现，目睹凶手从容逃逸，无人敢前往施救。有中央研究院对面362号汽车公司职员俄人培克，即从楼上奔下，于流弹横飞之际，舍身上前，至杨所乘之汽车门旁，向内一看，见杨已倒身于车厢血泊中，其子则在杨身下。时培克当询杨氏究属何事出此，但杨以受伤过重，只闻其喘吼有声，不能回答，其势已极为危殆。培克遂不顾一切，将车厢门关上，代驾汽车送至金神父路广慈医院……既抵广慈医院，该院波基士及吴骏两医士，检查杨氏当已气绝身死，当即洗扎一番，送入该院太平间。杨公子小佛，受伤在右大腿，仅子弹擦过，伤势不重。当即经罗忠医士急施诊治，送入病房。据吴骏医士语记者，杨共中3弹，一弹由左肋打进，自右肋部对穿而出；一弹打入左腰；一弹打入胸部心尖上，杨氏致死，惟在此弹……”（《申报》1933年6月19日）

国民党政府暗杀杨铨的暴行，激起中国民权保障同盟所有成员和广大进步人士的愤怒。鲁迅和杨铨同是这个同盟的发起人和执行委员，也早被国民党特务列入黑名单，同是他们追杀的对象。面对人人自危的恐怖气氛，他冒着极大风险，和宋庆龄、蔡元培等一起，亲身前去参加了6月20日在万国殡仪馆所举行的亡友杨铨的入殓仪式。冯雪峰在《回忆鲁迅》中曾忆及："当杨杏佛先生入殓的那天，国民党法西斯又传布了威胁的风声，说就要在这一天暗杀中国民权保障同盟中其他的人，特别是蔡元培先生和鲁迅先生等。但鲁迅先生毫不犹豫地去送殓了。"许广平说："……鲁迅一定要去送殓，很多人劝他不要去，恐怕有危险，但是鲁迅坚决要去，并且把钥匙都交给我，表示如果遇害，他就不回来了。"从殡仪馆归来以后，鲁迅怀着无比愤慨和深沉的哀痛，写下发自肺腑、悲切感人的《悼杨铨》诗：

岂有豪情似旧时，花开花落两由之。
何期泪洒江南雨，又为斯民哭健儿。

鲁迅当时不仅是已被国民党特务列入黑名单，而且国民党特务已经着手要暗杀他。半个世纪以后，当年奉令实施这项罪恶勾当的国民党军统著名的暗杀高手沈醉，曾将这个"从没有透露的秘密"告诉了周海婴。周海婴在其所著《鲁迅与我七十年》一书中，记述了1992年沈醉同他的一次谈话："他说，在一九三几年，他接到上级命令，让他组成一个监视小组打算暗杀我父亲。结果在对面楼里着人监视了多日，他也去过几回，只见到我父亲经常在桌上写字，你还很小，在房间里玩耍，看不到有什么特别的举动。由于父亲的声望，才没有下手，撤退了。他说，否则我会对不住你，将铸成不可挽回的悲剧。"（南海出版公司2001年版，第5页）由此更可了解鲁迅先生当时处境的险恶和他大义凛然的高尚品格。

宋庆龄是中国民权保障同盟的主席，这年5月间，她和副主席蔡元培、总干事杨铨都连续收到许多最后通牒式的恐吓信：如果他们不解散民权保障同盟、不停止"干预"南京反动政府的乱捕滥杀，就会被置于死地。他们置之一笑，这个同盟照常工作。爱泼斯坦在其所著《宋庆龄——二十世纪的伟大女性》一书中说：蒋介石一伙决定对未被他的恫吓吓倒的杨铨实行暗杀，"借此不仅可以摧毁民权保障同盟，并且警告宋庆龄，她将成为下一个目标。为了加强这一警告，还给她寄去了‘经典性’象征物——一颗子弹。”（人民出版社1992年版，第306—307页）当年参加这次暗杀事件的军统特务沈醉也说，杨铨是蒋介石亲自下令杀害的。“蒋介石当时决定杀杨，最主要的原因是要以此威吓宋庆龄先生。自1933年初，宋所发起的人权保障同盟成立，杨杏佛担任了同盟的执行委员兼秘书长，他们即为蒋所厌恶。因对宋直接下毒手顾忌尚多，乃决定杀掉一个‘适当’的人来对宋进行恐怖的威吓。加上杨于1933年春天又到华北等地进行过一次活动，不但到处鼓吹人权保障同盟的神圣任务，针对蒋介石种种蔑视人权、无法无天的做法进行坚决斗争，并极力主张停止内战、一致团结抗日。这与蒋介石的政策完全相反，便造成了他致死的主因。”（《杨杏佛、史量才被暗杀的经过》）

面对蒋介石的无耻恫吓，宋庆龄的回答是发表严正声明，给以有力回击：

这批人和他们所雇用的凶手以为单靠暴力、绑架、酷刑和暗杀就可以把争取自由的最微弱的斗争扼杀。这就是他们统治人民的武器，也正说明了他们整个政权的面目。中国民权保障同盟就代表这样一个争取自由的运动，杨铨也就是因为他在这个组织中的活动而被残酷地杀害了。

但是，我们非但没有被压倒，杨铨为同情自由所付出的代价反而使我们更坚决地斗争下去，再接再厉，直到我们达到我们应达到的目的。杀害杨铨的刽子手们要明白，政治罪行必然会给他们带来应得的惩罚。（《为杨铨被害而发表的声明》，《宋庆龄选集》，人民出版社1966年版，第79页）

许多年后，沈醉追述了当年军统特务杀害杨铨的详情，不单暴露了国民党特务丧失人性的残暴，也揭示了特务内部相互间尔虞我诈、自相残害的黑幕：“特务们本来准备在17日早上动手，因为凶犯们刚一到达中研院附近即碰上法巡捕房一辆巡逻警车，以后又有一队换班的巡捕经过，因此凶犯们不敢动手即分别溜回。18日早上6点多钟又由赵理君带着凶手李阿大、过得诚、施芸之等前往。赵自己坐在汽车上，汽车则停在亚尔培路向马斯南路转角处。李阿大、过得诚等4人分散在中研院附近，两头各有一人巡风掩护。8时左右，便看到杨杏佛带着儿子小佛走到院中准备登车，特务们便走近门前。杨等上车后一会儿又走了下来，特务们还以为杨已发觉，正想冲进去的时候，杨领着儿子又登上另一辆汽车。当汽车徐徐驶出亚尔培路32号大门时，4支手枪同时朝着车内射击。杨先生一闻枪声，立刻知道是要杀害他。因早在一个多月前便接到过几封恐吓信和特务寄给他的子弹，一再警告过他，他不但置之不理，还比过去活动得更积极，但没有预料到特务们真正敢对他下此毒手。在这生死关头，杨自知难以幸免，但因爱子心切，立刻把身子袒护着小佛。所以特务们连发十多枪只将杨和司机打死，小佛仅腿部中了一弹而幸免于难。凶犯们见目的已达成，便向停在附近的汽车上狂奔抢着上车。赵理君一听到枪响，早已指使司机将车开动。这时过得诚因慌乱中跑错了方向，等折转来再去追汽车时，已离得很远，他一面跑一面喊着'等一等我'。赵一看他还差好几丈，而这时附近警笛狂鸣，便顾不得再停车等候；还怕他被捕后泄露消息，立刻从车上向他发射一枪，仓皇中未能击中他的要害，便加足马力开车飞奔。这个凶手刚完成任务，没想到反而挨了自己人一枪。他还是想挣扎着逃命，但四面围追过来的巡捕已快接近他时，自知无法再逃，只好举枪自杀。一弹从胸侧穿过，他虽痛极倒地，却仍没有死去，结果被巡捕捉到，立刻与杨氏父子一同送往金神父路广慈医院进行抢救。杨先生抵医院不久即以重伤不及救治逝世。

"过得诚经急救之后，到下午即能说话。经巡捕房派人向他追问，曾说出他叫高德臣（参加军统后的化名），是山东人，因来沪投亲等，但还不敢说出真实情况。当时戴笠听到杨被刺身死的消息感到非常高兴，但一听到过得诚已被捕并说出了自己的化名，又非常气愤，马上通知在法租界巡捕房任华探长的军统特务范广珍，叫他带上一包毒药，以捕房关系去接近过。当晚，这个凶犯便也弄成了'重伤不治'而死去。第二天报纸刊出杨遇害经过时，都只提凶犯高德臣的名字，并说高在刺杨时，因凶手4人相对射击，被同伙打中一枪才被捕去云云。20日晚上，戴笠便很得意地回转南京，向蒋介石复命讨赏。戴对于过得诚之死，除了假仁假义地表示悲痛外，还对他的家属给以抚恤，过得诚的儿子也一直由军统负责养育。到抗日战争期间，戴笠还想以过得诚这种'任务完成后，无法逃走，自杀成仁的精神'来教育特务学生，曾多次在对重庆等特务训练班学生们作'精神讲话'时，一再赞扬他；以后在重庆修建中美所范围内的马路时，又把一条路命名'过得诚路'。"（《杨杏佛、史量才被暗杀的经过》）

二十三、隐蔽、撤退、转移

中央特委会调整和特科改组

顾顺章被捕叛变事件后，在周恩来沉着机智的指挥和周密细致的部署下，在极端危急的情况下，妥善地保卫了中共中央的安全，扑灭了一次后果极其严重的大破坏。中共中央及时调中央委员陈云负责中央特科工作，在周恩来的帮助下，中央特科迅速紧急处理了由顾顺章叛变带来的一系列问题，以及随后处理向忠发叛变革命的问题，因而使党在危局中得以完整保存下来，而且能在处境极为困难的条件下迅速稳定下来继续工作。但是，顾顺章在中央特科这个要害部门主持工作长达4年，了解党的许多机密，熟悉党的组织情况。由于他的叛变引起的收缩，还是给党带来不可估量的损失。特别是3年多来党在隐蔽战线冲破种种困难，在京沪地区惨淡经营出来的局面，骤然遭到极其严重的破坏，在敌人内部逐渐建立起来的力量大部遭到破坏，许多好不容易打入敌人内部的同志，不单无法继续存在，而且在上海也难以存身。

1931年5月，周恩来报请中共中央批准，对中央特别委员会及时进行了调整。同时有步骤地部署不宜继续工作的中央特科主要干部，加快隐蔽、撤退和转移。重新组建的中央特别委员会，由周恩来、陈云、康生、潘汉年、邝惠安为委员。原有的中央特科进行了改组，将第四科交由中共中央秘书处领导。陈云（化名李介生，党内均称“先生”）任中央特科负责人（也称“新新公司”书记）兼第一科长，康生副之，兼任第三科科长，潘汉年任第二科科长。为了保卫党中央的安全，必须重建已被敌人破坏的反间谍情报工作。在陈云亲自筹划下，集中一切力量，千方百计利用社会关系，终于在国民党淞沪警备司令部，法、英巡捕房等机构重新建起反间谍情报关系。同时决定陈赓、陈养山转移至天津工作（陈赓最后转到鄂豫皖苏区），“龙潭三杰”李克农、钱壮飞、胡底撤往中央苏区工作，李强派往莫斯科留学，刘鼎在特科继续工作一段时间后也撤离上海。周恩来也及时隐蔽起来，在妥善安置其他同志后也离开上海进入中央苏区。这年9月，中共中央特别委员会再次调整，委员为陈云、康生、潘汉年、陈寿昌、杨森。

1931年6月10日，周恩来主持召开了中共中央政治局会议，通过了由他起草的《中央审查特委工作总结》。总结说：特委工作虽有许多成绩，给予党以不少保护作用，但终因顾顺章一个人的叛变，遂使全部工作发生动摇，这不能不说是特委工作的错误的结果，尤其是特委本身政治教育的缺乏，成为特委基础不能巩固的历史病源。周恩来还在总结中作了自我批评，表示：直接指导这项工作的伍豪同志要负错误的主要责任。并对今后特委的组织、工作方针、纪律等都规定了原则。

顾顺章叛变及其造成的严重危害，对党是一次重大教训。过了许多年，新中国成立后不久，周恩来还在一次会上说，这是一次重大教训。他说：“顾顺章的叛变，不是偶然的，当时的立三路线和四中全会都加深了他的动摇，而我们没有预先警惕。”他还指出：“致命的打击是可以避免的，这就要加强教育，内部谨严，内外分清，避免横的关系。”周恩来1950年5月这次讲话，进一步总结了这次事件的教训。

当时在中共中央妇委工作的杜宁（杨之华），于1938年11月28日在莫斯科所写的《叛徒顾顺章叛变的经过和教训》一文中，详细记述了此案发生的经过，并且提出从中应该吸取的教训。文章讲道，必须加强党组织对党员思想上、政治问题上以及生活上的监督检查，选拔干部必须注重政治质量，并须加强对干部的政治思想教育，堵塞保密工作上的漏洞。从思想政治上看，“顾顺章担任的工作很重要，然而他平日不看文件，不发表任何政治意见，而同志们并没有来注意这一问题。虽然他是一个老党员，虽然他在过去执行党的决定很勇敢，但他所以勇敢的内容是什么？我们就没有加以研究。他没有了解主义和政策，他的一切工作是没有革命意识的内容。上海一般的流氓无产阶级，好勇是实在的，但是他正因为没有革命意识的内容，不能为保护自己的整个无产阶级利益而斗争到底，甚至做了阶级的叛徒，顾顺章便是上海流氓无产阶级的典型。”在生活上，“顾顺章生活的腐化（吸食鸦片甚至玩妓女）、打老婆等等的行动没有加以研究和注意，以致他借口特务工作的关系一日加一日地堕落……从他的生活上可以知道，他的叛变不是偶然的。”从选拔干部的原则来看，“顾顺章是工头出身，是有极浓厚的流氓性的。对于这样的人，我们相信他必须有限度的。自然我们可以利用他的长处，但是必须警防他的短处，不能给他占据党的最重要的领导工作。”文章强调：“对于工人干部的教育工作，非常重要。特别对于有流氓性的工人干部。可以说过去对于顾顺章的教育工作，做得甚少，甚至可以说没有做。他入党直到出走，没有改变他丝毫的习惯。如果我们对于他抓紧政治教育，我不相信经过长期的党的生活之后不能改变他的性格。这个教训对于党有极大的意义。如果我们好好教育他，不但有可能去改变他，而经过他可以改变在他周围的工人群众，因为在上海像他一类的工人成分——流氓无产阶级成分占有相当的地位。”（杜宁：《叛徒顾顺章叛变的经过和教训》，《党的文献》1991年第3期）

《陈云年谱》记载：从1931年5月至1932年3月陈云调离中央特科期间，“中央特科主要进行了以下工作：（一）处理由于向忠发被捕叛变而进行的中央机关的再次转移。（二）调整内部组织，撤销了负责中央与各革命根据地通讯联络的第四科，将电台工作移交中央秘书处，其余3个科进行了精简缩编。陈云兼任负责总务的第一科科长，潘汉年兼任负责警报、情报工作的第二科科长，康生兼任打击叛徒、奸细的第三科（又称“红队”）科长。（三）安排因顾顺章叛变而暴露面目的特科人员撤离上海，如李克农、钱壮飞、胡底等去中央苏区，陈赓、陈养山去天津，李强去莫斯科。（四）利用各种社会关系，恢复中央特科因顾顺章叛变而停顿下来的一些工作，特别是警报工作，发展了一批新的情报关系，在法捕房、英捕房、国民党上海市党部、上海警备司令部等处都建立了内线联系人。如陈云派一位商务印书馆的同事打入英巡捕房政治部，派同乡沈寿亚打入国民党上海市党部组织部，派章秋阳打入金融界，派徐强打入国民党军队等。（五）继续惩处叛徒，如镇压了专门破坏共产党组织的上海警备司令部督察长王斌、处决了叛变的原中央特科人员王世德等。

（六）解决顾顺章叛变后的其他遗留问题。”（《陈云年谱》上卷，中央文献出版社2000年版，第117—118页）这个阶段虽仅一年时间，但各项工作很快恢复，成效很显著。

中央特科何时结束？当时继续留在中央特科第二科工作的陈养山曾经著文说：“中央特科至1935年9月初即撤销。因为9月以后作为一个组织已不存在，负责干部也大都调离，党的组织均遭破坏，保卫组织的任务已无能为力，甚至连自身也保卫不住……至1936年4月，党中央派冯雪峰同志来上海，才把上海各方面的同志都联系上，由中央统一管起来。但没有听说冯雪峰同志接管了特科，更没有听说重建特科。根据当时的形势，特科这种组织形式已无存在之必要，它已完成了它的历史使命。因此，撤销特科是符合形势和中央精神的。”（陈养山：《关于结束中央特科的一些情况》，《纪念陈养山文集》，第124页）

陈赓、陈养山转移天津

陈赓和陈养山都是从1928年初情报科成立开始，就到中央特科工作。顾顺章在被捕叛变以前，和陈赓的工作关系最密切。他和陈赓认识较早，1926年曾同去苏联学过情报、保卫工作，从1928年初到1931年间又同在中央特科工作。陈赓的事情顾顺章也知道得最多，不仅工作上的来往全都晓得，就连陈赓的亲戚朋友顾顺章也几乎全部认识（以后陈赓的夫人在上海被捕，就是顾顺章派人到她娘家将她抓走的）。因此顾顺章叛变以后，周恩来叫陈赓马上隐蔽起来，以免遭到暗算。陈赓迅速隐蔽在一位朋友家里。陈养山在中央特科时也多次与顾顺章见面，也属应当撤离的干部。当时他以上海《申报》记者的身份为掩护，住在浙江路、海宁路口一个弄堂里。中共中央为顾顺章叛变发出警报时，党组织即派人通知，要他立即离家。陈养山到一个在上海美术专科学校读书的同乡住处躲藏起来。

约莫过了个把星期，陈赓为了不连累朋友，请组织上通知陈养山去找房子，说陈赓准备同他暂住在一起。所找的房子的条件要好一点，最好像写字间房子，扮似商人模样，还要前后门都能朝外走，不易被人注意的地方，宁可多花些钱。陈养山按照组织的要求，四处打听，发现在原跑马厅（现人民广场）旁边，南京路上华安保险公司后面一座三层小楼，都是写字间，那里都是做生意的，挂了不少公司的牌子，人们不大注意，比较安静。而且前后都通，便于应付事变。于是他就在三层小楼内选定了前后都有通道的一个写字间租下，随即将陈赓接来。

在顾顺章叛变后不久，中共中央重新组成了中央特科的领导班子，由陈云、康生、潘汉年直接负责。潘汉年担任情报科长，上任后立即和陈赓办理交接手续。他们约定交接工作在刘鼎的家里进行。刘鼎是原中央特科二科副科长。因为他还没有暴露，就没有跟陈赓、李克农等人一起撤离上海。他和爱人吴先清继续留下坚持工作，住在法租界临近郊区的一所单幢房子里。这里颇为僻静，是党的一处秘密机关，由刘鼎夫妇主持。陈赓和潘汉年按约定时间到达后，便和刘鼎一起，3个人正式开会，办理工作交接事项。先是由陈赓将他原来管理的二科系统保留下来的情报关系一一移交给潘汉年，这些关系中的大部分都是刘鼎所熟悉的；接着就研究决定，少数以上海为活动中心的人，以后划归潘汉年直接领导，其余的仍由刘鼎联系，对潘汉年负责。

在陈赓向潘汉年移交的情报关系中，有两个比较特殊的人物。一个是杨度，另一个叫焦鼎铠。杨度的情况前文已有记述，焦鼎铠原是红帮头子杨广山的徒弟。他自己在当时法租界的饭馆、茶楼、浴室等社会底层又收了一大帮徒弟，颇有些势力，公开的社会职业是律师帮办。

陈赓和陈养山搬进新居以后，他们白天蹲在房里，夜晚出来活动，倒也安全。只是陈赓在上海认识的人特别多，情报科联系的许多特情关系他都亲自来往过，周恩来怕他出事，正逢当时平津地区党的组织连续遭敌破坏，急需派人前去处理，便决定派他和陈养山到天津去。

1930—1931年间，平津地区党组织接连遭到严重破坏。特别自王明“左”倾错误在党中央开始统治后，更使平津地区的党组织遭到灾难性的破坏。1931年1月党的六届四中全会后，2月在天津开会传达。4月初旬，中共顺直省委遭到破坏，省委书记徐兰芝被捕叛变后，接着省委、省军委、省共青团都遭到大破坏。省委陈原道、安子文、周仲英、刘亚雄以及有关人员几十人被捕，关押在天津地方法院听候判决。顺直省委在天津遭受破坏后，迁至北平。

6月，新成立的顺直省委在北平再次遭到大规模的破坏。省委书记殷鉴、省委秘书长郭亚先、省军委书记廖划平、省互济会书记赖德等许多负责干部被敌逮捕。殷鉴被捕后表现非常坚决，面对敌人的严刑拷打，坚不吐实。但郭亚先、廖划平、赖德被捕后很快叛变。

针对这些情况，党中央派陈赓和陈养山去天津，给以三项任务：一、营救被捕的同志，了解他们被关在什么地方，有何办法可以营救；二、研究在天津能不能建立特科性质的工作，以保卫党组织的安全；三、清查叛徒的情况，了解哪些叛徒对党威胁严重，必须加以镇压。

领受任务后，陈赓一行即于6月16日乘坐开往塘沽的一艘英国货轮离开了上海。和陈赓、陈养山同去的有陈赓的夫人王根英与儿子知非，还有“红队”的邵扶民（又名张麻子、蔡麻子）。他们乘坐的这艘货轮乘客很少，船上只有统舱，男女混杂地挤在一个通铺上。他们经过四天四夜的颠簸，于6月20日，农历端午节这天到达塘沽。第二天一早，他们改乘火车到天津后，邵扶民带领他们到法租界世界旅馆住下了。邵扶民是个瘦高个，在上海一所医科学校毕业，曾开过小医院。那时，我们的人受伤了，就到他那里医治。以后他参加中央特科第三科的工作，是个有名的神枪手。这次他被派往东北工作，因他对天津很熟悉，正好顺路送他们到天津。他把陈赓一行安顿好就去了沈阳。这次沿途在船上的生活，以后陈养山回忆说：“我们乘的是一条英国货船，住的是一个大通铺。船的速度很慢，要坐四天才能到天津。记得在船上还发生了一件事，船上有一个茶房给旅客端水端饭，邵扶民同志发现这个茶房有麻风病，立即向船方提出不能让这个人干这个工作，以防传染。陈赓、我还同邵扶民开玩笑，说是多亏带来个医生，否则会得传染病的。船到了塘沽，码头上冷冷清清，我们下船看了一下，只见一片荒凉，什么东西也没有，很贫穷，想下馆子吃顿饭都找不到地方。我们又上了船，第二天上午八九点钟到了天津。邵扶民同志把我们带到四面钟世界旅馆。邵和旅馆老板很熟，他向老板介绍说，我和陈鹿是到天津来做买卖的。在旅馆里，陈赓同志一家住一间房，我住一间，邵扶民大概没有住，买了火车票就去东北了。”

离开上海的时候，陈赓身着灰色的丝绸长衫、绸裤、布鞋，完全是一副商人模样。陈养山也是商人装扮。他们对旅馆老板说，此来要在天津开设商店；旅馆老板见他们二人那副打扮和神情，认定了陈赓是老板、陈养山是伙计（账房先生），接待得既热情又周到。

他俩早出晚归，奔走一段时间，发现天津党组织遭受的破坏异常严重，白色恐怖笼罩全城，费了九牛二虎之力方才找到党的关系，初步了解到被捕人员的下落。这时，陈赓委托天津党组织派人去北平联络，可是不幸得很，派去的人一到那里就被捕了。

时间过得快，转眼他们已在世界旅馆住了个把月，担心久住惹人生疑，便从这家旅馆搬出来。随后，陈赓和王根英母子住进在英租界新租的一家民房，陈养山独自到日租界住进一家公寓（不久又在一家烧饼铺的楼上，找到一间很小的民房，搬了进去）。

在陈赓到天津前，胡鄂公（化名吴南湖）、杨献珍已经由党中央派来天津，并已开始了营救顺直省委被捕同志的工作。一天，陈赓把杨献珍带到陈养山的住处，介绍他们认识。当时杨献珍用的是化名“杨仲仁”，陈养山化名“老王”。陈赓还和胡鄂公见了几次面，大都是在天津中原公司屋顶花园。胡鄂公、杨献珍已通过刘少白（化名“刘劭襄”）和国民党有关方面打了交道，疏通了关系。杨献珍这时就搬来与陈养山同住，共同协力进行营救被捕同志的工作。不久，杨献珍在前往北平接头时突然被捕，营救工作就此停顿下来（有关情况，已在本书前文“开拓新局面”〈上〉第三节详细记述）。

这时经过胡鄂公介绍，陈赓在北平见到在中共北平市委工作的吴成方，要他在平津开展情报、保卫工作。这是陈赓这次到天津来承担的三项任务之一，陈赓又要吴成方到天津一起工作了一段时间。许多年后吴成方回忆：“1930年8月间，胡鄂公委托中共北平特别支部书记张祝唐找到我，让我谈了以往的工作情况。他们认为，我在地方上开展斗争有一些经验，并且做出了一定的成绩。于是由胡鄂公介绍，我在北平见到了陈赓同志。陈赓是由中央派到北方来开辟工作的，他当时邀我到天津去做他的助手。不久，我即到了天津，住在租界内某旅馆。陈赓同志到旅馆找到我，向我布置了任务，并谈了很长时间。他向我介绍了过去秘密工作的经验和教训。他谈到大革命时期，广州和武汉成了全国的政治中心。到了30年代初，由于日军侵华日趋深入，使平津逐渐成为政治中心。平津及华北其他各地聚集的各方面杂牌军很多，国民党南京政府派来的特务也多，为敌效劳的汉奸也多。然而，与这些反动势力进行斗争的工人、农民、青年学生、知识分子、市民以及爱国军人也多，我们的斗争方针就是针锋相对。陈赓交给我一份用毛笔写的40条工作任务，我看了40条任务，简单归纳为四个方面的工作：（一）特殊军事活动；（二）特殊政治活动（统战性质的）；（三）保卫组织；（四）情报工作。当时，王明已经取得了中央领导地位，‘左’倾路线已经在实际工作中得到了具体运用和发展。王明一伙没有认识到中国阶级关系有了明显的重大变化，而把同国民党反动统治有矛盾并在积极活动要打倒南京政府的中间派，断定为所谓‘中国革命的最危险的敌人’，主张‘打倒一切’。白区工作在这种错误路线的领导下，遭受了严重损失。我当时虽然还没有什么理论认识水平，但在实际工作中对这套方针有看法。因此便对陈赓同志说：‘现在我们有的同志来参加党组织的会议，坐人力车都要从很远地方下来。原因是怕被其他同志看见汇报后，被开除出党。我们要与敌人打交道，什么方式都可能采取。按照现在这个路线，我无法工作。’陈赓同志说：‘你只要把工作搞起来，可以根据具体情况办事，不要执行打倒一切的政策。’后来，我才知道这一重要的指导思想是周恩来同志向陈赓口授的。当时，陈赓同志并不是直截了当讲现在中央路线如何如何‘左’，只是十分策略地在具体工作方针上提出正确意见。在当时的条件下能够提出这一点，是很高明和很有深谋远虑的。这就使我们开展工作有了头绪，特别是为以后与冯玉祥打交道、共同组织抗日同盟军，提供了指导思想的基础。周恩来同志和陈赓同志在我们党和中华民族遭受危难的时候，为顾全大局，以无产阶级革命家的胸怀，采取了很明智的斗争策略，这是从革命的总利益着眼的，也是在具体行动上对王明‘左’倾路线的抵制。我当时如果在思想上不明确这个问题，工作无论如何是干不成的，当然也就谈不上参与酝酿组织抗日同盟军了。不久，陈赓同志离开天津回上海去了。天津虽属大城市，但由于特务和叛徒的活动十分猖狂，尽管有租界，我们要打开活动局面仍然十分困难。于是，我便回到北平。”（吴成方：《抗日同盟军的酝酿和成立》，《冯玉祥与抗日同盟军》，河北人民出版社1985年版，第1—2页）

陈赓和陈养山在天津继续清查叛徒，陆续发现一些情况。当时尽管环境异常险恶，但陈赓胆子大，也爱活动。有一天，陈赓找陈养山到劝业场，那里人特多，陈养山唯恐出事，陈赓说天津不会有人认识他。不料在劝业场就碰到了一个认识陈赓的大叛徒。他们正在那里游逛，迎面走过来一个面目黧黑，身段较高，穿着一件破旧布大褂的大块头。陈赓连忙朝这个人一努嘴，轻声说“这个人是叛徒”，让陈养山快跑。他们一齐跑了出来，那个叛徒马上带着几个人在后面追。陈养山说：“跑到一个地方，我和陈赓分了两路，他们也分了两路追我们。我们对天津不熟悉，只好到处乱跑。跑了两个多小时，好不容易天黑了，才甩掉了尾巴。多亏当年天津有些小街道没有路灯，否则，很可能会出事。”

他们在劝业场碰上的这个叛徒原来叫张克云（张开运），是平津有名的大叛徒。他曾去莫斯科留学，回国后就在天津叛变了，害死我们许多同志，给北方党造成了极大的破坏。陈赓第二天见到陈养山的时候，告诉他有关这个叛徒的情况。他们研究，应先设法把这个叛徒打掉。因张克云认识陈赓，他不便出面，叫陈养山把他盯住，弄清楚这个叛徒的情况和他的活动规律。陈养山有一天又在法国公园看到张克云，就开始盯住他。盯了四五天，发现这个叛徒经常在华界和法租界的几个旅馆出入，频繁地跟叛徒、特务接头，活动相当猖狂。最后查明这个叛徒住在天津华界一家小旅馆里以后，陈赓就向中央报告，建议除掉这个叛徒。

陈养山单独活动的那几天，发现天津还有一些叛徒每天黄昏就在法租界的法国公园（是个交通要道，英、日、法租界的许多电车线路经过那里）活动。有的在接头，有的在跟踪盯梢。此后，他就邀陈赓常到这里来观察叛徒的活动。因为他们人太少，不好采取行动，只能设法认清那些人，跟踪了解他们的活动情况，研究他们的活动规律，以便报告中央，调集力量加以解决。

时间不觉已到盛暑。他俩逐渐掌握了一批叛徒的情况：姓名、特征、住处、来往关系、活动规律。一天晚饭过后，两人前往天津劝业场转悠，突然碰见4个叛徒。这些日子，陈赓和陈养山几乎天天同他们这些人见面，可能已经引起对方的猜疑。那4个人紧紧盯住他们两个。陈赓见对方人多，担心会吃亏，便递给陈养山一个眼色，分头迅速离开现场。

第二天，陈赓找陈养山碰头，一起研究工作。他们感到，天津叛徒相当猖狂，敢在大街上横冲直撞，公开接头，跟踪盯梢，确实威胁党的安全。在这样一个环境里，我党的地下工作者，没有回旋余地，很不容易活动。因此，很难在这里建立特科性质的组织。他俩还对比了一下，觉得上海的叛徒从来不敢如此放肆。于是陈赓让陈养山立即去上海汇报情况，并建议中央派“打狗队”来天津镇压叛徒，打击一下叛徒的气焰。陈养山回到上海，找刘鼎谈了天津叛徒活动情况，特别提出要打掉大叛徒张克云。刘鼎让他等一下，待中央研究后告诉他。陈养山在上海住了半个多月，中央特科派了个代号“王老头”的同志，同他一起回到天津处理此事。陈养山把“王老头”带到几个地方看了环境，陈赓和他们一起研究了情况，进一步掌握了叛徒活动的集中地点及其规律，为考虑下一步镇压叛徒的具体方案提供了详细材料。“王老头”在天津取得这些材料之后，又回上海去向中央报告。（过了相当长的时间以后，陈养山曾在天津出版的《大公报》上看到了张克云这个血债累累、罪大恶极的叛徒，终于在天津一家旅馆里被杀掉了。那个旅馆就是陈养山在天津跟踪张克云时到过的地方。）

转眼到了8月下旬。天津的党组织从唐山派来个工人党员同陈赓和陈养山接上了关系。这人姓鞠，过去表现很好，有老婆、孩子，熟悉以后，就要陈赓他们住到党的秘密机关即他的家里去。他同法租界巡捕房有点关系，活动比较方便。不几天，陈养山单独搬过去和老鞠同住，他一家住在楼下，陈养山住在楼上。陈赓一两天过去一次，有时在那里商谈工作，有时一块儿出去活动。

这时正是九一八事变前夕，时局比较紧张，天津盛传日本将要进攻中国的消息。陈养山在鞠家没住多久，忽然老鞠出了问题。这天下午两三点钟，陈养山叫老鞠出去买份报纸，来回10分钟也就行了，可是直到天黑老鞠也没回来。正在焦急，陈赓来了，根据情况判断，确定出了问题，他便马上离开这里，同时叫陈养山也立刻走开。

由于走得太急，一时找不到地方住，陈养山只好再回到世界旅馆。老板看到“账房先生”来了，很亲热地招呼他住下。陈养山对这个老板说，他们的买卖搞得差不多了，准备回上海筹款。第二天，陈赓和陈养山向天津的同志一打听，老鞠果然是被捕了。他们觉得继续留在这里有危险，即决定同回上海向中央汇报、请示工作。

可是从天津去上海，路如何走？陈赓主要是考虑认识的人很多，如坐火车，路过南京碰上叛徒不好办；乘轮船呢，这里去上海的船一周只有一次，怕再住下去会出问题。最后决定，先坐晚上10点钟的火车，经过济南前去青岛，再从那里坐船回上海。本来，从旅社和陈赓的住处出发，都离天津总站最近，但因那里叛徒较多，容易出事，于是他们改到偏僻的南站上车。那天晚上，陈赓用纱布包着头部，装作受伤的样子；他的腿脚本来就受过伤，这时故意拄上拐杖，走起路来一瘸一拐，简直和瘸子没有什么区别。结果“一路顺风”，第二天中午安抵济南，下了火车在车站吃过饭，下午又坐火车到达青岛，住在一个三四层楼的旅馆里。这个旅馆看起来条件不错，实际上很不卫生，臭虫很多。从青岛到上海有两种船，一种是日本邮船，一天一夜就到了；还有货船，很慢。他们买了日本邮船的票回到上海，一起住进公共租界天津路谦泰旅馆（这是商人聚集的地方）。他们回到上海十来天，就传来九一八事变的消息。

陈赓和陈养山在谦泰旅馆住了个把星期，陈云到旅馆来同他们见面。陈赓汇报了在天津所做工作及所了解的情况，陈云让陈赓住在旅馆里不要出去，以防出危险。其时，中央对陈赓的工作另有考虑，让他把天津的工作交代给别的同志。几天后，中央决定调陈赓到鄂豫皖苏区的红军去工作。这时刘鼎来找陈养山谈话，要他留在上海，继续在中央特科做情报工作。

从1928年至1931年，陈赓在中央特科工作期间，在党和周恩来的直接领导下，出色地完成了任务。在陈赓具体参与、筹划、领导下，李克农、钱壮飞、胡底等深入敌人心脏和在敌人侦探机关内部建立反间谍关系杨登瀛等工作，是做得非常成功的，也是整个中央特科工作做得最好的两个范例。它不仅在血腥的白色恐怖下，在紧要关头，保卫了党中央的安全，抵御了敌人的迫害，而且为我党情报工作的发展，培养锻炼了领导骨干，首创了打入敌人核心的实践经验，具有深远的意义。

陈赓离开上海的时候才28岁。这个时期，年轻的陈赓怀着赤胆忠心，深入龙潭虎穴，历尽千难万险，经受了惊涛骇浪的考验，在政治上迅速成长起来。他在这个时期遵照党的指示，在不避艰险地坚决完成任务的时候，显示了一个共产党员坚定不移、机智勇敢的英雄本色。

李强到莫斯科深造

这时李强在上海的处境也极危险。他和顾顺章相处的时间也比较长，从武汉时代中央军委建立特务科时起，他们就在一起工作。根据党组织的安排，他在参与了中共中央由于顾顺章叛变而进行的紧急应变措施后，就迅速搬家转移，隐蔽起来。为了解决党的经费困难，当他在5月间送家属回常熟老家的时候，曾变卖了老家的部分财产。周恩来考虑到顾顺章同他共事较久，接触较多，很难在上海长期隐蔽下去，要他立即离开上海，到苏联东方大学学习。他把家属送到老家后，就改名曾宗达，马上动身赴苏。

此行颇多波折。先是由于南京国民政府与苏联断交，无法直接去苏，他通过在德国驻天津领事馆工作的朋友办理了去德国的护照和签证才得成行；他到莫斯科不久，因受王明毫无道理的诽谤，未能进入东方大学，也不许他回国，而被派往苏联邮电人民委员会通信科学院工作。当时的情况，李强在《我的革命历程》一文中有所记述。他说：

在中央军委派陈寿昌通知我转移的同时，周恩来经过郑重考虑决定派我到苏联去学习、工作和深造。临行前，蔡叔厚交给我一封信，让我到天津后去找他的一个亲戚，他会帮助我。我乘轮船到天津后找到了他，在他的帮助下，去德国驻天津领事馆办了签证与护照，并买到了到柏林的火车票（中途可以在莫斯科下车）。这是因为当时爆发了中东路事件，国民党政府与苏联断绝了外交关系，所以只能这样“曲折迂回”地赴苏。1931年6月，我登车北上。车到哈尔滨，又经苏联领事馆签了字。这时正好碰上大学的同学周奎，他在哈尔滨的海关工作。在他的关照下，我很快又踏上了开往莫斯科的列车。

到了莫斯科，我立即叫了一辆马车，直奔共产国际所在地。共产国际的接待人员询问了情况后，马上通知了李立三。李立三把我接到他住的旅馆里，给了我一些生活费，让我先住下，工作以后再说。我看李立三当时的情绪不高，后来才知道，他是因为“左”倾冒险主义错误受了批评，共产国际对他已不再信任，他对自己以后的工作都不清楚，自然也很难再为我作具体的安排了。

1931年11月，王明来到莫斯科，担任中共驻共产国际代表。王明在政治上以“左”反“左”，组织上搞宗派主义，对稍有不同意见的党内同志即进行残酷斗争，无情打击。王明认为我与顾顺章关系密切，是顾的死党，对我极不信任。他曾私下对人讲：“不能让张工程师（化名）上东方大学，也不能让他回国，回去以后，他是要背叛革命的。”

这样，我就被派到苏联邮电人民委员会工作。但还是住在共产国际的宿舍里，每天到邮电人民委员会通信科学研究院上班。从此，我将自己的名字改为“李强”，并且一直沿用至今。（《中共党史资料》第49辑，1994年出版）

第二年，李强被调到共产国际无线电训练班担任教员，主要讲授数学、物理和无线电基本原理。学员来自欧美许多国家，也有来自东北抗日联军各路部队的中国学员。李强基本用英语教课，不单讲授理论知识，还提倡学员自己动手加工零件。学员下课后就用李强叫人在教室里安装的小型机器和工作台，动手车铣加工无线电零件、绕线圈。因为学以致用，学员很快就掌握了基本要领。他创造的这种教学法曾得到共产国际负责人的称赞。

李强在这个训练班教了几批学员，1934年又回到了通信科学研究院。他见识了500千瓦的电台，当时就是工业先进的日本也只能生产100千瓦的电台。他决心把先进的无线电技术学到手，经过刻苦钻研写成的论文《发信菱形天线》发表后，在苏联引起了震动。鉴于李强在研究上取得的成果，苏联通信学院将他由工程师提升为研究员。由此李强成为全苏联著名的7位无线电专家之一。苏联科学界将他的研究成果称为“李强公式”。李强说：“在通信科学研究院，我下决心研究无线电理论。一次，我在一份杂志上看到一份关于美国制造的菱形天线的报道。报道中只有试验的结果，没有理论的分析。我知道，这是美国人的特点，他们往往只注重试验，而不重视理论。我是搞基础科学的，对于数学有特殊的爱好，于是就想用数学分析的方法，去研究天线理论，论证在菱形天线里，电子、电磁波是怎样集中到一起的。我整整研究了一年多，用英文将研究成果写成《发信菱形天线》一文。我把论文交给了研究院，苏联人很感兴趣，因为其他国家还没有关于发信菱形天线的理论论证文章。1935年，一位乌克兰人把我的论文译成了俄文，发表在苏联通信技术出版局出版的《天线之电气计算》汇刊上。苏联通信科学研究院鉴于我在研究工作中所取得的成就，把我从工程师提升为研究员，称我为无线电专家。我的论证方法，从此被人称为‘李强公式’。”

李强在中央特科工作时使用的名字是“曾培洪”。顾顺章未叛变前在中央特科时，曾同李强商订党内联络的化名：李强叫“张克明”，顾顺章叫“张克定”，相互佯装兄弟。顾顺章叛变后到上海破坏中共中央的阴谋计划全部失败，在上海找不到人，竟曾异想天开，在上海《申报》《新闻报》等报纸上刊登了一则寻找张克明的“启事”，问询他的家属到哪里去了，要张克明到亚美无线电公司（即苏氏无线电公司）找他。这个启事，是李强在莫斯科看到的。

转眼到了1937年7月7日，卢沟桥事变爆发。听到这个举世震惊的消息，李强归心似箭，再也无心于科学研究，急于归国参与抵抗日本帝国主义侵略的民族解放战争。他说：“国家的危亡，民族的苦难，使我们忧心如焚。在我们的一再请求下，经组织批准，我与最后一期训练班的中国学员一同回国。我们12月12日乘火车离开莫斯科，五六天后才到阿拉木图。在阿拉木图停留了几个小时，又继续赶路。到了迪化（即乌鲁木齐），我们等了一个多月，才等来苏联的一架轰炸机，我们才又乘飞机到兰州。然后再改乘汽车到西安，最后终于抵达延安。”

“龙潭三杰”去中央苏区立新功

这个时候，国民党特务重点追捕的“龙潭三杰”，更是难在上海存身。中央决定3人全都转移到中央苏区，李克农先将钱壮飞、胡底送走，最后他也离开了上海。

钱壮飞从南京到达上海后，国民党将凡是认得他的特务都派到上海来，走街串巷，到处侦查他的踪迹。因他一到上海，就经陈赓安排隐蔽起来，他在党组织的严密保护下，安然无恙。

钱壮飞离开南京的时候，女儿钱椒椒还留在那里（女婿刘杞夫将顾顺章叛变的情报送到上海后也即返回南京）。为防国民党特务加害他们，钱壮飞特地给徐恩曾留下一封信，信中警告对方，如果徐恩曾胆敢陷害他的子女，他就把徐恩曾的所有见不得人的罪恶丑事全部公布于世。刘杞夫回到南京以后，就和钱椒椒一起被捕。大概是钱壮飞留给徐恩曾的那封信起到了作用：因为当时国民党特务组织内部不同派系之间相互倾轧，矛盾尖锐，争斗激烈，徐恩曾害怕公布了他的秘密对他不利；再者，由于陈立夫和张道藩的庇护，徐恩曾任用钱壮飞在调查科做机要秘书而且因此致使顾顺章对中共中央“一网打尽”阴谋完全破产的情节，一直瞒着蒋介石，一旦泄露会对徐恩曾们更加危险，因而，徐恩曾未敢加害钱椒椒和刘杞夫，关了一段时间就将他们释放了。

钱壮飞在上海的家属，自然是徐恩曾着力缉捕的目标。有一本1997年上海出版的书上谈到徐恩曾追捕钱壮飞一事的时候说：“除了破坏共产党机关与搜捕周恩来以外，徐恩曾这次到上海还有一个重要目标，就是企图捕获钱壮飞，以绝后患。当时，钱壮飞的爱人张振华在上海医院妇产科做医生，钱壮飞的家住在上海法租界新兴路新兴顺里4号。自然，这些重要情况都被徐恩曾从顾顺章那里掌握到了。”这话就说错了：徐恩曾根本就无须“从顾顺章那里掌握”“新兴顺里4号”钱壮飞家这个地址。这位作者之所以这样写，是不了解钱壮飞和徐恩曾的“交情”有多深，不了解徐恩曾对钱壮飞信任到什么程度。本书《深入龙潭虎穴》一章已经记述：徐恩曾当初姘上朋友的妻子王素卿要在上海寻找“金屋藏娇”时，就把她藏在这个“新兴顺里4号”钱壮飞家的前楼。

这次徐恩曾带着他那个调查科倾巢出动开到上海，立刻就到“新兴顺里4号”去搜捕钱壮飞。当时险象环生的恐怖气氛，所有亲身经历过的人都毕生难忘。钱壮飞夫人张振华30年后回想起来记忆犹新。她说：

当天李部长（指李克农，新中国成立后任中共中央社会部部长）得知顾顺章叛变情报的当天就到我那里通知我说：出了事了，要我注意。那天壮飞没等火车到上海，就在嘉定（一说真如）下了车，又搭汽车到了上海。我从医院打电话给他，说有急事，不要他来。他听到后就躲起来了。

第二天早上，天还不太亮，就有人打门说：钱医生！楼下有人要会你。我听了下楼，看到三个人。我请他们进来，回手拿了一件衣服，说我出去一下，就很快下楼，到门口一看，有一辆大卡车上坐着好些戴铜帽子的人，另外还有一辆小汽车。我就跑到了小菜场，又跑到李部长家（他们正在开会），告诉了他们，他们就逃走了。后来，我们又在上海租了一个亭子间住下来。

当时还有一个人到家里找到了老太太（钱壮飞的母亲），说找钱先生。老太太说他在南京。那些人说，钱先生已回到了上海。没有别的事，只是有一笔钱，很大数目的钱，要钱先生签个字就属于他所有了。老太太确实不知道壮飞已回到上海，也未见到他，不知壮飞在哪里。那人没法，也就走了。

壮飞藏在上海兆丰公园，我们在那里见面之后，他就到中央苏区去了，自那以后再未见面。（张振华1961年8月9日谈话记录）

椒椒和她丈夫刘杞夫被捕后，被关了三四个月放出来了。椒椒现在上海博物馆工作。刘杞夫被释放出来后在一个学校教书，1949年得传染病死了。他的一个表哥为革命牺牲了，他的弟弟1956年时在共青团湖南省委任书记。（张振华1963年6月2日谈话记录）

1931年8月前后，“龙潭三杰”相继离开上海，前往中央苏区。到苏区后，李克农留在瑞金国家保卫局任执行局长，钱壮飞分配到前方部队，到中国工农红军一方面军工作，胡底随同钱壮飞也到前方工作。

1932年春，红一方面军成立保卫局，钱壮飞被任命为局长。他为建立无线电侦察作出了重大贡献。“1933年，钱壮飞调任中央革命军事委员会第二局局长。稍后，红军总司令部第二局也来到瑞金乌石垄中革军委驻地，并与军委第二局合并，他改任合并后的中革军委第二局副局长。1933年8月，第二次全国苏维埃代表大会准备委员会决定，在江西中央革命根据地首府瑞金的中华苏维埃政府所在地叶坪，建立一座红军烈士纪念塔。钱壮飞承担了这一具有历史意义的纪念工程的设计任务。他把纪念塔的造型，设计成射向敌方阵地的炮弹，象征着红军烈士们冲锋陷阵、勇往直前的革命英雄主义精神。纪念塔于1934年1月落成时，毛泽东、周恩来、朱德等中央领导人都在塔基石碑上题了词，并刻下了这一工程的指导者和设计者梁柏台、钱壮飞的姓名。红军主力长征后，此塔曾遭到国民党军队的毁坏，现已按原样修复，矗立在叶坪广场中央，成为红色首都瑞金的重要标志之一。此外，他还积极为《红色中华》报设计刊头，创作漫画。1934年8月1日，中央军委向优秀的红军指战员颁发的红星奖章，也是由他设计的。”（叶炳南：《钱壮飞》，《中共党史人物传》第三十四卷，第122—123页）

关于钱壮飞到中央苏区的情形，李一氓在回忆录里有所记述：“1932年秋天，国家保卫局要李克农到前方代替钱壮飞当局长。刚好在这个时候我到了瑞金，就要我接替李克农当执行部长，钱壮飞回到后方来就当侦察部长。我就是在这个时候认识他的。我们的工作比较协调，同时也因为没有重大的案情，比较清闲。那时决定在瑞金城外的沙坪坝建立红军烈士纪念塔，同时准备开全苏维埃区域的代表大会，要修一个大会场，就把这两个工程的设计都交给他了。这就是后来建成的炮弹形的红军烈士纪念塔和砖木结构的苏维埃大会会场。可惜1934年年底红军转移后，国民党军进入瑞金时，把这两个纪念建筑全都破坏烧毁了。我们现在所能看到的，是新中国成立以后，江西人民模仿原样重新建造起来的。我重到瑞金的时候，两处都去了，并对于这个设计人——钱壮飞，免不了寄以深切的怀念。拿纪念塔来说，它的基座是五角形的，因此有10个面，每一面都有一个当时领导人的题词，是用石板刻字镶上去的。对着塔的正面，有一条宽窄适当的红土路，路上用小的白色鹅卵石嵌成‘踏着烈士们的血迹前进’。这个设计是非常辉煌的……他不仅能搞建筑设计，还有其他的技术才能。中华苏维埃和人民委员会的各种印信，银质圆形，都是他设计和监造的。这批银印，随着长征，经过抗战，现在完整地保存在中国革命博物馆里，成了中国革命很有历史价值的文物。”（《模糊的荧屏》，第147—148页）

1934年10月红军开始长征，钱壮飞被编在军委纵队。遵义会议后他被任命为红军总政治部副秘书长（未到职）。1935年3月31日红军渡乌江后，钱壮飞在行经息烽境内时因躲敌机掉队失踪。组织上派人四处寻找，终未找到。李一氓说：“长征途中，在贵州黄平地区强渡乌江。就在渡江的时候，国民党飞机来了，有的人已渡过乌江北岸，有的人还留在南岸，等到把浮桥全部拆掉以后，查点人数，却不见了钱壮飞。是不是他还在南岸没有过江。但那时天色已晚，大部队要继续行动，很难派出人渡回乌江去找他。这个人的习惯是，飞机一来，他就离开人多的地方，跑到一个偏僻的、没有人的地方。在乌江南岸跑飞机的时候，没有人注意他跑到什么地方去了。要是他跑得远远的，因为疲劳的关系，会倒地就睡觉，等到继续渡江的时候，他或许还没有醒来，即或回头去找，也不知到什么地方去找。大家都认为这个人很灵活，自己会想办法跟上来。但是从此以后就没有他的下落了。抗战时期，重庆办事处曾派人到这个地区去找过。从当时的情况看，我们分析，他很有可能是被当地的地主武装杀害了。幸运的是，作为纪念碑的设计者的钱壮飞，现在在那个纪念碑上，还留有他的名字。”（《模糊的荧屏》，第148—149页）

李一氓的分析，最后得到证实。1985年5月2日，中共贵州省息烽县委，向中共中央党史资料征集委员会报送了一份《关于钱壮飞烈士牺牲问题的调查报告》：

据查：中央红军于1935年3月29日夜，从金沙县沙土、后山一带南渡乌江；30日晨，大部队进入息烽县流长一带。31日，中央纵队和红一、三、五军团在息烽的流长、鹿窝、九庄等地活动；当天中午，三、五军团的部队在九庄遭到四架敌机轰炸扫射，有一百多名红军指战员殉难。当时钱壮飞所在的中央纵队虽未在九庄，但在此期间因各种原因掉队而流散在流长一带的29名红军干部、战士中，现经查明，已有18人系被当地地主土顽武装杀害。其中有位自称名叫“夏树云”的“营部秘书”，在红军大部队离开流长的第二天（即1935年4月2日），来到流长乡的客户寨、宋家寨一带。据现尚健在的当时目击者们回忆，这位红军干部的脸上气色很不好，走路很吃力，好像有病；四十岁左右，瘦高个子，留“东洋头”（分头），外省口音，身上背有一个包袱，手拿布雨伞。当天晚上，他就被国民党的反共“清乡委员”、区长宋子桢及其爪牙罗少安等人（全国解放后宋、罗二人已被人民政府镇压枪决）密谋，骗说愿带路帮助追赶红军部队，在宋家寨右侧约一华里的山脊上，将他强行推下一个名叫“没良坑”的约有五六十公尺深的山洞，并用大石块砸下洞底，当即将其害死。前些年当地曾组织人员下洞去寻找过这位红军烈士的遗骨，但因事隔几十年之久，什么也未能找到。这位红军干部随身所携带的物品，均被凶手罗少安掳去。书籍、印章等当即被罗烧毁，只有一床黄绒军毯，现尚保存在遵义会议纪念馆内，编号八四五。

中共息烽县委的报告认为：“经过反复调查和综合分析上述遇害红军干部的身材、年龄、口音、行李，以及目击者回忆其相貌，可以比较有把握地断定：1935年4月2日在息烽县流长乡‘没良坑’殉难的自称夏树云的红军干部，即当时担任中革军委二局副局长、遵义会议后调任红军总政治部副秘书长（未到职）的钱壮飞同志。”（《钱壮飞》，《中共党史人物传》第三十四卷，第

123—124页）

胡底是同钱壮飞于1931年8月一起离开上海的，进入中央苏区后一直做保卫工作。

关于胡底到苏区后的情况真正准确的记述不多，有些胡编乱造地记述有关中央特科的书和文章，因为见到胡底是被张国焘杀害的记载，“听风就是雨”，就随心所欲地编造故事。有一本1996年成都出版的书，硬说“李克农、钱壮飞等，相继离开上海，转到中央红色区域，同他们一起对保卫上海党中央的安全作出重大贡献的胡底，则转移到鄂豫皖红色区域工作（以后被张国焘秘密杀害了）”。另一本1996年合肥出版的书上说：“李克农、钱壮飞转道进入江西苏区，胡底转道前往鄂豫皖苏区。”许多文章也有这样的说法。

其实，胡底是同李克农、钱壮飞先后相继都转移到中央苏区的。红军长征时他是国家保卫局的侦察部长，红一方面军和红四方面军会合后留在左路军。他对张国焘分裂党分裂红军成立第二中央不满，被张国焘以国民党特务的罪名在草地秘密杀害了。当年和胡底在中央苏区国家保卫局一起工作过并一起参加长征的李一氓，在其所著回忆录中对胡底到中央苏区后的工作以及被张国焘杀害的情形有翔实的记述：

在瑞金的时候，我当执行部长，胡底当执行部审讯科长。他写一手好毛笔字，起草的公文，文字非常流畅。他原是桐城（应为舒城）有名的富家子弟，懂艺术，他手头还有两三卷不知从什么地方搞来的山水画手卷，我那时在这上面既无知识，也无兴趣。审讯的事情并不多，两个人闲聊的机会很多，我感觉到这是个人物。

长征中，在张国焘分裂以前，他在保卫局工作，跟随朱德同志。张国焘一搞分裂，他跟中央总队脱离了关系，留在四方面军了。他对张国焘的反党行为非常不满，甚至于形之言辞，被张国焘知道了。张国焘诬陷他是“反革命”，命令红四方面军总保卫局在阿坝把他捉起来，送回查理寺看押。1936年9月中旬，张国焘宣布《大举南进政治保障计划》，红四方面军总部和所有部队都由阿坝南下，经查理寺、斯达坝，向绥靖县转移。全部集结于党坝、松岗、马塘地区，准备攻击绥靖、丹巴、懋功等地区。就在由斯达坝到松岗的半路上，总保卫局向张国焘报告说：“胡底走不动路，怎么办？”张国焘说：“你们自己看着办吧。”这样，总保卫局就派人在部队到松岗宿营之前，将胡底同志杀害，埋尸于路旁。当时的总保卫局局长是曾传六。关于这件事，1968年周恩来在一个会议上曾谈起：“在1931年顾顺章叛变，幸而有钱壮飞同志在中统徐恩曾处得讯最快，所以中央机关才得免破坏。钱壮飞、李克农、胡底他们是在一起的，因此才派往中央苏区。后来，钱壮飞在长征中躲飞机时死去，胡底在与张国焘会合时被杀了。因为张国焘在四方面军讲演，胡底在台下说张像法西斯蒂，被张国焘的卫士听到报告张，后来就给杀了。”由于他是普通党员，现在很少人提起他。但他却是一个坚定的反对张国焘路线的党员。在党内斗争中，为坚持真理牺牲在不正常的情况底下，这样的同志是非常值得尊敬的。并不是因为我同他有两年的私人友好交往，就替他说好话，实际就是如此。（《模糊的荧屏》，第144—146页）

李克农是“龙潭三杰”中最后一个离开上海，转移到中央苏区的。得知顾顺章叛变的情报，李克农即发电报将胡底从天津召回上海，又向钱壮飞的家属报警后，乘坐电车回到凤凰旅馆的住处，后面已跟了人。尽管处境十分危险，他还要送钱壮飞、胡底走，安置中央负责同志，然后才隐蔽起来。

李克农被调入中央特科不久，为了便于掩护工作，迷惑敌人，就把住在芜湖的夫人赵瑛和两个孩子接来上海。这次事起突然，中央机关面临危难，李克农一心尽力确保中央机关的安全转移，消除威胁党的隐患，未能顾得上赵瑛母子。仅在一些最急迫安置的事情处理完了，才让交通去他家里报信，让赵瑛躲避。他的衣包还摆在家里，“如有人来捉我，就说我到杭州去了。”那天早晨赵瑛还在厨房做事，房东太太关照她“出去买点菜吧！”她见门口便衣特务增多，又与李克农失掉联系，一度流落街头，夜宿菜场。两个孩子多亏房东太太照应。有一天赵瑛在北四川路小菜场遇见王少春同志，王少春见了她大惊失色，叫她不要随便乱跑。王少春将赵瑛妥为安置隐蔽了一个多月，由支部转信给中共中央再转给李克农，然后才得见面。此后李克农转移到中央苏区，赵瑛带着孩子回到芜湖，生计困难，备历艰辛，从此音讯隔绝，西安事变和平解决以后，李克农才与家人恢复联系。

1931年8月，李克农前往中央苏区时，为防途中出事，脱下西服，换上粗布长衫，装扮得“面目全非”，不易被人认出。他偕同两个同志，乘坐轮船绕道香港前往。由于行至大埔附近，被地主武装阻回，转回香港找阚大姐，经和同行者合营商号一段时间后，冬季才进入苏区。因经长途跋涉，艰苦困顿，一进苏区就病倒了。李克农坐着担架到达汀州，前来迎接他的竟是钱壮飞，曾在龙潭虎穴并肩拼搏多年的老战友，今在红色区域相逢，自然喜出望外。

到瑞金后，李克农先被分配到江西省保卫分局任执行部长。1932年，调任中国工农红军第一方面军政治保卫局局长。他以雷厉风行的作风，很快就在红一方面军所属的5个军团相继建立起政治保卫分局。其后，红军保卫局改为红军工作部，李克农遂改任红军工作部部长。这时，他同钱壮飞、胡底等经常自编自导自演话剧、活报剧、双簧，曾主演《秘书长万岁》，对红军的文化娱乐工作也起了组织与带头作用。

1934年10月红军开始长征，李克农率领红军工作部随中央军委先头部队行动，任务为调查敌情，扫除敌探。具有历史意义的遵义会议举行期间，李克农严密警卫，保卫会议的安全。到陕北后，在中共中央联络局（又称西北联络局，对外称外交部）任局长，办理对外统战工作，与东北军、西北军进行联络以及白区秘密交通工作，在西安事变前后作出了卓越贡献。抗日战争和第三次国内革命战争时期，在了解敌情、保卫自己、镇压反革命方面，他做了艰巨的工作。新中国成立后，在外交工作、保卫社会主义建设和巩固国防的斗争中，有显著成绩。

刘鼎撤离一波三折

在情报科工作的刘鼎，因为过去在工作上同顾顺章没有直接接触，当时暂未隐蔽、转移，中央特科改组后继续工作了一段时间，不幸在10月间被捕。出狱后经党组织派往中央苏区，转移途中又生波折。刘鼎以对党的赤胆忠心和坚强不屈的战斗精神，顽强地度过曲折坎坷的一生，为党的事业作出卓越的贡献。

面对顾顺章叛变对党造成的严重威胁，刘鼎在周恩来指挥下进行了紧张的战斗。他和中央特科其他同志一起，成功地掩护中央机关和负责同志转移后，在危急情况下坚持工作。钱壮飞从南京回到上海，是敌人重点追捕的对象。他向中共中央汇报工作后即由陈赓安排隐蔽起来，陈赓责成刘鼎与钱壮飞联系照顾。李克农也是徐恩曾重点追捕的对象，他发电报从天津召回胡底、安顿了钱壮飞的家属，又“一手拉王明、一手拉博古”把他们安排隐蔽好后，自己也即隐蔽起来，李克农也由刘鼎负责联系照顾。同时，刘鼎又在险象环生的恐怖气氛中参加对付顾顺章，消除隐患的一系列紧张战斗。

中央特科改组后第二科工作由潘汉年接替，刘鼎把手上联系的情报关系陆续作了交接，手上暂还留下与国民党改组派“高先生”联系的工作。自从九一八事变发生，国民党内部派系矛盾激化，改组派加紧倒蒋活动。中共中央急需探知这方面的情报，刘鼎为此继续奔波。1931年10月10日晨，刘鼎去上海外滩公园同“高先生”接头，不料早有特务埋伏在那里，刘鼎一到公园就被抓走。

“刘鼎被捕后，遭到敌人严刑拷打，但他坚决不暴露真实身份。为了把他被捕的情况及时通报，让家人和住在他家的同志立即转移，他带着特务到曾是他领导的一个通信点——水果店去，暗示店老板赶快溜走报信。特务们在水果店里翻了一阵子，什么也没得到，知道上当了，打了他两个耳光，又带回捕房。被捕后，他化名‘甘作民’，伪造了个人经历和活动，只承认自己是个一般跑通信的人。经江苏省高等法院第二分院审讯，刘鼎被引渡到淞沪警备司令部，在龙华监狱里关押了十余天，又解往南京宪兵司令部暂判两年，监押在南京陆军监狱。在受审和关押期间，刘鼎始终以坚强的意志和清醒的头脑对付敌人的软硬兼施、威胁利诱，对他知道的中央领导同志、中央特科的许多活动以及重要的外围关系，都严格保密，没让敌人得到任何可以利用的线索。叛徒顾顺章曾到监狱来劝降，刘鼎知道他对自己的工作不很了解，并抓住他急于要在新主子面前提高身价的心理，假意奉承：‘你是头儿，我干了点什么，你都清楚；你不在了，什么也干不成，我闲在家里，无事可为。’顾一听果然乐得忘乎所以，因为他一直对国民党吹嘘说，共产党离了他，情报工作就全完了，以显示自己本事大。刘鼎说的这句话正中他下怀，于是他拍着胸脯对法官说：‘他的事我都清楚，都包在我身上好了。’敌人也就不再拷问刘鼎了。

“刘鼎在南京监狱里按照秘密通信办法，和上海的中央特科组织取得了联系，并汇报了在监狱中了解到的情况。一次，中央特科负责人潘汉年派两名同志以亲属探监的名义看望他，并传达要他‘争取早点出狱’或打入南京敌特组织或回上海工作的指示。他根据这一指示欺骗敌人，力争尽快出狱。‘1932年9月，刘鼎经康泽等出面作保获释出狱。出狱后先住在中国日报社，后又搬到一家旅馆住。敌人表面上好像给了刘鼎自由，实际上暗中对他监视得很紧。一天黄昏，他从旅馆悄悄地溜出来，摆脱了盯梢，找到我党设在南京的一个交通机关，由那里的同志护送上了火车，连夜赶到上海。’他在上海找到中共组织，汇报了自己被捕后的情况，并请求派他到中央苏区去。不久，潘汉年代表组织同意他的请求，安排他转移苏区。”（吴殿尧：《刘鼎》，《中共党史人物传》第四十三卷，1990年版，第281—282页）

刘鼎这次能早“保释出狱”，他的夫人吴先清出力不小。前文所讲“潘汉年派两名同志以亲属探监的名义看望他”，并向他传达了党的指示的，就是吴先清和她嫂嫂孙儒珍。赵子劼所写《吴先清》一文中记述此事经过说：“吴先清善于观察周围环境，行事谨慎、灵活。1931年10月，刘鼎在公园被捕。当她外出回家时，立即觉察到周围情况异常，便当机立断，不进家门，得以脱险。此后，吴先清在潘汉年领导下工作，同时负责与狱中的刘鼎联络。

“吴先清的嫂嫂孙儒珍20年代毕业于北京高等师范学校，在京念书时，结识了当时在保定军校念书的一些同乡，这些人到30年代都在国民党军队内任要职。吴先清认为这些关系可以利用，于是就请嫂嫂到南京去拜访她熟悉的那些要人。嫂嫂先找到国民党首都警察厅督察处长李进德，说明来意，得到这位官员的帮助，以自己的小汽车护送探监。第二次姑嫂俩来到南京，先在中央饭店住下，再打电话给李进德。李进德怕她们有危险，把她们接到自己家里住下，然后再找国民党空军司令周至柔，要他出面疏通。因吴先清的哥哥吴全清与周是同乡，又当过周的机要文书，所以周至柔与吴先清是熟悉的，也知道她是共产党。当周一见到吴先清便哈哈大笑地说：‘绿客婆（临海方言，意即土匪婆）来了。’吴先清也坦然地说：‘是的，我来了，今天要么你们把刘鼎放出来，要么把我也一起关起来。’当然，放出刘鼎并没有那么简单，但是，这次‘探监’却非常起作用。吴先清一方面利用这些关系。巧妙地向刘鼎传达了组织的指示，使刘后来（指1932年秋）得以取保获释，回到上海。另一

方面，自己在这些关系的‘保护’下，也得以安然无恙地回到了上海。”（《中共党史人物传》第三十四卷，第98—99页）

1933年初，刘鼎化名戴良，从上海出发前往中央苏区。这时正当国民党对中央苏区的第四次“围剿”，刘鼎途经赣东北苏区时，由于通往中央苏区的交通已被敌人严密封锁，只得暂时停留下来。方志敏得知刘鼎曾在德国、苏联学过政治、军事和工业，又经历过对敌斗争的严峻考验，是位难得的人才，便打电报征得中共中央同意，留他在赣东北苏区工作。他在这里曾任闽浙赣苏区政治部组织部长，红军学校第五分校政委。后受方志敏委派为兵工厂政委，亲自动手研制并组织生产了红军第一门炮及炮弹，开创了我党早期兵工事业。1934年10月，根据中央军委命令，赣东北的红十军与中央苏区来的红七军团合组为红军第十军团，作为红军北上抗日先遣队，由方志敏等率领向皖南挺进。红军主力刚一离开，敌人即对苏区大举“清剿”。刘鼎所在的兵工厂化整为零打游击，与敌周旋。1935年五六月间，刘鼎在弋阳南山的山林里被俘。

经敌辗转押解，刘鼎被关押在江西九江俘虏营。他在敌人审讯时隐瞒了自己的身份，只说是途经苏区被红军俘虏的工程师。他常利用自己的特长，帮助敌人干点技术活儿，如修理汽车、钟表等等。敌人相信他就是个工程师，逐渐放松了对他的看管，有时还带他外出买菜、修理工具，他便利用这些机会探明周边情况，为出逃作准备。

1935年秋天一个周末，刘鼎逃到江边码头找到开往上海的轮船，把俘虏营饭堂管理员要他代买蔬菜的钱给了带私客的船员，被藏进轮船离开了九江。这时上海党组织遭到严重破坏，中共中央两年前已迁往中央苏区。刘鼎一时接不上组织关系，就去找原在中央特科工作、以后调到共产国际中国组的绍敦电机公司的“蔡老板”。蔡叔厚先安排刘鼎在一家旅店住下，并把他介绍给美国记者艾格尼丝·史沫特莱。

史沫特莱是中国人民的朋友，深切同情中国革命，并且参加了中国民权保障同盟，经常掩护、营救共产党员和革命者。她把刘鼎带到新西兰籍朋友路易·艾黎家里，化名周叔，对艾黎说：“他将住在你这里，直到他去别处。”艾黎一直把他的家作为共产党员的避难所，当时和他同住的还有英国共产党党员甘普霖，管理着共产国际在上海的一部秘密电台。刘鼎躲藏在艾黎家里将近一年，尽管环境险恶，刘鼎在艾黎的积极支持下，还继续不停地进行革命活动。艾黎在其回忆录里说：

我的住处既已用作革命干部可以居留的地方，我们不久便习惯于陌生人来来往往而不知其真名实姓。艾格尼丝带他们来时，总给每个人起个英文名字。

1935年，一天晚上，艾格尼丝来时陪同她的是一个身材不高的人，她介绍说是查尔斯。“他将住在你们这里，直到他去别处。”她说。于是，查尔斯成了我们家的一员，后来我才知道他的名字叫刘鼎。在此期间，他有时要我那个上学的儿子迈克坐我自己的福特牌汽车去运送东西。因为在《中国呼声》杂志的出版不受公开干涉之后，还秘密印发许多传单、小册子等支持统一战线政策的材料。后来，我听说警方正在寻找我那个号码的汽车，便赶紧把它卖掉。由于我还在消防处工作，我的红色公务车有时特别有用，可以把救亡者送过巡警的检查站或送到公共租界以外。他们坐在后面可以避免检查。

刘鼎住了将近一年，便去西北。他再次来上海时，带来了一个勤务员“小鬼”，即红军中年幼而不能参加战斗部队的孩子。那孩子穿着西北农民的衣服。我出去给他买了淡蓝色短袖运动衫、卡其布短裤、白袜子、皮鞋；这些都是当时上海上层阶级孩子们的便服，好让他更换。他穿上衬衫后，在场看望这两位来访者的艾格尼丝一眼看见了他前臂上刺着锤子和镰刀花纹。便抓起孩子的胳膊，一边大笑，一边激动地吻着这个徽记。我随即出门又给他买了件袖口有扣子的长袖衬衫。

一天晚上，我们与艾格尼丝一起乘摩托艇游黄浦江，故意经过傍泊在江上的外国战舰让他们看。刘鼎认真地与艾格尼丝议论了许久，后来要我给红军购买一套医疗器械及其他供应品。我们把这些东西装满了一只大皮箱。几天后，他便带着箱子同他的小勤务员回西安了。他说，以后将驻在西安。我答应夏天休假时去看望他。我计划在那里度假。

长征结束，红军在陕甘宁边区会合后，我们便开始努力购买和运送大批药品到遥远的西北共产党地区去。问题是在上海如何购买。除非订单由某个可被接受的人副签，否则药房不会交货。但是，药房会接受派往南京政府的国际联盟的卫生专家的签署。奥地利医生埃里克·兰道尔是有这一身份的专家，签过几批订单。另一位专家，南斯拉夫医生波契克，副签了由埃德加·斯诺和马海德带往延安的药品订单。为了取得他们的签字，必须乘火车从上海到南京，找到他们，然后尽快回来。下一个问题是把货运到西安交给谁。艾格尼丝·史沫特莱想了办法，并果断地采取了行动。她找到一位反法西斯战士、一位从德国逃亡的犹太难民赫伯特温奇医生。他同意为此目的在西安设立一个牙科医疗所，由他通知刘鼎去取货。刘鼎越来越成为幕后的重要人物了。（《艾黎自传》，甘肃人民出版社1987年版，第81—82页）

刘鼎在艾黎家里一直住到1936年初，其间张学良曾来上海秘密会见东北抗日义勇军将领李杜。张学良原以为中共中央还在上海，郑重委托李杜帮助寻找中共关系，以商谈西北联合抗日问题。这年3月，刘鼎与李杜见面商谈后，同意应张学良的邀请前往西安晤张。张学良旋即派人来上海迎接。3月20日，刘鼎在张学良派来迎接的赵毅陪同下到了西安。刘鼎在西安受到张学良的热情接待，他在这里的工作取得了良好的成绩，得到中共中央的赞赏。1986年7月25日，刘鼎在北京病逝。9月2日新华社向全国播发的《刘鼎同志生平》指出：

1936年3月，刘鼎同志赴西安，以他的学识和丰富的斗争经验，系统地向张学良将军介绍了中国共产党的抗日民族统一战线政策，使张学良将军对共产党和红军有了更确切的了解，加强了他与共产党全面合作抗日的信心和决心，为周恩来同志到肤施（延安）与张学良会谈作了准备。刘鼎同志参加了这次会谈，随后被任命为我党驻东北军代表。他协助张学良将军以团结抗日的爱国主义思想教育东北军，加强东北军与红军、十七路军的团结。党中央对刘鼎同志当时的工作给予了充分的肯定。毛泽东同志一再指出：“西安事变，刘鼎同志是有功的。”1961年周恩来同志亲自指派刘鼎同志为“西安事变”史领导小组组长。（《人民日报》1986年9月3日）

刘鼎谢世后，人们看到在他的卧室案头，摆着一张发黄了的剪报卡片，上面写着周恩来的话：“我们要做实实在在的事，做实事，收实效，才会对人民有利。说真话，鼓真劲，做实事，收实效。这四句话归纳起来就是：实事求是。世界上最聪明的人是最老实的人，因为只有老实人才能经得起事实和历史的考验。”刘鼎和周恩来都是这样“经得起事实和历史的考验”的老实人。

周恩来安抵红都瑞金

和周恩来住在一起的临时中央总书记向忠发，因被顾顺章出卖而于6月22日被捕后，就把周恩来和他在小沙渡路的住处供出。敌人派人前去搜捕时，周恩来和邓颖超都已撤离。可是敌人仍不死心，一直派特务在他家守候，同时四处加紧侦察追捕，周恩来只得更加严格地隐蔽起来，在敌人视线中无踪无影。他和邓颖超与邓颖超的母亲杨振德老人住到靠近苏州河的海宁路、山西路转角处一家烟纸杂货小店里，3口人挤住在一间10平方米的小阁楼上。他的住处只有党内极少几个人知道，同其他领导人互不往来。由于敌人到处搜捕，他在上海很难继续存身。不久，中央就决定他暂时停止工作，准备转移到中央苏区去。

尽管这时周恩来的处境极端险恶，但在离开上海之前，他并没有停止工作，依旧听取重要汇报，为中央草拟文件。这时发生了日本侵占东北的九一八事变。蒋介石下令“不抵抗”，国民党政府的军队不战而退，中国面临空前严重的民族危机。他虽处在严格隐蔽、准备转移的情况，仍然密切注视着形势的发展，还写过几篇有关九一八事变的文章。

自从顾顺章叛变后，周恩来陆续已将不宜再在上海工作的中央机关和中央特科的一些同志分别转移到各地，同时也对自己向中央苏区转移有所考虑。那时从国民党统治区进入中央革命根据地有一条主要交通线：从汕头出发，经大埔，越过国民党封锁线，进入福建永定的游击区，再经长汀转往赣南。三四个月前，周恩来就通知大埔交通站站长卢伟良到上海汇报工作，向他详细询问了这条交通线的沿途情况，作了准备。

12月上旬，周恩来离开上海前往中央苏区。中央派从苏联回国不久的黄平来护送他。黄平后来忆述当时离沪的情形：

周恩来同志是1931年11月离开上海的。在这之前，由于白色恐怖猖獗，党中央决定他暂时停止工作，等候转移，待准备工作做好以后前往苏区。9月间，我因工作关系访问过李富春、蔡畅、聂荣臻夫妇。他们住在今长乐路庆余里，等候去苏区。我是下午到的，看见恩来也在，除他们之外，中央交通贡慕华（？）也在。他们正在打麻将，这当然是一种掩护手段。天黑了，恩来才走，他是一清早来的，这样危险小些。等到天黑再走，也是由于同样原因。显然恩来有什么要紧话对他们讲，才冒险到来的。

同年10月底，我带了一封入苏区的介绍信到恩来同志家。他当时住海宁路与山西路转角处的一家小店（大概是烟纸杂货店，夜晚看不清楚）楼上，恩来夫妇和丈母娘3人住在一间约10平方米的小房间里，点的是一盏15度光的电灯。房内光线昏暗。当时张闻天住的是一幢二层楼的洋房，赵云（康生）住的也是一间敞亮的二楼统厢房，至于秦邦宪，凭他穿的高级西服也可以断定过的生活不会差，而劳苦功高的恩来却住在这样一间幽暗拥挤的小屋里！无非是尽量为党节省一些开支罢了！恩来一生俭朴，数十年如一日，难怪人民至今如此爱戴他，如此怀念他！

我把介绍信交给了他。信一开头是："敬启者，无别……"总理不懂"无别"是什么意思，请教邓颖超，她也看不懂。老丈母娘听了就说，这是生意人的话，意思是说：信里没有什么别的事，不过要说下面一桩事。恩来说：既然我们会发生疑问，敌人也可能产生疑问，那就不好了，还是改了好。我按照他的意思，把信拿回去改了。第二天夜晚再拿去交给他。

恩来离沪那天，我是晚上八时许到他家的。当时他穿着对襟蓝哔叽中式短上衣和一条蓝哔叽中式裤子。这是广东熟练工人的打扮。房里昏暗，我看不见他穿的是什么鞋。他叫我去买顶便帽。我到附近的北四川路上找了家店给他买了一顶蓝色便帽，他戴上觉得还合适。化装就绪，他拿了一只小手提箱，我们两人就一起下楼，雇了两辆人力车就动身了。为避免引人注意，邓颖超也未下楼送行。到了十六铺，我们立即就上了一艘太古洋行或怡和洋行的轮船，经过香港或直放汕头，我不能确定，但绝不会冒被捕的危险，在香港上岸。在统舱里找到绰号叫"小广东"的交通员，恩来认识他。我把恩来交给了"小广东"，就告别下船。（黄平：《往事回忆》，人民出版社1981年版，第78—80页）

他乘坐的轮船，在海上航行两天两夜到达汕头。"小广东"与大埔交通站的秘密交通员黄华接上头，黄华和"小广东"领着周恩来，准备到预先安排好的金陵旅社下榻。不料刚一进门，就看到旅社客厅里挂着一张1925年黄埔学生军东征时，汕头各界欢迎大会上，周恩来坐在中间的照片。害怕被人认出，他们立刻转移到棉安街上一家小旅馆里过了一夜。周恩来在这里重新改装，装扮成一个相面先生。第二天清晨，他们冒着浓雾离开小旅馆，坐上从汕头开往潮安的火车。下午两点到达潮安后，他们下车换乘轮船溯江而上前往大埔。他们在半路上又下船，改乘开往虎头沙的小轮船。天刚亮时行经清溪，他们就在这里上岸，到大埔交通站所在地。

从这里到进入苏区，是全程中关键性的一段路。在这中间有国民党军队和民团的严密封锁线，筑有碉堡、碉楼，还有许多关卡、岗哨。要偷渡，不能走大路，只能走罕见人迹的山路或山沟；不能在白天行走，只能在夜间摸黑行进。大埔交通站站长卢伟良早就作了准备，派6名交通员武装护送周恩来通过封锁线。他们在黑夜中翻山越岭，攀藤附葛，越过封锁线，在12月中旬到达永定境内的乌石下村。由永定交通站的交通员继续护送，在两天后到合溪。然后，进入上杭县境。

一进入苏区，周围的一切对周恩来都是那样新鲜，使他十分兴奋。他沿途利用休息时间，同农民和乡、区干部谈话，向他们了解苏区工作的实际情况。12月22日到达长汀（旧称汀州），这里是中共闽粤赣边区省委和省苏维埃的所在地。周恩来在给中央政治局的信中高兴地写道："汀州的繁盛，简直为全国苏区之冠（中央区虽有9个城市，但无有如汀州的。其他苏区尚无固定城市）。"他在长汀召集省委、省苏维埃和长汀县委的领导人员开会，作了8个小时的报告，对当前形势和党的任务作了详细的阐述。

1931年12月底，周恩来到达这次旅程的终点——中央革命根据地的首府瑞金，会见了早在这里的毛泽东、朱德以及先期到达的任弼时、项英、王稼祥等，并就任中共苏区中央局书记。〔《周恩来传》（一），中央文献出版社1998年版，第296—297页〕

二十四、叛徒顾顺章的可耻下场

人人喊打的过街老鼠

顾顺章多年来协助周恩来负责党的情报保卫工作，他是一个握有很大实权，掌握中共中央大量核心机密的中央特科实际负责人。他的叛变，对革命的危害极其严重，给中共中央机关和中央领导人的安全造成极大的威胁，使党的事业遭到重大损失。虽然由于周恩来机智果断的紧急处置，使他向蒋介石提出的以突然袭击方式将中央机关和主要领导人一网打尽的阴谋彻底破产，但是敌人这次在上海的大搜捕，仍使中共中央及地方党组织受到严重破坏，许多共产党员被捕并被杀害。英国记者迪克·威尔逊在其所著的《周恩来传》中，称顾顺章“供出了有关共产党领导人和组织的情报，其结果是800多名共产党员遭逮捕”。（迪克·威尔逊：《周恩来传》，中共中央党校出版社1989年版，第104页）

由于顾顺章的叛变，党在上海原先建立的一整套安全、保卫、交通等秘密运作方式，不能继续再用。新的运作方式一时尚未建立起来，从中共中央起各级党的组织活动陷于停顿，有的地方濒于瘫痪。党的各级领导干部，面对如此严峻的恐怖局面，不但难以重新开展工作，连个人的生存都受到严重威胁。同时，经过3年多时间艰苦努力和磨砺，好不容易建立起来的情报网遭到严重破坏，中央特科的力量受到严重削弱，中央特科所属各科负责人和主要干部，不但无法继续活动，而且难在上海存身，相继调往各地。中央特科原由顾顺章直接领导的第三科人员，由于他的出卖，有的遭到中统特务的逮捕，其中大多数忠贞不屈，从容就义，有少数人如陈庆斋（即胡大海）、胡洪涛、王国栋等受顾顺章的影响，也成了革命的叛徒。还有童国忠、蔡飞（绰号“老白脸”）、陈连生（绰号“小白脸”，化名张阿林、张文农等）则是跟随顾顺章叛党的。致使中央特科面临瓦解局面，整个机构急需调整与改组重建。

顾顺章除向敌人出卖了恽代英、蔡和森等中共中央领导同志，致使他们遭到国民党反动派杀害；还给敌人出谋划策，利用各种方式、各种手段抓捕共产党员；利用他知道的党员的家庭关系、亲友关系或亲友的亲友的关系，经常布置走狗在门口等着，见到党员就加以逮捕或者盯梢。利用一切被捕叛党分子，满布街头，尤其在重要交通的十字路口上，车站上，甚至小菜场上，见重要的人员即动手，见不重要的即盯梢。他曾要他的妻弟张长庚和张的表兄叶其穆满街寻找共产党，他们就在静安寺老大房门前抓住王世德（绰号“老先生”），把他交给国民党静安寺警察分局。他还布置房子出租，见有可疑的房客马上动手；布置走狗充当旅馆、轮船上的茶房，侦察来客；布置暗探到党的机关里潜伏。顾顺章叛变后一直如此死心塌地地依附敌人，猖狂地破坏上海和各地党组织。他从中共领导核心人物变成出卖灵魂的叛徒和敌人的鹰犬，引起了全党的震惊和愤怒。

顾顺章叛变后被敌人押解到南京时，先曾传说国民党拟带顾顺章到上海来参加破坏中共中央的计划，为了惩处这个罪大恶极的叛徒，周恩来指示陈赓部署力量，准备在火车站埋伏人马，等顾顺章一下火车，就给他来个措手不及，明正典刑。但顾顺章心怀鬼胎，没有敢来。他却仍不死心，千方百计派人到上海寻找他能利用的一些关系，妄想通过他们破坏我们的党。中共中央及时采取断然措施，把他这些危害党的关系全部斩断。对顾顺章本人，中共中央于1931年5月21日发出第223号《通知》。《通知》指出，顾顺章是最可耻的叛徒，中央决定永远开除他的党籍；同时号召全党加强群众工作，一致起来消灭中国工农群众的敌人顾顺章以及一切共产主义的叛徒。

这年12月1日，中华苏维埃共和国临时中央政府人民委员会主席毛泽东“为通缉革命叛徒顾顺章事”，在红色首都瑞金签署了《临时中央政府人民委员会通令》：

各苏维埃区域省、县、区、乡各级苏维埃政府、各地红军、赤卫队及广大工农劳苦群众，白色统治区域的工人、农人及一切被压迫群众：

工农群众的叛徒顾顺章（又名黎明，原名顾凤鸣，曾化名为化广奇魔术师。年约二十七八，上海吴淞人，身材极矮，眼暴鼻兀）自从今年四月二十五日在汉口被国民党反革命的侦缉队捕获后，立即向反动统治投降，将中国共产党驻武汉的交通机关、鄂西联县苏维埃政府及红军二集团军的驻汉办事处告诉敌人，以致全部破获，并捕去革命战士十余人，后统被武汉反动政府杀害。甚至在一只江轮上有一位同情于革命的工友。这一机关只有顾顺章知道，他亦将他供出，关入反革命的牢狱。因为有了这些血的代价和保证，于是顾顺章连电南京要求亲见蒋介石。到南京后，他除掉将中共及苏维埃政府、红军及一切工农劳苦群众革命团体的组织情形、活动状况告密于国民党反革命外，他更将已经为南京政府宣判徒刑的中共中央委员、全国青年领袖恽代英等从狱中指证出来，给反革命立即枪杀。同时，更将他在上海时晓得的中共中央委员及负责人周恩来、瞿秋白、李维汉等同志五个住地告诉反革命，立即电令上海公安局会同帝国主义的捕房按名破获，幸而这几个同志在这时已离开上海，故未遇难。接着顾顺章就依着他所知道的线索，继续派他的亲戚家人在上海侦查中共及各革命团体的机关与负责人。……从此，顾顺章遂进而成为蒋介石秘密杀人机关的C.C.组织中一个要员，与陈果夫、陈立夫、徐恩曾、杨虎等反革命凶犯同为蒋介石杀人的助手了。

最近，因为红军在各苏区的胜利，苏维埃临时中央政府的成立，白色统治区域工农劳苦群众的反国民党反帝国主义斗争的高涨，中国共产党及革命群众团体虽在极端困难的白色恐怖之下，但因得到广大群众的拥护，他们的组织反而更加巩固与严密起来，更坚决地领导工农劳苦群众围绕着苏维埃旗帜而斗争。于是叛徒顾顺章消灭革命组织和革命领袖肉身的毒计不能得逞，乃改变方略，硬以杀人凶犯污我革命负责同志与中共中央，企图用这一阴谋诡计破坏中共及其负责者在群众中的信仰。更无耻的是，顾顺章自己还登报通缉中共负责同志周恩来等，说他自己自从叛变后并未陷害过共党任何个人，而只是闭户读书。这种无耻的抵赖，绝对掩不住他凶恶残酷的毒手所给以革命的血的损害，这是每一个革命群众都能认识的。至于悬赏通缉，每一个革命战士和工农群众，当他们置身革命的时候，他们的生命即已经登记在反革命的通缉簿上，又何待叛徒顾顺章来登报通缉。

阶级的仇恨已走到决死的斗争，国民党反革命所要通缉的，正是广大工农劳苦群众所要拥护的；反之，顾顺章这类凶恶残酷的叛徒，是国民党反革命所庇护的，正是广大工农劳苦群众所要扑灭的。反革命所依赖的只是地主、资产阶级、国民党、军阀、官僚这一类人，他们正在走向自己的穷途末路。革命的参加者和拥护者，都是极广大的工人、农人、城市贫民及一切被压迫的群众，而胜利的苏维埃政府和中国共产党，正领导他们争取革命在全国的胜利。革命高潮的继长增高，蒋介石二三十万的军队都被工农红军如摧枯拉朽地一次、二次、三次地打败下来，一个顾顺章叛徒及蒋介石杀人的C.C.组织何能消灭革命？相反的，他们终将在革命大浪中淹没！

为此，苏维埃临时中央政府特通令各级苏维埃政府、红军及各地赤卫队，并通告全国工农劳苦群众：要严防国民党反革命的阴谋诡计，要一体严拿顾顺章叛徒。在苏维埃区域，要遇到这一叛徒，定将他拿获交革命法庭审判；在白色统治区域，如遇到这一叛徒，每一革命战士，每一工农贫民分子都有责任将他扑灭。缉拿和扑灭顾顺章叛徒，是每一个革命战士和工农群众自觉的光荣的责任。地主资本家反革命走狗的悬赏收买的地方，是不能用来污辱我被剥削被压迫群众的。广大的工农劳苦民众巩固自己的阵线，一体严拿叛徒顾顺章！

发展革命斗争，根本消灭蒋介石杀人的C.C.组织！

无论是在白区党组织或是苏区的人民中，顾顺章这个十恶不赦的无耻叛徒，都成了人人喊打的过街老鼠。

变本加厉的出卖

顾顺章刚叛变的时候，由于当时他在共产党内的身份，曾被视为奇货。蒋介石为此曾经召见徐恩曾倍加奖勉；办案有功的蔡孟坚、黄凯等大小特务都加官晋爵，蔡孟坚又获得了国民党中央党部的“特别奖状”，还被蒋介石召去“受训”；黄凯也由中统驻武汉特派员调升驻上海特派员；此案成为徐恩曾中统发家的关键性案件，也是他和戴笠军统较劲争宠的本钱。

“由于顾顺章叛变，恽代英遭杀害，上海共产党的一些机关遭到破坏，一些共产党员被逮捕。为此蒋亲自召见徐恩曾，倍加奖励，并对他说（大意）：有共无我，有我无共，必须放手大干。只求确有实效，一切不成问题。这时陈果夫、陈立夫，对徐亦另眼相看，倚为左右手。徐恩曾在中统特务机关中的领导地位，从此完全确立。他所领导的调查科，在整个C.C.中的地位，也更加显得重要。于是，徐恩曾借机大肆扩大编制，充实员额，开办特工人员训练班。接着在南京道署街瞻园成立了特工总部，逐步在蒋管区的各省市、各铁路，设立了肃反专员和特务室。从此，中统特务发展到了一个新的阶段。”（张文：《中统头子徐恩曾》，第12页）

起始顾顺章虽被敌人视作宝贝，但是对他并不放心，一直把他关押在南京。过了很长时间，才对他解除关押（暗中依然严密监视）。徐恩曾扔给他一笔赏钱，还找了一个叫张萍的女人给他。同时任命他为中统调查科行动队长，又在南京细柳巷租了一处院落，作为他的办公处所和私人住宅。

取得了国民党特务组织的信任后，顾顺章有过一阵“春风得意”的日子。为表“归顺”的忠心，他出卖党的机密，疯狂地搜捕共产党员，还为国民党出坏点子，编写讲义，办训练班，传授特务技术，颇得徐恩曾赏识。《徐恩曾回忆录》中还曾夸奖顾顺章“说话风趣，处世经验丰富老到，很富人情味，善于揣摩人的心理，对人乐于亲近……”在中统特务中，有个叫孟真的人称顾顺章是“特务大师”，说他“文的方面，如化装、表演魔术，操作和修理机械、心理学等都很精；武的方面，双手开枪、爆破、室内开枪而室外听不到声音，徒手杀人而不留痕迹等等，够得上称为‘大师’，无人能望其项背。”徐恩曾派在顾顺章身边的保镖林金生也说：顾顺章“文化水平并不高，但一张嘴很能讲，由于他过去长期在上海特科担任负责工作，所以对特别行动工作确有一套经验。”“他除了会变魔术戏法儿外，还有一个本领我很佩服，那就是他的化装技巧非常高明。一个人经他稍许化装，你就很难再认出来。我记得他曾用一种假牙往嘴上一套，人的模样就全变了。据他自己讲，在中共特科时，颇有神出鬼没之誉，主要就是靠的这种本领。”说得神乎其神，简直吹破了天。据说一时他还成了中统徐恩曾、军统戴笠两大特务头子争抢的宝贝。

有此“恩遇”，顾顺章真愿肝脑涂地，以报大恩。他曾使出浑身解数，为主子效劳，竭尽全力破坏党的组织，捕杀共产党员。

他向蒋介石、徐恩曾献策，劝国民党改变对付共产党的办法。顾顺章告诉他们说，过去国民党抓住共产党员不是杀就是关，须知对共产党员来说，残酷的镇压是没有多少用处的。要想消灭共产党，应该攻心为上，用共产党来制服共产党。对抓到的共产党员不要一律枪毙，而要实行自首政策，软硬兼施，引诱他们自首，这样就能瓦解共产党的组织。其办法是规劝被捕的共产党员叛党投敌，搞秘密自首和公开自首，有的又派回共产党的组织里当奸细。他的这一毒计，深得蒋、徐的赞赏，便委派他专门负责收买共产党的叛徒，并掌管对自首分子的“教育”。国民党特务机关也将对共产党员的“杀头政策”改为“自首政策”。他们在全国推行自首政策，我们党内某些意志薄弱者、贪生怕死之徒，就被国民党拉了过去，成为无耻叛徒。这些人经过顾顺章和特务机关审查后，又公开或秘密地给放出来，用各种方式重新打入共产党内充当内奸，逐渐控制我们党的活动，使党的机关不断遭到破坏，给党和革命事业带来极大的危害。我们在白区的党组织，自1931年至1935年之间所以遭到那样惨重的损失，1933年中共中央被迫迁往苏区，除了党内极左错误路线的领导外，同顾顺章向敌人提出的这个自首政策也有很大关系。

曾在武汉抓捕顾顺章的大特务黄凯是张冲的高足，1929年3月在张道藩、吴大钧等人担任科主任时期，便已进入调查科工作，是中统的创始成员之一。此人素来自负，不肯将叶秀峰、徐恩曾这些后辈放在眼里。但是，黄凯在与顾顺章交往以后，也不得不承认，顾“对特务工作确有精明之处”。黄凯自己在一篇文章中提到顾顺章的时候，对他这一招也很佩服：“顾顺章比我早一段时间到上海，据说工作开展得很顺手，据他自己讲已在共产党内放进一些‘细胞’（即暗探），吸引到一些内线，中共一部分的活动，他能知道。我对他印象不好，相互间没有来往，有事需联系则使用交通转达。但他对我的地位和声望均有威胁，因为他办案得手，戴笠和他打得火热，我不免感到相形见绌。”（黄凯：《我的特工生涯和所见所闻》，《中统特工秘录》，江苏文史资料编辑部1991年版，第7页）

20世纪30年代，德意志、意大利法西斯在西欧兴起。蒋介石追随希特勒、墨索里尼，在中国推行法西斯主义，实行独裁统治。顾顺章也为蒋介石强化法西斯专政效劳，为中统、军统两个特务组织轮流训练行动大队。中统的行动大队第一期就训练了两个中队，约200人。并且举办技术训练班，亲自教特务如何化装，如何使用化学材料，如何建立调查网，如何建立交通站，等等。他还和德国顾问、特务头子一起对训练班的人员进行法西斯主义教育。顾顺章给特务们立了一个信条：如果行动失败、被捕，要立即自杀，不留口供。

顾顺章还办了两期特务训练班。第一期参加的只有四人，是在南京城内双塘巷他的住处办的。其后又在南京长乐街办了一期，参加者20余人。据参加第二期特务训练班的林成荫说："在这之前，顾顺章已办过一期，受训的只有4人，都是黄埔军校第6期毕业生。我参加了第2期特训班，人数比第1期多，大约有二十余人。能记起姓名的有钱丹泉、吴绅道、张怀青、臧公惠、周廉、郑朴、朱家鼎、童名馨、吉春安等。特训班还住着秘书王思诚、总务王国栋、会计樊岚（王思诚之妻）、我的表兄嫂胡长元夫妇、蔡飞和张文农。地点就在南京中华门内长乐街（门牌已忘）老式房屋三开间七进，很宽敞。特训班学员吃住都在里面，雇有两名娘姨负责我们的日常生活。

"训练班开学后，顾顺章即向我们宣布了纪律：所有受训人员一律不准自由外出，如有特殊事情需要外出者，必须得到钱丹泉许可方能出去。训练内容是由顾顺章主讲《特务工作的理论与实践》，都是一些打枪、擒拿、格斗、化装、盯梢、守候等特务技术。顾顺章的文化水平并不高，但对此道却经验丰富，不愧是老手。结合他过去的经历，侃侃而谈，颇能吸引人。听说他在苏联的'契卡'部门受过训，不过，这些对我这个刚从乡间来的小伙计，则感到是那么遥远而生疏，还时常为他所讲的事例毛骨悚然，真有点像天方夜谭。后来臧公惠、周廉两人把他讲的内容整理汇编成单行本，专供中统特务业务学习之用，就连后来军统办的特务训练班也拿去作教材，顾顺章和我表兄都去过鸡鹅巷戴笠的家，并给军统办的特训班讲过课，受训期间，我们还随顾顺章去野外进行过两次实弹射击。3个月的受训期很快就结束了，毕业那天举行了大会餐，会上顾顺章还和其徒弟张文农合作表演了魔术。最后，顾顺章一再警告大家：接受任务后，绝对不许对任何人说，即使是自己的父母和妻儿也不例外，不然将受到严厉的制裁。"（《中统走卒》，《中统特工秘录》，第68—69页）

因为顾顺章曾在苏联受过情报、保卫工作训练，又有多年主持中央特科工作的经验，他在国民党特务训练班的讲课还颇叫座。在这些训练班讲课，他对特务工作的理论与实践讲得很全很细。举一个例，比方讲授“特务技术”时，分成11个题目：化装术、盯梢术、反侦探、特务应用的武器、破坏术、谈话术、密语术、观察技能、相形术、催眠术、摄影术。其中盯梢术讲了5个方面，在“各种不同环境的应付”一节中，又讲到路上盯梢、车上盯梢、人堆中盯梢、特种盯梢各种技术。“车上盯梢”中说：“假如被盯梢者叫了黄包车或汽车，那你一定也要坐黄包车或汽车继续的盯梢。但要注意：黄包车不能盯汽车的梢，如果汽车盯黄包车的梢要在黄包车的前面走，到了相当地点再下来另雇黄包车去盯梢，万一没有汽车和黄包车可雇，只好记着他那车的号码、颜色、乘车的时间、地点、方向等等，留待后来到车行里去查了。上海汽车号码租界是黑底白字，华界是白底蓝字。又营业汽车与自备汽车的号码也有相异的地方，这些都要弄清楚。汽车盯梢到了十字路口时，相距不能太远，恐为红绿灯交换则失去衔接，黑夜时相距更不能太远，恐被盯梢者的汽车熄灭了号码灯或放出烟雾，使后面的车子不能辨识真相。又汽车盯梢要注意他在危险时开枪，须预有准备。电车上盯梢要注意：在未上车前先要注意被盯梢者的态度、动作、所立的地方，或换钱等等，预料他是否要上电车，盯梢的人亦即随之准备。上了电车以后，依身份的不同，分坐不同的车厢，比如我穿的普通衣服，就可以坐在三等车上，他穿的西装，就可以坐在头等车上，各人自己心里有数，用不着相互打招呼的。上电车后要注意被盯梢者所买的车票，不必看他车票才知道他到什么地方下车，只要看他数钱的多少就可以知道得差不多了。自己买票，要买长途票，时时刻刻要留心被盯梢者的行动、态度，但不要死板地望着他。否则，不独对方要注意你，怀疑你，就是别人也要注意你，怀疑你，怀疑你是扒手。上下车动作要快，不能迟疑。否则，铁栅一关，就不能上下了。上车要迎头跳，右脚先、左脚后，下车要顺着跳，左脚先、右脚后。”又在“特种盯梢”中说：“指着火车上、轮船上及旅馆里等等长途盯梢而言，这种盯梢工作特别的难做。假如你能盯梢一年未给对方发觉，那你对于盯梢技术才算毕了业。各人本领的大小，在这种盯梢工作中，才可以真正表现出来。在火车上要坐在对方的后面，最好想方法使他的行李摆在靠近你坐的地方，在他拿行李的时候，能够惊醒你。须对方疲乏了瞌睡了，你才可以略睡一睡。在他的行李上设法做一点特别标记，但须不为对方所注意者。万一脱梢，可以按着标记去查，同时要注意对方连行李都不要了，在你不知不觉中脱梢。这就需要运用社会化的技术了。如你能运用手腕和茶房联络，使茶房帮助你注意，那他就无法脱梢了。在轮船上每一个码头拢岸时，都要加以注意。有一次一个留俄学生归国，道经海参崴，晚上上了船，船已开了，他发觉有国际侦探盯他的梢，他觉得危险，立时跳到海里逃跑了。第二天早上国际侦探发觉了，看他的茶壶里的茶，还是很热，疑为他真的刚才跳到海里去，那是一定溺死无疑了。殊不知船开了不远的时候，他已经单身跳下去，泅水登岸，茶之所以还热的缘故，都是茶房替他办理的。于此可以看出这个留俄学生的本领，比国际侦探还要高强得多呢。”

顾顺章的特工技术，也引起军统特务头子戴笠的兴趣。据徐恩曾派给顾顺章的保镖林金生说：顾顺章“非常怕被人暗算，记得戴笠第一次请他到鸡鹅巷去，他一定要我跟他同去。他和戴笠谈话时，也一定要我坐在其身边。那时戴笠请他去，是要他给军统特务训练班讲课”。1933年左右，戴笠商得徐恩曾同意，并经报蒋介石批准，从中统借调顾顺章参加军统在南京洪公祠训练班的训练工作，担任班顾问和教官。从此，顾与戴笠发生直接联系。戴为着与徐争功争宠，企图使顾从暂时借用变为长期任用，把顾拉入军统特务组织，竭力对顾拉拢，许诺重要地位和大量金钱。顾因为在徐的领导下得不到信任，得不到权势，便逐渐倾向军统。

这种情况，徐恩曾岂能容得?

前文所引中统骨干分子黄凯的那篇文章中，曾经记述1932年夏天在南京召开的中统系统高干会议上暴露出围绕军统与中统因争夺顾顺章引起矛盾激化以及中统内部钩心斗角的情况：“我听了陈立夫、洪兰友的报告，才晓得戴笠已后来居上了，顾顺章在军统方面已起了绝对作用，他把在共产党中培养的‘细胞’已全部贡献给戴笠。我们作过3个月的破案统计，中统只及军统的1/10，我们只在南京、九江、上海、汉口有行动表现，军统的成果已遍及全国了。幸亏我们在上海侦破了几件惊人大案，撑撑门面，否则将更加难堪。会上，叶秀峰的爪牙吴星伯说：‘我们辛苦的成果送人家吃，上海领导人要负责的。因为他们成天抽鸦片、嫖妓女，私生活太坏，影响下级工作情绪。’接着张国栋说：‘中统坍台，上海负责人要负责。现在委座把军统经费增加到比我们多8倍，我们要学共产党，用铁的纪律巩固干部，该关就关，功过不能两抵的。’叶秀峰开口发言了，先恭维我一番，然后又入了正题。他说：‘黄同志在上海半年多了，布置些什么工作，除顾顺章外，你在共党中有多少内线？检查你的成绩，完全靠别人送上门来，如果不是军委侍从室照顾你，可能整年不办一案。你再不努力，以后全部工作由姓戴的去做了。’我这时气得两手冰冷，我说：‘我和你们不能发生横的关系，为保密起见，没有告诉你们的必要。我炸出云舰，我打死日本人，也是军统交来的关系吗？’叶拍着桌子说：‘问你的领导人总该知道吧。’徐恩曾当时为难地说：‘上海方面的工作确实是被动的，不是主动的。’叶秀峰说：‘我们对事不对人，我们要争生存，就必须要健全我们的组织。你的生活方式要好好改变一下。’张道藩厉声抗辩说：‘做特工的人要样样会，坏事更要懂得，嫖、赌是可起掩护作用，拿这些小事打击一个出生入死的好同志，要不得呀！’张冲似也要发言了，立夫止住说：‘生活不检点，是组织害他，我愿负责，请他好好反省一下。’会上有人主张顾顺章与黄凯两部分特工合并，张冲反对，我也不同意。通过这次会议，决定成立肃反委员会，各省市党部多一块招牌而已……

“会议闭幕后，我回到上海，同行的有很多人。根据决议案，立即成立上海工作团，季源溥任团长兼侦缉队长，吴星伯任水巡队长，准备代替顾顺章的工作。回来没有几天，我的麻烦来了，王斌坐在包车上，走到‘大世界’游乐场，被人连车夫一起开枪打死了。再隔几天，曹清澄也在西门他的家门口被人暗杀掉。陆元虎也被人打伤了。工作团的人，都成了治丧委员了。顾顺章此时已回南京，戴笠拿他当宝贝看待。”（黄凯：《我的特工生涯和所见所闻》，《中统特工秘录》，第13—14页）

顾顺章在叛变后短短的几年里，为国民党训练了上千名特务。这些头脑里浸透了反动的法西斯主义精神的特务，成为蒋介石反动派维持其统治的重要支柱。

顾顺章还纠集一些叛徒、自首分子组成一个新的行动队，自任队长，对他们进行训练，并且亲自带领他们到上海专门破坏我党的各级组织。

其中他从中央特科勾引过去的几个叛徒，如童国忠、蔡飞、陈连生等都是顾顺章的亲信，和他一样心狠手辣，像是一群丧失人性、没有感情的动物，又知道我们党的某些内情，对党组织造成多次破坏，使党受到严重损失。

写了一本献媚取宠的书

徐恩曾似乎很看重顾顺章在那些特务训练班的讲课内容和编撰训练特工教材工作，曾经指派调查科的徐政、章志仁、朱秋白等亲信特务，在顾顺章讲课的时候进行记录并帮助他进行整理，先后编成《训练工作》《情报工作》《侦察工作》《行动工作》《审理工作》《组织工作》6册教材，称作《特工丛书》。1933年夏天，顾顺章住在安品街时，让人代笔，在这一套教材的基础上撰写了一本供给国民党训练特务使用的《特务工作的理论与实际》。这是一本向主子献媚取宠的书，也是背叛革命后又一笔出卖灵魂的罪证。

据当时顾顺章同住的他的妻弟张长庚说，这本书的代笔者是江苏常熟人王一心。此人原为新闻记者，也是被捕后自首的叛徒，是由顾建中介绍给他的。顾顺章在《自序》中说是“得着臧公惠同志文字上的襄助写成”这本书的。

为什么写这本书？顾顺章本来是要向国民党讨好，为敌人训练更多杀人特务，并向敌人泄露他所知道的我党中央特科的工作情况。他却在《自序》中撇清：

我写这本书的目的，在把我个人对于特务工作的心得和主张，赤裸裸地献给关心特务工作的同志们作个参考，同时请求同志们加以深刻的批评和匡正，以为我继续研究的指南。我很坦白地说一句，我的动机极其纯洁而光明，绝无一点自私自利的念头存在其间！我希望拿这本书作我“寻师访友”的导引，并非藉此以为“沽名钓誉”的媒介。

这本书的内容，完全是根据我个人从各种不同的社会里亲身阅历出来的实际的经验，既非抄袭其他著作，亦非得自异人传授。伟大的社会是我的学校，艰难困苦的环境是我的导师，各种实际问题是我的书本和实验的材料。自我参加特务工作到现在，无时无刻不是抱着创造和学习的精神去努力一切，从没有偷闲过，亦没有自骄自矜过。

这本书包罗万象，将他训练特务的一套办法全部编纂其中。全书十多万字，共分八章：绪论，特务组织，特务工作的方法，特务观念，秘密，特务技术，特务常识，特务人员的修养的问题。在“特务常识”一章中，有“C.P.特务工作”和“苏联特务工作”。在当时情况下，将我党中央特科的绝密情况告诉敌人，公开宣泄，是他在叛变投敌后对中国共产党机密的继续出卖。

有关中央特科的一节，分为C.P.特务工作之史的发展、任务和使命、组织、策略、精神、现状，做些什么工作、方法以及“几年来所发现不良的地方”共计九节，将他知道的情况和盘托出。书中详细讲了中央特科所属各科的工作任务、工作情况，并且就其组织情况绘制5张图表。他在书中写道：

“C.P.特务工作第一科专做总务事项，如设立重要机关、布置大会场等等……

“第二科专做反侦探工作，派许多人员到各种社会里及敌人的队伍里去。所以他们对于全国的政治方面、军事方面、经济方面以及国际方面，得来的消息非常敏捷而有价值。尤其是如要破坏他们的机关，他们事先已经知道，因为每天编有一种《敏捷飞》的情报出来，所以他们的消息灵通，不易破坏。同时又设法破坏敌方，并有时造出种种相反的消息，以挑拨对方内部的情感，使其互相猜忌，力量分散。

“第三科专做保护工作。（本书“行动科和‘红队’”一章第一节已经引录，此处从略。）

“第四科专负秘密特殊交通责任，他们是用无线电的传达而互通消息。他们为环境所迫，自己研究，自设无线电制造所，并且他们的人才都是专家，而技术又非常精良，所以无线电的制造极为精巧，使人不易发觉。报务收发员，系由其自己办的速成班毕业出来的。除全国布置电台外，尚设置与国际往来通消息的电台。并有各种社会交通，利用各轮船上水手茶房，火车上司机及小贩等等，负交通之责。

“第五科事实上并未成立，预备专司流氓运动，并负破坏工作的责任。”

他在书中讲到中央特科工作方法时说：“C.P.特务工作的方法，有几项原则为我们所必须知道的：（1）要这工作打到敌人的中心里去。（2）要利用敌人的一切为我们而工作。(3) 要完全社会化，因为社会化可以解决工作上的一切困难，便利于工作。⑷我们的一切问题，要向敌人方面同社会方面去解决。(5) 工作绝对秘密。举个事实来说明，比如C.P.现在知道国民党也办了特务工作，他就要想方法深入国民党的特务组织里来，并且要想方法深入总部。因此，总部所决定的方策和进行的步骤，会被C.P.知道，他们便根据我们的策略而定他们应付的办法了。他们所谓中心分子是党里最灵敏最忠实的同志，并且经过了长期的试验，工作的努力与成绩比较一般人都好。又如第一科方面的工作负商业责任的，可同商业发生关系，有时可以利用这个商店，并且比自己费钱开的商店还要好。负布置责任的，找房子开会，会开过后为避免危险起见，房子就退掉了。因为时常要找房子开会，恐怕引人怀疑，于是就办了一个信谊代办所，他对于社会上一切的事情皆可代办，使人不注意不怀疑，这就是社会化。第三科工作的方法，如把自己训练好的同志送到上海巡捕房投考，以便于自己巡捕站岗时开会，掩护工作不致发生危险。另一部分人训练好后，叫他们做小生意，可借此租房子作为秘密交通机关，使人不加怀疑。并还可以教他们制造炸药，做破坏及暗杀工作。”

对因1931年4月顾顺章本人叛变而给中央特科工作造成的危害，他作为一个叛徒，站在敌人立场上，不知羞耻地带着幸灾乐祸的语气写道：“自（民国）二十（1931）年到现在，他们的特务工作是破产了。因为他们发生一件很不幸的事件，所以一切都打破了。年来破坏他们的机关很多，是他们失去了特务工作保障的铁证。C.P.特务工作的破产，影响C.P.的组织上受了很大的损失，因为他们过去几年全依赖特务工作而生活，无形中特务工作变成了一个保险机关，大家都依赖这个东西，甚至一般稍负责的同志走一条路也要先问特务工作者。所以特务工作一旦破产，他们即失去了保障，而致全局呈现了动摇的现象。”

对于中央特科的整个工作成就，顾顺章似也不敢抹杀。他在书里写道：“到了1928年即民国十七年正月，他们觉得所处的环境极其危险而恶劣，所以他们为防御敌人的进攻和保护自己的安全计，不得不仿照苏联格伯乌的组织而正式建立特务工作。他们虽无经验可言，然以主持得人，本着学习及创造的精神，订出整个的计划，按着一定的步骤，脚踏实地地向前努力。原只设立一科，经过6个月后二科、三科先后成立，又6个月后，四科也继续成立。为时不到3年，竟有惊人的发展与奇异的成绩，我们站在客观的立场上，也不能不佩服他们奋斗的精神啊！”“C.P.特务工作人员对于政治有充分的认识，对于党及主义有充分的了解，他们工作的成分充满了积极的、敏捷的、兴奋的、创造的精神。”

顾顺章在这一节后面有个《附注》：“上面所说的C.P.特务工作甚为简单，详细情形，留待专书申述。”据他的妻弟张长庚说，顾顺章写完这本书后，还叫王一心帮助写了一本《中国共产党的特务工作》，对他被捕叛变以前在中共中央特科工作前后所知道的情况作进一步叛卖。张长庚说，这第二本书已经完稿，但是因他被处决而未能出版，书稿被中统特务顾建中抄走，窃为己有后加以篡改出版。在1933年8月由南京京华印刷厂印行的这本《特务工作之理论与实际》书末印的《新书预告》中，有顾顺章著《中国共产党的特务工作》的介绍：“本书根据作者亲身的阅历，以客观的态度，作事实的描写，将中国共产党的特务工作原原本本地叙述出来，献给关心中国C.P.特务工作的同志们，以及喜欢侦探小说，或编著侦探电影剧本的人士，作为一个绝好的参考材料。”

在这本书的后面，还印有顾顺章著的第三本《“人”的研究》的介绍：“本书站在革命的立场上，科学的分析上，根据作者几年来细心考察所得的经验，将社会上所有各种人物的一切情形，加以深刻与精密的研究。处在文化落后的中国社会里，各种人物的思想与行动，每多形成畸形的发展，以致造成现在混乱的状态。因此，‘人’的问题，在目前的情势之下，亦是一个重要的问题。凡是生存于社会上的人们，对于这个问题，均有加以注意的必要。作者所以著述这本书以献给社会人士作为参考的动机，也就在这个地方。”

这些著作颇能反映顾顺章这个叛徒穷极无聊、附庸风雅的心态和他继续出卖灵魂、媚悦主子的意向。

终被徐恩曾处决

如前所述，顾顺章被捕叛变后，表面上确曾扬扬自得，风光一时。可是，这种“得意”的日子并不长久，1935年即因已经失掉了利用价值而被国民党当局处决。他和所有背叛革命、认贼作父的叛徒一样，虽曾倾筐倒箧地出卖革命，死心塌地地效忠主子，最终仍然像只断了脊梁骨的癞皮狗般被主子杀死抛尸荒野。亲自下令处决顾顺章的中统头子徐恩曾写的《徐恩曾回忆录》中，为了掩盖国民党特务组织内部的矛盾，则对他们处决顾顺章的情况捏造了一篇鬼话欺哄世人。他在书中写道：“我所遗憾的是这位具有特殊贡献的朋友，不曾和我合作到底。1935年春，因和敌人重新勾结而被处刑。由于他不安分的本性，我虽尽量优待他，日子一久，他仍感到不耐，要找政治上的出路。在我们这边找不到，又去和共产党勾结，向共产党提供我内部人事和业务报告。后又发现他有实行暗杀计划后逃往江西苏区的准备，我只好对他放弃了。我前后经办和他同等重要的共党分子的自新转变案件，不下五六十起，顾顺章是唯一的转变后又想回到敌人怀里的一个。”徐恩曾这样说，自然是弥天大谎，无稽之谈。他所以要撒谎，是还想要遮掩他们一旦挤干了叛徒身上的油水就会像扔掉一只破鞋子一样将他“放弃”的事实。凡属无耻叛徒，不管他在敌人面前如何卑躬屈膝地奉迎，死心塌地地效劳，大都难以逃脱这种可耻可悲的下场。来头不小的顾顺章如此，来头不大不小的张慕陶也是这样，来头更大一点的张国焘也不例外地被“放弃”了。

顾顺章虽把他所知道的中国共产党的党内机密全都出卖给了敌人，对中国共产党犯下了滔天罪行，但蒋介石和陈立夫、徐恩曾对他从不信任，始终对他怀有戒心，处处提防。他被押解到南京之初，敌人不许他去参加上海大搜捕行动，将他关押在南京白露洲大院内严密监视。过了许久，他才被解除关押，被安排到南京双塘巷居住。和他同住的王国栋、胡洪涛、李志远都是叛徒。徐恩曾派来亲信王思诚做顾顺章的秘书，和他同住，实际是对他监视与控制；还从蒋孝先那个宪兵第三团调了一个名叫林金生（名义是“中央党部调查科调查员”）者当他的保镖。他在这里给敌人开办特务训练班，训练了第一批特务。徐恩曾为了笼络他，由王思诚出面介绍一个叫张萍的南京人给他为妻，迁到细柳巷居住。其后任命他为中统特务行动队队长，同时又叫中统骨干分子顾建中来做副队长，行动队的实权掌握在这个副队长手里。顾顺章同顾建中两个人的矛盾很大，好似水火难容。

顾顺章身边有一伙叛徒，形成一个小圈子。当徐恩曾发现顾顺章要以行动队中的自首分子拉一股自己的势力，借故将他免职。顾顺章身边原有人员全部调离，细柳巷办公室立即退租，令他一家迁往安品街71号住宅。

关于顾顺章被国民党逮捕、杀死的情况和原因，说法不一。国民党中央调查统计局第一组组长张国栋（张文）说："顾顺章叛变革命后，对革命事业虽然犯下了极为重大的罪行，但是徐恩曾对他并不放心，暗中派亲信特务对顾加以监视。在此后的几年中，顾顺章只在徐的领导下担负了训练特务的工作。让徐政、章志仁、朱秋白等帮顾整理编撰了一套训练特务的教材，就是所谓《特工丛书》，共六册，内分训练工作、情报工作、侦察工作、行动工作、说服工作、内部工作等。1934年左右，为了培养军统特务干部，加强其反共反人民的罪恶活动，戴笠商得徐恩曾的同意，并报请蒋介石批准，从中统借调顾顺章参加军统在南京洪公祠训练班的训练工作，担任班顾问和教官。从此，顾与戴笠发生直接联系。戴为着与徐争功争宠，企图使顾从暂时借用变为长期任用，把顾拉入军统特务组织，竭力对顾拉拢，许诺重要地位和大量金钱。顾因为在徐的领导下得不到信任，得不到权势，便逐渐倾向军统，这种情况，是徐绝对不能容忍的。1934年，徐指示顾建中（当时任特工总部科长）在某一次工作会议上以顾顺章'不服从命令，企图别树一帜'为名，拔出手枪，要立即将顾打死，事为主持会议的濮孟九所阻止（当时濮之地位仅次于徐恩曾，而高于顾建中）。会后，顾顺章即被软禁，不久，被解送苏州反省院关押。1935年被秘密处死。以上情况是顾建中在1940年亲口告诉我的。不久，徐恩曾和张冲都当上了国民党中央执行委员，由此可见蒋介石对这批特务头目的垂青。"（《中统从顾案血腥发家》，《中统特工秘录》，第57—58页）

给叛徒顾顺章当过保镖的林金生（自称身份是国民党中央党部组织部调查科调查员），著文所写顾顺章被杀经过，又有完全不同的说法："1933年年底的一天，顾顺章对我说：'你是个神枪手，我要配12个人给你，成立一个特务队，由你任队长。'他还说，'我们首先要把陈立夫和徐恩曾干掉。'听了他的话，我心里很害怕，这不是谋反吗？不是自找完蛋吗？我知道这家伙非常歹毒，不敢当面反对，更不敢流露出不满神情。只是从听了这话的那天晚上起，我经常睡不着觉，总担心会发生什么意外。

“说来也巧，事隔不几天，顾顺章交给我一封信，要我立即送往××旅馆××房间。记得那天天很冷，我穿着大衣，接过信就往大衣口袋里一塞。等我来到旅馆交信时，信突然不见了，翻遍全身也不见踪影。无奈，只好回报顾顺章。顾听后，一脸不高兴，但他并没有骂我，我知道他对我起了疑心，迟早要对我下手。经过反复考虑，决定先他一步。我便找了个借口离开了细柳巷，跑到徐恩曾那里告发了他。徐恩曾对我的行动当然是慰勉有加，并让我回去不要声张，以稳住顾顺章。我哪里还敢回去，就对他说：‘徐先生，我不能回去了，即使在南京也很危险。’徐恩曾思索了一下说：‘陕西省党部主任委员宋志先正好跟我要个人，你就去那里担任保卫工作吧。’

“我离开徐恩曾后，当晚就乘夜车赶回丹阳家中，准备料理一下后即去西安。事后知道，我当天没有过江到浦口搭车去西安，竟躲避了一场杀身之祸。原来，顾顺章见我天黑了还不回细柳巷，就知道我已有变，他通过‘眼线’得知我已被调往西安，在当天夜里派心腹到浦口埋伏，准备对我下手，以便杀人灭口。

“徐恩曾得到我的告密后，并没有立即采取行动，而是不动声色，暗中却进行严密布置，派人把顾顺章监视起来。不久，顾顺章便遭软禁，后来再报请陈立夫、蒋介石批准，并取得确凿证据后，顾顺章才被押往苏州监狱。1935年在苏州监狱被枪决。行刑的执行人叫吕瑞京，是我所认识的，也是他对我说的。”（林金生：《顾顺章被杀真相》，见《中统特工秘录》，江苏文史资料编辑部，1991年版，第66—67页）

对顾顺章被徐恩曾处决的原因，也是说法不一。徐恩曾手下的一个老牌特务，曾任中央调查统计局第四科科长的孟真，认为徐恩曾在其回忆录中关于顾顺章“又去和共产党勾结”、有“逃往江西苏区的准备”，所以“只好对他放弃了”的说法不对，说徐恩曾“这番交代，前后矛盾，不近情理，令人难以接受”。此人是顾顺章的崇拜者，尊崇顾为“特务大师”。他站在特务立场上，极力为顾顺章鸣不平，说顾被处决是中统特务系统内部的“冤假错案”。他说，顾顺章从被捕叛变到被处决，“时间并不久。而在这段时间内，顾顺章正忙于协助破案，日子过得非常紧张而惬意，怎会感到不耐？其次，聪明的顾顺章难道不知道自己这套本领，市场有限，除在中统吃香外，换个地方就派不上用场。哪有另找出路之想？第三，顾顺章是中共叛徒，他对中共作的恶是不可饶恕的，要另找出路，也不会重投共产党。第四，即使顾顺章已和共产党重新勾结，共产党也必定要他做第二个钱壮飞，绝不会要他提供什么情报或逃往苏区。第五，前面说他‘重新和共党勾结’，这是说已和共产党勾结上了，但最后又说‘又想回到敌人怀里’，多了一个‘想’字，又意味着想和敌人勾结而未成事实。究竟顾顺章是已遂犯还是未遂犯？这里无从认定，岂非自露马脚？根据以上分析，肯定顾顺章未曾回共产党怀抱。这是一桩冤假错案。那么到底顾顺章何以致死？有道是‘不遭人忌是庸才’，正因为他不是庸才，而且锋头太健，所以就招来杀身之祸了。”（《“特务大师”顾顺章》，《中统特工秘录》，第51页）

因在汉口捉捕顾顺章“有功”而被徐恩曾调升中统驻上海特派员的黄凯说：“顾顺章原本由徐恩曾、张冲二人亲自领导的，最初戴笠常常偷偷摸摸去找他，后来戴笠请求老蒋条谕中统负责人，有一段时间由顾襄助军统工作。顾顺章就利用中统与军统的矛盾，从中挑拨离间，徐恩曾与戴笠简直如仇敌一样。当时在中统、军统两个组织中，有一种说法，顾顺章经办的大案归军统，小案归中统。有时中统和军统为争夺案件的承办权在老蒋面前大吵一场。

“顾顺章经过一年多的苦心经营，已在特工系统掌握一部分权力，经他训练的行动大队有1000人，他有权进行调遣。自首人刘英等向徐恩曾检举顾顺章招兵买马，妄图组织新中国共产党，并蓄谋把千人行动大队作为他的武装基础，聚众起事，消灭包括老蒋在内的党政要员。陈立夫闻报，立即调遣中统内老干部和谷正伦的宪兵，解除顾顺章的武装，并把他关押在镇江看守所。半年后，老蒋批准把顾顺章处决，由顾建中去镇江亲手执行。”（《我的特工生涯和所见所闻》，《中统特工秘录》，第6页）

曾在上海中共中央《红旗》报秘密印刷厂工作过的叛党自首分子、后随顾顺章当了特务的陈蔚如说：1934年以后，徐恩曾加强了对顾顺章的监视（负责监视他的竟是由原中央特科红队随他叛变的“亲信”童国忠和张文农即陈连生）。顾顺章“被软禁在细柳巷41号（对外称是中央调查科职员宿舍，其实是秘密特务机关），后转移到南京明瓦廊。在那时，顾顺章与戴笠确曾暗中有来往，由顾的后妻张永琴联络。看守顾顺章的仍是他以前的左右手童国忠和张文农，他俩见顾失势，对顾夫妻监视尤密，随时向总部反映情况。后来中统把顾顺章易地软禁，于1934年关入苏州反省院，翌年在苏州被秘密枪杀。（传说顾顺章会魔术、催眠术，在押解苏州反省院途中，怕他施术逃跑，行前给他穿了琵琶骨，以镇压邪术）1935年5月顾建中到上海区宣布顾顺章的问题不久，徐恩曾也到上海区视察工作。他在区总部对大家说：我们的同志要安心自己的工作，不要见异思迁，前途是有保证的。”（陈蔚如：《顾顺章之死》，《中统特工秘录》，第60—61页）

看起来，顾顺章被处决的直接原因，主要还是他对敌人来说本已失掉继续利用的价值，他却“不识时务”，野心不死，“企图别树一帜”，犯了主子的大忌。同时，顾顺章不甘寂寞，同戴笠勾结，“倾向军统”，卷入中统与军统的争斗，确实也是徐恩曾“绝对不能容忍”的事，这就越发加快了徐恩曾们“放弃”他的刑期。当然，总的来说，一切人格丧尽、卑鄙无耻的叛徒，不论迟早，终归会被主子“放弃”，则是他们无法逃脱的规律。

二十五、《伍豪启事》的出笼与破灭

伪造的《伍豪启事》出笼

周恩来到达中央苏区两个月后，曾在上海发生了国民党特务伪造所谓《伍豪等脱离共党启事》事件。

国民党特务伪造这则启事，实际上是顾顺章叛变事件的继续，是因顾顺章事件而产生的余波。国民党反动派妄图通过这则启事，以达到诬蔑周恩来、败坏中国共产党的声誉和瓦解中国共产党在白区革命力量的目的。

当时我国的政治形势是：国民党反动派对我革命根据地发动的三次“围剿”，都在红军的反“围剿”中遭到惨败。1931年九一八事变发生后，国家民族处于危急存亡之际，国民党反动派不仅不抗日，反而提出“攘外必先安内”，企图集中力量消灭中国共产党和工农红军。他们积极准备第四次“围剿”，同时阴谋一举消灭当时设在上海的中共中央。他们搜捕的主要目标之一是周恩来。周恩来这时担任中央政治局委员、中央军委书记、中央组织部长并主管中央情报保卫工作，他的工作对国民党反动派威胁很大。

这是国民党反动派伪造所谓《伍豪等脱离共党启事》的政治背景。

“伍豪”是周恩来的笔名。这个笔名使用已久：1919年，五四运动爆发，周恩来正在日本留学，受到一位天津南开中学时期学弟的来信“国不国，何以读书为？”的感动，决定弃学回国；9月16日加入南开大学著名的革命团体“觉悟社”。1920年1月，《觉悟》第一期出版，周恩来发表言论的笔名，就是“伍豪”。当时，《觉悟》的撰稿人都用化名发表作品，他们先由抽签决定号码，再由号码的谐音取名；像邓颖超抽中一号，她的笔名就是“逸豪”。

结果，周恩来抽中第五号，名字呢？当然就是“伍豪”了。

周恩来的这个笔名是党内外许多人都熟悉的。敌人深知他是中共中央的主要领导人之一，在党内享有崇高威信。他们采取这种无耻手段，是想以此造成我们党内的混乱。可是这则伪造的启事有着明显的漏洞，一眼就看出是敌人在故弄玄虚：先不说它内容的荒谬，措辞的拙劣，单讲它的下款是伍豪等二百四十三人，如果是真的，为什么只写出“伍豪”一个名字，其他都不写？

顾顺章被捕叛变以后，敌人妄图将中共中央“一网打尽”的阴谋破产，他们怀着无比的恼怒，将其搜捕的主要目标集中到周恩来身上。这年9月1日，国民党就曾发出悬赏通缉周恩来的通令，继又于11月底以顾顺章的名义在报纸上刊登“悬赏缉拿”周恩来的“紧急启事”。但是，周恩来及时机智地隐蔽起来坚持斗争，并于12月上旬潜往中央苏区，随即在中央苏区的首府瑞金就任中共中央局的书记。

敌人始终没有找到周恩来的踪影，“悬赏缉拿”的花招徒成笑柄。黔驴技穷，便又使用造谣诬蔑的故伎，自1932年2月16日至21日，先后在上海《时报》《新闻报》《申报》《时事新报》连续刊登一则他们伪造的所谓《伍豪等脱离共党启事》的广告：

敝人等深信中国共产党目前所取之手段，所谓发展红军牵制现政府者，无异消杀中国抗日之力量，其结果必为日本之傀儡，而陷我中国民族于万劫不回之境地，有违本人从事革命之初衷。况该党所采之国际路线，乃苏联利己之政策。苏联声声口口之要反对帝国主义而自己却与帝国主义妥协。试观目前日本侵略中国，苏联不但不严守中立，而且将中东路借日运兵，且与日本订立互不侵犯条约，以助长其侵略之气焰。平时所谓扶助弱小民族者，皆为欺骗国人之口号。敝人本良心之觉悟，特此退出国际指导之中国共产党。

伍豪等二百四十三人启

这则启事，是当时国民党中央党部调查科情报股总干事张冲和这个调查科驻沪特派员黄凯合伙炮制的。顾顺章由武汉被押解到南京，国民党调查科的特务倾巢而出，由张冲带领窜到上海搜捕周恩来等中共中央负责同志，结果处处扑空。敌人悻悻然而又无可奈何，便想出这个馊主意泄愤、报复。当由张冲执笔，黄凯派人送往上海各报刊载。1932年2月15日上午，送到申报馆门市部。

《申报》广告处律师看到这个启事称243人脱党而具名只“伍豪”一人，有明显漏洞，“决定16日暂不刊出”。但2月16日、17日，《时报早晨号外》首先刊出了这一启事。18日，《新闻报》也刊登了。19日，国民党设在上海的新闻检查处派人到申报馆质问为何不登这个启事，《申报》遂于20日、21日刊登。《时事新报》也在这两天刊登。

新中国成立后，当年在中央特科情报科工作的陈养山担任了上海公安局副局长，1950年9月调任南京市公安局长。1950年开始大张旗鼓地镇压反革命运动中，国民党特务纷纷落网。1951年3月7日，当年参与炮制《伍豪启事》的中统特务驻上海特派员黄凯被逮捕。1930年至1933年间，此人曾在汉口、上海、南京等地参与破坏中国共产党组织多起，杀害中共中央委员杨匏安、罗绮园夫妇和湖北省委负责人陈华全家及省委其他20多人，还参与了逮捕杀害第三党领袖邓演达（还曾参与对大叛徒顾顺章的逮捕、诱迫叛变），罪行累累，手上沾满共产党人的鲜血。但经多次审讯，黄凯抵赖顽抗，拒不认罪。南京市公安局负责审讯的政治保卫处预审科科长秦杰，比较年轻（时年25岁），对30年代初期对敌斗争情况较少了解。要吃掉这只凶残的老虎无从下手，审讯卡壳，忽然接到陈养山的电话：“你们那里关押了一个叫黄凯的犯人吗？我审一审黄凯，明天来。”秦杰正在犯难，一听高兴极了，忙说：“好吧，你来审，我陪你审。”第二天，陈养山亲自来审，胸有成竹地列举黄所犯种种罪行。黄凯开头依然支支吾吾，百般抵赖，一直不肯认罪。陈养山突然问道：“你们1932年2月伪造‘伍豪脱党启事’在上海各报传播是怎么回事？”黄凯听出他是知根知底的当年老对手，已知罪行再难隐瞒，忙即供称：“张冲来沪主持丧事善后，和我谈起C.P.经济困难，可能有许多党员动摇，我们用周恩来的化名，冒充启事脱党。由张起草，列为200余人，由我送登申、新各报。哪知毫无反响，好久并无人来向各机关自首。……”

事后，秦杰记述这次陈养山亲自审讯黄凯的过程说：“养山同志亲自审讯黄凯，连承义同志担任记录，我参加陪审。养山同志足足审了两三个小时，黄凯系统地交代了他参加中统特务组织期间的活动，在武汉、上海、南京参与迫害共产党和进步人士的罪恶，以及在上海妄图抓捕周恩来，结果扑空的过程，以及尔后又在上海与中统另一特务张冲，冒充周恩来化名（伍豪），在《申报》《新闻报》登载‘伍豪启事’，编造伍豪以200余名党员名义声明退党的谎言。启事登出后无一名共产党员自首。不久，巴和律师就代表伍豪在《申报》发表了辟谣的《巴和律师代表周少山紧急声明》。

“养山同志在审讯黄凯的过程中，还讯问了30年代相关的中统特务的罪恶活动。黄凯已经听出来，养山同志是他当年的老对手。知道自己的罪行隐瞒不过去，因此交代比较具体。自此以后，黄凯系统地写了供词。经过养山同志这次审讯，这个案子审起来就有了头绪，也就很快结案了。

“‘文革’期间，‘四人帮’借‘伍豪启事’诬陷周恩来同志。养山同志审讯黄凯取得的供词，恰恰有力地证明周恩来同志是清白的。”（秦杰：《忆陈养山同志在南京的两三事》，《纪念陈养山文集》，第53页）

1953年6月7日，黄凯又在狱中写的交代材料中说：“他（指张冲）在抗战以前攸（悠）长岁月中，是蒋光头的主要帮凶，我又是他的主要帮凶。他亲笔起稿，写伍毫（豪）启事。……遍登中外各大报一星期，丝毫未达预期的效果。”黄凯刑满释放后，又写文章记述他和张冲伪造这则启事的情形：“张冲来沪主持丧事。事后，和我谈起C.P.经济困难，可能有许多党员动摇，可以试用周恩来的化名伍豪冒充刊登脱党启事，由张起草《伍豪等脱离共产党启事》，由我派人送登上海各报。哪知道毫无反响，好久无人来向各机关秘密自首。相反《申报》上却由一位大律师代伍豪发表声明。季源溥警告《申报》史量才不应刊登，史居然拒绝，他说：‘广告是营业性质，何况从法律观点来看，姓伍的被人冒名，是应该声明的。’”（《我的特工生涯和所见所闻》，《中统特工秘录》，第14页）

临时中央为周恩来辟谣

这则伪造启事的内容尽管拙劣，但是敌人这一手也很毒辣。他们认为，当时白色恐怖极端严重，这一闷棍打来，我们根本无法还手。如果我们在报纸上公开辟谣，无异自投罗网。可是，共产党不信邪。上海中共临时中央针对敌人的阴谋，迅速地采取了各种措施，反击国民党的造谣诬蔑。

2月18日，党组织派人给申报馆广告处送去党中央所代写的“伍豪启事”，以否定国民党反动派的伪造启事。但申报馆广告处律师看后说：《申报》没有刊登《伍豪等脱离共党启事》，所以不便刊登“伍豪启事”。

2月20日，党组织在上海散发了反击国民党反动派的传单。这一传单由中国共产党江苏省委宣传部署名，题为《反对国民党的无耻造谣》。传单指出：“最近在《时报》《新闻报》各反动报纸堆中所登载的伍豪等二百四十三人脱离共产党的广告，就是帝国主义走狗国民党无耻造谣的一例。”“无论这些狗东西怎样造谣诬蔑，并不能动摇共产党在劳苦群众中的威信！”

《申报》2月20日也刊登了伪造启事。党组织又派人到申报馆询问：你们已登《伍豪等脱离共党启事》，为何不登“伍豪启事”？申报馆广告处律师答称：铺保手续不合，不能刊登“伍豪启事”。几经交涉后，终于在申报馆总经理史量才、顾问陶行知的支持下，同意发表一则实际上是为伍豪辟谣的广告：“伍豪先生鉴：承于本月18日送来广告启事一则，因福昌床公司否认担保，手续不合，致未刊出。”

这则广告虽然没有正面讲述什么事情，却非常清楚地告诉读者，“伍豪”要登而“未刊出”的“广告”，是为否认《伍豪等脱离共党启事》而来的。而且时间安排得也很微妙：伍豪要登而未登出的启事是2月18日送给申报馆的，而国民党2月16日开始在《时报》刊登造谣启事，18日这天《新闻报》也刊出造谣启事。陈云以后曾在1972年6月13日说：“当时临时中央设法登了一个小广告，用报馆回答伍豪先生的方式，间接说明伍豪有一个否认并揭穿国民党造谣的声明，但因为保人关系，不能登出。用这个小广告使白区和全党同志知道国民党的阴谋，不受其欺骗。”周恩来也赞扬这则巧妙的启事的发表，认为“这是当时所能做到的公开否认伪造启事的办法”。

2月27日，我党又在上海临时中央出版的机关刊物《斗争》第4期（用《时报》名义公开发行）登出《伍豪启事》和以《国民党造谣污蔑的又一标本》为题的文章，驳斥国民党的造谣诽谤，在党内说明了事实真相。

党刊上发表的《伍豪启事》全文是：

伍豪启事

最近在各报上看到“伍豪等脱离共党启事”一则，说了许多国民党走狗所常说的话，这当然又是国民党造谣污蔑的新把戏！国民党的投降帝国主义，出卖中国民族利益的事实，这是全中国以至全世界劳苦民众所共见。把东三省出卖给日本帝国主义的，把中俄合办的中东路双手奉给日本帝国主义的，使日本帝国主义以至一切帝国主义得以利用东三省与中东路以进攻苏联的是国民党政府；在上海事变中，在英勇的十九路军士兵背后，同帝国主义做买卖的也是国民党政府！所以不打倒国民党在中国的统治，不创造数万万中国工农群众自己的苏维埃政府与自己的武装力量工农红军，打倒日本帝国主义与一切帝国主义，进行革命的民族战争，是不可能的。我们现在正在共产国际与中国共产党的领导之下，为了打倒帝国主义与国民党，争取中国民族独立解放而斗争！一切国民党对共产国际、中国共产党与我个人自己的造谣污蔑，绝对不能挽救国民党于灭亡的！

一月二十日

国民党反动派伪造的这个所谓“伍豪等脱离共党启事”传到中央苏区，为揭穿敌人的无耻阴谋，1932年2月，毛泽东又以中华苏维埃共和国临时中央政府主席的名义，签发《中央政府布告》。布告指出：“上海《时事新报》《时报》《申报》等于1932年2月20日左右连日登载‘伍豪等二百四十三人’的冒名启事，宣称脱离共产党，而事实上伍豪同志正在苏维埃中央政府担任军委会的职务，不但绝对没有脱离共产党的事实，而且更不会发表那个启事里的荒谬反动的言论，这显然是屠杀工农兵士而出卖中国于帝国主义的国民党党徒的造谣污蔑。”

在上海，为了更加明确有力地公开辟摇，中共中央又采取进一步措施，几经周折在《申报》上发表了一篇正面辟谣启事：当时潘汉年派黄定慧（黄慕兰）设法找到上海的进步律师陈志皋出面为伍豪辟谣辩诬。前文已述，陈志皋是一位有名的律师，这时他并不知道伍豪是谁，但是他在中共中央办的报刊上读过伍豪发表的文章。他听黄定慧一讲，就很高兴地说：我能为伍豪先生辩护感到非常荣幸。但他考虑再三，又对她说：我自己出面，国民党当局一定要追根究底，反而不利；而外国人受“治外法权”的保护，不会受到当局的迫害。于是，就由陈志皋出面，设法聘请当时在上海开户营业的法国律师、

《申报》常年法律顾问巴和出面，在1932年3月4日《申报》的显著位置，登出了《巴和律师代表周少山紧要启事》（周少山是党内熟知的周恩来的别名）：

巴和律师代表周少山紧要启事

兹据周少山君来所声称：渠撰投文稿曾用别名伍豪二字；近日报载伍豪等二百四十三人脱离共党启事一则，辱劳国内外亲戚友好函电存问，惟渠伍豪之名除撰述文字外，绝未用作对外活动，是该伍豪君定系另有其人；所谓二百四十三人同时脱离共党之事，实与渠无关；事关个人名誉，易滋误会，更恐有不肖之徒颠倒是非，藉端生事；用特委请贵律师代为声明，并答谢戚友之函电存问者云云前来。据此，合行代为登报如左。

事务所　法大马路四十一号六楼五号

当时参与其事的李一氓曾在其回忆录里谈到办理此事的情形：

经过大家商量，决定由潘汉年找当时法租界巡捕房的律师陈志皋，代表伍豪登一个否定的启事。但陈说他虽然在巡捕房工作，总是中国人，出面不方便。国民党要是找到他，他难以解释。他建议代我们找一个法国律师巴和，代表周少山登一个紧要启事。

这样，这个启事就于1932年3月4日在《申报》登载出来了。

这个启事没有用伍豪的名义而用周少山的名义，又说伍豪是周少山自己的笔名。这个小动作很妙，因为启事登出后，国民党曾派人去找巴和，问伍豪在哪里。巴和说：我的当事人是周少山，仅仅别名叫伍豪，你们要找的伍豪当然不是这个，而且他自己也登有启事，你们可以直接去找他。这个启事的内容，明显地分辨出来那个伍豪启事是伪造的，因而我们没有很琐碎地去反驳他那些反苏反共的言论。同时党内也在一些油印刊物上刊登了反驳的文章。

在当时来说，这个启事花一百两银子是贵了一点，但达到了我们的目的。因为周恩来已离开上海，他不会知道我们做了这些事情。以后也没人向他提过这件事。（《模糊的荧屏》，第127—128页）

这个启事，在措辞上非常巧妙，既合乎国民党统治区的法律，又澄清事实真相，狠狠地打击了敌人。这则广告一经登出，《伍豪启事》的真相大白于天下。国民党造谣诬蔑的阴谋彻底失败，党在这场较量中取得了决定性的胜利。

斩断江青射出的毒箭

本来，顾顺章连同他所投靠的主子国民党以及他们制造的那个“伍豪启事”，早已统统见鬼去了。不料，过了将近40年后，在“文化大革命”中，林彪、江青反革命集团，把周恩来视为他们篡夺党和国家最高权力的巨大障碍。他们又拿这个伪造的“伍豪启事”兴风作浪，妄图以此陷害周恩来。他们怀着极其恶毒的狼子野心，故意利用此事炮制所谓“伍豪事件”，在社会上掀起反对周恩来的恶浪，制造混乱，以便他们浑水摸鱼，在乱中窃国夺权。

1967年5月，天津的红卫兵把一份从上海报纸上查到的《伍豪等脱离共党启事》的复印件送给江青。江青拿到这个根本一文不值的伪造“启事”，妄图大做文章，对周恩来进行突然袭击。5月17日，江青写信给林彪、周恩来、康生，附寄这个“启事”。她说：“他们查到了一个反共启事，为首的是伍豪（周××），要求同我面谈。”

周恩来一眼看穿了江青的阴谋，5月19日愤怒地在江青的这封信上批示：“伍豪等脱离共党启事，纯属敌人伪造。只举出二百四十三人，无另一姓名一事，便知为伪造无疑。我当时已在中央苏区，在上海的康生、陈云等同志均知为敌人所为，故采取了措施。”同一天，周恩来放下其他事情，调来当年上海所有这个时期的主要报纸，仔细查阅后亲笔给毛泽东写了一封信，还将1931年至1932年的有关事件编成《大事记》，一并送去。他在致毛泽东的信中写道：“现在弄清楚了所谓‘伍豪等启事’，就是1932年2月18日的伪造启事”，“伪造启事和通过申报馆设法的处置，均在我到江西后发生的。”

毛泽东看了周恩来送去的信和材料以后批：“送林彪同志阅后，交文革小组各同志阅，存。”1967年底，北京有一个学生向毛泽东写信重提此事，毛泽东于1968年1月16日批：“此事早已弄清，是国民党造谣污蔑。”1968年5月8日，毛泽东又在一次谈话中说：“像许世友这样60多岁的人，他都不知道这件事是敌人伪造的。可见了解当时的历史情况很不容易。”毛泽东除了上述两次亲自澄清伪造启事外，还曾经嘱请周恩来在适当的会议上给同志们讲一讲，录下音，存入档案，使后人了解此事。

江青及其一伙不顾事实，仍然就此问题煽风点火，通过红卫兵做手脚。这年10月一天上午10时左右，林彪、江青反革命集团主犯吴法宪在钓鱼台10号楼见到江青时，她手里拿一个大塑料口袋给他看，指着口袋说：“我这里什么人的材料都有，到处给我送来，这一口袋是周总理的材料。”10月10日，江青反革命集团主犯张春桥、姚文元担任正副主任的上海革命委员会材料组，又把这个敌人伪造的“伍豪启事”编进《“抓叛徒”简报》第55期。

周恩来深知江青心毒手狠，对此事不会甘心。1967年10月和11月，曾让工作人员将登载有伪造启事的报纸和他写给毛泽东的信，以及毛泽东的批示等材料拍照存档。12月22日，北京大学“6406”信箱历史系学生范××给中央写信，重提“伍豪启事”的事。1968年1月10日，周恩来又写信给江青说：“此事在1931年、1932年，凡熟悉上海政情和共运的，均知其为伪造。我在1942年延安整风、下半年开的中央座谈会上已原原本本谈过，今年有暇，我当在小碰头会上再谈此事，并予录音，记入中央档案。”

自从1968年1月16日毛泽东作了“伍豪启事是国民党造谣诬蔑”的批示，一直借此兴妖作怪的江青只好暂时闭起嘴巴。康生、谢富治也都对此事表态，讲了话。

对于这个所谓“伍豪启事”的真相，康生本来是一清二楚的。因为他当时就在上海，又是参与处理此事的中央特科负责人之一。他还参与处决顾顺章家属的行动，并曾协助陈云设法对付顾顺章勾结国民党特务伪造的这个“伍豪启事”。1931年12月29日起上海各报连续刊载的《顾顺章悬赏缉拿杀人凶手周恩来等紧急启事》里两处说到“共党首要周恩来、赵容等”中的“赵容”，就是康生那时的化名。对于这件事，康生在“文化大革命”前还曾不止一次地谈到过。1962年10月31日，康生曾在一份涉及“伍豪等脱离共党启事”的材料上亲笔写过：“这完全是造谣诬蔑，与敌人完全站在一起的说法。事实真相是：顾顺章叛变后，全家被我们干掉了，敌人为了报复，用特务机关造了那个谣。实际上，当时周恩来同志早已到苏区去了，根本不存在这样的事。”1963年12月27日，康生在另一份有关材料上再次批写道：“当时在上海的同志都知道这样的事。”可是，只过了3年，“文化大革命”开始后，在林彪、江青两个反革命集团利用当年国民党特务伪造的这个“启事”掀起陷害周恩来的恶浪时，康生一直装聋作哑，对此默不作声。直到毛泽东作了明确的批示之后，康生才在1972年2月18日口授一份材料："所谓'伍豪启事'完全是国民党特务的伪造，用来攻击诬蔑我们党和周总理的。当时总理在苏区，事实就彻底粉碎了敌人的伪造阴谋。"

谢富治是掌管政法大权的国务院副总理兼公安部部长，他在1971年9月20日病重期间（他于1972年3月26日病死）对其家属说："所谓'伍豪启事'是国民党伪造的，毛主席讲过这启事是假的，毛主席和康生同志早就知道这件事的真相。"

毛泽东在1968年1月作了前述批示后，同年5月8日，毛泽东又在接见一批在京参加会议代表的间歇，同参加接见的中央文革碰头会成员和几位副总理、元帅谈话时说：敌伪的报纸也不能全信。像许世友这样60多岁的人，他都不知道"伍豪启事"是敌人伪造的，可见了解当时的历史情况很不容易。这个"启事"下款是伍豪等243人，如果是真的，为什么只写出一个人的名字，其他都不写？有些干部对历史不清楚，一看大吃一惊。因此，毛泽东除了两次亲自澄清这个伪造启事的真相外，还曾嘱请周恩来在适当的会议上，把这一事件前后的情况给同志们讲一讲。当场周恩来简要地谈了"伍豪启事"的原委。他说：我是1931年12月中到了中央苏区的。我到福建永定的时候，正好碰上宁都暴动。当时康生等在上海，他们看了这个敌人伪造的假启事，很快就由申报馆广告部在广告栏登了一条揭露性的启事，说"伍豪先生鉴：……"这就证明前一个"伍豪启事"是伪造的了。周恩来又说：在1931年，顾顺章叛变，幸而有钱壮飞同志在中统徐恩曾处得讯最快，所以中央机关才得免遭破坏。钱壮飞、李克农、胡底他们是在一起的，因此才派往中央苏区。后来，钱壮飞在长征中躲飞机时死去；胡底在与张国焘会合时被杀了，因为张国焘在四方面军讲演，胡底在台下说张国焘像法西斯蒂，被张国焘的卫士听到报告了张，后来就给杀了。当时上海还有公共租界，专管引渡共产党案件的鲍君甫，对我们通风报信，得帮助不少……最后，周恩来说：我已将那件事的报纸和我的报告影印了，还要写一个材料。在座的聂荣臻也说：有机会谈一谈好，免得将来更没有人知道了。

1972年6月，中共中央在北京召开批林整风汇报会。毛泽东请周恩来在会上讲一讲“伍豪启事”问题的来龙去脉。这时，自从1969年起就被林彪、江青一伙“下放”到江西、这年4月下旬才回到北京的陈云参加了会议。6月13日，陈云在会上说：“我当时在上海临时中央。知道这件事的是康生同志和我。对这样历史上的重要问题，共产党员要负责任，需要对全党、全世界共产主义运动采取负责的态度，讲清楚。这件事完全记得是国民党的阴谋。伍豪等二百四十几人的脱党声明，是在周恩来同志已经到达中央苏区之后。”当天，陈云还写了书面证明：“我现在书面说明，这件事我完全记得，这是国民党的阴谋。”

6月23日，在中央批林整风汇报会最后一次全体会议上，周恩来作了《关于国民党造谣诬蔑地登载所谓“伍豪启事”问题的报告》，对1932年国民党特务伪造“伍豪启事”的情况作了详细说明。他在讲话中说：“这个问题，是在‘文化大革命’初期，有人提出来的。当时已向主席报告了，并且主席有过批示。后头因为没有机会，没有向更多的同志来说这个问题。这一次开会，开始主席就嘱咐我，要我讲一讲，给300多位同志讲一讲，录音下来，将来成为党的档案，保存起来。因为这个诬蔑的性质，它是直接用我的笔名‘伍豪’，必须要说清楚。……”他还讲述了1967年5月19日就此事写给毛泽东的报告，公布了毛泽东1968年1月16日为此写的批示。——整理讲话录音时，邓颖超亲自拟定了题目：《关于国民党造谣诬蔑地登载所谓“伍豪启事”问题的报告——周恩来同志1972年6月23日晚在批林整风汇报会议上的报告》，地点：北京人民大会堂东大厅。会上根据中央政治局的决定和毛泽东的意见宣布：周恩来的讲话录音和根据录音整理的记录稿以及有关文献材料，都作为档案，保存在中央档案处。同时由各省、市、自治区党委各保存一份，以便党内都知道这个问题的真相，避免今后有人利用它制造事端。但是，“四人帮”采取拖延的手段，拒不执行中央政治局的决定和毛泽东的意见，将此事搁置起来不办。

周恩来对党无限忠诚，大公无私，从不计较个人的荣辱得失。他一生忍辱负重，顾全大局，严于律己，忍受过许多常人难以容忍的恶意攻击，却不能容忍对他政治生命的践踏。1975年9月20日，周恩来病危，需要进行手术治疗。他在进入手术室之前，特地拿来他在批林整风汇报会上作的关于所谓“伍豪启事”问题真相的报告录音记录稿，用很长时间仔细地看了一遍，即用他由于病重而颤抖不已的手，签上自己的名字和报告日期，同时注明了签字的环境和时间：“于进入手术室（前），1975年9月20日。”了却了一件最大的心愿。进入手术室时，周恩来大声说道：“我是忠于党、忠于人民的！我不是投降派！”在场的邓颖超要汪东兴将此情况报告毛泽东。

历史再次证明了周恩来的卓识远见，1976年1月8日，饱受“四人帮”折磨陷害的周恩来含愤离开人间。江青、张春桥一伙贼心不死，继续施展鬼蜮伎俩，妄图继续利用这个国民党特务伪造的启事“制造事端”。周恩来的遗骨未寒，亿万人民还沉浸在无比哀痛中的时刻，“四人帮”及其同伙就迫不及待地跳出来，利用他们控制的舆论工具，连续发表反动文章，肆意中伤和攻击他。他们处心积虑地要在党心军心民心中抹掉周恩来的光辉形象，妄图摧毁这座牢牢竖立在全国人民心坎上的丰碑。但是，一切居心邪恶的野心家，总要“搬起石头砸自己的脚”。他们制造弥天大谎、肆无忌惮地诬蔑周恩来，严重地伤害了亿万人民的感情，激起了广大人民群众的愤慨，点燃起全国人民的怒火，进而引发埋葬“四人帮”的天安门事件。仅在几个月后，“四人帮”这伙窃国大盗，就统统被人民的铁扫帚扫进历史垃圾堆。这伙丑类不但丝毫未能损伤周恩来，反而使得他的英名更加誉满中外，永垂不朽。

结束语

从1927年冬到1931年，在周恩来的直接领导下，中央特科在对敌斗争中发挥了重大作用，在上海的中共中央机关得到周密保护，未曾遭受大的破坏。正如陈云说的：“特科是周恩来同志直接领导下的党的战斗堡垒。特科是一个有战斗力的白区党的地下组织。”

中央特科的情报、保卫工作，所以能够在千百倍于己的强大敌人控制的上海，接连取得许多惊人的重大胜利，不仅由于这些红色战士们对于党的事业忠心耿耿，对阶级敌人高度憎恨，对敌斗争机动灵活；同时，也是跟党和群众的亲密关系，跟广大劳动人民和进步人士的支持援助分不开的。而周恩来的远见卓识、足智多谋的领导才能，更是取得这些光辉胜利的重要因素。这个时候，周恩来在中国革命的紧急时刻，面对血腥的白色恐怖毫无惧色，勇往直前，坚持战斗。跟他在党所领导的许多斗争领域功绩卓著一样，周恩来在中央特委领导党的隐蔽斗争中表现了杰出的才干。他不仅努力学习和领会马克思列宁主义，而且经历长期革命实践，具有丰富的斗争经验，对于中国各方面的发展情况都有惊人的详尽知识；他高瞻远瞩，多谋善断，总能及时而准确地抓住有利时机采取行动，保证党在隐蔽斗争中经常化险为夷，立于不败之地。周恩来在极端困难条件下表现出来的那种力撑大局的伟大胸怀，他那种夜以继日、不知疲倦的工作精神，那种脚踏实地、事必躬亲的认真作风，他对同志和蔼可亲、体贴入微的细心关怀，给大家留下极其深刻的印象，赢得同志们的深深崇敬和衷心爱戴。

当年在上海参加中央特科情报工作较早、历时最久的陈养山，回忆这段峥嵘岁月的时候说道：“周恩来同志当时在党中央担负着多方面的领导工作。

他在极其繁忙中，亲自创设中央特科，并经常决定各种重大方针措施。从实践证明，中央特科对保卫党中央和其他党组织，对打击敌人的阴谋活动，作出了伟大的功绩。同时，我们还应指出：1927年到1931年，正是瞿秋白、李立三、王明‘左’倾机会主义路线相继统治全党的时期。他们不顾客观条件，在城市里经常进行所谓‘总同盟罢工’，要求全国各地大搞暴动，工人在城市举行起义，要求城乡配合夺取大城市，所谓‘争取一省和数省的首先胜利’，并指挥红军进攻长沙、南昌、武汉等大城市，把从大革命失败后重新发展起来的大好形势和革命力量，竟作孤注一掷。在城市，特别是上海，每年到革命纪念日，如‘五一’‘五三’‘五四’‘五七’‘五九’‘五卅’等所谓‘红五月’纪念日，就号召所有同志到南京路上搞示威活动；在工人集中地区和工厂放工的时候，经常搞公开宣传和飞行集会。这样，严重地暴露了党的组织，导致大批同志被捕坐牢，有的同志竟然因此牺牲。即使在这种情况下，从1927年到1931年，上海党中央和其他领导机关没有受到重大的破坏。这同1934年以后，上海党的领导机关和基层组织几乎被一网打尽的情况相比较，更可知道，在周恩来同志领导下的中央特科，为保卫和巩固党的方面，作出了多么伟大的贡献！在中国共产党的历史上，是何等辉煌的一章！”

事实确是这样，中共中央在上海的情报、保卫工作所取得的巨大胜利，乃是周恩来亲手制定的方针政策的成功。从中央特科筹建的时候开始，直到周恩来1931年底离开上海，进入中央革命根据地的时候为止，党在白区进行的隐蔽斗争一直在他直接领导下顺利进行。他是党在隐蔽战线杰出的统帅，他对中央特科的工作呕心沥血，耗费了极大精力。他对地下党的活动确定了一整套原则，制定了一系列的制度、纪律以及活动方法等等，都对党的胜利发展起了决定作用。如在组织方面，要求精干、隐蔽，纪律严格，没有工作关系的人不许往来。以此杜绝因为一个地方的破坏，而招致几个地方遭受损失的情况发生。特别是在内部严防出叛徒，采取了很多有效的措施。在活动中，则尽量职业化、社会化，以公开身份，掩盖秘密工作，同时提醒所有人员要密切联系群众，注意搞好与各方面的关系，特别是与左邻右舍周围群众的关系，以免引起怀疑，遭受破坏，给工作带来损失。而把顾顺章所热衷的恐怖行动转向隐蔽的政治斗争，由联系利用个别包打听转为建立整个的反间谍系统，从表面的轰轰烈烈转变为细针密缕的调查研究工作，正是陈赓、李强和许多隐蔽战线上对党赤胆忠心，无私奉献的无名英雄，在具体工作当中坚决执行周恩来指示、同顾顺章主持中央特科日常工作时的错误倾向进行了长期不懈斗争的结果。

自此开始的半个世纪风云变幻中，周恩来运筹帷幄，为党的情报事业和电讯工作的发展壮大倾注了大量的心血。在他的指导下，党的情报工作在宽广的领域和深厚的统战基础上迅速发展。情报来源和渠道扩大了，数量和质量也不断提高，不仅开创了情报工作的崭新局面，而且逐步形成了中共情报工作与统战相结合的特殊风格。党的情报工作对中国革命的胜利作出了特殊的贡献，体现了具有中国特色的情报工作的极大威力。

抗日战争期间，周恩来领导的情报工作，还为国际反法西斯战争作出重大贡献。经周恩来亲自批准入党并布置打入国民党内部的秘密党员阎宝航，获得了德国1941年6月20日前后一周内将突袭苏联的情报。周恩来为不延误时间，直接用俄文拟了一份紧急电报经延安总部立即通报莫斯科。一时任共产国际总书记的季米特洛夫在1941年6月21日的日记中记述："在周恩来从重庆发给延安（毛泽东）的电报中曾指出，蒋介石坚定地宣布德国进攻苏联，而且还说出了日期——1941年6月21日。"（华谱编译：《〈季米特洛夫日记〉中有关中国革命重大事件的记述》，《中共党史研究》2001年第5期）事后斯大林致电毛泽东，说这一电报使苏联红军提前24小时进入战备，并对中共中央提供的及时准确的情报极为感谢。这是周恩来对国际反法西斯战争作出的重大贡献。他直接领导的潘汉年情报系统，还获取到日本在苏德战争爆发后的战略主导思想是"南进"而不是"北进"的战略情报，经中共中央转告苏方。苏联在获得这类情报信息的基础上，才敢于下决心从东线防御部队中抽调兵力，参加莫斯科保卫战。周恩来还将阎宝航侦获的日本关东军在东北详细部署的书面材料原件，令南方局拍照报送延安并通报苏联，这使1945年8月8日苏联对日开战后，按图索骥、势如破竹地突破了关东军长期经营的防御工事，使日本企图以东北为基地作最后挣扎的幻想彻底破灭。事隔50年后，俄罗斯驻华大使罗高寿受俄罗斯总统叶利钦的委托，于1995年11月1日授予阎宝航（已故）和他在抗战期间领导的地下工作者阎明诗、李政文等"卫国战争胜利50

周年”纪念奖章。

潘汉年情报系统在沦陷区和国民党统治区的卓越成就，多次受到中共中央和毛泽东的表扬，更是尽人皆知的事情。

周恩来1932年底在胡宗南身边布下的“闲棋冷子”熊向晖，取得胡宗南信任后当了他的侍从副官、机要秘书。他和陈忠经、申健一起，不断地向中央提供迅速准确的军事情报。熊向晖将蒋介石密电胡宗南闪击延安的时间、作战意图、进攻路线、兵力部署等一举一动都事先报告了中央情报部。正如周恩来说的那样：“西北战场每天都有得用的情报”，“蒋介石的作战命令还没有下达到军长，毛主席就看到了”。毛泽东转战陕北，能料事如神、随心所欲地牵着胡宗南的鼻子走，一个重要原因就是依靠了这些迅速准确的情报。熊向晖和陈忠经、申健的卓越成就，堪与“龙潭三杰”当年打入国民党最高特务机关的模范事迹相媲美。1949年6月，周恩来在北京见到熊向晖的时候，非常高兴地说，西安的情报工作做得很成功。他说：“在我们党的情报工作中，李克农、钱壮飞、胡底可以说是‘前三杰’，你们三人，可以说是‘后三杰’，所以这样说，是因为都为保卫党中央作了贡献。毛主席曾设想，如果发勋章，也要发给你们。”（熊向晖：《我的情报与外交生涯》，中共党史出版社1999年版，第59页）

受周恩来派遣打入国民党中央党部的沈安娜，从1938年秋至1949年春一直在那里的机要处当机要速记。她在国民党历届中央全体会议、中央常务委员会、国防最高委员会及军政会议上都负责速记工作，曾记录过蒋介石、何应钦、白崇禧、陈诚及国民党军统、中统特务机构的报告。前后10年，取得了大量很有价值的情报。在中国时局转变的紧要关头，她将1945年11月间蒋介石召开两次军事会议讨论向解放区进攻的军事部署、兵力调配、战区划分、长官任免和对我兵力、特点估测的会议记录全部抄出报送中央，使中央能根据敌人兵力部署、进犯顺序作相应的兵力调动。其后周恩来在重庆表扬她所属的吴克坚系统这一时期的情报“迅速、准确”。这是情报工作又一个成功的范例。

周恩来是对国民党军队秘密策反的直接领导者和指挥者。长期以来他与国民党将领秘密联系的工作从未间断，并派人通过各种渠道策动他们弃暗投明。在决定中国前途和命运的3年解放战争中，国民党军起义、接受和平改编和投诚的官兵总数达177万余人，起义、投诚将领1400余名，其中有陆军153个整师。这项工作的直接领导和指挥者正是周恩来。他还指导策动了国民党最大的巡洋舰“重庆号”和著名的“两航”（中国航空公司和中央航空公司）起义，连信号、联络的方法细节都由他亲自安排。1929年7月在上海经由中央特科参加中国共产党的秘密党员张克侠将军，一直在冯玉祥部西北军系统工作。周恩来曾在武汉、南京多次约见他汇报情况，指示策反工作。1946年夏天，正当蒋介石发动全面内战的紧要关头，周恩来在南京约见张克侠。许多年后，张克侠回忆这次约谈的情景，显示出周恩来的机智细致。其时周恩来正住在南京梅园，与国民党进行谈判。张克侠说：“到达南京后不久，周恩来同志约我亲自面谈，由于事关重大，去梅园诸多不便，约定在次日傍晚时分，在冯玉祥寓所附近一个偏僻去处的公园外面相会，到预定时间时，周恩来同志将乘一辆黑色小汽车经过那里，要求我立刻上车，谈话将在车上进行。在中国即将进行两条道路、两种命运决战的关键时刻，我能够向党组织当面汇报，又一次亲自聆听敬爱的周恩来同志的教诲，并直接接受党的具体指示，这是多么珍贵，多么令人感到幸福的啊！

“我怀着激动兴奋的心情等到傍晚，便穿着军便服约会（当时在冯玉祥处工作的）王冶秋同志，装着散步的样子走向指定地点。这里很僻静，附近见不到什么人烟。约定的时间到了，一辆黑色小汽车准时开到，在我们跟前停住。车门打开，我看见久别渴望的周恩来同志身穿中山服，镇静地坐在后座向我点头。我跨进去刚坐在他身旁，汽车便迅速开动前进。在向前行驶的时候，周恩来同志仔细地透过后面的车窗观察，看到没有盯梢的车子，便向我亲切问候。车上，除司机外，还有一名警卫员坐在司机旁边。我立即汇报了徐州地区的情况。周恩来同志时而用炯炯有神的目光注视我，时而沉思点头。我向周恩来同志谈到今后工作和组织起义的问题后，他指示我：‘现在，要多向蒋军官兵，向那些高级将领和带兵的人，说明我们党的政策，指明他们的出路。蒋介石是一定要打内战的。他要打我们就也打。我们不但在战场上狠狠回击他们，也要从敌人内部去打击顽固派。要争取策动高级将领和大部队起义，这样，可以造成更大声势，瓦解敌人的士气。’我表示：我所在的部队和我相处很久，彼此均很熟悉和信任，在作战中，他们肯定会服从我的调动。现在，大多数官兵都认识到跟国民党走没有出路，起义是有条件的。只要党下令，我可以保证随时起义。我告诉周恩来同志，在部队中的斗争很复杂，有不少反动的国民党军官，还有一批特工人员，为了预防敌人的破坏，保证起义的顺利，请求解放军在进攻前派联络人员到我那里去，以便很好地配合。周恩来同志表示赞同地点点头。他沉思一刻，环视四周，又看看表，忽然紧紧握住我的手摇动起来。我明白了，这次谈话必须结束了。在我面前的这位卓越的党的领导人的肩上，有无数的重担要承担，有无数事情等待他急迫料理。他日理万机，不分巨细，正当国民党反动派气焰正在嚣张的时候，还不避风险地在国民党首都的南京街头上，从容不迫地作出了打击敌人的指示，这是何等令人惊奇赞叹的壮举啊！

“汽车在一个僻静地点停下，当我迅速下车后，汽车立即疾驶而去。顷刻便消逝在旧中国沉闷的夜色之中。”（张克侠：《秘密的岗位》，《革命史资料》第3期，文史资料出版社1981年版）两年以后，1948年11月6日，中国人民解放军发起淮海战役。11月8日，张克侠即和何基沣（秘密党员）在台儿庄、枣庄地区率领两万三千余人起义。

从在上海领导李强研制出第一部无线电收发报机、设立第一部无线电台起，在以后中国革命发展的各个历史阶段，周恩来继续卓有成效地领导着我党我军的电讯事业。抗日战争和解放战争时期，我党我军的电讯事业有了全面的发展。周恩来着力领导敌我空中隐蔽斗争，曾经亲自部署在敌占区和国民党统治区建立了数十部秘密电台，遍及各大城市和战略要地，保证了中共中央对“第二条战线”及时有效的领导。

全国解放战争时期，国内情报工作全面展开，取得卓越成就，可以说是发展的最高点。毛泽东曾满意地评价：这个时期“我们的情报工作是最成功的”。（林聪：《李克农传略》，《中共党史资料》第57期）党中央也称赞这个时期的情报工作。1949年11月《中共中央关于情报工作的决定》说，这个时期党的情报工作“对取得中国革命在全国范围内的胜利起了重要作用”。这伟大的历史功绩首先应当归功于隐蔽战线的统帅周恩来。

新中国成立以后不久，周恩来在一次讲话中回顾这段历史时说：

情工发展是在1927年党登上政治舞台的时期，而不是在大革命失败以后。最初党还不懂得组织情报，遭到敌人袭击即失败，故在武汉成立特务工作处，附属于军委。但由于整个政治路线的错误，虽有情报，还是麻木不仁。主要问题上我们都有情报，结果是清清楚楚地看着失败了，政治上的幼稚招致如此结果。今天在党与毛主席领导下，革命胜利了，也就给了情工发展的可能，工作一定要放手大胆地发展。情报工作本身是带有冒险性的，每发必中是不可能的，一定会有若干失败，也要准备出乱子，遭损失，但是失败不要太多，太多的失败是鲁莽，要加以避免，而且出乱子绝不能出太大的乱子，以致成为致命的打击。如1931年上海情报工作的负责人顾顺章叛变，中央险遭一网打尽，幸得李克农同志等冒险到沪报告才幸免于难，这种打击就是致命打击。顾顺章的叛变不是偶然的，当时的"立三路线"和四中全会都加深了他的动摇，而我们没有预先警惕。致命打击是可以避免的，这就要加强教育，内部谨严，内外分清，避免横的联系。

周恩来在这里论述了我党情报、保卫工作发展的历史，特别指出通过顾顺章和类似叛变事件应当吸取的教训，是对我党我军隐蔽战线对敌斗争重要的经验总结。

后 记

这是笔者早就想写的一本书。周恩来同志当年在上海领导中央特科对敌进行的斗争，早在战争年代就曾有所闻。自从解放战争初期到陈赓部队工作后，战争间隙就常在一些场合听到陈赓同志纵谈特科的斗争事迹（以后到了北京，还曾多次就此访问过他）。对于那些带有传奇色彩的故事，笔者感到浓厚的兴趣，产生要写这样一本书的愿望。20世纪70年代末撰写陈赓传记的时候，曾经单就他在中央特科的经历写成《陈赓同志在上海》，北京文史资料出版社于1980年7月出版，印了73500册，在不很长的时间内售罄，说明读者也是较感兴趣的。那本书的内容虽也涉及当年中央特科各个方面的活动，但因它是为《陈赓大将》所写的部分篇章，侧重记述传主本人的战斗经历。因此，一些老朋友鼓励笔者继续搜集有关材料，早日写出当年中央特科活动的全貌，全面地如实记述周恩来直接领导特科挫败中外敌人的破坏，保卫党中央安全的功绩。

笔者无意撰写整个中央特科的历史，这是个人力所不能及的。本书主要记述我党隐蔽战线的创始人和领导者周恩来创立、领导中央特科工作的卓越贡献。中央特科是专为保卫党的组织安全最早设立的情报、保卫工作机构，是周恩来直接领导下党的战斗堡垒。在当时那样极其艰苦的条件下，特科对于保卫党的中央机关、获取情报、惩处叛徒、建立无线电通讯联络、巩固党的组织、推动武装斗争的发展等方面都起了相当重要的作用。中央特科虽然存在的时间不长，但是它在中国共产党斗争史上所建立的功绩是不可磨灭的。

本书虽非系统撰写中央特科的历史，但叙事力求准确、翔实，词必有征。当然，做到这一点并不容易。当年特科工作完全处于秘密工作状态，遵循极其严格的组织纪律和保密制度，实行单线联系，一切活动绝对保密，不许有文字记录，也不许打听自己以外的事情。参加工作的同志对特科情况的了解有很大的局限性，甚至参加工作多年连这个单位的名称都不知道。正像当年曾在中央特科工作过的那些同志说的：因为那时是秘密工作环境，没有文字记载，只能靠脑子记，再加上那时用的都是假名字，又养成不记姓名的习惯，事情又隔了这么多年，回忆的只能是一些大概情况。因此，半个世纪以后搜集当年的有关材料，实非易事。尤其涉及某些事件的细节，由于互不知情，加以年久失忆，往往说法不一，甚至互相矛盾。遇到这种情况，有的只能存疑；有的只好暂时从略，或加注释予以说明。如有参考未备，记述不当之处，敬希方家不吝赐教。

由于中央特科进行的活动极端隐蔽而斗争又异常尖锐复杂，人们对它常会有种神秘的感觉，甚至会不被人理解。其实说来也很简单，政党是阶级斗争的工具，中国共产党同国民党反动派以及一切中外阶级敌人进行的斗争，乃是你死我活的拼搏。敌人拿刀杀过来，就得拿刀杀过去。这样才能保全自己，消灭敌人。这和战场上的拼搏是一样的，只有斗争形式明暗的差别。中央特科是我党从事情报、保卫工作的专业组织。无论政治斗争或是军事斗争，情报手段是必要的斗争武器，可靠的情报都是决定胜负的重要因素；叛徒特务严重威胁党组织的安全，对叛徒若不严厉惩处，就会使党遭受常严重的危害。顾顺章被捕叛变后对革命的破坏就是最突出的事例。

当年在白色恐怖笼罩的上海滩，周恩来领导中央特科与敌人进行了殊死的斗争。他们不仅面对强大凶残的中外反动派，而且还要提防叛徒内奸从背后射来的冷箭，斗争异常艰苦，许多同志为革命献出宝贵的生命。他们前仆后继，视死如归，表现出共产党人坚强不屈的英雄气概，在中国共产党历史上写下了壮丽的篇章。

在《陈赓同志在上海》的《后记》里，曾经说过："50年代，作者曾就此事多次访问过陈赓同志；写作此文的时候，又多次访问原在中央特科同陈赓同志长期共事的李强、陈养山、刘鼎、柯麟等同志，承他们提供了许多重要情况；杨献珍同志也在病中忆述他和陈赓同志在天津一起斗争的情况；还承有关部门和有关同志提供了许多宝贵资料。"其后，为了撰写本书，一直继续搜集有关材料。笔者早在1962年2月20日就曾为此访问过陈养山，我和陈养山、李强经常保持联系，直到他们临终之前。他们热心支持我对中央特科活动的研究，陆续不断地提供了许多有价值的材料。这次动笔撰写过程中，得到更多同志的支持与帮助，有的提供新发现的资料，有的寄送有关的报刊，有的帮助搜集、翻制图片；同时参考了书报刊物上的一些有关文章，在此一并表示衷心的谢忱。

2001年7月11日，北京

补　记

本书出版发行以来，陆续得到有关同志和一些读者以及媒体的关注。有的给予热情的鼓励，有的指出书中的错漏和不足之处，有的还指出了某些引文中的差错，深使笔者铭感。现乘本书重印的机会，又对全书加以校订，改正字里行间存在的错漏。对于某些记述不够完备或不尽确切的重要情节，根据有关同志提出的意见和新见到的资料，特在这里加以修订和补充。

今年7月初旬，曾承刘鼎同志的夫人易辉寄赠她和李滔主编的《刘鼎》一书。其中记有李滔著《刘鼎传》《刘鼎遗著》《纪念文章》三篇，读过以后，对于刘鼎同志的革命经历有了进一步的了解。

本书“隐蔽、撤退、转移”一章中，引录了有关书籍对于1931年10月刘鼎在上海被捕前后经历的记述。易辉同志收到笔者寄赠的本书后，在她7月8日的复信中说：“刘鼎在上海被捕后是怎样出狱的，这与吴先清的那些社会关系毫无牵连。这个问题在《刘鼎》一书中已经讲清楚了。这是经过刘鼎老人申述，组织审查做了结论的。”笔者对此除了表示歉忱外，特将《刘鼎传》中有关此事的记述照录于后，以正视听：

中央特科经过改组后，二科工作由潘汉年领导。刘鼎把大部分工作做了交接，还留下与国民党改组派“高先生”的联系等工作。九一八事变后，国民党内部派系矛盾加剧，改组派加紧倒蒋的活动，中共急需得到这方面的情报。刘鼎为此冒险与改组派“高先生”联系。1931年10月10日，他按照约定时间，到上海外滩公园与“高先生”接头，不料这个接头地点已被敌人盯住，他一进公园，就被埋伏在那里的特务包围。刘鼎与特务们大吵大闹，目的在于使与他接头的“高先生”警觉，免遭毒手。敌人要他交出同伙，他为了把他被捕的事及时通报家人让他们立即转移，便“顺从地”带着特务们去曾是他领导的一个通信点——水果店去，到门口时大喊“快来看特务随便抓人了！”暗示店老板赶快溜走报信。特务们在水果店里翻了一阵子，什么也没见到，知道上当了，特务头子打了他两个耳光。刘鼎被捕后，先被关在英租界巡捕房，遭到敌人的严刑拷打。他化名为甘作民，只承认自己加入共产党青年团，担任报告事务，伪造了个人的经历和活动。经江苏省高等法院第二分院审讯，刘鼎被引渡到淞沪警备司令部，在龙华监狱里关押了十余天；后又解往南京宪兵司令部暂判两年，关押在南京陆军监狱。在审讯和关押期间，刘鼎始终以坚强的意志和清醒的头脑，对付敌人的软硬兼施和威胁利诱，在极其恶劣复杂的环境中，与敌人进行了机智顽强的斗争。对知道的中央领导人、中央特科的许多活动以及重要的外围关系，他都严守机密，没让敌人得到任何可以利用的线索，为保卫党中央和党的地下组织作出了特殊的贡献。刘鼎被捕后，通过党内的专门联络机关和秘密通信办法，和潘汉年一直有联系。被解送到南京后，又向潘报告了自己在陆军监狱的情况，还报告了余飞（时任中央委员）和李竹声（时任组织部长）与南京的特务有联系，后来证明，他们确实是叛变了。大叛徒顾顺章曾来监狱劝降，刘鼎知道他对自己的工作并不了解，并抓住他急于要在新主子面前表功的心态，假意奉承：“你是头儿，我干了什么，你都清楚，你不在了，什么也干不成，我闲在家里无事可干。”顾听了果然乐得忘乎所以，因为他一直对国民党吹嘘说，共产党离了他，情报工作就全完了。刘鼎这句话正中他下怀，于是他拍着胸脯对法官说：“他的事我都清楚，都包在我身上好了。”之后，敌人也就不再拷问刘鼎了。顾顺章叛变后，虽然受到蒋介石的接见，但蒋对他十分冷淡。后来他又出卖了恽代英、邓演达等同志，还是只能当个小喽啰，以后又改换门庭，投靠军统，最后仍然被国民党所枪杀，落得个遗臭万年的可耻下场。

刘鼎被捕那天，吴先清外出回家时，立即觉察到周围情况异常，她当机立断，不进家门，得以脱离危险。此后，她就直接在潘汉年领导下工作。与刘鼎住同院的郑家康，转移后又回屋取东西，遭到逮捕。特务问郑是什么人，刘鼎回答说是房客，没有暴露郑的真实身份。1932年夏，潘汉年派吴先清姑嫂二人到南京监狱，借探监之名，通知刘鼎：“可以用灵活的方式争取早出狱，登报也可以。或打入南京敌特组织秘密工作，或回上海党内工作，由你自己酌情处理。”刘鼎按照特科组织的指示，谨慎行事，在狱中开展活动。之后叛徒王展进监狱为康泽招降纳叛，吹嘘国民党中有人准备抗日，拉拢刘鼎与他们合作，刘假装答应，意在争取早日出狱。

蒋介石在南京视察监狱时，为了诱骗一些在狱人员为其效劳，曾接见过一批在押的知识分子和青年学生，其中包括刘鼎。此后，蒋介石命令康泽将这批人保释、考核、试用。

1932年9月，刘鼎经过康泽等人出面作保，获释出狱。出狱后刘鼎先住在中国日报社，总编辑让他做翻译工作；后又让他搬到一家旅馆居住。敌人表面上好像给了刘鼎自由，实际上暗中派人对他进行监视。刘鼎也知道这种情况，无时无刻地都在思索如何摆脱敌人的盯梢。一天黄昏，他从旅馆悄悄地溜出来，甩掉了“尾巴”，找到了中共设在南京的一个地下交通机关，由那里的同志护送上了火车，连夜赶到上海。在上海他找到了中共组织，汇报了自己被捕后的情况。由于身份暴露，无法继续在上海工作，他请求组织批准，派他到中央苏区去工作。（李滔、易辉主编：《刘鼎》，人民出版社2002年版，第29—31页）

《刘鼎传》中有关刘鼎在参与镇压叛徒黄第洪和山东省来沪叛徒孔福过程的记述，也比本书原来记述详细、准确：

（1930年秋天）杨登瀛又约见刘鼎，告之中共内部出现叛徒，名叫黄第洪，是黄埔军校第一期学生，与刘在莫斯科东方大学同过学，刚从莫斯科回到上海，就写信给蒋介石表示愿为其效力，并告密周恩来准备同他见面的地点。蒋介石将此信批给特务头子陈立夫、徐恩曾办理，陈、徐又批给杨登瀛办。刘鼎获此重要情报后，一面答应一天后给他答复，一面立即报告陈赓转报周恩来。陈赓通过内线与钱壮飞联系，证实黄第洪确已叛变，并给蒋介石写了告密信。周恩来也证实确有黄第洪其人约他在一个邮局里见面。刘鼎将此情况通报给杨登瀛，杨两次与黄第洪约定见面地点，但黄十分狡猾，拒不露面。特科经过研究，由刘鼎带两个同志，侦察到黄第洪所住的旅馆，迅速除掉了这个狡诈的叛徒，避免了一次危机。

1930年秋，周恩来接到山东省委来信称：山东省委遭到叛徒破坏后，根据中央决定，正在调整领导班子，抓紧恢复省委工作。但有些问题需要向中央请示，特派孔福近日内专程来上海汇报。特科派刘鼎前往码头迎接此人，他到码头等了很久，没有接到；但却发现，汇山码头交通站已被敌人破坏，且有坐探守候，他险遭不测。刘鼎回来后立即向周恩来报告，经分析研究，怀疑此人可能已被捕叛变。此时，上海警备司令部看守所的内线卢医生送来一份情报，说有一"共产党员"被捕后叛变，现关在看守所。刘鼎自告奋勇，前往警备司令部看守所探明此人情况，并拟伺机拍下此人照片，以资辨认。为此，他化装成一名记者，带着警备司令部的介绍信和高档照相机，进入看守所，找到卢医生。经了解，此人确系从山东前来上海，在汇山码头交通站被捕后，经不起严刑拷打，变节投敌，并帮助敌人四处寻找我地下机关。卢医生利用叛徒前来看病的机会，让刘鼎在屏风后偷拍了照片，又让刘穿上白大褂，化装成医生，安全离开看守所。照片洗出后，证实该叛徒就是山东省委派来的孔福。特科经过认真研究后，决定派人将孔福从看守所中诱出，在适当地方除掉他，以绝后患。(《刘鼎》，第25—26页)

还有一位朋友送来一篇李正文写的回忆录：《我的前半生》。这篇文章的作者认识刘鼎在苏联遇难已故的夫人吴先清，并且和她一同于1937苏联肃反扩大化中蒙冤受尽折磨。他在文章中记述了吴先清在苏联的悲惨遭遇：

吴先清是1935年9月从上海到达莫斯科的。她到苏联后改名罗莎·拉库洛夫，进莫斯科马列主义学院学习。1936年9月学习期满结业后，住到莫斯科郊区的马拉霍夫卡招待所。这是欧洲各国共产党人常住的国际宿舍大楼，又称国际招待所。她在这里等待安排回国工作，不料转过年来，苏联肃反扩大化的风浪，也波及这个招待所。

当时住在这个招待所的中国人共有六个（四男二女）。为了保密，他们全都取了俄文名字，李正文的俄文名字是瓦夏。李正文说：

1937年夏季的一天，吴先清跑来对我说，她发现我们中另一个叫索妮的女同志经常偷偷地给上级写针对我们几个人的诬告信，指控我们是反革命。吴还说，她今天乘索妮不在，找到了一批诬告信的原稿，叫我快看。我看后大吃一惊……我完全没有想到，世上竟会有这样不择手段来陷害别人的人，我和吴先清都气愤得不得了，当天等索妮回来就和她大吵了一架，从此见面也不讲话了。

可是，可怕的厄运还是一步步地向他们逼来：

当时正是苏联大清洗时期，也是斯大林搞肃反扩大化时期。在苏联和共产国际工作或学习乃至避难的外国共产党人纷纷被捕。中国人自然也不例外，一批接着一批遭到苏联内务部逮捕和审讯，差不多都是被指控为“日本间谍嫌疑”，而西方人则被指控为“德国间谍嫌疑”。我们住在国际招待所的6个中国人，除那个不断写诬告信的索妮外，都先后被捕。

1937年11月下旬的一个傍晚，国际招待所的一个翻译来通知我和吴先清，说领导要找我们谈话，并一再要我们多带点衣服和日用品。我虽意识到可能要遭逮捕，但因为自己完全清白，心想反正很快就会回来，就和往常一样，什么也没有带。中途换了一次车，从黑色车换成了内务部的黄色车，直接开进了莫斯科鲁别克监狱。这个监狱据说关的都是“要犯”。一个七八平方米的牢房，有近10人挤在一张通铺上。这几个人“犯人”见我进去，都亲热地和我打招呼，给我腾地方，告诉我监狱里的规矩。并安慰我说，他们都是苏联驻外国大使，如果我的问题严重，就一直要留在这个鲁别克监狱，如果不严重，就会送去布德里斯克监狱，然后押到劳改营，释放是不可能的，而且一定会判刑，至少5年。……他们完全不顾事实，也根本没有任何证据，就定我为“日本间谍嫌疑犯”。最后，我被苏联法院特别会议判处5年徒刑，送到布德里斯克监狱关押。

以后，李正文和吴先清又被发配到劳改营。李正文说：

1938年5月，我和其他几个中国“政治犯”，一起被发配到苏联靠近北极圈的齐必由劳改营服役。这个劳改营环境十分恶劣，一年四季天寒地冻，最冷时可达摄氏零下50度以上。我们每天都要从事10小时以上的重体力劳动，每人都有劳动定额，口粮面包是按完成定额多少来分配的，如不出工的给200克，出工只完成定额一半以下的给400—500克，完成百分之一百以上定额的给800—1000克，菜和汤也按定额分配。劳改营从不给犯人发衣服、帽子、鞋袜等等，很多人都穿着缝补多次、难以蔽体的破烂衣服。我体力弱，开始时累得要死也完不成定额，当然也就经常挨饿。人际环境也极为恶劣，这个劳改营关押的有“政治犯”，也有刑事犯——小偷、流氓、劫匪、赌徒、杀人犯等等，这些刑事犯十分嚣张霸道，常常欺压殴打“政治犯”，偷、抢“政治犯”的东西，女犯人则被他们轮奸，整个劳改营是个可怕的人间地狱，不少人就在这里被折磨死去。和我一起押解到这个劳改营的原莫斯科东方大学青年学生王迁和1927年入党的一位姓包的老同志，还有和我同时被捕判刑的吴先清同志，都在这个劳改营里悲惨死去……（李正文：《我的前半生》，《中共党史资料》第82期，2002年5月出版）

吴先清的沉冤现已得到昭雪。《中共党史人物传》（陕西人民出版社出版，第三十四卷）《革命烈士传》（人民出版社出版，第十册）都收录了吴先清的传记。

今年8月中共党史出版社出版笔者所著的《关向应传》，记述当年黄慕兰营救关向应的过程比较详细，可补本书初版记述的不足：

黄慕兰接受了营救关向应的任务后，即由当时在中共中央机关工作的吴德峰、戚元德夫妇，将她安置在法租界霞飞路一个俄国人开的公寓楼里。黄慕兰在回忆录里写道：“我住的地方是地下党的一个单线联系点，必须十分小心隐蔽，不能住机关，不能过组织生活，怕带进‘尾巴’露出行藏真相。那里是（俄国）十月革命后流亡到中国来的白俄贵族、地主开设的一个白俄公寓，30块钱一个月的房租，连同伙食在内一个月要付80多块钱，这在当时来讲是很贵的，一般人是住不起的，我是因为掩护工作的需要，全部费用都是由党组织支付的。公寓房间里有电话，联络方便，一旦有事，说走就可以走；室内成套的家具设备，很气派的，因为我要负责对外联络，不能不有一个合乎身份的、可以接待外人的地方，以免引起人们的怀疑。……我们选租的房间，窗户正对着弄堂口，外面路上进来什么人，我从窗口就能发现。为了把我打扮成一位上层妇女，让我烫了头发，穿了半高跟鞋，戚元德还给我做了一件乔其纱旗袍……”

对营救关向应的工作，党组织已经选定一位名叫陈志皋的年轻进步律师做关向应的辩护律师。经过孙晓村（80年代曾任全国政协副主席）的介绍，黄慕兰和陈志皋见了面。（陈志皋律师的经历，在本书《开拓新局面（中）》一章里面已经作过介绍。）……

孙晓村带领黄慕兰第一次和陈志皋见面，是在麦琪路的一家咖啡馆。孙晓村向这位律师介绍了黄慕兰的身世后，黄说："我是个脱离了共产党组织的人，丈夫是已经牺牲了的著名共产党人宛希俨，并且留下了一个遗孤交由家人抚养，自己是到上海来找职业的。"这样表明身份，就是要让受委托的律师知道黄是个革命妇女，对他没有什么隐瞒，以便互相间建立起必要的信任。黄还对他说："我的父亲黄颖初在湖南是位知名人士，当年曾经帮助谭嗣同整理编撰《仁学》，并支持变法维新，家里是个小地主（这是冒充的，其实不是），要营救的人是死去丈夫宛希俨的好朋友，又是我的姑表兄，他到上海来做小生意，不知为什么，不幸被当作共产党而被捕了，但他确实不是共产党人，所以两家的亲友们都要我想想办法，无论如何要搭救他。早就听说陈老太爷、陈大律师都是很开明进步，富有正义感和同情心的人，请千万费心帮忙，开释这个被冤枉了的无辜之人。"

陈志皋在交谈中对黄慕兰深有好感，满口答应，愿意担任李世珍（关向应被捕时化名李世珍）一案的辩护律师。并约定时间，请她到他家里去拜访他的父亲，争取获得他的同情和支持，以便运用其影响力迅速解决此案。

陈其寿，号介卿，出身浙江海宁的世家门第，即清朝康熙、雍正年间著名的陈阁老的后代。他在法租界会审公堂当了18年刑庭庭长，是一位比较开明的法官，这时已经退休。当年他曾开释过坚持民主革命的老同盟会的会员。孙中山为此曾亲笔写信给他表示感谢。他与英、法驻上海领事馆关系颇深。早年在苏州做官时，他曾帮过大流氓黄金荣的忙，搭救过黄金荣的性命。不久后，黄金荣就到上海法租界巡捕房做事，先是一般的探员，后来做到督察长，成为上海帮会里的"大亨"，蒋介石也曾拜他门下。也巧，陈其寿也调到上海法租界任刑庭庭长，事实上也管着巡捕房里的人，也算是黄金荣的上司，因为这样的双层关系，黄金荣都口口声声地称陈其寿为"恩公"，他和杜月笙每年都去陈家拜年；就连当律师的陈志皋到法租界巡捕房去办案时，黄见到他也是很客气地称他"二少爷"。再说，陈志皋的两个姑夫也都是法官，他的家族在上海司法界拥有很大势力。

黄慕兰第一次去拜见陈其寿，也是由孙晓村陪同她去的。陈其寿已从陈志皋那里听到过位"黄小姐"的身世和她"姑表兄"李世珍的冤情。会面后见她书卷气很重，人又秀气，谈吐高雅，举止端庄大方，确实像书香门第出身的小姐。见面后也不说客套话，一开口就很认真仔细地问黄慕兰，为什么你是湖南人，而你表哥却是关外人呢？黄慕兰早有准备，当即从容答道："我姑妈当年远嫁关外，所以表兄是关外人。他这次来上海经商，不知什么缘故，被戴上'红帽子'，当作'共产党嫌疑犯'给抓起来了，实在是冤枉呀！"初次拜见，把事说完后就告辞了。

这次见面，陈其寿对黄慕兰的印象很好，又见儿子非常喜欢这位"黄小姐"，也很乐于帮忙。当时审理关向应一案的法官叫赵韵逸，是曾参加过北伐战争的年轻人，后来转业到龙华当了法官。他家和陈家大约也有世交关系。见面时唯唯诺诺，"陈老伯""陈老伯"的叫个不离口。陈其寿打电话把他叫来，又约孙晓村、黄慕兰到陈家来一起吃午饭。席间，这位"老太爷"也不跟黄慕兰和陈志皋打什么招呼，他自己就开门见山地对法官说："这位黄小姐是我的干女儿，她父亲黄颖初当年曾跟谭嗣同一起搞过变法维新；她的表兄是做生意的，不知为什么在上海被当作'共产党嫌疑犯'给抓起来了，可能他们抓错人了吧？有什么证据吗？口供怎么样？"那法官说："没什么证据。他自己也说是个经商的。"老太父就说："是啊！没有证据怎么就乱抓人呢？这个案子是志皋接办的，看在我的面子上，就放了他吧！"那法官忙说："陈老伯，我回去再看看案卷，您的吩咐，我一定尽力照办就是了。"

黄慕兰从陈家回去，就把这些情况向组织上汇报了，大家听了觉得大有希望，都很高兴。同时，她将陈其寿在席间自作主张地认她为干女儿的事，也向组织上作了报告。

组织上也认为认了这份干亲，有利于掩护她的工作，就为她备了一份厚礼，择定阴历七月二十八日陈其寿生日那天，到陈家正式行了拜见干爹、干妈的大礼。黄慕兰跟他们说，这是我父母的意见，说我一个人在上海谋生找职业不容易，如果得到这样有身份地位的老太爷、老太太的照顾，他们也放心了。陈其寿很欢喜，就叫家里人在鸿运大酒楼摆了三桌酒席，宴请陈家的各房亲戚们，介绍黄慕兰跟大家见面，正式宣布她是陈老太爷和老太太的干女儿。

可是，营救关向应出狱的事，又拖延了一段时间还没有解决。党组织和黄慕兰都很着急，她曾多次催问。陈其寿又向那个法官催询此案的审查结果。

法官回答说，实际上他已经决定无罪释放了，但与李犯同案的另一人的口供还有点出入，现在正在核对当中。陈其寿问明了办此案的书记官也姓李，有抽鸦片烟的嗜好（旧社会官场上的人多半都抽鸦片烟的），就叫陈志皋用他的名义，给那姓李的书记官送了四两最好的“云土”（产于云南的质量最好的鸦片烟土）去。于是书记官看在陈太爷的人情面子上，就把状子上原先不大一致的口供改为两人的口供完全一致了。

没多久，龙华监狱就通知陈志皋的律师事务所，说关向应可以保释出狱了。黄慕兰和陈志皋一起把关向应从监狱里接出来，送到早已订好房间的东方饭店。那里已有潘汉年为关向应买好的替换穿的里里外外的衣衫，潘汉年和黄慕兰对他详尽地讲述了中央部署营救他的全部情况，关向应听了至为感动，非常感谢组织上和同志们的关切。随后，关向应即由潘汉年接走，住到党的秘密招待所。这样，关向应结束了半年来的牢狱生活。

黄慕兰在1931年初调入中央特科，是当年情报科唯一健在的同志，现已96岁，身体仍很健康。今夏看到本书后，即用毛笔，亲自写了一封2000字的长信来，对她当年查清向忠发被捕叛变的事情及为驳斥敌人造谣污蔑周恩来而在上海《申报》刊登《巴和律师代表周少山紧急启事》等事件的过程提供材料，并且赠送她在1985年与邓颖超合影的原照以及她1931年在上海的照片。她的热情关切，令人感动。

对于所有关注本书的同志，谨在这里表示至诚的谢意，并希继续赐教。

2002年9月21日（中秋节），北京